ナラティブ経済学

経済予測の全く新しい考え方

ロバート・J・シラー
山形浩生〔訳〕

Narrative Economics

Robert J. Shiller

東洋経済新報社

Original Title:
*NARRATIVE ECONOMICS: How Stories Go Viral &
Drive Major Economic Events*
by Robert J. Shiller

Japanese translation published by arrangement with
Princeton University Press through The English Agency (Japan) Ltd.

ナラティブ経済学

目次

第6章 経済ナラティブのヴァイラル性に関する様々な証拠 86

第2部 ナラティブ経済学の基礎

第7章 因果性とナラティブ群 108

第8章　ナラティブ経済学　七つの主張

第15章 不動産バブルとその崩壊

第16章　株式市場バブル　321

第17章　ボイコット、不当利益、邪悪な企業　337

はじめに

ナラティブ経済学とは何か

半世紀以上前に私がミシガン大学で19歳の学部生だった頃、歴史教授のショー・リバーモアがフレデリック・ルイス・アレンの短い本『オンリー・イエスタデイ』を課題書にした。

これは１９２９年のウォール街大暴落までの経緯と、１９３０年代大恐慌の発端を描いた本だ。１９３１年に刊行されたときはベストセラーになった。読んでから私は、この本がきわめて重要だと考えるようになった。というのもそれは喧噪の20年代の活き活きとした雰囲気やすさまじい投機バブルを描いただけでなく、世界経済が直面した最大の経済危機の原因に光を当てていたからだ。この時期の、矢継ぎ早の伝染性物語が、当時の時代精神の変化に何か貢献していたように思い当たったのだ。

たとえばアレンは、株式市場が最高潮に達するまで１９２９年を通じて広がっていた物語について、目撃者の証言を述べている。

夕食のテーブル越しに、降って湧いた大財産のすごい物語が聞こえてきた。若い銀行家が、手持ちの少額資本を一銭残らずナイリス＝ベメント＝ポンドに投資して、いまや生涯にわたり悠々自適だ。ある未亡人は、ケンネコット株で大儲けしたので田舎の大邸宅を買えた。何千人もが投機をした——そして勝った——のに、自分が儲けをあてにした企業について彼らは何一つ知らない。たとえばシーボード・エアライン社を、みんな航空会社の株だと思って買っていたのだ［シーボード・エアラインは鉄道会社で、19世紀にその名がついたのは、当時「エアライン」というのが二地点間の最短経路を指す用語だったからだ[1]」。

こうした物語はいささか作り話めいていたけれど、あまりにしつこく繰り返されたから、無視するわけにもいかなかった。お金持ちになるのがそんなに簡単なわけはないし、１９２０年代の賢い人々のほとんどはそれをわかっていたはずだ。でもそれに逆らう物語は、手早い儲け話がいかに愚かかを指摘するもので、どうやらあまり伝染力が強くなかったらしい。

アレンの本を読んでから、どうも株式市場と経済の方向性は、大恐慌の到来とともに、物語や誤解、そして当時のもっと広いお話と結びついていたにちがいないと思えた。でも経済学者たちはアレンの本を真面目に受けとることがなく、物語の感染という発想が彼らの経済数理モデルに入り込むこともなかった。だがこうした感染こそが、ナラティブ経済学の核心にある。

今日の言い回しだと、ファイナンスの専門家でもないのに、とんでもなく成功した投資家の物語が「ヴァイラル」になった。それは疫病のように人から人へと噂で広がり、ディナーパーティーや他の集会や、電話、ラジオ、新聞、本の助けを借りて伝染する。１７００年代までさかのぼる新聞記事や広告のオンライン検索ができるProQuest News & Newspapers（proquest.com）は、「ヴァイラルになる」（およびその類似表現）が新聞に疫病としてあらわれたのが、ようやく２００９年になってからだと教えてくれる。それも通常はインターネットについての記事と関連しての表現だ。それと関連した用語、ヴァイラル・マーケティングも、わずかにさかのぼって１９９１年に登場したばかりで、しかもインドのナーグプルにある会社名だ。１５００年代までさかのぼる各種の書籍に見られる単語やフレーズを検索できるグーグルＮグラム（books.google.com/ngrams）を見ても、ヴァイラルという表現は似たような道をたどっていることがわかる。

２００９年以来、「トレンド中（trending now）」というヴァイラルと同義の表現もヴァイラルになっている。こうした疫病は、ヒット数や「いいね！」数をネットのサイトで表現する有力な統計にも後押しされている。「ヴァイラル」「トレンド中」はどちらも、流行曲線の立ち上がり部分を示すもので、疫病が拡大中だということを示す。忘れ去られるプロセス、後になって流行曲線が下降する部分には、あまり世間的な関心は向けられないが。経済的なナラティブにおいては、そちらも経済行動の変化の原因として同じくらい重要になるはずだ。

アレンがあの本を書いたときには、そういう言い方はしなかったものの、物語がヴァイラルになるという話を考えていたはずだ。彼は「世間の考え方の状態が変化することと、そうした考え方がこだわってしまう、時につまらない出来事の重視」[2]について書いていたが、物語の感染についての思索を定式化することはなかった。

ナラティブの感染を経済理論に組み込む必要がある。さもないと、経済変化の仕組みとしてきわめて本物で、きわめて明らかで、きわめて重要なものを無視したままとなってしまうし、また経済予測の決定的な要素も採り入れられない。人気ある物語という疫病を理解しなければ、経済の変化も経済行動の変化も十分には理解できない。病気の感染予測については大量の研究文献がある。こうした文献は、疫病の性質と感染要因との関わりを理解することで、単純に統計的な手法よりもよい予測ができることを示している。

ナラティブ経済学：この用語の中身

「ナラティブ経済学」という用語はこれまでにも使われてはいたが、頻出はしていない。R・H・イングリス・パルグレイブ『政治経済学事典』（1894）はナラティブ経済学に少し触れているけれど、[3]この用語は歴史的出来事の独自の物語を提供するという研究手法についてのものらしい。私は新しい物語を編み出すことではなく、大きな経済事象に関する他の人々の物語を研究するのに関心がある。ヴァイラルになった通俗的な物語を知りたいのだ。「ナラティブ経済学」という用語を使うにあたっては二つの要素に注目する。（1）物語という形でのアイデアの口承伝搬、（2）人々が新しい感染性物語を生み出したり、物語の感染性を高めたりするための努力。まず何よりも、私は物語の感染が経済事象にどう影響するかを検討したい。

「ナラティブ」という言葉はしばしば物語と同義だ。だがこの用語の私の使い方は、『オックスフォード英語辞典』に登場する、ある特定の現代的な意味を反映したものだ。ナラティブとは「ある社会、時代などについての、説明や正当化を行う記述のための物語や表象」とされる。この定義を拡張し、私は物語というのが人間の単なる年代記に限られるものではないと追加したい。物語は、また、歌、ジョーク、理論、説明、計画などで情動的な共鳴を引き起こし、普通の会話で簡単に伝えられるようなものだったりする。歴史というのは、何か珍しい大きな事象が続いて起きたことだと考えられるし、その中で物語がヴァイラルとなり、それにあたって魅力的なセレブ（そんな大物のセレブでなくてもいいし、架空のデク人形ですらかまわない）がその物語にこだわることで、人間的な興味をそのナラティブに追加する。

たとえば、20世紀後半からのナラティブは自由市場を「効率的」だとして、したがって政府行動による改善などあり得ないとしている。こうしたナラティブはさらに、規制に対する世間の反発を引き起こした。もちろん当時行われていた規制に対する正当な批判はあるが、そうした批判は通常、強いヴァイラル性は持っていない。ヴァイラルなナラティブは、ある程度の人格と物語を必要とする。そうしたナラティブの一つが映画スターのロナルド・レーガンに関するものとなった。彼はきわめて人気の高い、１９５３～62年のアメリカのテレビ番組「ゼネラル・エレクトリックシアター」の、ウィットに富んだ魅力的なナレーターとしてお茶の間に定着した名前となった。１９６２年以降、彼は自由市場を支持して政界に入った。レーガンは１９８０年にアメリカ大統領に選出された。１９８４年の再選では、対立候補の故郷の州以外のあらゆる州で勝利を収めた。レーガンはセレブとしての人気を使って、すさまじい自由市場革命を引き起こし、その影響は良かれ悪しかれ、現在もなお続いている。

感染が最も強いのは、人々がその物語の根底にいる、またはその影響を受ける人間との個人的なつながりを感じるときだ。それが架空の人物だろうと実在のセレブだろうとかまわない。たとえばドナルド・J・トランプがタフで巧みなディールメーカーで、成功したビジネスパーソンなのだというナラティブは、２０１６年に彼が意外にもアメリカ大統領に選出されるにあたっての経済ナラティブの核心だった。セレブは時に自分で自分のナラティブをでっちあげる。トランプの場合がそうだった。でも多くの場合、セレブの名前は古くて弱いナラティブに後付けされてその感染力を高めるだけだ——これは自力でのし上がった人物という何度も繰り返し語られた物語が、毎回ちがうセレブを乗物として使っていた場合に見られる（本書ではセレブを使ったナラティブをたくさん取り上げる）。

ナラティブ経済学は、人気ある物語が時代を通じて変化し、経済的な結果に影響を与えることを実証する。そうした結果は、不景気や不況にとどまらない各種の重要な経済事象を含む。住宅価格が絶対に下がらないという考えは、テレビ番組の金持ち住宅転売物語に付随する。黄金が最も安全な投資だという発想は、戦争と恐慌の物語に付随する。こうしたナラティブは、それぞれのセレブとのつながりがはかないものであっても、感染性の要素を持つ。

究極的に、ナラティブというのは文化や時代精神、経済行動における急変の大きなベクトルだ。[4]時にはナラティブが流行や狂乱と合体する。目端の利いたマーケターやプロモーターたちがそれを、自分の儲けにつなげようとして増幅する。

通俗ナラティブに加え、専門的なナラティブもある。これは知識人のコミュニティで共有されるもので、複雑な概念を含むが、それがさりげなく、もっと広い社会行動に影響する。そうした専門的ナラティブの一例は、投機価格のランダムウォーク理論であり、株式市場の価格はあらゆる情報を反映しているので、市場よりも高い収益を得ようとする活動は無駄だ、と主張する。このナラティブには、他の専門的ナラティブ同様に一抹の真実があるが、いまやこの理論では予測されない不完全性を見出している専門研究文献はある。

たまにこうした専門的ナラティブが通俗ナラティブに翻訳されるが、世間はしばしばそうしたナラティブを歪める。たとえばある歪められたナラティブは、国内株式市場の長期保有戦略こそが最高の投資判断だと述べる。長期保有戦略は学術研究の結果だというのが通俗的な考えだが、実はこのナラティブは専門家の常識とは相容れない。ランダムウォークの通俗的な解釈のように、いくつかの歪曲されたナラティブは何世代にもわたり経済的な影響力を持つ。

歴史的な再構築にはつきものだが、レコーダーを持って時間をさかのぼり、ナラティブを作り広げた会話を捉えることはできないので、間接的な情報源に頼るしかない。だがいまや同時代のナラティブの展開については、ソーシャルメディアやグーグルＮグラムといったツールにより捕捉できる。

将来の大規模な出来事の予測改善

ほとんどの同時代経済学者たちは、世間のナラティブなど「我々の領域ではない」と考えたがる。追及すると、大学のジャーナリズム学部や社会学部など他の学部に行ってはと言うかもしれない。だがこうした他の分野の学者は、経済理論の領域に入ってこられない。おかげでナラティブ研究とその経済事象への影響の研究にはギャップが残る。

１９３０年代以前に大恐慌が世界的に拡大することをきちんと予測できた経済学者は一人もいないし、２００５年のアメリカ住宅バブルの崩壊や、２００７〜09年の「大不況」「世界金融危機」を予測した人もごくわずかだった。１９２０年代末の経済学者の一部は、１９３０年代には繁栄が新たな高みに達すると論じ、その正反対を主張した学者もいた。労働節約機械がずっと人間に取って代わり続けるから、失業は高止まりするというわけだ。でも、10年にわたりきわめて高い失業が続き、それから通常に戻るという実際の出来事を予測した公開の経済予測はなかったようだ。

データを検討する経済学者は伝統的に、抽象的な理論モデルを作ったり、短期経済データを分析したりするのに手腕を発揮してきた。数四半期先のマクロ経済的変化を正確に予測できるが、過去半世紀にわたり、１年後についての彼らの予測は全体として役立たずだった。１年後にアメリカＧＤＰ成長率がマイナスになる可能性はどれくらいだろうか？　経済学者の予測は実際のその後のマイナス成長率とはまったく関係ない[5]。ファゾムコンサルティングの調査によると、国際通貨基金（ＩＭＦ）が各年で発行する『世界経済見通し』で行っている、１９４カ国における１９８８年以来の不景気（前年比でその国のＧＤＰが下がった場合と定義）４６９件のうち、ＩＭＦが正しくマイナス成長を予測したのは17件でしかない。そして不景気になると予測したのに実現しなかった例は47件あった[6]。

こんな予測実績でも、天気予報に比べればマシだと思うかもしれない。天気予報だってほんの数日先がせいぜいだからだ。でも経済的な判断において、人々は普通は何年も先のことを考える。子どもを高校に行かせるか、４年も大学に行かせるかを考え、30年の住宅ローンを組むかを考える。だから今後数年の景気が好調か不調かが少しくらいはわかりそうなものだ。
経済予測者たちは、これでも精一杯やっているのかもしれない。だが経済事象が繰り返し、何の理由もなくやってくるように見えるのを考えれば、経済理論には根本的な改善の余地があるのではとそろそろ思うべきではないだろうか。

専門の経済学者が、過去を解釈したり未来を予測したりするとき、ビジネスパーソンや新聞記者が考える状況を引用したりすることはほとんどないし、ましてタクシー運転手の考えなどを聞くことはない。でも複雑な経済を理解するには、経済的な意思決定に関連する多くの対立する世間的なナラティブやアイデアを考慮しなくてはならない。そのアイデアが正しいかまちがっているかは関係ない。

マクロ経済学研究の伝統的アプローチに対する批判は目新しいものではない。有名な１９４７年の論文「理論なしの計測」で、経済学者チャリング・クープマンスは当時の標準的なやり方だった、ＧＮＰや金利といった時系列データの統計的な性質だけを見て、予測に役立つ指標を見つけようとする手法を批判した。彼は根底にある人間行動の実際の観察に基づく理論を求めた。

> こうした経済理論は、時系列データに含まれる観測とはちがう証拠に基づいたものとなる。消費者の動機や習慣と、ビジネス企業の利潤追求目標に関する知識と、部分的には内省、部分的にはインタビューや、個人の観察された行動からの憶測に基づくものとなる——つまりは、人間の行動と動機に関するおおむね系統化された知識に基づく理論となるのだ。[7]

つまりクープマンスが指摘したように、伝統的な経済学アプローチは大規模な経済事象における世間の「信念」が果たす役割を検討できていない。つまりはナラティブを見ていないということだ。世間のナラティブについての理解を経済事象の説明に組み込めば、経済学者たちは未来予測でそうした影響にもっと敏感になれる。そうすることで、政策担当者にそうした展開について、予測し対処するもっといいツールを提供できる。実際、本書での私の主張は、経済学者たちが自分たちの科学《サイエンス》を進歩させる最善の方法が、ナラティブ経済学の技芸《アート》を組み込むことなのだということだ。以下の章は、科学と技芸を組み合わせてもっと堅牢な経済学を構築するための基盤となる。

経済事象予測の道徳的な責務

究極的には、予測の狙いは将来の出来事を社会の利益となるように変えるべく、いま介入することだ。１９６９年のアメリカ経済学会会長演説で、ケネス・Ｅ・ボールディング（これまたミシガン大学で私に影響を与えた恩師）は、経済学は人間の思考と理想を扱うのだから「道徳」科学と考えるべきだと述べた。彼は次のようなものに反対した。

> 無差別曲線の無原罪の宿りとでも言うべきドクトリンには反対です。これはつまり、嗜好はあっさり所与となっているのだから、それが形成されるプロセスを検討したりしては

いけないという考え方です。このドクトリンはまさに「鳥のためのもの」です。鳥の嗜好はおおむね遺伝構造によりあらかじめ与えられており、したがって鳥社会における定数として扱える。[8]

ボールディングによると経済学は「自分が検討する世界を自分でつくり出す[9]」。しばしば、予測するよりはむしろ警告したい。災害を予測などしたくはない。その災害が起きるのを防ぐような行動を採りたいのだ。

よくある金利の上げ下げといった、中央銀行の行動に関する新聞報道は、どうもこうした行動に伴う言葉や物語ではなく、そうした行動の厳密な量とタイミングのほうが重要だという想定を反映しているらしい。アーヴィング・クリストルは１９７７年に、ありがちな経済学者の見方を端的に表現し、事業者の景況感を計測すると称した世論調査を一蹴した。

> すべてがとんでもなくバカげている。景況感――新規の工場設備への投資意欲が示すもの――は心理的な現象ではなく経済的な現象だ。大事なのは、カーターさんやバーンズさんの**やる**ことであり、言うことではない。ジョン・メイナード・ケインズは、投資性向は事業者の間で主流の「アニマルスピリット」の高低に左右されると信じていたかもしれない――彼の弟子の一部は明らかにいまだにこれを信じている。だがそれを言うなら、ケインズ派経済学者たちは常にビジネスパーソンの知性を見下していた。ケインズ派に言わせると、ビジネスパーソンはかんしゃく持ちの子どもで、上から尊大に「管理」されねばな

らないのだ。（中略）景況感を律するのは、利潤の出る投資の見通しだ。他の何物でもない
——大統領が何と言おうが、重役たちが何と言おうが、他のだれが何と言おうが関係ないのだ[10]。

クリストルは、経済危機を生み出すのに物語とは独立に作用する経済的な力が何かを述べてはいない。だが経済学者はビジネスパーソンの最適化とはほど遠い事業行動を描こうとするとき、ビジネスパーソンの知性をバカにしていると論じていて、これは経済学の政治化を匂わせている。多くの経済学者たちは、ビジネスパーソンのご機嫌を取っておくほうが儲かるのを学んだ。ビジネスパーソンからの支援は経済学者のキャリアに有利なのだ。経済を抽象的な経済的力だけで動くものとして描くのは、経済が道徳的な真空で活動していると示唆するもので、その指導力に対する批判はないと示唆するものなのだ。

ジョン・メイナード・ケインズ：ナラティブ経済学者

クリストルは世論調査を一蹴するが、世界史上で最も有名な経済予測の一部は、どうも相当部分がナラティブの観察とその人間的な影響に関する懸念で動いていたようだ。１９１９年の著書『平和の経済的帰結』でケンブリッジ大学の経済学者ジョン・メイナード・ケインズは、第一次世界大戦を終結させたヴェルサイユ条約が科している重い賠償金により、ドイツが深い遺恨を抱くと予測した。終戦時にそんな予測をしたのはケインズだけではない。たとえば平和主義者ジェー

ン・アダムズは敗北したドイツ人に情けをかけようというキャンペーンを主導した。[11] だがケインズは自分の議論を経済的な現実をめぐる議論と結びつけた。ドイツは本当に賠償金を支払う能力がなく、それをドイツ人に無理強いする危険性についてケインズの予測は正しかった。賠償金や、ドイツが戦争犯罪で有罪だと主張する条約の関連条項についてドイツ人がどう解釈しそうかをケインズは予言した。ケインズの洞察はナラティブ経済学のお手本だ。というのもそれは、人々が経済条件の中でヴェルサイユ条約の物語をどう解釈するかに注目しているからだ。それはまた予測でもあった。というのも１９１９年の外交政策の「安っぽいメロドラマ」の中で、来るべき戦争を警告するものだったからだ。

> 意図的に中欧の貧窮化を目指すのであれば、敢えて予言するが、復讐心が薄れることはないだろう。そうなれば、反動勢力と、革命という絶望的な痙攣との最終的な内戦を先送りできるものは、何もなくなってしまう。その争いに比べれば、かつてのドイツ戦争の恐怖など無の中にかき消えてしまうだろうし、だれが勝利するにしても、私たちの世代の文明と進歩は破壊されてしまう。[12]

ケインズの言うとおりだった。第二次世界大戦は20年後にも残る怒りの中で開始され、６２００万人の命を奪った。彼の警告は経済学に根ざし、経済的な規模感と結びついていた。だがケインズは今日の私たちが理解するような純粋経済学について話しているのではなかった。彼の「復讐心」「革命という絶望的な痙攣」という用語は、人々の活動のもっと深い意味合いにまで到達するような、道徳的な基盤でいっぱいのナラティブを示唆している。

根拠なき熱狂からナラティブ経済学へ

本書は、私が生涯の相当部分にわたって開発してきた思考の流れにおける要石だ。これは私が同僚たち、特にジョージ・アカロフと何十年にもわたり行ってきた研究を基にしており[13]、その集大成が2017年アメリカ経済学会の会長演説「ナラティブ経済学」と、2018年の私のマーシャル講義だ。本書はこうした研究すべてのアイデアを統合しようという広範な試みとなる。そうしたアイデアを疫学（病気の広がりを扱う科学の一部門）と結びつけ、思考ウイルスこそが経済活動で見られる変化の多くの原因なのだという発想を提示している。時代および私生活の「物語」は絶えず変わり続け、それにより人々の行動も変わるのだ。

本書で示したナラティブ経済学への洞察は、情報技術やソーシャルメディアの最近の進歩とも整合している。というのもこれらは物語が世界中に運ばれ、ミリ秒単位でヴァイラルとなる道筋だからだ。そしてそれは経済行動に大きな影響をおよぼす。だが本書はまた、通信がもっと遅く、物語が電話や電信や、トラックや列車の配達する新聞経由で繰り返された、もっと長い歴史範囲も検討している。

本書は4部に分かれる。第1部は医学や歴史といった広範な分野の研究を援用し、基本的な概念を紹介し、読者にもわかるようなナラティブの例を二つ挙げる。（1）2009年に流行が始まった、ビットコインのナラティブと、（2）主に1970年代と1980年代にヴァイラルとなったラッファー曲線のナラティブだ。

第2部は経済ナラティブに関する思索を導き、そうした思索の誤りを防ぐための提案一覧を示す。たとえば多くの人々は何度も繰り返されるナラティブが突然変異プロセスを経て、強力だった古い物語を刷新し、強さを回復させるのだということを認識していない。

第3部は、重要な経済判断に影響を与えられることを実証した、繰り返されるナラティブを九つ検討する。たとえば他の人の不安や、倹約や、雇用喪失に関するナラティブだ。

第4部は将来を考え、現時点でナラティブが人々をどこに導こうとしているのか、どんな将来研究がナラティブ理解を改善できるかを考える。第4部の後には補遺が続く。そこではナラティブ分析を伝染病の医学理論と結びつける。

第1部

ナラティブ経済学の始まり

第1章 ビットコインのナラティブ

本書は、経済的変化の新理論の発端を提供するものであり、経済を動かす経済要因の一般的な一覧に重要な新要素を付け加える。それは口承やニュース媒体、ソーシャルメディアを通じて広がる、感染性の通俗物語だ。通俗的な思索はしばしば最終的に決断に影響する。たとえばいつどこで投資すべきか、いくら消費していくら貯蓄するか、大学に行くべきか就職すべきかといった決断だ。ナラティブ経済学者、つまり経済行動に影響する通俗ナラティブのヴァイラルな拡散の研究は、経済的な出来事を予測し、備える能力を改善できる。また経済制度や政策の構築にも役立つ。

この方向性の感じをつかんでもらうために、まずは最近全開となっている、そうした通俗ナラティブの一例を見てもらおう。ビットコインは、何千種類もある民間発行の暗号通貨——ライトコイン、リップル、イーサリアム、リブラなど——のはしりであり、すさまじいおしゃべりや熱狂や起業活動を生み出した。ビットコインは、投機的な熱狂と、実際の商業利用ではなく市場価格から見て、史上最も驚くべき暗号通貨だ。それを取り巻く各種のナラティブは、ナラティブ経済学の基本的な疫学を議論するための直感的な基盤を提供してくれる（詳細は第3章で論じる）。

経済ナラティブというのは、人々が経済的判断をするやり方を変えそうな、感染性の物語を指す。経済的判断とは、労働者を雇うか好機を待ち続けるか、事業でリスクを負うか慎重になるか、事業を立ち上げるか、変動の激しい投機的資産に投資するかといった判断だ。経済ナラティブは通常、流通している中で最も有力なものではないし、それを見極めるには、それが経済的行動を変える潜在力を見る必要がある。ビットコインの物語は成功した経済ナラティブの一例だ。きわめて感染性が高く、世界の相当部分でかなりの経済的変化をもたらしたからだ。本当の起業家的な情熱をもたらしただけではない。少なくともしばらくは、事業の安心感を刺激したのだ。

ビットコインとバブル

ビットコインの物語は、ひらめきにあふれる都会的な若者についての物語であり、それが鈍重な官僚たちと対比される。それは富、格差、先進的な情報技術の物語であり、謎めいた理解不能の専門用語だらけだ。ビットコインという疫病は、多くの人にとっては折り重なる驚きのシーケンスとして発達してきた。ビットコインは、最初に発表されたときにも驚きだったし、世界的な関心が急拡大する中で何度も驚きをもたらした。ある時点で、ビットコインの総価値は３０００億ドルを上回った。だがビットコインは、みんなが価値あるものと思わなければ何の価値もない。これについては支持者たちもはっきり認めている。ビットコインの価値は、ほんの数年でどうやって０ドルから３０００億ドルになったのだろうか？

ビットコインの発端は２００８年にさかのぼる。「ビットコイン：Ｐ２Ｐ（ピア・ツー・ピア）の電子通貨システム」という論文が、サトシ・ナカモトという署名で某メーリングリストに頒布されたのだった。２００９年には、ビットコインと銘打った初の暗号通貨が、その論文の発想に基づいて立ち上げられた。暗号通貨というのは、コンピュータが管理する公開台帳であり、人々がそこへの計上をお金として認め、それを購入や販売に使う限りお金として機能する。暗号通貨の基盤には驚異的な数学理論があるが、人々がなぜそれを価値あるものと見なすのか、あるいは他の人がそれに価値を認めると信じるに至るのはなぜかについては、その理論は何も指摘していない。

しばしばビットコイン批判者たちは、それが投機バブルでしかないと述べる。伝説的な投資家ウォーレン・バフェットはそれを「ギャンブルの装置だ」と述べた[1]。批判者たちはその物語が、１６３０年代のオランダで起きた、有名なチューリップ狂乱の物語に似ていると考える。チューリップの場合、投機家たちはチューリップの球根の値段をあまりに吊り上げ、球根一つが家一軒に相当する価値を持つようになった。これはつまり、ビットコインが今日価値を持っているのは世間の興奮のせいだということだ。ビットコインが現在のようなすさまじい大成功を実現するには、人々はビットコイン現象にかなり興奮して、聞き慣れない交換所を探し出してそれを買うだけの行動を取る必要がある。

ビットコイン支持者に言わせると、ビットコインを投機バブルと呼ぶのは侮辱の最たるものだ。

彼らがよく指摘するのは、ビットコインの世間的な支持は、他の多くのものに対する世間的な支持と根本的には大差ない、ということだ。たとえば、黄金は何千年にもわたり世間の心の中ですさまじい価値を維持してきたけれど、他の何かをみんながお金として使い始めていたら、世間はそれに大した価値を与えなかったことも十分あり得る。人々が黄金に価値があると思うのは、他の人が黄金に価値があると思っているからだ。さらにピーター・ガーバーは著書『有名な初のバブル』（2000）で、バブルがずいぶん長続きすることを指摘している。17世紀のチューリップ狂乱の後もずっと、珍しく美しいチューリップは、そこまで極端ではないにしても、高い価値を持ち続けた。ある意味で、チューリップ狂乱は今日ですら、抑えられた形で続いている。同じことがビットコインにも起こるかもしれない。

　それでもビットコインの価値はきわめて不安定だ。『ウォール・ストリート・ジャーナル』の見出しによると、ある時点で、ビットコインの米ドル換算価値は、何かことさらニュースがあったわけでもないのに、40時間で40％も上昇した。[2] こんな変動性は、価格の落ち着かない上げ下げにつながりかねない、経済ナラティブの疫病的な性質の証拠だ。

　ビットコインの技術的な説明は控える。ただ、それが何十年もの研究の賜物であることは述べておこう。ビットコインの取引をする人で、その技術を理解している人はほとんどいない。ビットコインマニアに出くわしたときには、しばしばその根底にある概念や理論を説明してくれるよう頼んでみる。たとえばマークルツリーや楕円曲線デジタル署名アルゴリズムなどだ。あるいは、ビットコインを限られたスループットの混雑待ち行列ゲームの等価物として描いてくれるよう頼んでみる。[3] 通常、ぽかーんとした顔がかえってくるだけだ。だから最低でも、理論はこの物語の中心的なものではない。だれかきわめて賢い数学者やコンピュータ科学者がこの発想を思いついたという基本的な理解くらいしかない。

ナラティブ経済学はしばしば、意外なつながりを明らかにする。歴史をさかのぼると、ビットコイン疫病の背後にある感情の発端が、19世紀アナキズムの成長の起源にあることがわかる。

ビットコインとアナキズム

アナキスト運動は、あらゆる政府に反対するもので、１８８０年頃に始まり、グーグルNグラムでanarchistやanarchismを検索してみると、非常にゆっくりとしか成長しなかったらしい。だがこの用語自体は何十年も前に、哲学者ピエール＝ジョゼフ・プルードンなどの作品にさかのぼる。プルードンは１８４０年にアナキズムを次のように説明している。

> 統治されるというのは監視され、操作され、スパイされ、指図され、法に動かされ、数字を振られ、規制され、徴兵され、教化され、説教され、制御され、チェックされ、推計され、価値評価され、検閲され、命令されるということだが、それを行う生き物どもは、そんなことをする権利もなければそれだけの知恵もない。[4]

プルードンの言葉は明らかに、権威当局に不満を感じるか、個人の充実欠如を権威当局のせいにする人々にとって魅力的だ。アナキズムが疫病的な規模にまで広がるには40年ほどかかったが、驚くほどの持続力を見せて今日なお続いている。実際、Bitcoin.orgのウェブサイトでは、２０１６年付けでアナキスト、スターリン・ルジャンの一節を引用している。

> ビットコインは平和的なアナーキーと自由のきっかけとなる。これは腐敗した政府や金融機関に対する反動として構築された。単に金融技術を改善するために創られたのではない。だが一部の人はこの真実を薄めてしまおうとする。現実には、ビットコインは金融兵器として機能するはずのものであり、権威当局を無力化するための暗号通貨なのだ。[5]

ほとんどのビットコイン支持者は、その支持をこんな極端な表現で述べたりはしないかもしれない。だがこの一節は彼らの物語の中心的な要素を捉えているようだ。暗号通貨とブロックチェーン（暗号通貨の会計システムで、大人数の個人により民主的かつ匿名で維持されるよう設計されていて、どんな政府も規制できないことになっている）は一部の人に大きな情緒的魅力を持っていて、その人々の社会における立ち位置や役割についての根深い気持ちに火をつけるようだ。

ビットコインの物語が特に琴線に触れるのは、アナキストというのが爆弾を投げる頭のおかしい連中で、そんな社会的ビジョンは混乱と暴力にしかつながらないという古来の反アナキスト的なナラティブに対する対抗ナラティブを提供してくれるからだ。ビットコインが感染性を持つ対抗ナラティブになっているのは、それが自由なアナキスト社会がいずれ発達させるはずの、驚異的な発明の見本となっているからだ。

ハッカー倫理という言葉もまた、そうしたアナキズムを現代的に体現するものだ。ワールド・

ワイド・ウェブが広く普及する前の1991年に、社会学者アンドリュー・ロスは以下のように書いている。

> ハッカー倫理は、1950年代に複数アクセスユーザーシステムを開発した有名なMITの学生たちの中で形作られ、知る権利という原則と分散技術支持という点で、リバタリアン的で暗号アナキスト的である。[6]

2001年の著書『ハッカー倫理と情報時代の精神』（邦題『リナックスの革命』）で、ペッカ・ヒマネンは「情熱的なプログラマたち」の倫理について書いた。[7] インターネット時代には、人々が新技術を使って働く意欲と能力——政府や伝統的な利潤や弁護士に頼らない新しい枠組みの中で——は多くの人々を驚かせた。たとえばウィキ（wikis）、特にウィキペディアは、匿名の大人数同士の協力を奨励し、驚くほどの情報貯蔵庫《レポジトリ》を作り出した。もう一つの成功物語はリナックスOSで、これはオープンソースで無料頒布されている。

だがヴァイラルな経済ナラティブの多くの例の中で、ビットコインは傑出している。その物語は感染するよう巧みに構築され、うまくアナキスト精神を捉えている。そしてもちろん、だからこそ私たちの多くはビットコインのことを聞いたことがある。それは一部はバブルの物語で、一部は謎の物語だ。非専門家や一般人もその物語に参加できるので、そうした人々もビットコインに関与したような気分になり、自分のアイデンティティをビットコイン中心に構築できるようにさえなる。同じく魅力的なこととして、このナラティブは果てしない富の物語をも生み出す。

人間的な興味のナラティブとしてのビットコイン

ビットコインのナラティブは、世界中の都会的な階級にとって、その階級に加わろうとする人々にとって、そして先進技術に親しみを感じる人々にとって、とてもやる気の出るナラティブだ。そして多くの経済ナラティブ同様、ビットコインはセレブの英雄、サトシ・ナカモトがいて、この人物がビットコインの中心的な人間的興味の物語となっている。ビットコインのナラティブが持つロマンスを高めているのは、謎の物語だ。というのもだれ一人としてサトシ・ナカモトを目撃したと宣誓する人がいないのだ。ある初期のビットコインコード開発者は、サトシとのやりとりはメールのみで、直接会ったことは一度もないと述べる。[8] Bitcoin.orgのウェブサイトには「サトシは２０１０年末に、自分のことをあまり明かすことなくプロジェクトを去った」としか書かれていない。

人々は謎の物語が大好きで、その謎が深まるのも好きだ。だからこそ、ミステリー文学という豊かなジャンルが成立しているのだ。ビットコインの謎の物語は何度も繰り返されてきたし、ナカモトかもしれない人物を大胆な探偵たちが見つけてきたときにはそれがさらに繰り返される。魅力的な謎が繰り返し語られることで、ビットコインのナラティブの感染率は、そうでない場合よりも高まった。

ビットコインと格差の恐怖

ビットコインの物語はアナキスト的な気分とサトシ・ナカモトの謎を利用するだけでなく、経済的な力を得たいという物語でもある。21世紀を通じて先進国の格差が急拡大し、多くの人々は心細く思ったし、経済生活についてもっと自力で何とかしたいと思った。ビットコインの価格が最初に上がりはじめたのは、２０１１年ウォール街占拠／「私たちは99％」抗議運動の頃だった。社会活動家組織で、自分たちのメッセージをヴァイラルにしたかったアドバスターズは、アメリカでこうした抗議を立ち上げ、そして占拠運動は他の多くの国でも起きた。ビットコインのナラティブが、個人に力を与えるものだというのは偶然ではない。というのも、このナラティブによると、コインは匿名であり政府の統制や管理から自由で、政府が手出しできないものだからだ。

ビットコインなどの暗号通貨の高い感染率を引き起こしたナラティブの別の部分は、コンピュータがますます人々の生活を統制するようになってきたという物語だ。21世紀の人々は、アマゾンのアレクサ、アップルのSiri、アリババの天猫精霊など、人間の話を理解して、豊かな知識をもって知的な回答を人間の合成音声で返す自動化アシスタントにアクセスできる。さらに自動運転の自家用車、トラック、列車、船が近い将来に実現しそうなので、トラック運転手など、運転やナビゲーションで生計を立てる人々の大量失業が起こりそうだ。「テクノロジーに生活が脅かされる」ナラティブは、産業革命以来人々を脅かしてきた、労働節約機械ナラティブの最新版だ。

このラッダイトナラティブにおけるしつこい恐怖（第13章で扱う）は、機械が仕事を奪うというものだ。この恐怖は、ある日出社したら会社の買ったコンピュータが自分の仕事をやっていた、というものではない。むしろ変化はもっと徐々に、不可避な形で、全世界で起きる。もっと起こりそうなのは、コンピュータがますます多くの仕事を自動化するにつれて、雇い主はますます労働者の存在を軽視し、給料も上げず、会社に引き留めようともせず、その労働者のような人を雇わなくなり、やがてはその存在すら忘れてしまう、というものだ。将来についての恐怖は、必要とされなくなるという実存的な恐怖の側面が大きい。

そういう環境では、選択肢がなくなる。コンピュータは人間より何十倍、何百倍もすばやく、新しい作業をするように教育できる。コンピュータで失われた雇用を相殺するために、政府が職業訓練に支出しろというのは正当に思えるが、人々が長期的に勝てるとは想像しづらい。世界中の何百万人もの学生たちは、自分たちの教育は人生での成功に役立つのかと疑問視していて、それが不安を作り出し、そしてそれがビットコインのような、技術に動かされる暗号通貨の感染を、間接的に後押ししている。ビットコインは少なくとも、コンピュータ技術を身につけるという想像可能な希望を、あまりもっともらしくなくても提供してくれるように思えるからだ。

ビットコインと未来

ビットコインの根底にあるデジタル署名アルゴリズムは、ビットコインの個別所有者を定義づけ、泥棒がビットコインを盗むのを不可能に近いほど困難にするもので、１９９０年代初頭からある程度の注目を集めてきた。だがそのナラティブとしての感染力は、ビットコイン自体についての報道とは比べものにならない。ProQuestのニュースや新聞検索を見ても、データベースの中で楕円曲線デジタル署名アルゴリズムという単語を持つ記事は一つしか見つからない。デジタル署名アルゴリズムという用語を使う記事も5本しかない。ビットコイン革命のきっかけとなったかもしれない最初の暗号アルゴリズム、RSAアルゴリズムは1977年までさかのぼる。ProQuestは、RSAアルゴリズムを含む記事を26本見つけている。だがこの数字は、ビットコインを含む1万5000本以上の記事の足元にも及ばない。

このちがいは、もっと大きなビットコインのナラティブが持つ感染力のせいで生じたものであるはずだ。デジタル署名アルゴリズムというと、学生の試験の前の丸暗記ネタにしか聞こえない。専門的で、むずかしく、退屈だ。ビットコインはそんなものにとどまるような代物ではない。特にそれは、ビットコイン投資家たちが、最先端の新しいものについて認識していただけで金持ちになった、というお話なのだ。ビットコインは「未来」だ。この惹句《じゃっく》はすぐに覚えられるし、社会的な集まりで熱烈に話題となる話でもある。要するに、ビットコインは宝石のような物語なのだ。

人々がビットコインを買うのは、何かエキサイティングで新しいものの一部になりたいからで、その経験から学びたいせいだ。この動機は根底にある物語、つまりコンピュータが人々の仕事に取って代わるというナラティブのおかげでことさら強いものになっている。だがコンピュータは、**すべての**仕事を置き換えることはできない。だれかがそうしたコンピュータを制御しなければならない。そして今日では、新技術を司る人々こそが勝者になるというナラティブがある。この曲線の中で自分が勝ち組になると確信できている人はほとんどいない。計算機科学《コンピュータ・サイエンス》の学位を持っていても、今日では成功が約束されているわけではない。そんなものを持っていても、どん底プログラマとしてろくでもない仕事に就くかもしれず、ヘタをするとそもそも就職できるかもわからない。ハイテク業界で金融側にいたいという願望に人気があるのは、金融屋が物事を仕切っていると示すお話が実に多いからで、ビットコインはまさにその金融側だ。

ビットコインのマニアたちは、ビットコインを試してみれば新世界の勝者になる人々とコネができて、支配力を保つ（または獲得する）ための洞察が得られると思っているのかもしれない。ビットコインを買えば、この新しい現実へのコネを飛躍的に高めるのは容易だ。一番嬉しいのは、ビットコインが理解できなくても買うことはできるという点だ。いまやコンビニの自販機ですら、ビットコインなどの暗号通貨を売っている。この「未来の一部になろう」ナラティブが、ビットコイン価格のわくわくする変動の定期的なニュースに煽られて、ビットコインに価値を与えている。それは自国通貨で見たビットコイン価格の変動を引き起こし、そうした変動は感染性のナラティブに煽られ、そしてそれを生み出す。

世界経済への会員証としてのビットコイン

私たちは人類史上の特異な移行期に暮らしている。そこでは、世界のほとんどの成功した人々が、もっと広いコスモポリタン文化の一員を自認している。国民国家はますます人々の野心にとってどうでもいいように思えてきた。ビットコインは国境もないので、民主的で国際的な魅力を持つ。その汎国民ナラティブに内在するのは、どんな政府もそれを制御統制できないという発想だ。これに対して、古くさい紙幣は、通常はその国の歴史上の有名人の古い肖像が描かれていて、古くさいナショナリズムを示唆する。これは負け犬のためのものだ。紙幣は、ある意味で小さな国旗に似ている。その人の国籍を示すものだ。ビットコインウォレットを持つと、その人は世界市民になり、ある意味で心理的に伝統的なつながりから解放される。

では、ビットコイン人気をどうまとめようか？　結局のところ、人々がビットコインに興味を持つのはまさに、他の人々が実にたくさんビットコインに興味を持っているからだ。ビットコインの新しい物語に関心を持つのは、他の人もそれに関心を持つと信じているからだ。

ビットコインの意外な成功は、ナラティブの基本原理を考えるとそれほど意外ではなくなる。そうした原理を見つけたのは、人間の心や歴史、フィードバックの数学モデルについて考察した知識人たちだ。次の章では、そうした偉大な思想家やその貢献について論じる。そうした思想家のほとんどは、受けた教育の面でも仕事の面でも経済学者ではなかった。

第2章
一致性の冒険

私にとって、ナラティブ経済学についての思考は、一致性発見の冒険だった。「一致性」という用語は、科学哲学者ウィリアム・ウィーウェルが１８４０年に考案し、生物学者Ｅ・Ｏ・ウィルソンが１９９４年に広めたもので、ちがった学問分野、特に科学と人文学との間での知識の統合化を意味する。経済やその突然の意外な変化という、本物の人間的な現象を理解するにあたっては、こうした実に様々な知へのアプローチが関係してくる。経済が意識を持った生きた人間で構成されており、その人々は感情や思想を伴う物語に照らして自分の行動を認識することを思えば、多くのちがった視点の必要性も理解できる。ナラティブ経済学はつまり、大学のほとんどの学部から概念を動員する必要がある。

残念ながら学問分野は孤立しがちだ。研究者はすべてを知ることはできないので、専門特化し

図2-1　「ナラティブ」という単語を含む論文が各学問分野の全論文に占める割合

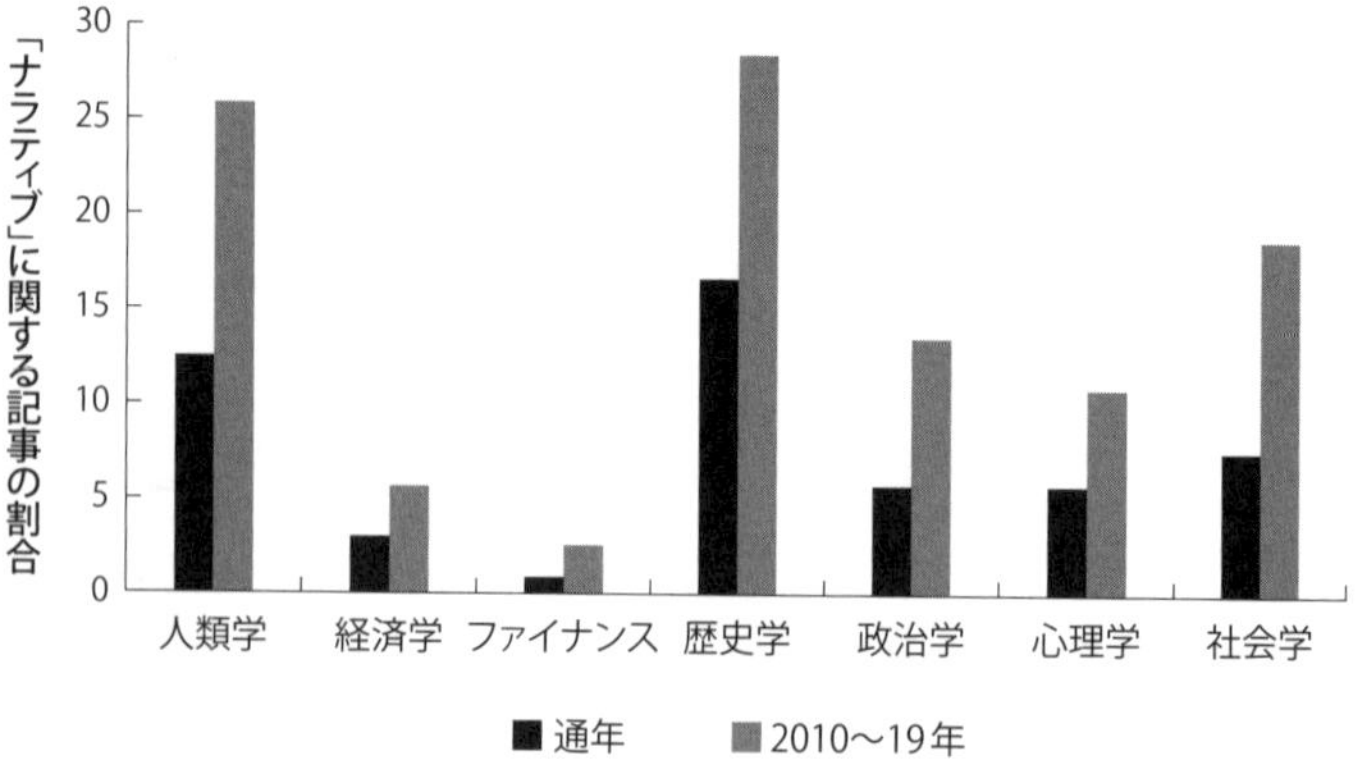

すべての分野で近年はナラティブへの関心が高まっているが、経済学とファイナンスは相対的に後れを取っている。
出所：JSTORのデータを使った筆者の計算。

なければと思いがちであり、自分の探究を、狭く定義した主題についての関連知識すべてを得られると確信できそうな点まで狭めてしまいたくなる。大学研究者は、ある程度まではこの現実を抱えて生きるしかない。でもこの衝動が行きすぎることもあるし、これはタコツボ化につながる。

経済学者が歴史上の最も重要な経済事象を理解したいと思うとき、そうした事象に伴う重要なナラティブに注目することはほとんどない。図2―1が示すように、経済学はナラティブの重要性への注目において、他のほとんどの分野に後れを取っている。そして他の分野がますますナラティブへの関心を高めているのに、経済学とファイナンスではたまに実証経済学へのもっと広いアプローチを呼びかける声が起きてはいるが、いまだに後追い状態だ。[1]

またほとんどの経済学は、ナラティブ研究

に使えそうな文献の巨大データベース活用に興味を示していないようだ。この単語を発表論文の中で使うときにも、ほとんどは素っ気なく、行きがけの駄賃で、通俗的な見方だと思っているものに批判のため言及するときに使うだけだ。さらに、ナラティブの人気や、その通俗的な人間的な関心の物語も記録することはほとんどないし、その人気が経済行動に与える影響も検討しない。最後に、ナラティブという単語が登場するのは、傍流の通俗的な経済雑誌であることが多い。

だがナラティブ経済学なる愚鈍な理論が大規模な経済事象をもっとうまく予測する手助けをしてくれるのであれば、経済学者はもっとナラティブについて学べるし、学ぶべきだ。そして本章で論じる分野の学者たちによる洞察を集めたほうがよい。本章は、その一致性を試みるものだ。各種の分野における思想家たちが、どうやってナラティブを使い、自分の分野や各種分野における知識を高めたかをまとめ、経済学者がナラティブについてもっと想像力豊かに考えるための基盤を提供する。

疫学とナラティブ

医学部は、１００年ほどにわたり疫病の拡散を数学的にモデル化しようとしてきた。だからこの分野を大きく発達させたし、経済学への応用可能性もあふれている。疫学が開発したモデルは一つではなく、状況次第で使える多数のちがったモデルを生み出した。そしてこれからの章で見るように、それは本書にとって中核的なものとなる。そうした数学モデルを詳しく検討したい人のために、巻末の補遺でこうしたモデルのサーベイと、経済ナラティブへの応用可能性についてまとめてある。

歴史とナラティブ

歴史家たちは常に、ナラティブを重視してきた。だが歴史家ラムゼー・マクマレンが『歴史における感情：古代から現代へ』（２００３）で述べたように、歴史の深い理解には、歴史を作り上げた当事者たちの念頭に何があったかを推測することが必要となる――つまり、彼らのナラティブが何だったのか考えねばならない。彼はナラティブという概念を文字どおり強調するわけではない。彼が話してくれたところでは「何らかの感情的な反応をもたらす刺激」を伝える言葉のほうがいいと思うが「そんな言葉はない」とのこと。彼によると、人々の行動を理解したければ、「エネルギーをもたらす用語やイメージ」を研究すべきだという。たとえば、アメリカの南北戦争がなぜ起こったかは、赤裸々に語られた物語、たとえば、１８３７年にイリノイ州アルトンで奴隷制廃止を唱える新聞編集者Ｅ・Ｐ・ラブジョイが暴徒たちに撃ち殺されたのを報道する、１８３７年のニュース報道などと深く取り組まなければわからないという。南北戦争がどこまで奴隷制をめぐる戦いだったのかという学術的な議論は、関連するナラティブの感情的な力を考慮しなければ、決定的なものになりえない。

経済史研究者でノーベル経済学賞も受賞した故ダグラス・ノースは、２００５年の著書『制度原論』でマクマレンの主張と同様の主張をしている。そこでは経済制度の発達において、人間の意図が基本的にはナラティブという形で重要だということが強調されている。

社会学、人類学、心理学、マーケティング、精神分析、宗教学からの洞察

社会科学の各分野では、過去半世紀に通俗ナラティブ研究を強調する学派が花開いた。そうした研究はナラティブ心理学[2]、談話社会学[3]、ナラティブの精神分析[4]、宗教学へのナラティブアプローチ[5]、ナラティブ犯罪学[6]、フォークロア研究[7]、口コミマーケティング[8]といった呼ばれ方をしている。すべてに共通する主題は、ほとんどの人々は自分の人生の目的や哲学を説明しろと言われてもとまどうばかりだが、個人的な物語を語る機会があれば大喜びするし、そうした物語が彼らの価値観を明かす、ということだ[9]。たとえば、刑務所の囚人をインタビューすると、他の囚人たちについて物語を語ってくれと言われたときにはいい反応を示すことがわかる。そしてそうした物語は、道徳性の不在よりは道徳性の歪曲の感覚を伝えるものが多い。

別の例を挙げよう。人類学者ウィリアム・M・オバーと経済学者ジョン・M・コンリーは投資マネージャーたちに仕事について尋ね、会社の従業員たちが、自社の創業とその価値観について語る傾向が広く見られることを発見した[10]。そうした物語は、個々の企業によらない共通の特徴を持っていて、原始的な部族が自分たちの起源について語る創造神話に相当するものだと人類学者たちは指摘している。物語は、ある一人の男性（女性であることはほとんどない）を中心としており、その部族の立ち上げにあたり、傑出した知見や勇気を示した――企業の場合は、それがその会社の創業となる。ナラティブは、今日存在する会社をめぐる多くの物語を正当化するために、創業の父へと回帰しがちだ。

文芸研究とナラティブ

経済ナラティブについて考えるうちに、経済学者にとってあまり馴染みのない大学の一角にやってくる。文学部だ。一部の文芸理論家たちは、一部は精神分析、たとえばカール・ユング[11]の原型やメラニー・クライン[12]のファンタジーに影響されて、物語ごとに名前や状況こそちがえど、ある種の基本的な物語構造が絶えず繰り返されていることを発見した。これは人間の脳が、ある種の物語に対する受容装置をあらかじめ持っているのかもしれないと示唆するものだ。

ジョン・G・カウェルティ（1976）は、「ハードボイルド探偵物語」や「ゴシックロマンス」といった「定式化物語」と呼ぶものを分類している。ウラジーミル・プロップ（1984）はすべての伝承物語に見られる31の「機能」を発見し、それらに「禁止の侵犯」「邪悪性と欠如」といった抽象的な名前をつけている。ロナルド・B・トバイアス（1999）によると、すべてのフィクションには主要プロットが20種類しかない。「捜索、冒険、探究、救助、脱走、復讐、謎、競争、負け犬、誘惑、変身、変容、成熟、愛、禁断の愛、犠牲、発見、過剰な腐敗、昇天、墜落」だ。クリストファー・ブッカー（2004）は、基本的なプロットは7種類しかないという。「怪物を倒す、貧乏から金持ちへ、探究、旅と帰還、喜劇、悲劇、再生」だ。

文芸理論家メアリー・クラーゲス（2006）によると、構造主義文芸理論は、こうしたあらゆる基本的物語を一覧にする試みを「過度に還元主義的で非人間化するもの」と見なしているそうだ[13]。彼女は他の学者たちによる基本プロット一覧を一蹴するが、「構造主義者はユニットやルールを意味ある体系へとまとめるメカニズムは、人間の心自体からやってくると信じている」と主張する。[14] ピーター・ブルックス（1992）は、ナラトロジー（物語論）は「ナラティブがどう読者としての人々に作用するか、理解のモデルの創造、そしてなぜそんな形成秩序を人々が必要とし、求めるのか」を扱うべきだとする。[15] うまく構造化されたナラティブは、ブルックスによれば「意味形成プロセスを活性化」して、「意味への情熱」を満たし、[16] そしてナラティブ研究は自然に精神分析につながる。

ロシア文芸の学者ゲーリー・ソール・モーソンは最近経済学者モートン・シャピロと共著の『お金と感性』（2017）で、偉大な小説をもっとよく理解すれば――これは人間体験の本質に近づけてくれる――経済生活のモデル化も改善されると論じている。

神経科学、神経言語学、ナラティブ

ナラティブは言葉の連なりという形を採るので、言語学の原理が関係してくる。単語には単純で直接的な意味とコノテーション、さらにメタファー的な利用がある。現代神経言語学は、ナラティブを支える脳構造とそのまとまりを探究する。[17]

伝染性のナラティブはしばしばメタファーとして機能する。つまり物語で述べられてさえいない思想、仕組み、目的を示唆し、物語は実質的にそれを指す名前となるのだ。人間の脳はメタファーを中心に組織化される傾向がある。たとえばみんな、戦争のメタファーを発言にいろいろ組み込む。ある議論が「撃墜された」とか「防御不可能」とか言う。人間の脳は、こうした単語を戦争ナラティブと関連づけて認識するが、そのつながりは必ずしも意識的ではない。そのつながりは、他の可能性を示唆することで発言を豊かにする。だから株式市場の「崩壊」と語るときに、ほとんどの人は１９２９年株式市場崩壊とその後の出来事をめぐる豊かな物語を連想する。

言語学者ジョージ・レイコフと哲学者マーク・ジョンソン（２００３）はこうしたメタファーが、書いたり発言したりするときの修飾にとどまるものではないと論じている。私たちの思考を形成し、結論にも影響するという。神経科学者オシン・ヴァルタニアン（２０１２）は、アナロジーとメタファーは人間の脳のｆＭＲＩ画像で同じ脳部位を「確実な形で活性化させる」と述べる。つまり、人間の脳はアナロジーで考えるため、物語に反応するよう配線されているらしい。

一致性は共同研究を呼びかける

本章で手短にまとめた、ナラティブの広がりを理解するための目もくらむようなアプローチ群を見ると、経済学者と他の分野の専門家との共同研究は、経済学を刷新する可能性を秘めている。特に重要なのは疫学者の思想や洞察で、彼らのモデルは疫病の将来経路をうまく予測し、そうした疫病にどう対抗すべきかを説明してくれる。次章で見るように、経済学者たちはこうした疫学モデルを応用して自分のモデルや予測を改善できる。経済学と疫学の結合が、本書における一致性の最初の例となる。

第3章 感染、群れ、合流

経済ナラティブがヴァイラルになる方法の研究に乗り出す前に、バクテリアやウイルスが感染によりどう広がるか考えると役に立つ。疫学は有益な教訓を与えてくれるし、ビットコインの物語（およびその他多くの経済ナラティブ）がヴァイラルになった理由の説明にも役立つかもしれない。

まず本物のウイルスが引き起こす病気を考えよう。例として、2013〜15年に西アフリカ――ギニア、リベリア、シエラレオネ――で猛威をふるった大規模なエボラ出血熱（以下、エボラ）流行を考えよう。エボラはウイルス性の病気で、認められたワクチンも治療法もなく、かかった人はほとんどが死ぬ。エボラは体液を通じて伝染する。その感染性は入院と隔離により引き下げられるし、また死者をきちんと扱って埋葬するのも有効だ。

図3-1　流行曲線の例、リベリア国ロファ郡における週次のエボラ新規報告件数（2014年6/8〜11/1）

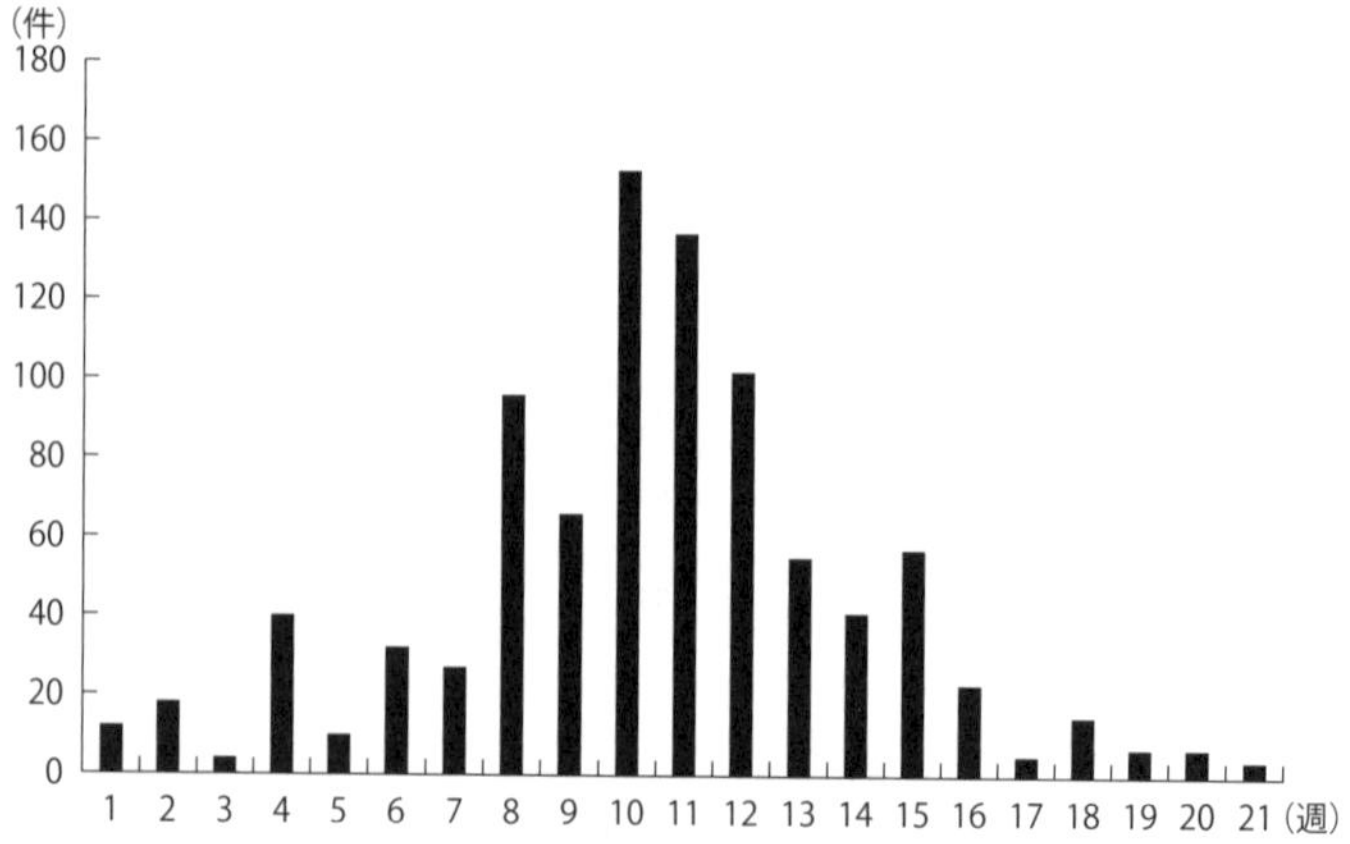

デジタル化データベースにおける出現頻度が似たようなコブ状パターンをたどる経済ナラティブの例にはこれからたくさんお目にかかる。
出所：アメリカCDC。

図3−1に、典型的な流行曲線を示す。これはリベリアのあるコミュニティにおけるエボラの例だ。エボラの新規報告件数は、コブのようなパターンを示すのに注目しよう。伝染病は、最初は増え、そして減る。上昇期は、感染率、つまり新規感染者数の増加率が、回復率と死亡率の合計を上回る時期だ。この上昇期には、感染による感染者数の増加は、回復や死亡による減少を上回る。下降期には、このプロセスが逆転する。つまり回復や死亡による感染者数減少が、感染による増加数を上回るので、感染者数は着実に減少し、伝染病の終結を迎える。

伝染病流行後、エボラウイルスの感染率は、様々な理由で下落した。なかでも国境なき医師団や、100以上のNGO、命がけでアフリカでの感染者を減らそうとした個人たちの英雄的な活動のおかげが大きい。世界保健機関（ＷＨＯ）によると、医療従事者たちは、現地の一般住民より21～32倍も罹患しやすく、２０１５年現在で医療従事者の感染確認件数および推定件数は８１５件だった。そうした医療従事者のほとんどは死亡した。[1]

感染、回復、低下

病人との接触を避けることで感染率を引き下げる活動は、決して目新しいものではない。検疫隔離の歴史は、ヴェネチア市がペストの流行に際して、海路からの来客に対して30日、陸路からの来客には40日の隔離期間を設けた１３７７年まで少なくともさかのぼる（英語の隔離、quarantineという単語はラテン語で40を指す単語から来ている）。また、戦争の一環として感染率を高めようとする試みもときどき世界中で見られる。たとえば１３４６年のカッファ包囲戦で、要塞都市にペスト患者の死体をカタパルトで打ち込んだ例がある。[2]

感染率低下の別の仕組みは、感染予備軍のプールが減少することだ。このプールがだんだん減少するのは、すでにかかった人々が免疫をつける（あるいは死ぬ）からだ。この仕組みは、本書の補遺でモデル化されていて、医療従事者が病気を抑えるための行動をまったく採らなくても生じる。現代医療以前の古い伝染病ではそうなった。いずれそうした疫病は、全員が感染するよりも前に終息する。

感染率が、回復率と死亡率の合計よりも低いときでも、病気はすぐには終息しない。感染率はゼロには下がらない。疫病を抑えるのに必要なのは、感染率を回復率よりも引き下げることだけだ。感染率がゼロでない限り、新規の感染件数は生じるけれど、患者総数は減ってやがてはゼロに下がり、そこで疫病は終息する。

ここで言っているのは平均感染率と平均回復率で、多くの人について平均した数字だ。だが感染率も回復率も、人によって大きな開きがある。比較的少数のスーパースプレッダーは多くの人に感染させる。そうしたスーパースプレッダーの一人がメアリー・マーロン、通称「チフスのメアリー」で、彼女は１世紀前にチフスを数年にわたり、少なくとも１２２人に移した。[3]

ナラティブの文脈で言えば、ほとんどの人はこうしたスーパースプレッダーがいなければ、大流行をつくり出すほど長いこと感染性が続かない。ごく少数のスーパースプレッダーのおかげで、平均感染率は標準的な感染率よりずっと高くなりかねない。

今日のナラティブスーパースプレッダーは、最近ＮＶＩＤＩＡ社やＡＭＤ社が提供したような加速分析ツールを使うマーケティングで威力を増しているかもしれず、これはほとんどの人の目には止まらない。だからナラティブの感染性は、自分自身がそれにどれほど魅力を感じるかを考える点だけでは必ずしも正確に判定できない。

疫病流行がある特定の時期と場所で始まり、そしてピーク後にそれが衰える理由ははっきりしないことが多い。感染率と回復率に影響する要因は多いし、なかには記録がむずかしい要因もある。たとえば、回復の究極的な理由は天候かもしれず、これはかなりしっかり記録されている。だがそれは病気の伝搬を可能にする人々の接触数かもしれず、これは記録がむずかしい。あるいはこの二つの組み合わせかもしれない。重要な変化は、大きなものでもわかりやすいものでもないかもしれない。

同じモデルを経済ナラティブの流行に応用できる。対面や電話、ソーシャルメディアを通じたおしゃべりを通じて、人から人へと感染が生じる。またあるニュース番組やトークショーが、別の番組に感染したりする。お互いに相手の番組を見たり読んだりするからだ。ここでも、流行の最終的な原因ははっきりしないことが多い。

ありがたいことに、ほとんどの経済ナラティブでは人が死んだりしないが、基本的なプロセスは同じだ。医学モデルでの「回復と死」は、私たちの開発している経済モデルでは単に回復、ナラティブへの興味喪失、忘却だ。経済ナラティブは、病気の拡大と同じパターンをたどる。ナラティブを広げる感染者数がしばらく増え、その後は忘却と、そのナラティブへの興味の喪失期がやってくる。[4]

医学とナラティブの両方で、流行には同じ原理が作用しているのがわかる。流行開始には、感染率が回復率を上回らねばならない。たとえばエボラの感染者がある町では何百人も出ているのに対して、別の町ではほぼゼロ人だった場合、前者の町のほうが後者よりも感染率が高く、流行開始時点で前者の感染率を回復率より高くした、何かはっきりしない要因があるのかもしれない。そのとき後者の町で流行が見られなかったのは、感染率が回復率を相殺するほど高くなかったからだ。同様に、ナラティブ流行だと二つのちがったナラティブがあり、片方のお話にあるちょっとした細部のため、もう片方より感染率が高くなる。ちょっとした物語の細部のおかげで、最初の物語が流行する。この洞察をビットコインのナラティブに応用してみよう。

ビットコインナラティブの感染

図3-2は「金銀複本位制（bimetallism）」か「ビットコイン（bitcoin）」がニュース記事にどのくらいの頻度で登場したかをプロットしたものだ。金銀複本位制とビットコインは、どちらも金融標準を一変させる過激なアイデアの代表であり、どちらも経済に奇跡的な便益をもたらすと称されている。どちらの単語も、理論の物語だけでなく、人間的な興味の物語を含む、無数の物語の群れだ。どちらの単語についても、筋書きは似たようなもので、どちらも図3-1で見たような典型的な流行曲線と似ている。金銀複本位制とはちがい、ビットコインのナラティブの決定的な終わりはまだ見えていない。これは待つしかない。

第12章では、この驚くべき金銀複本位制の流行について、他のナラティブ的な流行と一緒に詳しく論じる。ここでは、金銀複本位制とビットコインがどちらも金融理論を持ち出すと知っておけば十分だ。どちらの場合も、大量の人々が特定のイノベーションを、クール、トレンディ、最先端と見なすようになった。どちらの場合も、感染は流行曲線に似たコブ状の曲線であらわされている。これに対し図3-2の曲線はもっととがって見える（つまり左右の幅が圧縮されている）。これは図でプロットしているのが、大流行の時期を超える1世紀以上のデータだからだ。実は金銀複本位制とビットコインのナラティブは、エボラのように数週間単位ではなく、数年がかりで展開したものだが、三つとも同じ流行の理論が当てはまる。金銀複本位制の場合、１９３０年代の大恐慌で小さな第2波が見られるが、大したものではない。病気の第2波と同じだ。

図3-2　年別のニュースや新聞における「金銀複本位制（bimetallism）」か「ビットコイン（bitcoin）」を使った記事の比率（1850〜2019年）

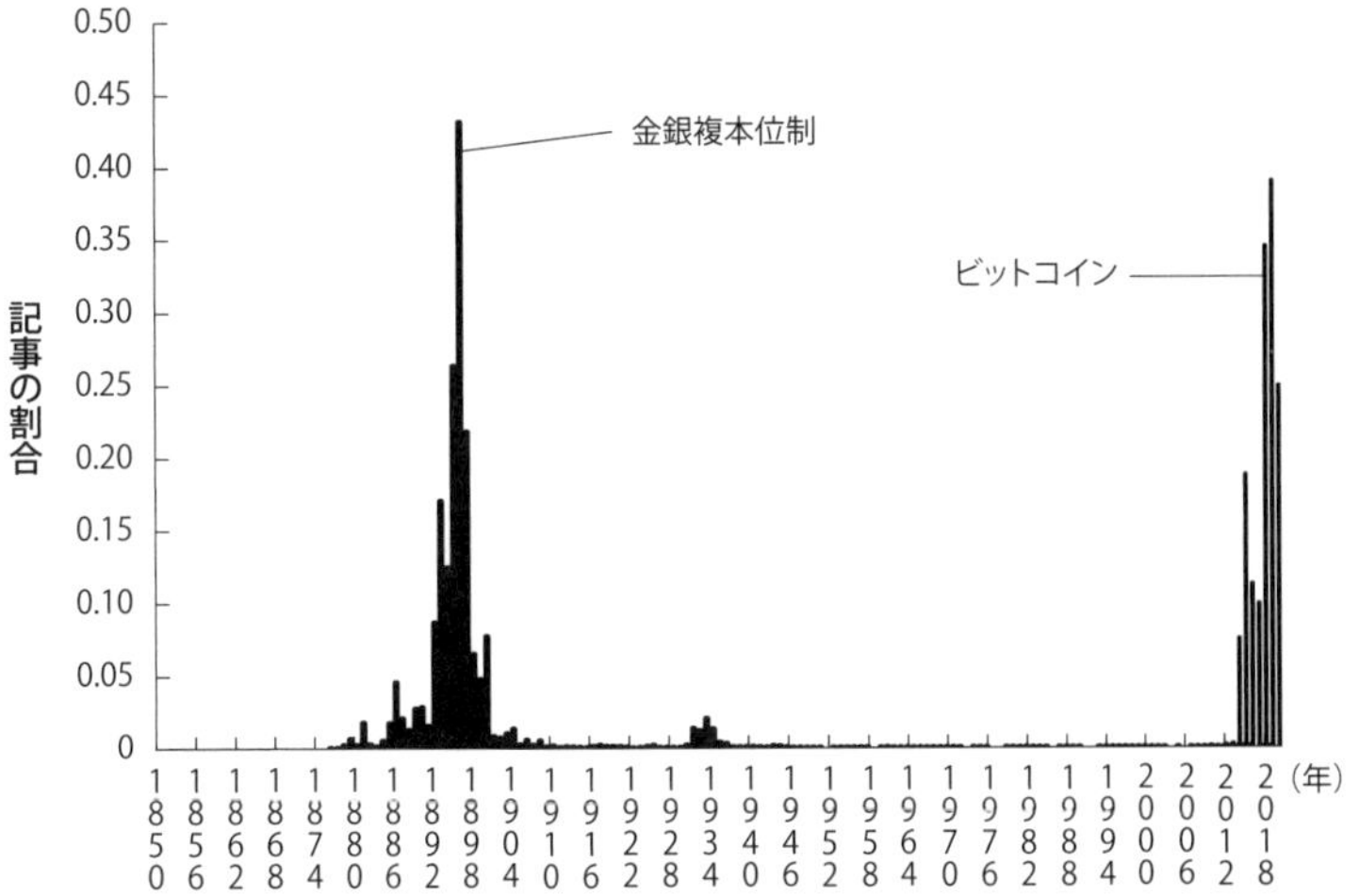

この2つの「bi」のつく金融イノベーションナラティブは、1世紀離れているが驚くほど類似の流行パターンがあり、図3-1の疫病の流行曲線と似ている。
出所：ProQuest News & Newspapersのデータを使った筆者の計算。

つまりナラティブ流行は本当に病気の流行と似ている。それだけにとどまらない。病気とナラティブをあわせた共流行があることも興味深い。2018年のエボラ流行期に、コンゴの医学研究者たちは高い感染率と、人口に膾炙するナラティブとを結びつけた。インタビューされた人々の80%以上が「エボラは存在しない」「エボラはお金目当てで捏造された」「エボラは地域を不安定にするための捏造だ」という誤情報を聞いたと述べた。このそれぞれについて、25%以上はそれを信じたという。こうしたナラティブは予防措置を阻害し、病気を拡大させた[5]。この二つの流行はどちらも相乗効果で大きくなった。

本書の補遺では、疫学の理論やモデルを検討していて、オリジナルの１９２７年カーマック＝マッケンドリックのＳＩＲモデルなど、経済ナラティブ拡散の説明に役立つモデルを見ている。こうしたモデルは、人口群を区分する。病気にかかりかねない人口（S）、感染して病気を広げている人口（I）、回復または死亡人口（R）だ。こうしたモデルはすべて、感染率と回復率を使っている。図３-１と図３-２は、感染中人口群（I）の証拠と見なせる。こうしたモデルは、医学的介入がまったくない場合でも、流行について巻末補遺の図Ａ-１のようなコブ状の形を予測する傾向がある。流行は、人口群の中でその病気に曝露されていない人々の比率が下がるので、感染率が回復率を下回るようになり、いずれは弱まり始める。

補遺を見ると、流行でのピークまでの時間と流行期間は、モデルのパラメータ次第で大きく変動することもわかる。エボラはある地域ではものの数カ月しか続かなかったが、すべての流行が同じくらいの短いスケジュールに従うと思ってはいけない。言い換えると、エボラは当初の感染率が低くても、それが回復率より下がらない限り、何年も続いた可能性もあるということだ。

たとえば疫学者たちによれば、ＨＩＶウイルスによるエイズはあまり感染力が強くないので、医療従事者たちは感染を恐れてＨＩＶ患者の治療を尻込みする必要はない[6]。エイズは安全でない行動による特別な状況でだけ感染しがちだ。エイズは緩慢な流行病で、何十年にもわたって発達し、金銀複本位制やビットコインの流行よりも遅く、感染率が低くても拡大したのは回復率が低いからだ。ＨＩＶに感染した人は、何年も他の人にそれを移し続ける。

経済モデルの感染

2011年にジャン＝バティースト・ミシェルらは『サイエンス』誌で、本における有名人についての言及が、時間とともにコブ状の形を示し、数カ月や数年単位ではなく、数十年かけて高まり、そして低下しがちだという証拠を示した。その結論をさらに本に拡大した。それがエレツ・エイデンとジャン＝バティースト・ミシェルの2013年の著書『カルチャロミクス』だ。

同じパターンが経済理論にも当てはまるようだ。第5章では、こうしたナラティブの一つとして、税率と税収との関係を示す簡単なモデルであるラッファー曲線を検討する。だがまず、専門経済学者の間で主に流通する「高級」な経済理論にすらこのパターンが当てはまることを簡単に指摘しよう。

図3―3はグーグルNグラムによる四つの経済理論の結果だ。IS―LMモデル（1937年にサー・ジョン・ヒックスが発表）、乗数アクセラレータモデル（ポール・A・サミュエルソン、1939）[7]、世代重複モデル（サミュエルソン、1958）、リアルビジネスサイクルモデル（フィン・E・キドランドとエドワード・C・プレスコット、1982）だ。どれも疫病流行と似たコブ状のパターンを示す。[8] ここでの議論においては、その理論の中身はどうでもいい。どれ一つとして、完璧に正しいとかまちがっているとか証明されてはいない。みんなそれなりに興味深い。それぞれは物語であり、その人気は流行病で予想されるものと同じ経路をたどっている。

このモデルのうち三つの場合、流行が最初に目に見えるものとなったのは、モデル導入の10年以上後だ。これは医学流行病の枠組みでも見られる現象で、流行が当初はきわめて小さいときには見過ごされてしまう。比率で言えば患者数は着実に増えているが、患者数が一定のしきい値を超えるまでは、なかなか広く認識されない。実際には、経済理論の発表と、その強い流行までの長いラグは、モデルが何か特異で考えを刺激するものという状態から、明らかに正しくはっきり優れたものと思われるようになるまでの期間に相当する。胎動期には、この分野の学者たちが次第にこのモデルを認知するようになり、流行が学術的な儀式、たとえばセミナーや大規模会議での論文発表などを通じて広がる。[9] いずれ、モデルは教科書に採用される。さらに遅れて、モデルについての話が広まり、マスコミもそれに言及すべきだと感じるようになり、経済学業界の外の教養人を自認する人々も、それについて何か知っておくべきだと感じるようになる。だが流行の後期になると、モデルは感染力を失い始める。一部の人はそれが有益であるにしても古くさくて独自性がないと思い始め、完全に忘れ去ってしまう人々も出てくる。

こうした理論の感染は、一般に、だれかが紙と鉛筆を手に腰を下ろして「ＩＳ－ＬＭモデルを説明しましょう」と言ったりするような形を採ることはあまりない。ほとんどの場合、そのやりとりはおそらくずっと基本的で人間的なものだ。経済史家ウォーレン・ヤングは、ＩＳ－ＬＭ図の感染は、それが経済学の中で最も有名な図の一つである需要供給の交差図と似ているのも関係しているのではとにらんでいる。[10]

さらにＩＳ－ＬＭモデルはジョン・メイナード・ケインズの理論を定式化したものだ。ケインズは見事な著述家だったが、すでに見たとおり、多くのナラティブは有名人と関係している。ケインズ自身も華々しい人物で、まさにセレブだった。芸術家や知識人のブルームズベリー・グループと交流し、他のセレブとつきあいがあった（たとえばヴァージニア・ウルフがそうで、彼女もまた、１９４１年の死後はるか後の20世紀末までピークを迎えなかった名声の流行が始まったところだった）。ケインズはゲイまたは両刀使いという評判で、寛容なブルームズベリー・グループの間で彼の男性関係は有名であり、当時は口コミでしか伝わらない刺激的なゴシップの種となった。

同性愛はケインズの時代にはキャリア上決してよいことではなかったけれど、あるナラティブの文脈ではよいことだったかもしれない。ケインズは後に美しいバレリーナ、リディア・ロポコワと結婚したが、彼女もまた踊りから引退した後に人気の流行を経験している。おそらくはケインズとの関係のせいだろう。そしてすでに述べたとおり、ケインズは実質的に第二次世界大戦を予言した１９１９年のベストセラー『平和の経済的帰結』で有名だった。これに対して、ＩＳ–ＬＭモデルを最初に発表したジョン・ヒックスは、そんなに華やかな人物ではなかった。だからケインズに関する物語は、ＩＳ–ＬＭモデルを感染へと導くのに一役買った「ロバ」なのかもしれない。[11]

図３–３は、四つの経済モデルの生涯を示す。こうした歴史は、病気の流行にありがちな経路を示すだけでなく、他の種類のナラティブがたどる生涯にも似ている。こうした経済ナラティブにおける基本的な発想の要素は、他の感染性アイデアをめぐる後のナラティブに適応され組み込まれて生き延びるかもしれないが、その過程で迫力とアイデンティティを失いがちだ。思考や行動を導く力は大きく下がる。

本書の重要な提案は、経済の変動は単純化されすぎて伝染しやすい経済ナラティブの変種感染により大きく動かされている、というものだ。こうした思想は人々の大ざっぱな考え方や行動を彩る。こうした流行病と同じく、全員が感染するわけではない。ナラティブ流行の場合、流行と

図3-3　4つの経済理論の登場頻度（1940〜2008年）

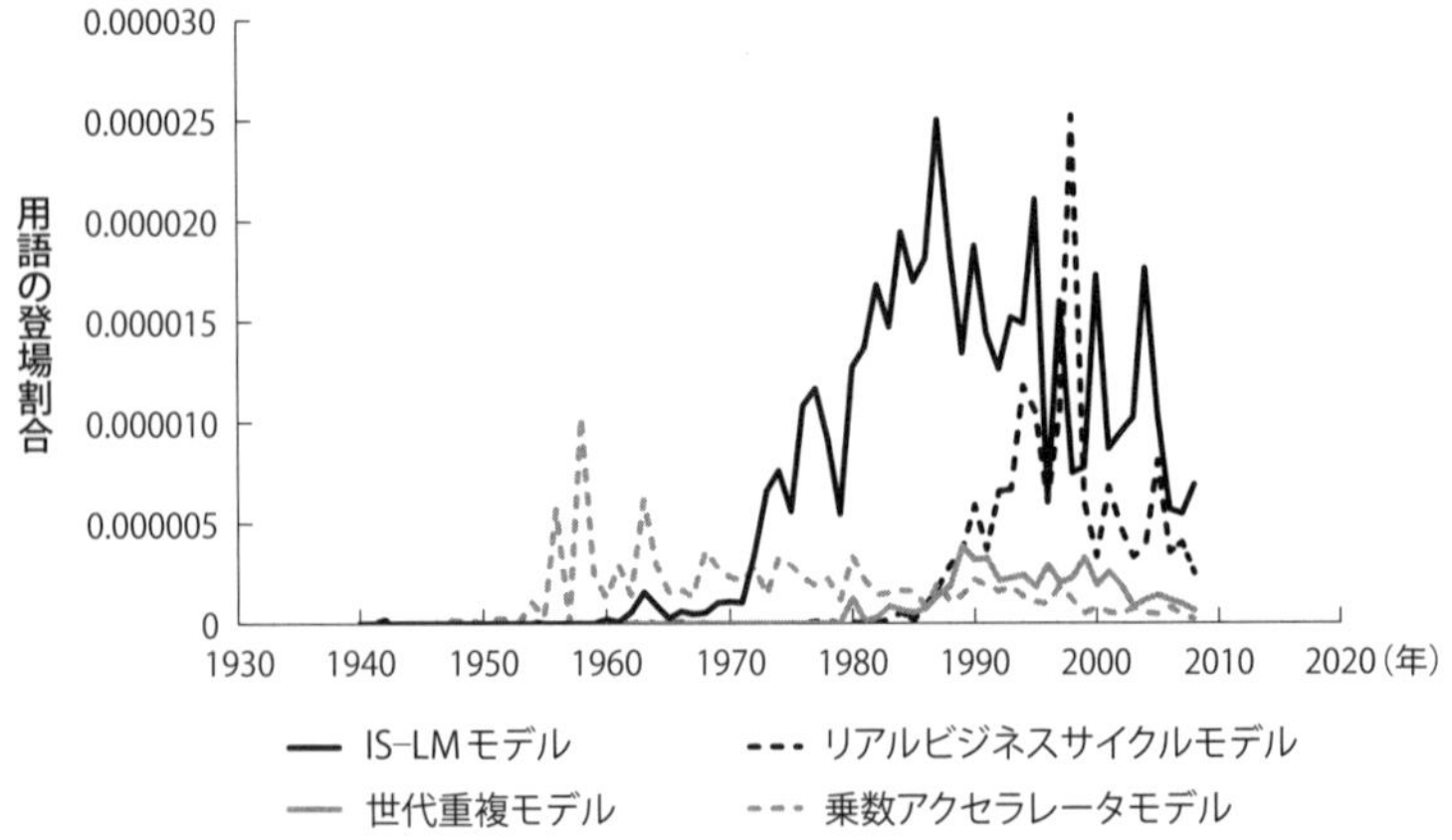

図は4つの重要なモデル、IS-LMモデル（ヒックス、1937）、乗数アクセラレータモデル（ポール・A・サミュエルソン、1939）、世代重複モデル（サミュエルソン、1958）、リアルビジネスサイクルモデル（フィン・E・キドランドとエドワード・C・プレスコット、1982）を示す。4つとも時代を追ってコブ状のパターンをたどる。
出所：グーグルNグラム、移動平均は取っていない。

無縁だった人々は、そんな重要な通俗ナラティブなんかなかった、と言うかもしれない。だが歴史的な流行の場合、ほとんどの人にとってそのナラティブは、経済に関係する行動の有無を左右する根本的な理由となる。図3-3の経済理論と同様に、世間の中の通俗理論は流行上昇の経路をたどるけれど、それもしばらくしか続かない。そして、刷新されない限り衰退する。

ケインズの著書『雇用、利子、お金の一般理論』（1936）が、完全に機械的な感染という発想を、感染という用語を使わずに述べていることは特筆に値する。ケインズ理論によると、経済ブームは何か最初の刺激、たとえば政府の赤字支出が一部の人々の所得増大をもたらすことなどから始まる。そうした人々は、追加収入のほとんどを消費に回し、それが彼らに何かを売ったりする人々や、そうした企業で働く人々など他の人々の収入になる。するとそれがさらに他の人々の所得増を引き起こし、と支出が何回転もする。

ケインズ理論をいじって投資力学を追加することもできるだろう。これはポール・サミュエルソンが１９３９年に乗数アクセラレータモデルで示したことだ。だから経済刺激の結果として、国民所得にコブ状の反応が生じる。こうしたコブ状の反応は、これまで見てきた流行曲線と似ている。ケインズ＝サミュエルソンモデルを、ある種の流行モデルと見ることができる。そこでの感染要素は所得だ。でも機械的な、支出の回転の継続という形で考えるだけでは不十分だ。経済ナラティブの複数回転の拡大を考えねばならず、そこに込められた思想や気分の拡大も検討が必要だ。

ナラティブの群れと合流

世界が病気の共流行、つまり複数の病気が相互に強化し合う状況を経験するように、ナラティブの共流行も見られる。つまり複数のナラティブが共通の主題を持っていると思われることがある。これはある政治的議論を裏付けるケーススタディなどで、それが心の中で、ナラティブの片方だけを見ていたのでは見落としかねない図式を心の中で作り上げる。言い換えると、大規模な経済ナラティブは、しばしば多くの小さなナラティブの群れで構成される。小さなナラティブのそれぞれは、もっと大きな物語の一部を表すものでしかない。だから主題全体を見分けるためには、その群れのすべてを見る必要がある。

星の群れ、つまり星座とのアナロジーをはっきりさせておくべきだ。天文学的な星座、たとえばはくちょう座は、星の偶発的な並びだが、人間はそれを人間の心にとって自然に思える形で解釈する——この場合は、白鳥として見るわけだ。時には、人間は星座を特定目的のために乗っ取る。たとえばキリスト教徒ははくちょう座を北十字星と名付けた。これは自分たちのシンボルの一つを空に置くためだ。そしてそれを、南半球に住む人々のために、南十字星という別の星座と対《つい》にした。他の集団や文化も、独自の動機による別のナラティブを持つ。

ナラティブが群れとなって登場するのは、一部はその信頼性がその時点で存在する他のナラティブ群に依存しているせいもある。つまり、他のナラティブの文脈に置くと、そのナラティブももっともらしく興味深いものに思える。語り手は、現在のナラティブの舞台作りのために他のナラティブを否定する必要はない。また、ナラティブは語り手も聞き手も検証方法がわからない、何らかの仮定された事実に基づいているかもしれない。あるナラティブが感染性を持つのは、裏付けのある事実を提供しているように思えるからだ。ほとんどの人が自分の知識の豊富さをひけらかしたがり、何百万もの事実に関する無知を隠そうとすると、ある程度の精度をもって言える。だから広まった思想に逆らうように思えるナラティブは、感染率が低くて流行に至らないかもしれない。

ナラティブの群れに加え、経済事象を後押しするナラティブの合流がある。合流というのは、特に関係があると思われていないいくつかのナラティブが、ある時点で似たような経済的影響を持ち、それが極度に大規模な経済事象を説明できるかもしれないような場合だ。たとえば2000年の拙著『投機バブル 根拠なき熱狂』では、2000年あたりにアメリカ史上最大に膨れ上がった株式市場を創り出して、その直後に崩壊を引き起こした、当時の関連ナラティブを一ダース挙げた。その一覧をざっと述べると、ワールド・ワイド・ウェブ、資本主義の勝利、成功した企業の物語、共和党支配、ベビーブーマーの引退、ビジネスメディア拡大、楽観的なアナリスト、新しい年金方式、ミューチュアルファンド、インフレ衰退、取引高の拡大、ギャンブル文化の台頭だ。

　異様に大きな経済事象がなぜ起きたかを知りたければ、当時たまたまヴァイラルになって、経済を同じ方向に動かしていた、一見無関係なナラティブを集める必要がある。だが大規模な経済事象は通常、単に一つのナラティブ群だけで引き起こされたとは言えないことに注意する必要がある。大規模な経済事象は、そんな満足のいく形では説明できない可能性のほうがはるかに大きい。むしろそうした事象の説明は、経済ナラティブ一覧を構築することが必要となり、そしてそのナラティブ自体が、単純な物語や感染性ナラティブとしては描けないのだ。

　本書の第3部では、ナラティブ群／星座の中でも明るい星に注目する。経済的な動機の変化に大きく貢献するだけの重要性を持ったナラティブだ。まだこうした群れを、厳しい経済事象と正確に結びつけることはできない。だが群れや合流の部分的な見方だけでも、そうした事象の理解について進歩を遂げたことになる。

　また、一部のナラティブが流行するための力についても、部分的な見方しか得られていない。ナラティブが「ヴァイラル」になる能力は謎であり、それを次の章で解明してみよう。

第4章 なぜ一部のナラティブが流行るのか?

ほとんどの経済ナラティブは鳴かず飛ばずなのに、少数の経済ナラティブがヴァイラルになる理由を正確に述べたり定量化したりするのはむずかしい。その答えは経済状況と相互作用する人間的な要素にある。一部の単純で予想のつきやすい規則性を超えると、人間の心は時に、どのナラティブがヴァイラルになるかを選ぶにあたり、乱数発生装置のような動きを見せる。一見した結果のランダム性は、物語がもっと感染しやすい形へと変異するときのランダム性と関係しており、また特定のナラティブに対する世間の関心がいきなりクライマックスを迎えるようになる、個人の生活や関心の瞬間とも関係している。私たちはしょっちゅう、歴史上の人気あるナラティブがなぜ成功したのか、なぜそれが経済的な影響を与えたのかについて、何年も後になってから首をひねることになる。

人間の思考と行動におけるナラティブの自発性

20世紀初頭、多くの分野の学者たちは、ナラティブ、つまり娯楽的な価値しかないと思われている物語が、人間の思考と動機づけの中心となっていると考え始めた。たとえば1938年に実存主義哲学者ジャン＝ポール・サルトルはこう書いている。

> 人は常に物語の語り手であり、自分や他人の物語に囲まれて暮らし、自分に起こることすべてをそれらを通して観る。そして自分の人生を、自分がその物語を語っているかのように生きようとする。[1]

自分自身の物語や、他人について語る物語は、まちがいなく私たちが「人間的な興味」と呼ぶものと、直接的にも間接的にも多様なつながりを持っている。

夜に寝ているとき、ナラティブは夢という形で現れる。何らかの人間的な要素を持たない、方程式や幾何学形態だけの夢を見たりはしない。神経科学者たちは、人間や環境や階層的な事象構造を持つ夢見を、物語本能に根ざすものだと述べている。実は夢見の間の脳活動は、ある種の損傷を受けた脳の活動に似ている。大脳辺縁系とその脳皮質下の連結への損傷が、自発的な作話につながるという活動だ。[2]

社会の動きを理解しようとする社会学者たちは、ナラティブ感染を社会変化の核心として考え始めている。たとえば社会学者フランチェスカ・ポレッタは、白人アメリカ人たちが黒人差別反対の抗議に参加した１９６０年代のシットイン社会運動を研究して、学生たちがそうしたデモを計画なしの衝動的な「熱病のような」ものとして表現し「何度も繰り返し自発的に起きた」と語っていることを報告した。[3] こうしたデモはしばしば、「白人専用」と書かれたランチカウンターで食事をさせろと要求する黒人という、ことさら人気のあったナラティブに動かされ、そこに若い白人支持者たちが黒人排除に道徳的な怒りを表明して参加することになる。この種の抗議運動は「シットイン」と呼ばれ、最終的に新しい社会運動のシンボルとなった。

シットインの物語は、１９６０年2月1日のたった一つの物語から生じている。これはグリーンズボロ農業技術カレッジの学生四人が参加した抗議運動だ。物語は、黒人は給仕されないランチカウンターから離れろ、という命令を無視した、礼儀正しい黒人四人をめぐるものだった。若者たちはじっとすわって給仕されるのを待ち、やがてレストランの閉店時間になると帰ったが、翌日もっと若者を連れて戻ってきたという。物語は口コミとニュース報道でヴァイラルとなり、ものの数週間でシットインはアメリカ全国に広がった。この物語の拡散は完全に無計画に起きたものではなかった、とポレッタは結論づけている。

活動家はこの話を広めようとした。ただし社会運動をしっかり掌握したわけではなく、おおむねヴァイラルだった。シットインという１９６０年代に登場した言葉は本当の流行で、疫病の流行で見られるコブ状のパターンと似た曲線をたどっている（補遺図Ａ-１参照）。グーグルＮグラムによるとシットインという言葉の利用は10年後の１９７０年まで続いた。その間に、この運動はティーチインという言葉を生み出し、これまた同じような流行曲線を見せたが、あまり大きくはなかったし、衰退ももっと早かった。
その何世代か前に、別の物語がアメリカの黒人の不幸に対する白人の同情を引き起こした。それはハリエット・ビーチャー・ストウの1852年の長編小説『アンクル・トムの小屋』に現れた。この本は19世紀アメリカで最も成功した長編小説であり、アメリカの人口がずっと少なく、本を買えるほど豊かでもなかった頃に、100万部以上を売った。これは子ども好きな高齢の奴隷アンクル・トムが、白人で奴隷所有者の無邪気な小さい娘リトル・エヴァにお話を語るというものだ。

エヴァはまだ子どもの頃に急病で死ぬが、その直前に自分の髪を切って奴隷たちに配らせ、天国でまた会いましょうと言う。トムは妻子たちと引き離されて残酷な奴隷所有者サイモン・レグリーに売られ、別の奴隷を殴れという命令に背いたために、無慈悲に打ち据えられる。

この本には、とても心を揺さぶられる場面がいくつかある。一つは奴隷の母親イライザが、売り飛ばされると聞いて4歳の息子と一緒に逃亡する場面だ。奴隷所有者のブラッドハウンドに追いかけられたイライザは、息子を抱きしめて、必死でオハイオ川の危険な氷を渡る。ヒット曲（形式は楽譜）「イライザの逃亡」が1852年に登場し、「トムのショー」と呼ばれる無数の芝居が、通常はこのイライザの場面を含む形で、アメリカ北部の至る所で生まれ、印刷本よりおそらくはるかに多くの人々を感染させた。アンクル・トム、サイモン・レグリー、イライザの物語は、南部が分離した後にそこを侵略しようという北部の決断にまちがいなく一役買っている。南北戦争が1861年に始まったが、これはすさまじい人間的、経済的重要性を持つ歴史的出来事となった。

ナラティブの普遍性

世界中の多様な文化の行動を研究する人類学者たちは、あらゆる人間社会、場合によってはあらゆる個人にすら見られる「普遍行動」と呼ばれる行動群を観察している。人類学者ドナルド・E・ブラウンは、本書にとって重要な普遍行動を同定している。人々が「物事の始めを説明するためにナラティブを使い、物語を語る」ということだ。[4] 実はナラティブは人間独自の現象で、他の生物種には一切見られない。一部の人は、物語こそ人間と動物を分けるものだと主張し、ヒトをホモ・ナランス（Fisher, 1984）、ホモ・ナレーター（Gould, 1994）、ホモ・ナラティブス（Ferrand and Weil, 2001）と呼ぼうとさえ提案している。この記述のほうが、ホモ・サピエンス（賢い人）よりは正確なのではないか？ 自分自身をホモ・サピエンスと呼ぶほうが気分はいいかもしれないが、それが必ずしも正確というわけではない。

古代ギリシャで哲学者プラトンはナラティブの重要性を理解していた。自分の哲学を、セレブであるソクラテスの登場する架空の対話という形で記述した。ナラティブの力は、彼の作品が今日なお人気がある理由の説明の一つだ。紀元前３８０年頃に書かれたその対話『国家』で、プラトンは政府が世間の物語を検閲すべきだと述べる人物を登場させている。アデイマントスと語るソクラテスはこう述べる。

> こうしたひどい物語が何らかの役目を果たさないとは言わないが、我らが守護者たちの

神経が、そうしたものによりあまりに興奮しやすく弱々しくなってしまう危険がある。[5]
ローマ元老院のキケローは、『弁論家について』（紀元前55年）という、それ自体がナラティブについての本の中で、こう語っている。

> 自然は人間を、滑稽な模倣者や語り部となるよう形成して生み出す。その外見と声と表現方法が彼らの着想を支援する。[6]

他の生物種にも文化はあるが、その文化を伝えるのにナラティブは使わない。他の動物はどうやって、個別の捕食動物を恐れるといった根本的な生存技能を学ぶのだろうか？ 実験によると、サルは遺伝的にヘビを恐れるようになっており、鳥は遺伝的にタカを恐れるようになっているという。さらに実験によると、サルや鳥は他の動物が自分の種を攻撃するのを観察すると、その動物に対する恐怖を獲得することが示される。また、攻撃が起きない場合でも、集団の中の他の個体に恐怖を引き起こすような状況を観察したときには、サルも鳥も恐怖を獲得し、それが長続きすることさえある。[7] だがその文化伝搬の仕組みは不完全で、言語により物語を伝える能力は人間独自のものだ。恐怖を想起させる人間のナラティブの力は、恐怖を引き起こす刺激を実際に観察しなくてもその情報を伝達できるという事実にある。ナラティブが、大きな感情反応を引き起こせるほど強ければ、本能的な戦うか逃げるかの反応といった強い反応を引き起こせる。

同じく普遍的なのは、ナラティブの伝達を支援する礼儀正しい会話の規範だ。基本的な礼儀正しさは、話し相手を見るとか、会話の始まりと終わりに何らかの挨拶的なことを行うといった単純な行動についてのものだ。こうした規範は相手を喜ばせる。それがあまりに当然のものとなっているので、実験によると人々はコンピュータとのやりとりですら、多少は礼儀正しい。[8]

どんな人間社会の訪問者でも、人々が対面し、テレビや焚き火を囲みしゃべっているのを見かける——そしてもっと最近では、他のソーシャルメディアでツイートしたり投稿したりする——それにより他人の反応を学び、そのフィードバックで自分の考えを裏付けたり否定したりする。どうやら人間の心は、事象の持続的な理解に到達しようとするとき、それを社会交流に埋め込まれたナラティブへと形成するらしい。

また人類をホモ・ミュージカスと呼んではどうかという示唆もある。音楽家としての人間ということだ。なぜなら音楽はあらゆる人間文化で見られるが、人間以外の生物種には存在しないからだ。[9]言語学者レイ・ジャッケンドフは、ナラティブと音楽の心的処理に多くの類似点を見出している。[10]著書『音楽、言語、脳』（２００７）で、アニラッド・パテルは音楽に「ナラティブ的な傾向」があると結論している。[11]純粋な楽器だけの音楽もあるが、市場で成功するときには、プログラム音楽や交響楽的な詩へと取り込まれて、その曲名や動きが聞き手の想像力を刺激する物語を示唆する。音楽学者アンソニー・ニューコムによると、クラシックの交響曲は実質的に「作曲された長編小説」で、漠然とではあれ、感情的に物語を示唆する。[12]

ナラティブにおける陰謀理論

人気ある物語には根底に「連中vsおれたち」的な主題があることが多い。これは物語の一部登場人物の邪悪さやバカバカしさを明らかにする善悪二元論的な語り口だ。冗談はしばしばだれかを犠牲にして行われる――他の集団のメンバーがネタになる。極端な場合には、ありもしない陰謀の証拠として各種の出来事がやり玉にあがる。歴史家リチャード・ホフスタッターは、アメリカ史における根拠のない陰謀論の事例をいろいろ教えてくれるが、彼によるとナラティブはしばしば実にバカげたものでありながら「事実性に多少は配慮しているように見え」がちだ[13]。もちろん人々は陰謀論には警戒するのが合理的だ。というのも歴史は本物の陰謀だらけだからだ。でも人間の心は、陰謀に対して興味を示すようにできているかのようで、この他人の陰謀に見えるものから自分を守りたいという願望に基づき、個人のアイデンティティと友人への忠誠心を形成する傾向があるらしい。この傾向はどうやら、互恵性と仮想敵に対する敵意という人間のパターンに関係しているようだ。この二つの傾向は、交渉で相手にあげたがる傾向と、経済的な損失を被ってでも不公平な行動を罰したがる傾向と関連していることがわかっている[14]。

物語とナラティブ

ナラティブと物語という言葉は、同じものとして使われることが多い。だがメリアム＝ウェブスターオンライン辞書によると、ナラティブは「ある特定の視点や価値観を反映し奨励する、状況や一連の出来事を述べたり理解したりする方法」だ。[15] だからナラティブはある特定の物語や物語群の形であり、その重要な要素や重要性を受けて示唆するものとなる。ナラティブは一般に、現実だろうとフィクションだろうと何か出来事の説明という形を採るが、そこで述べられている具体的な出来事は、しばしばある概念に色づけするためのものでしかなく、その感染性を高めるものでしかない。

　きわめて複雑な出来事の連鎖についてですら、単純なナラティブを形成したがる人間の傾向は、最も分析的な人々さえ感染させる。国際的なチェスのグランドマスターであるガルリ・カスパロフは、自分の体験から次のようにコメントしている。

> 最大の問題は、プレーヤーたちですらそれぞれのチェスの試合を物語として見てしまう、ということだ。序盤、中盤、終盤のある一貫性のあるナラティブとして捉えてしまい、その過程でいくつかひねりがあると思ってしまう。そしてもちろん、物語の終わりに教訓があるというわけだ。[16]

　歴史学者ヘイドン・ホワイトは歴史的ナラティブと歴史的記録とのちがいを強調してきた。記録は単に出来事の流れを挙げるだけだ。

> 歴史的物語における結末を求める要求は、道徳的な意味の要求なのだと私は考える。こ

の要求は、本当の出来事の流れの重要性は、道徳劇の要素として評価すべきだという要求だ[17]。

経済学者たちの書く理論は、優しい独裁者が最大限の社会的厚生を実現する具体的な計画を実装できるとでも言うようだ。だがそんな計画者はいない。実際に存在するのは、利己的、利他的、あるいはその両方であるような人々だ。そうした人々は物語に影響を受ける。

脚本とキャリーバッグ

心理学者ロジャー・C・シャンクとロバート・P・アベルソンによると、ナラティブは単なる脚本と見ることができる[18]。こうした脚本はまた社会規範とも呼ばれ、経済行動を含む人々の行動を部分的に律するものだ。たとえば、ファイナンスにおける「慎ましい人間の（プルーデントマン・）ルール」は経済的な影響を持つ社会規範の一つだ。受託者や専門家は、自分の判断を自分で執行する権利はない。むしろ「慎ましい人間」を真似ねばならない。つまりは脚本どおりに動くということだ[19]。

曖昧な状況でどう行動すべきかわからないときには、人々はナラティブに立ち戻り、自分が耳にした役割を採用し、まるで以前に見たことのある芝居を演じているようにふるまう。そんな行動が合理的かどうか議論はできる。ある意味で、その行動の論理がまったくわからなくても見たところ成功した人々を真似るのは、合理的だ。コピーされるほうの人々は、そうしたふるまいを採る謎の、あるいは目に見えない理由があるのかもしれず、それが成功したということは、少なくとも偶然にせよ何か有利な行動に行き当たったことを示唆している。だが伝統的な経済理論はこうした合理性をモデル化しない。他人の行動を真似るのはもっと反射的な行動であり、「迷ったら真似ろ」という原理の思慮深い適用だとは考えない。この反射性は、人々があらゆる情報に基づいて効用を最大化しようとするのだ、という典型的な経済学的想定には一般に従わない。それどころか、他人が決めた脚本に従うのは、しばしばかなりバカな行動に見える。

　人々はしばしば、あるアイデアが脚本の一部だったり、うまくパッケージされていなかったりすると、そうしたアイデアを認知しない。２００３年の拙著『新しい金融秩序』で私は、いくつかすぐに価値がわかりそうな金融的発明がどこでも採用されていないと論じ、なぜだろうと問うた。アナロジーとして、私はキャリーバッグの例を挙げた。キャリーバッグは１９９０年代まで人気が出なかった。ノースウエスト航空の機長ロバート・プラスが、車輪二つとスーツケースに収まる硬いハンドルのついたローラボードを発明したのが人気の発端だ。車輪付きスーツケースの初期バージョンである、１９７２年のバーナード・サドウの発明はあまり人気が出なかった。旅行者はそれを革紐で引っ張るようになっていて、そこそこうまく機能はしたが、横転しやすかったので完璧ではなかった。それでも、車輪なしのスーツケースに比べれば大きな改善だ。サドウは車輪付きスーツケースを市場で受け入れてもらうのに、ずいぶん苦労した。だれも興味を示さなかったのだ。でもなぜ？　いいアイデアだったし、今日ではほとんどあらゆる旅行者が、ローラボードやその後継機を所有している。ほとんどの人は、車輪のないスーツケースを買おうとすら思わない。

『新しい金融秩序』刊行後何年もたって、ある元特許審査官がメールをくれて、１８８７年に車輪付きトランクの特許があったことを教えてくれた。ほぼ同じ発想に思える。[20] でもそれが当時の新聞で宣伝されていたのは見当たらない。後に１９５１年のジョン・アラン・メイによる記事を見つけた。１９３２年以来、車輪付きスーツケースを製造販売しようとしてきた努力を回想したものだった。メイによると、

そしてみんな笑った。私は大真面目だった。だが彼らは笑った。実に多くの連中が。車輪の理論をさらに応用する話をだれにしても、みんな眠そうな感じで、いやおもしろいお話でしたと言うのだった。

（どうせなら車輪をもっと使い倒しては？　人間に車輪をつけてはいかが？）……計算してみると、車輪付きスーツケースのアイデアを１２５のグループ、おそらく１５００人ほどに説明したことになる。妻は１９３７年に、もう聞き飽きたと言った。私を真面目に扱ってくれた唯一の人物は、数軒隣にしばらく住んでいた発明家だった。困ったことに、彼を真面目に扱う人はだれもいなかった。[21]

車輪付きスーツケースというアイデアがなぜ即座に大流行しなかったのか、私はついぞわからない。精一杯の推測として、プラスの発明により、スーツケースに車輪が付いているなんてバカげて見えるという感覚を華やかさが上回ったのではないか。その１９９１年の広告は、ローラボードのナラティブを航空会社に結びつけており、それは１９９０年代には今日よりずっと華やかに見えた。

これはパイロットが設計し、ほとんどの航空会社で機内持ち込みが認められています。その組み込み車輪と収納式ハンドルのおかげで、空港の中を転がし、そのまま搭乗して通路を転がしていけます。[22]

その流行は、乗務員たちがローラボードを採用したときに加速した。乗客たちはこうした華やかに見える人々が、ローラボードを軽々と引っ張りながら空港を通り抜けているのを目にした。１９９３年には、ローラボードの広告はこのパブリシティを利用し、「世界中の乗務員たちのイチオシです」と宣伝した。１００年以上も前のよいアイデアがいきなり流行するには、たったそれだけでよかったのかもしれない。

ヴァイラル性についての実験的証拠

実験による証拠を見ると、個別の創造的作品の成功は、人々がその作品を見る他の人々の反応をどう評価するかに左右される。ある実験で[23]、社会学者マシュー・J・サルガニクたちはオンラインで「人工的な音楽市場」を作った。この市場は顧客が聴ける様々な歌を含んでおり、それを採点して、欲しければダウンロードできる。演奏しているのはすべて無名のバンドで、この実験に参加する前には参加者のだれも、どの曲も聴いたことはなかった。

この人工的な市場は、被験者たちが歌の人気度を観察できる以外はお互いにやりとりできないという点で、本物のオンライン市場を真似たものとなっていた。この人気ランキングが唯一の「火花」だった。被験者たちは無作為に二つの状況に割り当てられた。独立の場合と共有された場合だ。独立条件の被験者たちは、他人の選択を決して見ることなく独立して歌を選ばねばならなかった。共有条件の被験者たちは、八つの世界に振り分けられ、自分のいる世界だけで他人のダウンロード状況を見ることができる。極端な共有条件だと、コンピュータ画面は常に、ダウンロードで測った人気の順に曲を並べた。それぞれの共有条件世界で、購入する初の被験者顧客は、他人の選択について何の情報も見ることがなく、二人目は最初の顧客の最初の選択を見て、三人目は最初の顧客二人の選択を見て、という具合だ。

研究者たちは、八つの世界がそれぞれ独自のヒット群を生み出し、それが世界ごとに不完全な相関しか示さず、そして世界ごとの成功の格差は、顧客が他人の選択について情報をまったく見ていない独立世界と比べて常に高かったことを発見した。共有世界でのランダムな最初の選択が、次第に増幅されたと考えるのが論理的に思える。現実世界では、その影響はもっと強いだろう。なぜなら現実世界のマーケターたちは、できるだけ観客規模を誇大に述べたがるからだ。この研究は、ランダムなちょっとした発端が巨大な流行につながりかねないという実験的な裏付けと考えられる。

ここから得られる教訓は、経済史を含む歴史は、それを理解しようとしたり世間的なコンセンサスを得ようとしたりする後のナラティブが示すような、出来事の論理的なシーケンスではないということだ。大事件が起こるのは、ちょっと高い感染率を持つナラティブの、一見するとどうでもいい突然変異、ちょっと低い忘却率、先行者優位などが、競合するナラティブ群の一つを頭一つ抜きん出るようにするからだ。そうしたランダムな事象がフィードバックを起こし、もっと大きくて広まるナラティブ群にフィードバックされるのだ。これは次章で、有名（あるいは悪名高い）ラッファー曲線に関連するナラティブ群を検討するときに見よう。

第5章

ラッファー曲線とルービックキューブの大流行

ナラティブ研究で最もむずかしい課題の一つは、きわめて重要な感染率や回復率を予測することだ。疫学者などの各種研究にもかかわらず、感染を創り出す心的、社会的プロセスを厳密に観察はできず、したがってそれがどのように展開するかが理解しにくい[1]。

通俗文化の例を取ると、映画のリリース前にその成功を予測するのは、ほぼ不可能と広く知られている[2]。アメリカ映画協会の元会長ジャック・ヴァレンティはこう述べた。

> うちの業界におけるあれだけの経験、最も賢い人々の創造的な直感すべてをもってしても、だれ一人、まったくだれも、映画が市場でどんな成績を収めるかわからない。(中略)暗い映画館で映画がオープンし、スクリーンと観客との間に火花が散るまで、この映画は

いけるとだれも言えない。[3]

脚本家ウィリアム・ゴールドマンも、著書の最初の数行で似たようなことを述べている。

だれも何も知らない。映画業界すべてでだれ一人として、何が成功するのかを確実にわかったりはしない。毎回それは当てずっぽうだし、運が良くてもせいぜいが多少の理屈がある程度だ。[4]

実は多くの映画や曲は一発屋[5]で終わってしまうということが、ヴァイラルになるむずかしさの裏付けとなっている。ヒットを当てた人でも、それを再現できないことが多い。また。過去のヒットは二度と本当のヒットにはならない。少なくとも、かなりの改変を加えないとヒットしない。経済学もまた同じ一発屋的な部分がある。その一つが、いまや悪名高いラッファー曲線だ。この経済ナラティブがどのようにヴァイラルになったかを検討すると、経済ナラティブが現実世界の結果につながる方法について、さらなる洞察が得られる。

ラッファー曲線と悪名高いナプキン

ラッファー曲線は、政府が減税しても歳出を減らさなくていいという説を正当化するために経済学者アーサー・ラッファーが１９７４年のディナーで使ったグラフだ。その理屈が正しいものなら、多くの有権者は大喜びだ。このナラティブを見つけるには「ラッファー曲線（Laffer Curve）」という単語を検索すればいい（図5–1）。流行曲線的なものが連続して二つある。一つは１９８０年代初頭まで上がり、もう一つは２０００年以後に上がっている。後半のものは、政府赤字を正当化する別のナラティブ、「現代貨幣理論（ＭＭＴ）」とラッファー曲線が関連づけられたときに生じたものだ。

ラッファー曲線は、経済学の入門教科書に出てきそうな単純なグラフに見えるが、大きなちがいが一つある。一般人の間でもとても有名だということだ。この曲線は、逆さにしたU字型になっていて、国の所得税収と、その所得税率とを関連づけたもので、税率が上がれば人々はあまり働かなくなって、国の歳入が減るということを考慮している。この概念は、ほとんどの人が退屈でつまらないと思いそうな話に聞こえる。でもなぜか、ラッファー曲線はヴァイラルになった（図5–1）。

この図で集計されているナラティブで描かれるラッファー曲線の感染は、相当部分が高所得者の大減税を正当化するのに使われたという事実からきている。ラッファー曲線の感染は、１９８０年にアメリカ大統領に選出されたロナルド・レーガンと、その1年前の１９７９年にイギリス首相となったマーガレット・サッチャーに関連づけられている基本的な政策変化と関連している。二人とも保守派で、減税を公約していた。

だがラッファー曲線のナラティブは、同時期のフランスにおける社会主義の大統領フランソワ・ミッテランの選出には役割を果たさなかった。デジタル化したフランスの新聞分析によると、「la courbe de Laffer」はフランスでもヴァイラルになったが、アメリカやイギリスほどではなかった。

図5-1　ラッファー曲線登場頻度

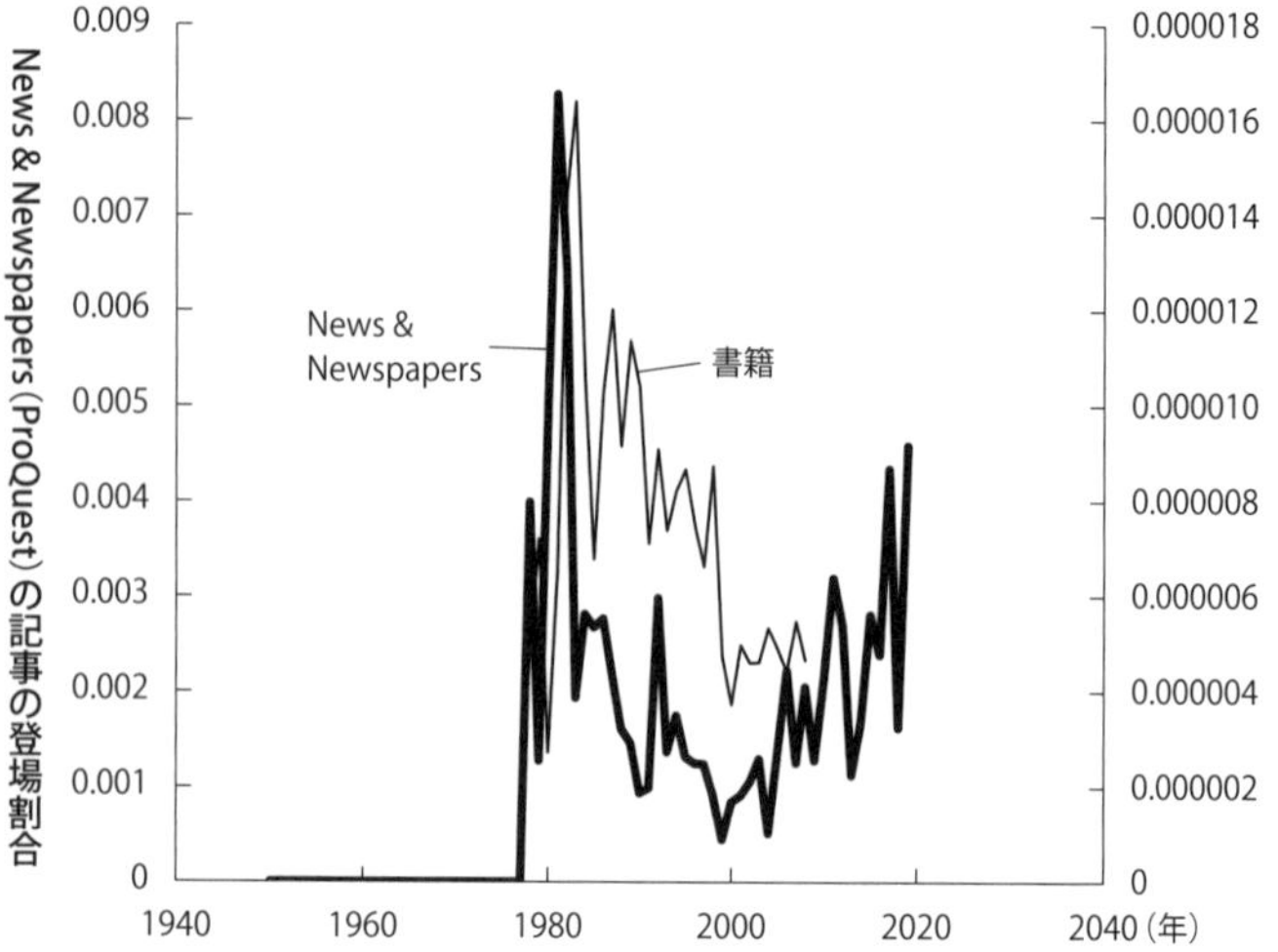

税が経済に与える影響をめぐる、アーサー・ラッファーのディナーナプキン図の経済ナラティブは、1980年頃に鋭い流行を見せ、2000年以後に2回目の流行を示している。
出所：ProQuest News & Newspapers 1950～2019年と書籍（グーグルNグラム）1950～2008年のデータを使った筆者の計算、平準化なし。

ラッファー曲線には、意外なオチがついていてみんな不意打ちされるが、通常それは笑いを引き起こすものではない。ナラティブはこんな具合だ。所得税率と、税収の関係はどんなものだろうか？ええと、税率がゼロなら、税収はゼロですな。税率が１００％なら、所得がすべて召し上げられてしまうから、１００％の税率ではだれも働こうとはしませんな、したがって税収はここでもゼロ。０％と１００％の間の税率だと、ある程度のプラスの税収は得られます。その点をつなぐとラッファー曲線のできあがり。そしてここでオチがやってくる。この曲線は逆Ｕ字型だから、どの税収についても、それを実現する税率は二つある、ということだ。この結論は不意打ちとなる。というのも、ある税収について、2種類の税率などという話をする人はほぼいないからだ。もちろん政府の資金を得るためには、その二つの税率のうち、高いほうよりは低いほうを適用したほうがいい。

税金が、収入を稼いで職を作るインセンティブを引き下げかねないという発想は、目新しくもなんともない。アダム・スミスも18世紀にこの発想を述べている。[6] １９２１～32年にアメリカ財務大臣を務めたアンドリュー・メロンは「トリクルダウン」経済学で有名で、カルヴィン・クーリッジ大統領（１９２３～29）とともに、第一次世界大戦後しばらく高いままだった所得税引下げを主張して成功した。だがメロンという名前は話題にならなくなり（ただしカーネギー＝メロン大学は除く）、このナラティブも勢いを失った。

ラッファー曲線の物語は、ラッファーが初めてこれを述べたとされる１９７４年にはヴァイラルにならなかった。その流行は、ジュード・ワニスキーの１９７８年の著書『世界の仕組み』に発表された小話が原因とされる。『ウォール・ストリート・ジャーナル』の論説ライターだったワニスキーは、ラッファーがワニスキーとホワイトハウスのトップ高官二人、ディック・チェイニー[7]とドナルド・ラムズフェルド[8]と一緒に、ワシントンDCのツー・コンティネントレストランでステーキディナーを食べたときの、気の利いたお話を書いた。その話によると、ラッファーはレストランのテーブルにあったナプキンにその曲線を描いたのだという。

何年もたってワニスキーの死後、彼の妻は夫の書類の中に、ラッファー曲線の描かれたナプキンを発見した。そのナプキンはいまや国立アメリカ歴史博物館が所蔵している。[9] 同博物館の学芸員ピーター・リーブホールドは、このナプキンについて博物館のウェブサイトにこう書いている。

> あらゆる博物館の学芸員は、物理的に興味深くてアメリカ史上の偉大な瞬間を表す、すばらしい物体、驚異的なアイコン性を持つ品物を探します。悲しいかな、そうした品物が現れることはほとんどないし、最高の物語も実は作り話だったりします。しかし、時には金鉱にぶちあたることもあります。あり得ないような可能性の中から、アメリカのビジネス史上の驚異的な物語を集められたのは本当に幸運でした。それは政治変化、経済革命、社会的影響をもたらしたものです――これぞお宝というものです。[10]

困ったことに、当のラッファー自身はこのナプキン物語を否定している。彼はこう書いた。

> ワニスキー版のお話について私の唯一の疑問は、そのレストランが布製のナプキンを使っていて、私はすてきなものを汚したりするなと母にしつけられたということだ。まあとにかく、それが私版の物語だし、それを変えるつもりはない。[11]

ラッファーは自分の回想について正直だったが、その正直さをもってしても、あまりにいい話を止めるほどの力はなかった。

視覚的な補助がヴァイラルに

なぜナプキンの話がヴァイラルになったのか？　いい物語というのがその原因の一部ではありそうだ。ワニスキーの物語が爆発してから、ラッファーは4年前に起きたそんな出来事をほとんど思い出せないと語っている。[12] でもワニスキーはジャーナリストで、いいお話の要素を手に入れたのを感じ取ったのだ。その中心となる発想は、ワニスキーの述べ方だと、確かにパンチが効いていた。ナプキンに描いた図という物語の要素のおかげで、それがヴァイラルになったと結論づけるのはバカげて思える。だが、意外な視覚刺激が記憶を助け、ナラティブを「目立つ」ものにできるという科学的な証拠はたっぷりある。別にすべての人が物語のナプキンを覚えているということではない。むしろ、ナプキンに描かれたグラフといったちょっとした細部が、ナラティブの発端での感染率を忘却率より高くしたかもしれないということだ。

ラッファー曲線は、だれにでもわかるくらい簡単な経済効率の概念を内包している。ワニスキーは、何らデータを示すことなく、アメリカがラッファー曲線の非効率な側にいると示唆した。ラッファー曲線の図は、減税すれば国民所得が棚ぼた式に大きく増えると示唆するように見えた。経済学に馴染みのないほとんどの定性的な人々にとって、経済非効率についてのこの説明は驚くべき概念に思え、それがヴァイラルとなるくらいの感染力を持っていたのだった。経済学者たちは、アメリカは別にラッファー曲線の非効率な側にいるわけではないと抗議したが、無駄だった。[13]

しかし、ラッファー曲線が重要な政策のガイドとなる状況もあるかもしれない。特に法人税率がそうだ。法人税率を他国よりも低く設定する小国は、企業が自国に本社を移転するよう促せるかもしれない。すると法人税の税収は上がるかもしれない[14]。だがラッファー曲線の客観的な分析は、ラッファー流行を押しとどめ、それを個人所得税に関連づけるのを止められるほどパンチの効いた話にはならなかった。この物語を本当にうまく語るには、高級レストランに場面を設定し、強力なワシントンの要人とナプキンが必要だったのだ。

　結局のところ、ラッファー曲線のナプキン話がヴァイラルになったのは、この物語が伝える緊急性とひらめきのような感覚のおかげかもしれない。この発想は実に衝撃的で重要だったので、ある経済学の教授が高級レストランで場ちがいなことをやり、政府高官にそのすばらしさを伝えたいほどだったのだ、というわけだ。

　最終的にこの物語の豊かな視覚イメージは、それが経済的な小話から、長期記憶へと発展するのを後押しした。ナプキンという視覚ディテールは、人々がこのナラティブを忘れる速度を抑え、この流行が人口の相当部分に浸透するのに貢献したのかもしれない。物語をヴァイラルにしたい人々が学ぶべき教訓がここにはある。著者たちが観客にある物語を記憶させたければ、刺激的な視覚イメージを示唆すべきだ、というものだ。古代ローマでは元老院のキケローがこの戦略を支持しており、シモニデスを引用してこう述べる。

> シモニデス、あるいはこの技芸を発明した人物が賢明にも見て取ったように、そうしたものが心に最も強く焼き付けられるためには、各種感覚を通じて伝えられ、印象づけられねばならない。そしてあらゆる感覚のうち最も鮮烈なのは、視覚だ。そしてつまり、聴覚

や知性を通じて受けとったもので最も容易に心にとどまるのは、それが心の目という手段を通じて想像力に提示される場合なのである。[15]

実際、心理学やマーケティング雑誌は、少なくとも状況次第では、異様な心的イメージが確かに記憶補助として機能することを発見している。[16] たとえば記憶訓練の専門家ハリー・ロレインは、昔から記憶を改善したい人々は異様でとても視覚的な心的イメージを形成するよう試みるべきだと主張している。鍵を置き忘れがちな人々への彼の示唆は次のとおりだ。

> 鍵を花瓶に入れるときに、二つの重要な存在――鍵とそれを置いた場所――の心的イメージを形成しよう。それをバカげたあり得ないイメージにしよう。たとえば、巨大な鍵が花瓶から生えているところを「見る」のだ。[17]

神経科学が示したように、長期記憶形成には脳の多くの部位が関連しており、そこには視覚イメージ処理の部位も含まれる。[18]

ルービックキューブ、会社乗っ取りなど並行する流行

ラッファー曲線と同時期に現れた別の流行があった。ルービックキューブは、１９７４年にルビク・エルネーが発明したもので、様々な色の小さな立方体を組み合わせた立方体形のパズルだ。

ナラティブによると、ルビクは創造力豊かなハンガリーの彫刻家で建築家であり、そのパズルが世界中の科学・数学コミュニティを夢中にさせたのは、それが何か興味深い数学原理を表すというナラティブを育んだからだという。

『サイエンティフィック・アメリカン』は１９８１年3月号でルービックキューブを巻頭記事にして、その筆頭記事を書いたのはダグラス・R・ホフスタッターだった。ベストセラー『ゲーデル、エッシャー、バッハ』（１９８０）の著者ホフスタッターは、科学を芸術や人文学と結びつける才能を持っていた。彼の記事は、ルービックキューブを深い科学原理の表現として描くものだった。彼は量子力学や、クォークと呼ばれる素粒子を結びつけるルールとのつながりを述べた。そうした細部をいまも覚えている人はほぼいないが、ルービックキューブが何やらすごいものだったというのは覚えている。ルービックキューブは、ProQuest News & Newspapers ではラッファー曲線より大きいが、グーグルNグラムではラッファー曲線より小さい。どちらも時間とともに、似たようなコブ状の経路を示す。

同時期に、ラッファー曲線と同じ群れに属するナラティブも登場している。「レバレッジド・バイアウト」「会社乗っ取り」といった用語も、１９８０年代にはヴァイラルになった。これは真のインセンティブにうまく反応し、結果として高い利潤を達成した企業を賞賛する記事が多かった。そうした物語のマーカーとして出てくるのが「株主価値の最大化」という用語で、ProQuest News & Newspapers とグーグルNグラムによれば、これは１９７０年代まで使われたことはなく、21世紀までその利用は着実に増えた。

「株主価値の最大化」という用語は、その会社にすさまじい水準の負債を背負わせて、従業員やステークホルダーたちとの暗黙の契約を無視するといった、怪しげな会社乗っ取り屋の手口をヨイショするものとなっていた。「最大化」という用語は、知性、科学、微積分を示唆する。「株主」は聞き手に、その事業全体を立ち上げるためのお金を出した人々がいるのだと思い出させ、その人々が忘れられているかもしれないと示唆する。「価値」は、「富」や「利潤」よりもよいもので、理想主義的に聞こえる。この三つの言葉をフレーズとしてまとめて使うのは、１９８０年代の発明であり、会社乗っ取り屋やその成功の物語を語るのに使われた。「株主価値の最大化」は、攻撃性と富の追求に関する感染性の口実であり、その用語を利用したナラティブはほぼまちがいなく経済的に重要だ。

ラッファー曲線、サプライサイド経済学、ナラティブの群れ

ラッファー曲線の流行後に、レーガン政権（１９８１～89）はアメリカの連邦所得税最高ブラケットの税率を70％から28％に引き下げた。またアメリカの法人利潤税の最高ブラケットを46％から34％に引き下げ、アメリカのキャピタルゲイン課税の最高税率を１９８１年に28％から20％に引き下げた（ただしレーガン大統領任期中の１９８７年には28％に戻した）。ラッファー曲線の流行がこの変化にわずかでも影響したなら、産出と物価にはすさまじい影響があったはずだ。

こうした理由からラッファー曲線はいまだによく記憶されているが、これは現在ではサプライサイド経済学と呼ばれるナラティブ群の一部でしかなかった。これは政府が、規制緩和と減税により経済成長を高められると主張する一派だ。「サプライサイド」という用語は、ラッファー曲線と

同時期にヴァイラルとなった。ラッファー曲線は、多くのサプライサイド派のナラティブの影響力を高めた。というのも、それはことさら強力なナラティブだったからだ。ナプキンへの殴り書きというよい視覚イメージがあり、ルービックキューブの『サイエンティフィック・アメリカン』と同じ権威が背後に控えており、増税する政治家はバカだと示唆していた。

サプライサイド経済学の群れの中で流通していたナラティブは、オロフ・パルメ率いるスウェーデンの社会主義政府の影響に関する広く流布した物語だった。その政府は極度に無能だったので、うっかり（高所得者の）実効所得税率を１００％より高くしてしまったというのだ。たくさん働く人々は、税引き後の所得がかえって下がった。この物語は世界中で報道され、たとえば１９７６年の『ボストン・グローブ』にはこうある。

> 平均的なスウェーデンの歯科医は週に30時間未満しか働かない。それ以上稼いだら、手取りがかえって減るからだ。映画監督イングマール・ベルイマンは、同国でおそらく最も有名で敬意を抱かれている市民だが、徴税官がいやがらせをして、リハーサルの最中に彼のレコードを押収したので、同国を永久に離れた――これは彼の個人所得税ではなく法人税についての誤解によるものだった。[19]

スウェーデンでの１００％を超える税率という物語は１９７６年にさらに変異した。有名なスウェーデンの児童作家アストリッド・リンドグレーンが、この税率に関するおもしろい大人のおとぎ話『お金の国のポンペリポッサ』を発表したのだ。「ポンペリポッサ効果」は同年のパルメ政権失墜に貢献したかもしれない。

限界所得の１００%超を人々が税金で支払うという類似のナラティブは、その後数年でヴァイラルとなり、アメリカですらナラティブ群を形成した。[20] こうした物語は相互に強化し合った。こうしたナラティブは、政府の無能ぶりについてのものであり、すでに全体としては１００%を十分に下回っていた税率引下げを訴えるものではなかった。だが税率が高くなりすぎたという全般的な印象を支えるものとなった。

こうしたナラティブ群の存在の証拠が見たければ、デジタル化した新聞で「最高税率ブラケット」という用語を探せばよい。１９５０年代には、アメリカの最高所得税ブラケットはきわめて高く、84%から92%だったが、この用語を使った新聞記事はProQuest News & Newspapersでは33本しか登場しない。１９８０年代になると、最高所得税ブラケットはだんだん70%から28%に引き下げられたのに、[21] この用語を使ったProQuest記事は５２０件あった。１９８０年代以来、最高税率ブラケットに関する物語の流行は増え続けている。

最高税率ブラケットへの注目は、当然ながら最低税率ブラケットや、最貧層に対する実質的な負の所得税にも関心を集め、いまやそれが前ほど好意的な見方をされなくなった。アメリカでは、「福祉マザー」（生活保護マザー）という用語は、男性納税者たちがイヤイヤながら支える、未婚の母子家庭を指す。この用語の利用は、１９６０年にはゼロだったのが１９７０年代初頭に頂点を迎えた。リンドン・ジョンソン大統領が、貧困をなくすための偉大な社会計画を発表した後だ。

所得税もまた強い批判を浴びた。１９７０年代にマスコミは、世論の変化に気がつき始めた（その後少なくとも10年はそれが顕著に見られた）。それはセレブと関連したものではなく、13号法案というカリフォルニアの州民投票についてのものだった。この投票可決で、１９７８年にはカリフォルニア州憲法が改正され、所得増税に大きな制限がかかった。当時の新聞が「納税者の反乱」と呼んだものがアメリカに吹き荒れた。

> カリフォルニア州で始まった納税者の反乱は、グレープナッツ並みに草の根からの運動だ。だがカリフォルニア州や地方役人たちは、恐怖とおそらくは後ろめたさで身震いしている。（中略）13号法案は、アメリカの半数の州で模倣者を生んでいるのだ。[22]

１９７８年にアメリカ全国を襲った流行は、税率があまりに高すぎて持ち家の人たちはもはや自分の家に住めなくなり売らざるを得ないというお話だった。関連した物語は政府の非効率性や、税収の使い道の腐敗に反対した。こうした発想や、その根底にある「税の反乱」のナラティブは流行した。だが納税者の反乱は１９７８年を中心とした数年だけで、すぐに現れては消えた。

その背景にあったのは、アングロサクソン諸国で20世紀後半に見られた自由市場の自由放任ナラティブ台頭だった。こうした台頭はアイン・ランドの１９４３年の小説『水源』などの物語に後押しされた。この小説の読者は１９４０年代には限られていたが、20世紀を通じてますます人気は高まっていった。ランドの１９５７年の長編『肩をすくめるアトラス』はヴァイラルとなった。この小説は、生産的な人々がその他の大半の人々に対して大規模な全国ストライキを行う、というものだ。大半の人々というのは、政府規制（税金を含む）を通じて、自分の身勝手な利益のために富を吸い上げようとするたかり屋だ。

ランドとその長編小説の影響は、一時的にしか感染しなかった納税者の反乱の物語とはちがい、１９８２年に彼女が死んでからも高まり続けた。どうやらこの小説は、速度は遅くても最終的には大きな流行だったようだ。その少し前に、「経済を刺激」というフレーズが１９５０年代末から登場し、１９７８年から１９８０年にかけて急激に用例が増えた。高所得者に対する減税は、刺激剤となって、優秀と称する人々が社会に貢献できるようにするのでは、と示唆しているわけだ。

セレブ、小ネタ、政治

ラッファー曲線の流行は、ロナルド・レーガンとマーガレット・サッチャーの選挙には貢献したかもしれないが、他のナラティブも影響力はあった。たとえばレーガンの次のような小ネタがそうだ。

> 政府の経済に対する見方は手短なフレーズでまとめられる。動くものには課税。それでも動くならそれに規制。動くのをやめたならそれに補助金を。[23]

レーガンはこれを１９８６年の演説で使った。だがその根底にあるアイデアは、ちょっとちがう形で少なくとも１９６７年からあった。『シカゴ・トリビューン』の保守派論説者ウォルター・トロハンがこう書いたのだ。

> 連邦政府は、有名な小ネタにおおむね沿って動く。「動くものには課税、課税できなければ統制、統制できなければ１００万ドルくれてやる」[24]。

つまりこの小ネタは１９６７年には有名だった。だがそれを本当に流行させるにはセレブが必要で、ロナルド・レーガンというセレブはまさにそれをやった。

この小ネタの詩的な性質に注目。でもそれが、トロハンからレーガンまでの間に改善されている。レーガン版だと、各行が「〜なら」の主張という基本構造を持ち、条件節は「〜なら」で、従属節は「それに」に続く動詞という形の命令形だ。このレトリック形式は、この小ネタに風格を与えただけでなく、改変なしの伝達にも役立ち、高い感染率に貢献した。おそらくはそれが、税金がいかにいやなものかみんな話しているのだと示唆するからで、それを不満に思うのが話者ではないことを語っているからだろう。

要するに、ラッファー曲線などのサプライサイド派の物語は、減税という強い公共的使命を引き起こしたらしい。

また、減税や小さい政府に関するナラティブ群は、社会運動を引き起こしたとも言える。起業家精神という社会運動だ。１９８７年に、『ニューヨーク・タイムズ』はレーガンの起業家精神支持のナラティブを一つ報道している。今日それは、ウィットあふれるものとして記憶されている。

> 大統領は、今月初頭の経済問題に関する演説で次のように述べた。「ちなみに最近新しい趣味ができたんだ。ソ連の市民が語っているとわかる、あるいはそうだと証明できる物語

を集めているんだよ。それはユーモアのセンスを示すだけでなく、彼らがあの体制をどう思っているかも教えてくれるんだ」。

そしてレーガン氏は、その時点でのお気に入りを語ってくれた。車を買おうとしたロシア人の話だ。「配達の問題」。

ある男は公式機関に出向き、お金を支払うと、その自動車はちょうど10年後に配達される、と言われた。

「配達は午前なの、午後なの」と買い手は尋ねた。「10年先なんだからどっちでもいいでしょう」と担当者は答える。

車の買い手は答えた。「それがね、午前は水道修理人が来るもんでね[25]」。

ルービックキューブはただのおもちゃで、経済ナラティブを支えるものではなかった。だがレーガンの軽いジョークは、経済的に強力な起業家的ナラティブとなる。こうした新しいナラティブは、起業家精神とリスクテイキングを奨励し、それが世界の先進国経済の法的構造を根本的に変えた。

ラッファー曲線とルービックキューブという事例は、ナラティブの広大な宇宙のたった二つでしかない。私たちはそれを組織化する力を理解する必要がある。こうしたナラティブすべてを貯蔵するのは、すさまじい記憶容量を持つ人間の脳だ。次章では神経科学を使って、この貯蔵庫の構造を検討しよう。

第6章

経済ナラティブのヴァイラル性に関する様々な証拠

ナラティブ感染が経済に与える影響についてのさらなる証拠は、人間の脳内における物語構造、恐い話の脳内処理、原始的な人間の相互作用をマスコミが強化する長い歴史、本の表紙やロゴの有効性、美人コンテストがもたらす情緒的影響に見られる。

物語を伝えたい衝動

１９５８年に脳外科医ワイルダー・ペンフィールドは、医学的理由から、局部麻酔をかけただけで目を覚ましたままの患者に脳手術を行っている間（脳そのものには痛覚レセプターはない）、被験者の脳に電極を植え込んだ。脳の狭く集中したある部位を刺激すると、一連の音が順番に聞こえるように感じることを彼は発見した。

　電極が側頭葉の切開面の灰白質の23番点に当てられると、患者は「音楽が聴こえる」と述べた。15分後に電極を彼女に告げずに同じ点に当てた。彼女は「また音楽が聴こえた。ラジオみたい」と言う。何度も電極の端がこの点に当てられた。毎回彼女は、オーケストラが同じ曲を演奏しているのを聴いた。どうやら同じところから始まり、独奏部からコーラスへと移行した。手術用の覆いの下から電気刺激の箱を見た彼女は、それがグラモフォンで、それをだれかがときどきつけているのだと思った。[1]

脳の別の部位を刺激すると、あるお話が、これも順番を追って語られた。

　ある若い女性（N.C.）は、左側頭葉が図5の19番点で前から刺激を受けるとこう述べた。「夢を見ました。腕の下に本を抱えています。男の人と話をしていました。その人は、本のことは心配するなと私を安心させようとしていました」と言う。1センチ離れた地点、20番点の刺激で彼女は「母が私に話しかけている」と言った。15分後に同じ点が刺激された。患者は電極が当てられているとゲラゲラ笑い出した。電極をはずして説明を求めるとこう語った。「ええと、長い話になっちゃいますけど……」[2]。

ペンフィールドの研究は多くの分野できわめて大きな影響力を持っていた。本書との関連で言えば、彼の結果は人間の脳構造が、私たちが人間独自と考える性質のいくつかを大いに体現しているようだと示唆している。音楽を感じる傾向と、出来事のシーケンスとしての物語を語る傾向、感情を引き起こす物語を語る傾向だ。

現代の神経科学は、物語を語ろうとする人間の衝動の決定要因を確定しようとしている。たとえばペンシルバニア大学アネンベルグ校の、エミリー・B・ファルク神経科学研究室では、fMRIを使って人々が健康ニュースの物語を他の人に話そうか決断するときの脳を研究した。

このチームの結論は、人々は自分に関係した思考を拡大するようなコンテンツを人に話したがる――つまり「そうしたプロセス〔自己提示または心的概念〕に関連する部位、特に中央前頭葉前部における神経活動を引き起こす」情報で、「他人の心的状態についての知覚や予測に関連したもの」だ。[3] つまり、人々は自分や他人についての物語という形での健康情報を他人に話したがる。

神経経済学者ポール・J・ザクは実験的に、「平板」なナラティブと比べて「劇的な変化」があるナラティブは、聞き手の血流内のオキシトシンとコルチゾールの水準を高める傾向があることを示した。[4]

こうしたホルモンは、行動に対する影響がすでにしっかり見極められている。オキシトシンは時に「愛のホルモン」と呼ばれ、人間関係を促進する役割を果たす。コルチゾールは時に「ストレスホルモン」と呼ばれ、血糖値調整や記憶形成促進、炎症低下に貢献することが知られている。

恐怖を引き起こす物語への神経反応

マスコミや世間話は昔から金融危機を、経済リスクを軽視してナメた時期に続く、突然の大量経済破綻が引き起こしたパニックとして描いてきた。「パニック」などという言葉は、突然の物理的危険を避けようとする狂乱状態の暴徒のイメージを引き起こすし、「ナメた」などと言うと気取った法悦状態が示唆され、そんな扇情的な言葉を使うのはジャーナリズムの大げさな表現に思えるかもしれない。こうした金融事件は何カ月、何年にもわたるおおむね普通の生活の間に起こるもので、ほとんどの人々はその間、おおむね完全に合理的で、自分が事実をきちんと選り分けているのだと言いたがるのだから。金融「パニック」の間ですら、人々はおおむね普通でリラックスしていて、冗談を飛ばして笑っているのだ。

だが「パニック」や「ナメた」というのは本当にそんなピントはずれだろうか？　どちらの言葉も、神経構造により支える必要がある心的状態を表している。金融パニックと他のパニック、金融的に「ナメた」状況と、他の種類の「ナメた」状況との間に神経学的な共通性があるのか見極めるため、そうした構造を研究する必要がある。

本書執筆時点の事例を考えてほしい。２００７〜09年の世界金融危機10周年が近づくにつれて、銀行によるリスクテイキングが高まるというパターンだ。２０１７年に連邦預金保険公社は、アメリカの銀行がイールドを求めて、投資の満期を延長することで過剰なリスクを背負いこんでいるのを懸念する報告を発表した。金融危機から10年近く、金利はずっと低いままだが、長期については高めだった。こうした高いイールドに手を伸ばすのは銀行にとってはリスクが高い。というのも金利が急に上がれば、預金者を維持するために、長期投資から得られる以上の利子を預金者に支払わなくてはならない可能性が出てくる。そうなったら銀行は困ったことになる。最終的に銀行はそのリスクを受け入れることにしたが、どうやって将来の金利についての期待を形成したのだろうか？

何年も先の金利を予測した実績を持つ専門家は一人もいない。低金利期を抜けるまでどれほど待つ必要があるか、あるいは低金利が永遠に続くのかを銀行家に教えられる人はいない。銀行家たちが持っているのは、金利が劇的に上がって、大量の預金者たちが銀行に殺到して預金を引き出そうとした歴史的な時期のナラティブに関する漠然とした記憶だけだ。そうした物語は、低金利が10年続いたらあまり関係なさそうに思えるが、どのくらい関係ないかを定量化する方法はない。

そうした時期の銀行家の行動は、原始的な神経パターンに動かされていると思うのが一番いいかもしれない。ダーウィン的進化を何百万年も生き延びてきた、同じ脳構造のパターンだ。犬やネズミが、こうした同じ恐怖管理の脳構造を持っているというのは、この両者が同じ中生代の起源を持っている証拠だ。恐怖はあらゆる哺乳類や高等動物に共通のあたりまえの感情であり、脳構造に支えられている。恐怖の排除は、危険が過ぎてから恐怖が抜けるまで、時間をかけて行われなければならない。

科学者たちは最初は、こうした脳構造のふるまいを間接的にしか観察できなかった。1927年に、ロシアの生理学者イワン・P・パブロフは、犬についての研究を報告した。犬の舌に酸を載せてメトロノームを鳴らすのを繰り返すと、やがてメトロノームの音だけで、酸がなくても、酸が与えられたかのような非自発的な反応が生じる。実験のさらなる段階では、パブロフは何度もメトロノームをかけたが、酸は与えなかった。すると犬の回避行動はだんだん消えた。後に、そうした反応にかかわる脳構造が発見された。ラットでは、外側扁桃体が恐怖の獲得段階と恐怖の消散段階で根本的な役割を果たし、恐怖獲得時には発火を増やし、恐怖消散では発火を減らす。ニューロンのすべてが発火を減らすわけではないので、残余の恐怖はそのままとなる。神経科学者たちは次のように結論している。

> 集合的には、扁桃核、ｖｍＰＦＣ［腹内側前頭前野］と海馬が恐怖を消散させる能力の根底にあり、この回路は進化を通じて維持されてきた。[5]

ラットもおおむね人間と同じ回路を持ち、恐怖の非自発的なトリガーを持つ。人間では、腹内側前頭前野の厚みが、恐怖消散の成功と相関している。[6] ＰＴＳＤなど一部の人間の神経障害は恐怖消散の失敗によるもので、こうした障害を研究すると、恐怖管理の根底にある構造が明らかになる。[7] 恐怖とその消散の神経回路最適化の進化プロセスは、人間ではまだ完成されていないと考えてよいだろう。というのも文明はまだ数千年の歴史しかないからだ。

ＰＴＳＤに似た心的状態が、ある人口群丸ごとを襲う場合もある。１９５１年の著書『囚われの魂』でポーランドの詩人チェスワフ・ミウォシュは、スターリン主義政権の晩期に存在した、ひそひそ話の噂や非公式のナラティブについての印象を描いており、この政権が創り出した恐怖の雰囲気がきわめて重要だったと指摘している。秘密警察の手により消え去る恐怖、家族と一緒に無理矢理シベリア送りになる恐怖、そしていったんそこに着いたら、餓死したり凍死したりする恐怖だった。

恐怖は社会をまとめるものとして有名だ。自由な資本主義経済では、お金がない恐怖、失業する恐怖、社会的な階層を一つ転落する恐怖はすべて、個人がもっと頑張るように拍車をかける。だがこの帝国に存在するのは**むき出しの**恐怖だ。人口10万人の資本主義都市では、まあ1万人ほどが失業の恐怖に怯えたことがあるだろうか。こうした恐怖は彼らにとって個人的な状況として現れ、身の回りの無関心や無感覚ぶりから見て悲劇的なものだ。だがその10万人すべてが毎日恐怖の中で過ごしていたら、それはその都市の上空に重たい雲のように垂れ込める集合的なオーラを放つ。[8]

ミウォシュが言うように、失業の恐怖はシベリア送りになる恐怖ほどではないというのは正当に思えるし、どんな水準の恐怖も同じ脳回路に依存しているとも思える。すると、論理的な答えも解決策もない困難な状況——たとえばリスクの高い投資をすべきかどうかという判断——で、人間の心は意思決定を、ラットに似た何らかの脳回路に委ねるかもしれない。こうした場合、苦い過去の経験の記憶や、ナラティブとして伝達された他人の経験の記憶が採用される行動を決めかねず、時にはそれが残念な経済的決定につながることもある。

恐怖がおさまるのは、徐々に起こる恐怖消散のプロセスを反映しているのかもしれず、ナラティブが新しい展開や変異を遂げた場合にはそれが逆転するかもしれない。最近の、悪漢国家による核兵器保有に関するナラティブはかなり強烈だったから、核による人類絶滅の恐怖を刷新しかねないものだが、どうやらまだそこまでには至っていないようだ。ちょうどどの映画がヒットするか予想不可能なのと同様に、どのナラティブがいずれ経済的な影響を持つか予測するのは困難だ。

ナラティブは何千年も「ヴァイラル」になってきた

人々は思い出せないほどはるか昔からナラティブを紡いできた。感染は市場や宗教フェスティバルやお祭りなどで伝えられたり、普通の出会いなどで伝えられたりすることで高まった。たとえば古代ローマでは、ニュースを求める人々はパトロンの家での定期サルタティオ（挨拶）に出席したり、フォーラムにでかけて朗唱家や目立つトーガを着たプラエコの話に耳を傾けたりした。プラエコは群集にニュースや物語を発表し、広告を読み、競売を手がけた。噂（ルーモア）は、感染性のナラティブを指すラテン語だ。

多才なデイヴィッド・ヒューム（１７１１～76）は、１７４２年に次のように述べている。

> 何らかの原因で特定の傾倒または情熱が、ある時点で一部の人々の間に生み出される。多くの個人はその感染を逃れ、その人固有の情熱に支配されてはいるが、多数の人々はまちがいなくその共通の関心に囚われ、あらゆる行動がそれに統御されるようになる。[9]

ヒュームは病気の細菌理論確立以前、バクテリアやウイルスが同定される以前に書いていたが、同時代人の多くの人々は、病気もアイデアも個人間の接触で拡散するのを理解していた。

1765年、フレンチ・インディアン戦争（7年戦争）[10]に続く英領アメリカ植民地の景気停滞中に、『ニューロンドン・ガゼット』（コネチカット州）の印刷人に宛てたアレキサンダー・ウィンドミル（明らかに筆名）は「お金がない」という文章にまつわるナラティブの流行を指摘している。

読者諸賢のうちだれ一人として、「お金がない」というきわめて憂鬱なる文章が、幾度となく繰り返されているのを聞いたことがない方はおられないはずだ。あるいは、自分自身もまたこの疫病じみた苦情にしばしば自ら参加されなかった方もほとんどおられないであろう。あらゆる階層の人々の会話において、吾輩は過去数カ月にわたりまちがいない道筋に出くわすのに気づいてきた。そして陳腐極まる言説の話題が絶え間なく、まったく同じ順番で、見事なまでの均質性で導入されるのだ。健康にかかわる愛他的な問い合わせ、天候をめぐる穏健な観察という、我らがご先祖のご立派な習慣に従うものが、はるか彼方から会話の糸口となる。こうしたおもしろく重要な話題が論じられるとすぐに、顔面の筋肉が疲弊と怨念の入り混じった感情へと仕向けられる。そしてそれが、然るべき割合の政治的賢明さで強化される。そしてそれに続き前出のすばらしい知見、お金がない、という発言が登場し、それが各参加者により、実に驚くべきことだとでも言うように即座に繰り返されるのである。その顔つきに見られる驚きと、その表情の渋面ぶりから、どちらもこうした災厄についてその瞬間まで聞いたことがなかったのではと思ってしまうが、おそらくはその同じ人々がこの同じ話題についてまったく同じ発言をしてから2時間もたっていないであろう。[11]

ウィンドミルはさらに、「お金がない」という文章がアメリカ植民地の英語を話す住民たちによって、１日５０００万回繰り返されていると（おそらくいささか誇張を込めて）計算してみせる。この観察からして、１００万人がこれを日中のほとんどの時間にわたり20分ごとに繰り返していると想定しても過大ではなく、一部の人は寝言でもこれを言っているはずだと想定してみせる。

チャールズ・マッケイは１８４１年の著書『狂気とバブル』で、「驚異的な世間の妄想」の感染症的な拡大を指摘した。ギュスターヴ・ル・ボンは著書『群集心理』（１８９５）で「アイデア、感情、情緒、信念は群集の中で、微生物並みの強い感染力を持つ」と述べた。[12] 関連した用語としては集合意識（デュルケーム、１８９７）、集合的記憶（アルヴァックス、１９２５）、ミーム（ドーキンス、１９７６）がある。

本のカバーと企業のロゴ

ヴァイラルなナラティブを創り出そうとする人々は、実験をして、成功失敗を観察し、さらなる創造の方向を示唆しそうなパターンを見つけようとする。だがヴァイラルなナラティブとそうでないものの差は、そのナラティブに対する人々の熱意とは無関係な、そのナラティブの側面に依存しているかもしれない。たとえば直接観察するのがむずかしいもの、他の会話の話題とつながりやすいとか、他のナラティブにそれを連想させるものがある、とかいったものに依存しているかもしれない。

感染率はしばしば自然なもので、その流行の発端となった出来事と密接に関連しているが、時にはマーケティング業者により仕込まれることもある。彼らの仕込みは、あまりにしょっちゅう起こってみんな慣れすぎているために、意識されないかもしれない。また、マーケティングの設計に注ぎ込まれる大量の思考や研究は想像しづらいというのもある。

たとえば現代の本のカバーを考えよう。ハードカバーの本にかける紙のカバーで、通常は推薦の辞や目をひくフォント、著者の写真、きれいなアートワークがある。現代の本のカバーは１９２０年代の広告とマーケティングの革命期に発明されたもので、それまで単に本が輸送中に損傷するのを避けるための、無地の紙ジャケットでしかなかったものに代わって採用された。

カバーは出版社によるもので、著者によるものに見えないことは重要なポイントだ。だからカバーを見て、著者が物欲しげだとか自慢げだとか思われることはない。本のカバーは、時にかなり下品な調子になるが、本の感染率を大幅に引き上げられるようにした。導入された当時、本のカバーに対して世間がかなり反発したのは、いまではなかなか理解しづらい。詩人ドロテア・ローレンス・マンは１９２１年にこの新しい現象に言及し、それが多くの読者に以下のように促したと指摘する。

本のカバーなどという露骨な広告の手口を読んだり見たり影響を受けたりするのを拒否して、電光石火でそれを捨て去り、そのカバーが確実に廃棄され忘れ去られるまで決してその本を読んだりしないと、決然と断言する。[13]

こうした買い手の抵抗にもかかわらず、現代の本のカバーは感染率を高めるので普及した。ほとんどの人は、本のカバーに書かれた惹句など他に見る機会はないだろう。そしてやがて書店は最新のカバーをウィンドウに掲げて、歩道の通行人の注目を集めようとした。本のカバーが見事なマーケティング上のイノベーションなのは、まさに読者が最終的な決断を下すからだ。本のカバーをはずして捨ててしまってもよいし、そのままにしてコーヒーテーブルに置いておき、その訪問者に伝染させてもいい。

尊厳ある著者たちですら、自分の本を派手なカバーで覆うのを出版社に許すことが確立されると、それはあたりまえの存在になった。それどころか、他の出版社もカバーを活用するきわめて競争の激しい業界で生き残るためには、出版社は他に選択肢がない。つまり本のカバーは、ジョージ・アカロフと私が「釣り均衡」と呼ぶものの一部なのだ。競合他社が顧客を操作し、利潤が競争により通常水準に引き下げられる業界では、どの会社も似たような操作に手を染めないわけにはいかない。それをやらないと、破産に追いやられかねない。だから、容認される程度の不正直さを含む釣り均衡が、こうして確立されることになる。[14] 釣り均衡は決して悪いことばかりではないかもしれない。本のカバーの場合には、本のカバーアートが発達し、それが時にはかなりの価値を持つ。

マーケティング主導の感染の例としては、他に「ニュース」がある。ニュース出版社が、その日の人々の関心を捉えると期待する、新しい情報の収穫だ。ジョージ・アカロフと私が「愚か者」と呼ぶ人々はマーケティング活動のことを考えず、出来事が自然に飛びだしてくることで、外生的にニュースが生じるのだと思いがちだ。だが実はマスコミがニュースを選ぶのは、その財務的な成功がその話題のヴァイラルな影響力にかかっているからだ。

最近の例として、２０１７年にアメリカで起きた皆既日食がある。アメリカ国内を旅している多くの人が、日食の一部始終を見たが、一般マスコミはそれを必死で報道し続けていた。というのも実に多くの人が共有した体験としてその感染性が明らかだったからだ。一部の報道は謎めいた愛国的な調子を取り、まるで神さまがこのきわめて珍しい出来事をアメリカに与えてくれたとでも言うようだった。アメリカのメディアはしばしば「人生で一度きり」という表現を使ったが、たった7年後の２０２４年にもアメリカでもう一度皆既日食が起こるということには触れなかった。実は２０１７年の日食について、まともなニュースに値するものは何もなかった。日食はもう何世紀も観察され、理解されている。

また、衣服や靴、特にスポーツや仕事用の服や靴についた会社のロゴでは仕組まれた感染が見られる。「ロゴ」というのは、会社や製品ラインを表すシンボルのことで、１９３０年代に初めてできたものでしかない。一例がラコステの衣服で、スポーツウエア、カジュアルウエアなどにはワニのロゴがついている。創業者ジャン・ルネ・ラコステは１９２０年代と１９３０年代初頭にかけて大いに尊敬されたテニスのスター選手で、「ワニ」とあだ名されていた。１９３３年に始まったこの衣服シリーズの当初の感染は、彼の名声のおかげで広まった。今日では、テニススター選手のラコステはほとんど忘れられている。でも記憶は続き、ロゴは残っている。

マーケティングの力を考えない人々は、ロゴでブランディングされた衣服をみんなが着るのは、高名な服飾デザイナーと己を関連づけたいからだ、と想像するかもしれない。だがロゴによるマーケティングがうまく機能するのは、まさにそれが感染を高めるからかもしれない。顧客が何も考えずにロゴ付き製品に手を伸ばすのは、それがお馴染みで安全だからであり、実に多くの人が同じロゴのついた衣服を着ているからかもしれない。

マスコミ、プロモーター、マーケティング業者によるナラティブ捏造は、忘却率の低減にも役立つ。ナラティブをシンボルや儀式と関連づけると、それがそのナラティブの基本要素を人々に思い出させる。シンボルは、建築、レターヘッド、メールなど無数のアイテムに組み込めるし、ナラティブも祝日の国民パレードといった普通の儀式に組み込める。専門家は儀式やシンボルが記憶を助けるという役割を十分に理解していないが、それが成功と関連していることは理解している。

こうした例はすべて、人々が犯しがちな根本的なまちがいを示している。愚か者は、ある物語やブランドの人気は、その性質や深い重要性の証拠だと考えるが、実際はそんなことはめったにない。それどころか、多くの消費者たちはロゴや押しつけがましいマーケティングが大嫌いなのだ、という証拠が最近ますます増えている。[15] ナラティブ感染はしばしば、人々の出会い頻度（多くの人がシャツのロゴを見る）や他の感染性ナラティブへの自然なつながり（かつてのラコステのテニス選手としての名声）といった、恣意的な細部の結果なのだ。

美人コンテストと尻尾の羽根：心の理論が経済ナラティブを促進

心理学者たちは、ヒトが心の理論を高度に発展させている点で独特なのだと指摘している。つまり、人間は自分の心の中に、他人の内心の活動のモデルを形成する強い傾向を持つ。他人が何を考えているかを考え、他人の個人的な考えについて考える。他人の行動や表情、声色を観察し、それを彼らの信念や意図と結びつける。

個別ナラティブの感染は、他の人がどう思うかというその話者の印象に関連しているかもしれない。人々は、似たような話を気に入ってくれる他の人に伝えられそうなお話を聞きたがる。だから話者もそういう話を語りたがる。

１９３６年にケインズは、「美人コンテスト」のメタファーで、心の理論と呼ばれるものを経済理論に持ち込んだ。[16] 彼はそれを株式市場などの投機市場の説明に持ち出している。ケインズは、投資先を決める人々は、その判断を他の投資家の考えや、他の人々が自分の投資をどうしようとしているかに基づいて決めているのだ、と考えた（それが将来の価格変化につながるからだ）。株式市場投資の場合、投資家たちは、ランダムに出会った人々が何を考え感じているかを見て、他の人々が何をしているか、何をしようとしているかについて、株価のパターンを見る。通常は、企業の技術や経営スタイルに基づく本当の証拠は見ていない。

ケインズは、美人１００人の写真を載せた新聞のコンテストを見たという。だがそうした写真の女性は、この風変わりな美人コンテストの出場者ではなかった。実際の出場者は、その新聞の読者だった。一番美人だと思う人を六人選んで郵送してくれと読者は言われた。全員の一覧を集計した結果として、一番人気の高い顔と最も近い一覧を選んだ人が、コンテストの賞をもらえるのだ。[17]

ケインズは、最適な戦略は自分から見た一番の美人たちを六人選ぶことではないと指摘した。

むしろ、他の人々が美人だと思いそうな六人を選ぶほうがいい。でも心の理論をもう一歩先に進めるなら、この戦略も最適ではない。他人が最も美人だと思うだろうと他の人たちが思うであろう顔を選ぶべきだ。だから合理的な世界なら、投資家たちは他の投資家たちが他の投資家たちの考えていることだと考えているものを推測しようとして、投機的な投資について正しいことを決めようとするはずだということになりそうだ。だが投資家たちは、あらゆる投資家が合理的で、他の投資家みんなが合理的だと知っていた場合でも、必ずしもこの戦略を採らない[18]。さらに、投資家たちが完全に合理的ではないことも考慮し、他の投資家が予想する投資家の不合理性も考慮する必要が出てくる。

２００９年の拙著『アニマルスピリット』は、多くの点でケインズの発想を拡大拡張したものだった。そこでジョージ・アカロフと私は美人コンテストのメタファーを使って、景気変動全般の情緒的な基盤となる理論を構築した。美人コンテストのメタファーはまた、ナラティブの感染にも当てはまる。他人に話をしようとするとき、その選択は、他人がその物語にどう反応するかについて、自分の心の中でどう知覚しているかに基づいて行われる。景気のいい話だろうと経済的な絶望についてだろうと、物語を語るのは他人がそのお話を気に入って、もっと広めたがると思うはずだ、と考える場合が多い。ある経済ナラティブを、単におもしろいだけで広げるときにでも、自分自身が抱く他人の心のモデルに基づいて、そのお話が広がるように話を変えることが多い。

ヴァイラルとなる物語は基本的にはランダムだ。これは進化生物学における突然変異がランダムなのと同じだ。伝統的な進化理論は、生き残って広がる突然変異は、数多くの突然変異の中で生存に有利なものだと示唆している。だがダーウィン理論には性淘汰という別の一派もあって、これは生き残る突然変異も、最初の突然変異と同じくらいランダムかもしれないと示唆する。こうしたランダム性と似たものも、ヴァイラルとなる経済ナラティブに影響するのかもしれない。

２０１７年の著書『美の進化』で鳥類学者リチャード・Ｏ・プラムは、性淘汰が経済の投機バブルに似た変動を動物界で引き起こすのだと論じる。生物学での性選択の最も有名な例はオスのクジャクだろう。クジャクは実に重い尻尾の羽根を持っていて、身動きの邪魔になるほどだ。だがこうした羽根はクジャクのメスに大いに気に入られており、おかげで交配が起こりやすく、その再生産でもっと美しい尻尾の羽根が生まれる。したがって女性の性選択は、役に立たない特徴について進化的な優位性を創り出しかねない。これは理論家Ｒ・Ａ・フィッシャーにちなんでフィッシャー的暴走と呼ばれるプロセスだ。[19] この仕組みは、二つのはっきりした性別すら必要ない。こうした性選択プロセスは、各個体がオスとメスの性器を持つ両性具有生物でも生じるという証拠がある。[20] 進化生物学でもナラティブ経済学でも、何らかの装飾やディスプレイは、それがたまたま人気が出始めたという以外に何の理由もなく人気が出てしまう。

不合理な衝動が経済ナラティブを後押し

心理学者ジェローム・ブルーナーは、人間文化の理解にナラティブが重要だと強調したが、人間の行動が純粋に客観的な事実への反応で動いているとは想定すべきでないと言う。

私は、人が事実に直面したりすることはないと思っている。心理学者の観点からすると、事実はそういうふうには動かない。これは知覚、記憶、思考の研究で十分にわかっていることだ。事実世界は、たまたま出くわした処女林のようなものではなく、慎重に造り上げられた戸棚のようなものなのだ。[21]

つまり、ナラティブは事実、感情、人間的関心など、人間の心に印象を形成する外生の詳細が交じりあって生まれる人間の構築物なのだ。

心理学者や精神療法家は精神病がしばしば、通常の行動の極端な形だったり、通常の人間の心的能力が狭い形で阻害されたものだったりすることを認識している。だからディスナラティビア、または異常なナラティブ現象を研究することで、通常の人間ナラティブの脳処理の複雑性を学べる。神経科学者ケイ・ヤングとジェフリー・セイヴァー（２００１）は、その変異型を挙げている。語りの中断（脳損傷以前に学んだ物語しか語れない）、語り過少（揺れ動く衝動的な物語を語ること）、脱語り（物語を行動生成の時間的フレームとしてまとめられない）、捏造（現実とほとんど何の関係もない物語の偽造）だ。ディスナラティビアのそれぞれは、脳の特定部位への損傷と関連している。

統合失調症は、ナラティブ障害として現れることも多い深刻な精神病だ。これはしばしば幻聴で、あり得ない混乱したナラティブを語られることがある。[22] 統合失調症の症状としての幻聴は特定の脳部位の大きさが不足しているのと相関している。[23] 自閉症スペクトラム障害で見られるナラティブ損傷もまた脳の異常と相関している。[24]

フレーミング、代表性ヒューリスティック、感情ヒューリスティック

ナラティブ心理学はまた、フレーミングという心理学的な概念とも関連している。[25] 何度も語られるおもしろい話を作り出せれば、それはある視点、参照点を確立して意思決定に影響する。フレーミングは、ダニエル・カーネマンとエイモス・トヴェルスキーの代表性ヒューリスティック（1973）と関連している。これは人々が、何か理想化された物語やモデルに基づいて期待を形成し、推定確率よりもそれらの理想化された物語の普及度に応じて判断してしまう、というものだ。たとえば発展途上国の経済危機について、特に論理に基づくのではなく、以前の危機について頭に残っている物語との類似性に基づいて判断してしまうかもしれない。

行動経済学創始者の一人で1975年の『心理経済学』著者であるジョージ・カトーナは、奇妙な現象を指摘している。一般人にヒアリングして、重要な経済変数についての予想を尋ねると、みんな特にはっきりした予想を持っておらず、カトーナを喜ばせるためにその場で数字をでっち上げたようだったという。だが私はそうした一般人が、人々と物価に関係したナラティブを考えていたのだと論じる。たとえばもしそのヒアリングでインフレについての予想を尋ねられたら、その質問に直接答えるのではなく、人間的な興味を持ち、はっきりした道徳性、たとえば政治家や労働組合の行動としてインフレに関係したものを語ったかもしれない。

心理学者たちはまた、感情ヒューリスティックを指摘している。人々は恐怖など強い感情を感じていると、その感情を関係ない出来事にまで拡張しがちだ、ということだ。[26] 人はときどき、自

分が論理的に知っている可能性が本物ではないのでは、という強い情動や恐怖を述べる。これは脳がリスク評価に複数の仕組みを持っていることを示唆している。「気分としてのリスク」仮説は、はっきり感じられる感情との接続が強い原始的な脳システムは、リスク評価の独自のヒューリスティックを持っているのではと主張する[27]。

ウィリアム・ゲッツマンとダソル・キムとの共同研究で、ジョージ・アカロフと私は１９８９年以来行われている、投資家や高所得アメリカ人たちへのアンケートデータを検討した。すると人々は、株式市場崩壊のリスクを過大に評価していて、そうした評価はニュース報道、特に彼らが読む一面ニュースに影響されていることがわかった。一つおもしろい発見は、地震のような自然現象が株式市場暴落の可能性推計に影響する、ということだった。アンケートの回答者たちは、自分の住所から50キロ以内で過去１カ月に地震があると、株式市場暴落の可能性を有意に高く評価した。地震が感情ヒューリスティックを引き起こしたわけだ。局所的な地震が、マイナスの感情的意味を持つ局所的なナラティブを引き起こしたという仮説がもっともらしく思える。

似たような証拠から、強いナラティブ潜在力を持った、一見無関係な出来事が経済的、政治的な結果を左右することもわかる。ワールドカップ試合は経済的な安心感を左右するし[28]、地元のビーチでのサメによる襲撃は地元有権者の投票に影響するし[29]、広告のＢＧＭは消費者に強い影響を与える[30]。ワイン店は、ＢＧＭがトップ40ではなくクラシック音楽だと客がもっと高いワインを買うようになることを発見している[31]。

感情ヒューリスティックはまた、インターネット・トロール（インターネット上で、意地悪だったり卑猥だったりするコメントを送りたがる連中）の行動生成でも活躍する[32]。トロール行動は感染性があるようだ。一般人からランダムに選ばれた実験集団は、トローリングの意地悪い例でプライミングされた。その集団の人々は、似たようなコメントを投稿する確率がずっと高くなった。

先に進む

神経科学や関連した観察からのナラティブの影響に関する刺激的な証拠は、大規模経済事象の深刻さについてまったくちがう説明を示唆している。本書の第2部では、ナラティブ経済学をまとめる原理をいくつか検討する。重要な問題は、分散してはっきり定義されないナラティブ群から、実際の経済活動への因果の方向性を見極めることで、これについては次章で検討しよう。その次の章では、ナラティブ経済学の主要な基礎を提供する。そして第3部では、何度も登場する重要なナラティブ群を一覧にして、各章一つずつ（または一対ずつ）紹介する。

第2部

ナラティブ経済学の基礎

第7章 因果性とナラティブ群

本書の狙いは、人々が不景気、不況、長期停滞といった大規模な経済事象を予測し、対応しやすくすることだ。そのために、そうした事象を定義づけるのに役立つ経済ナラティブを見極め、考慮するように奨めたい。信頼できる形で予測するには、こうした事象の真の究極的な原因について、ある程度の理解が必要だ。重要な問題は、何が原因で何が結果かを見極めることだ。

現代の経済学者たちは因果性にはとても注意を払うが、一般的には新しいナラティブの発明を因果的にまったく重要視しない。私はここで、因果性が存在するというだけでなく、それが双方向なのだということも論じたい。新しい感染性のナラティブは経済事象を引き起こし、経済事象はナラティブを変える。

もちろん、太陽黒点からこちらの話で経済に影響をまったく与えないものなどない（太陽黒点の話は本章で後出）。でも新しいナラティブは因果性のイノベーションと見ることができる。というのもそれぞれのナラティブは、ある個人の心の中で（あるいは数人の共同作業として）生じるからだ。経済史研究者ジョエル・モキイア（２０１６）はそうした個人を「文化起業家」と呼び、この概念が哲学者で多才なデイヴィッド・ヒュームにまでさかのぼるという。彼は１７４２年にこう書いた。

> 少数の人に依存するものは、おおむね偶然、あるいは秘密で未知の原因によるとされる。多数の人から生じるものは、しばしば決定的で既知の原因によるものとされる。[1]

感染性の新しいナラティブを作る「少数の人」の影響を理解するのは、ナラティブ経済学の基礎を形成するのに不可欠だ。

「少数の人」の影響は時に、感染性の新しいナラティブづくりを通じて作用する。ナラティブは通常セレブと関連づけられるが、感染性ナラティブを発明する「少数の人」は通常は有名ではないし、それがだれなのかは決してわからないことが多い。後にそのナラティブに関連するセレブを探すことはできるが、その作者は通常は見つからない。

本章では、経済ナラティブ——物語とその談話——がヴァイラルになる因果的な要素を検討する。これは、そうしたナラティブの深層構造をもっとよく理解するためのものだ。

因果の向き

ナラティブと経済の因果の向きを証明するのはむずかしい。たとえば、１９２０年代に顕著だった、成功した投機家の話と株式への常軌を逸した熱気は、株価上昇と企業収益増加を引き起こしたのだろうか？　それとも企業収益増加が熱気を創り出したのか？　２００９年以後のビットコインに対する似たような熱気は、何らかの形でビットコイン価格上昇に貢献したのか？　それともビットコインの価値増加は、ニュース物語や暗号の数学理論進歩に対する論理的な反応に過ぎなかったのか？

大規模な経済事象の因果の方向性を確立するときの問題は、世の中の経済条件を正確にシミュレートする対照実験が通常はできないということだ。これに対して実験室の科学者たちはランダム化試行を行い、試験薬を実験群に与えて対照群にプラセボを投与したりして、統計分析を使ってその薬が本当に患者の回復に貢献するかを決める。経済学者にできるせいぜいのことは、自然実験と見なせるような出来事を探すくらいだ。ヘンリー・Ｗ・ファーナムは１９１２年のアメリカ経済学会会長演説で、経済学者が対照実験を行えないという問題に触れ、それでも経済史を研究すれば、経済学者が因果性を推測できる、と述べた。歴史を通じてずっと、政府がイカレた経済政策に乗り出したりすることで、ランダムなショックが起きているからだ。それどころか、「経済学者は自分の懐を痛めずに実験をやってもらえているので、本当に運がいい」とファーナムは述べている。[2]

１９６３年『米国金融史』で、ミルトン・フリードマンとアンナ・Ｊ・シュウォーツは、金融政策から経済全体への影響の因果関係を確立するための「準対照実験」なるものの例を三つ挙げている。１８９７年から１９１４年にかけての大量の黄金の発見によるマネーサプライの拡大、そして第一次世界大戦と第二次世界大戦の戦中期および直後の時期だ。こうした事象が本当にランダムな外生ショックだったのか（つまり経済によって引き起こされたものではないのか）という点については議論の余地もあるが、経済データから因果の方向性を推測するための議論は１９６３年以来さらに進んでいる。全般的な結論としては、対照実験が不可能な場合ですら、因果関係を推測することは本当に可能だ、ということになる。新しいナラティブは外生的なものと解釈して、追加の準対照実験を見つけられるようにできる。実際、フリードマンとシュウォーツが強調した黄金の発見や戦争は、本当に外生的なものだったはずだ。というのもそれは、ゴールドラッシュの物語や外国の陰謀に関するフェイクニュースといった通俗ナラティブのイノベーションで実現したものだったからだ。

因果性が常に経済事象からナラティブに向かうという多くの（だが全員ではない）経済学者たちの想定には警戒すべきだ。経済学における自己成就的予言の影響については、活発な論争がある。社会学者ロバート・Ｋ・マートンは１９４８年に自己成就的予言という用語を提唱した。この概念を経済変動に適用するつもりだったのだ。この用語はしばしば、本当に外生的な出来事に刺激された予言についてのものだ。そうした刺激として最も一般的なのが太陽黒点だ（太陽黒点は、時間とともにあらわれたり消えたりして、望遠鏡で観察できる）。

経済学者ウィリアム・スタンレー・ジェヴォンズは１８７８年に、世界経済変動は「日照の周期的な変動により動かされているかもしれず、太陽黒点はその単なるしるしなのだ」と述べた[3]。太陽からの熱がいつもより強ければ、作物など他の経済産出は暑い年には高まり、これが大規模な経済変動につながるかもしれない。１８７８年までには、太陽活動についての天文学的な証拠が何世紀もさかのぼって、太陽黒点数という形で存在していた。ジェヴォンズはそうした太陽黒点数と経済事象との間に相関を見つけたと考えた。そしてその相関の原因は太陽としか考えられなかった。というのも因果性が逆方向に向かい、地上の経済事象が太陽黒点に影響するなどというまともな理論は思いつかないからだ。彼の理論はもっともらしかったが、その後の経済研究では裏付けられず、太陽出力の変動は小さすぎてそんな大きな影響を持つほどではないこともわかった。

　太陽黒点は経済にはほぼ影響しないが、でも人々が影響するとなぜか信じ込んでいたら、それが経済に影響する可能性はある。これは１９８３年に経済学者デヴィッド・キャスとカール・シェルが説明したことだ。いまや経済学者たちは、人々がそう信じているというだけで経済に影響を与える外部ノイズすべてを指すのに「太陽黒点」という言葉を使う。経済学者ロジャー・E・A・ファーマーは、マクロ経済的な自己成就的予言の分野の最先端だ[4]。彼などの研究に私は、そうした自己成就的予言はどこからともなく現れるのではない、というアイデアを付け加える。むしろそれは、ナラティブの何百万もの突然変異から生じるのであり、そのごく一部がその時点の環境の中で感染して大規模な流行となるのだ。これまで見たとおり、このプロセスは観察できるし、モデル化もできる。

ランダムな事象、誕生日、記念日：ナラティブが経済ナラティブになるには？

一般的に、ほとんどの人はナラティブにより刺激される漠然とした恐怖や懸念を抱いている。でもそうした恐怖は彼らの行動にほとんど何も影響しない。そうしたナラティブが経済ナラティブになるのは、他の人がある金融市場に投資して金持ちになるといった行動を採って、その行動を説明するときだ。つまり経済ナラティブは台本を持つ傾向が強い。他の人がそうしたという話を聞いたというだけの理由で人が採りそうな行動シーケンス、という意味だ。

大規模な経済事象を、ＧＤＰや賃金、金利、税率といった経済集計データの変化だけを見て理解しようとすると、その変化の根底にある動機を見損ねるリスクが生じる。データだけで動機を判断しようとするのは、宗教的な目覚めを、宗教教義の印刷費だけを見て理解しようとするようなものだ。だが経済学者がしばしばこの罠に陥る理由はすぐわかる。ＧＤＰ、賃金、金利、税率についてはたくさんデータがあるが、ナラティブに関するデータは、あってもきわめて断片的だ。経済学者は、歴史家ジェリー・ムラーが「指標の圧政」と読んだものに陥っているのかもしれない。ムラーは重要な経済事象の定量的な指数を提示するのに反対はしていない。だがほとんどの人はそうした指数に過剰反応する。それが実は限られた価値しかない恣意的な定量化の重要性を過大に評価しているのかもしれないと彼は指摘している。[5]

ナラティブを背景に経済的な決定を行う人々は、通常はその決定の理由を説明したりはしない。

説明を求められると、言葉に詰まったり、経済学者っぽい話をしようとしたりする。たとえば、不景気の最中にどうして自分が支出をためらったかについて、究極の理由を説明できる人はいるだろうか？　ためらいは行動を**取らない**ということであり、大量の思考の中で、行動を取るためのはっきりした考えがないというだけで引き起こされるかもしれない。

感染性の物語は、経済事象への論理的な反応にとどまるものではなく、おおむね創造的でイノベーティブなものだ。たとえば大規模な株式市場の調整が数日にわたって起こり、その間に世間は、注目を集めるのが仕事の各種マスコミによる、時にクリエイティブで扇動的な文章をいろいろ読む時間がある。その期間にわたり、株式市場の参加者たちは、単純に情報を伝えるだけでなく、おもしろがらせようとする各種の試みでニュースを再解釈する無数の会話に参加することになる。

このプロセスは多くの面でランダムで、バクテリアやウイルスの突然変異のようなものだ。たとえばセレブが何気なく、華々しいフレーズを口にするかもしれない。これは1929年10月15日、1929年ウォール街大暴落の2週間前に、イェール大学の有名なアーヴィング・フィッシャー教授がニューヨークの購入代理人協会での演説で、アメリカの株式市場が「永続的に高い高原(permanently high plateau)」に達したと述べたときに起きたことだった。新聞はその後数日にわたり、この新しい華やかなフレーズを伝え続けた。[6]この見事なまでにタイミングの悪い皮肉なフレーズは大流行し、おそらくは市場の騒動の期間にも影響したし、いまだに広く記憶されている。実はこの三語は、フィッシャーが長年書き続けたどの本の題名よりも今日有名だ。このフレーズは「根拠なき熱狂」「ラッファー曲線」などの華やかなフレーズと同格の存在だ。こうした用語やその影響は経済の外部から来たので、外生的だ。

また、過去の出来事の記念日も経済ナラティブを復活させることがある。過去のナラティブ――たとえば１９８７年の株式市場暴落――は感染性を失ったが、少なくとも高齢者の場合、記憶の襞の奥深くにまだ残っているかもしれない。そしてそれは、もし改変されて（そしておそらく改名もされて）、人間的興味の物語につなげ直されれば、また流行する可能性を持っている。たとえば、マスコミは主要な記念日に１９８７年大暴落について世間の記憶を蒸し返しがちで、もっと大きな１日の暴落が出てこない限り、それが続くはずだ。その大きな暴落が出てきたら、１９８７年はもう記録的な日ではなくなり、そうなればもうまるで興味を惹かなくなる。

　２０１３年になるとビットコインのナラティブは弱まり始めていた。すでに古い話になっていたし、ビットコイン価格は２０１３年のピークには１０００ドルだったのが、２００ドル強にまで下がった。だが新しい発明――というか変異型――が大量に生じてこの発想を活かし続けた。特にこうした発明の中でも大きかったのは、ＩＣＯ（新規仮想通貨公開）で、まったくちがう物語を保つ新しい暗号通貨の開発が可能となった。ＩＣＯは大量の新しいナラティブをもたらし、そのそれぞれが、何かのビジネスに結びついた特定のコインにつながっていた。それは昔ながらの、株を選ぶという手口を再び立派なものにしてくれた。個別銘柄選びは、バカのやることとして、いささかミソがついていたのだ。何か目新しい話題ができた。２０１７年だけでも、何か新しいベンチャーのために資金調達をしたいクラウドファンディング式のスタートアップから、９００件以上のＩＣＯがあった。その半分近くは１年以内に破綻したが、それでも新規ＩＣＯはどんどん続いた。[7]

　もちろん、経済学者は出来事に関連したナラティブがあるのは知っているけれど、ほとんどはナラティブが、深い経済的な力をめぐる、事態を変えるような本当のニュース発見に伴う、ちょっとしたバカ話以上のものではないという想定で動く。この想定は、そうした深い経済的な力というのが生産における科学の進歩、天然資源の発見や予想外の枯渇、人口変化や、政府の政策担当者がもっといい行動ルールを採用できる方法についての新しい情報をもたらす経済学研究だけにより引き起こされる、というものであることが多い。だがこうした考え方は、経済に変化を引き起こす本質的な要素かもしれないものを見逃してしまう。第1部で見たとおり、こうした出来事を取り巻く経済ナラティブは、予想可能な形で作用する。それらは感染性であり、人々が従うべき台本を示唆し、そのメッセージを繰り返し、人間の興味をエサに栄える。そうする中で、ナラティブは社会や経済活動の方向に、きわめて大きな帰結をもたらす形で影響するのだ。

経済学以外からの対照実験が因果の方向性を示す

経済史を研究することで因果の方向性を推測できることもあるが、経済学以外の対照実験も、ナラティブが人間行動に与える影響を示していることも認識する必要がある。

マーケティングの分野では、広告を見る人が製品を自分の個人的体験に関連づけるときに自己参照が生じる、とジェニファー・エドソン・エスカラスが指摘している。だが購買者の行動を変えるにあたり、すべての自己参照が同じ有効性を持つわけではない。対照実験を使って、エスカラスは分析的な自己参照（なぜ自分がその製品を必要とするかという説明）と、ナラティブ自己参照やナラティブ移送（これは個人が、自分が別の人間になったと想像させるような物語を提示する）を比較した。エスカラスによると、ナラティブ移送のほうが有効性が高く、特にその製品についての分析的な理由づけが弱いときにそれが顕著だということがわかった。[8]

ジャーナリズムでは、マルセル・マチリらはテレビ視聴者たちが自分の耳にするニュースをほとんど記憶にとどめないという証拠を念頭に、対照群に大気汚染の危険に関するテレビニュースを見せた。そしてその報告の変種として、大気汚染が引き起こす健康問題を抱えたパン屋による、汚染活動により利益を得る悪者に対する不利な戦い、という物語の形で実験群に提示した。ニュースの実験的な提示のほうが、強く記憶に残った。[9]

教育では、スコット・W・マックイガンらはナラティブ中心の学習がやる気を出させるのに有効だということを発見した。実験群の8年生が、仮想現実のコンピュータゲームをやり、若きアリックス役を演じた。その父親はこの空想物語では、クリスタル島の研究科学者のチームリーダーだ。一部の科学者が謎の深刻な病気にかかり、アリックスの父もその病に倒れる。アリックスはその原因を突き止めようとする。このゲームをやるには、他のシミュレートされた人々と対話する必要がある。その中で、生徒は微生物学、バクテリア、ウイルス、カビ、寄生虫について学ぶ。この研究によれば、対照群と比べたときにこの集団は「自発性、参加性、興味、自分がコントロールしているという感覚」において優位だったという。[10]

健康上の介入では、マイケル・D・スレーターらは人々に果物や野菜をもっと食べさせるにはどうすべきかを研究した。そして実験に基づき、栄養学の証拠をお説教のように提示するのは有効でないと結論づけた。観客は、メッセージの中に描かれる人間に感情移入するナラティブ的なメッセージに対して強い反応を見せた。健康介入で、こうした結果は慎重に物語を提示し、そのメッセージを伝える正しい人物を選ぶ必要があるという説を裏付けている。[11]

慈善では、キース・ウェーバーら（２００６）は被験者たちに、臓器提供に関するメッセージを読んでもらってから、臓器提供者カードにサインしてくれと頼んだ。そのメッセージの中身（ナラティブか、統計）は操作されていた。その結果を見ると、ナラティブ的なメッセージのほうが統計メッセージより有効らしかった。

法学では、ブラッド・Ｅ・ベルとエリザベス・Ｆ・ロフタス（１９８５）が行った対照実験では、被験者は陪審員の役を演じた。狙いは、陪審員が赤裸々な検察と、赤裸々でない検察との間で反応に差を見せるかをつきとめることだった。たとえば赤裸々な検察は、被告が犯罪の時点でうっかり「白いフワフワのじゅうたんに、グワカモレのボウルをひっくり返した」というまったく関係ない一節を含んでいる。この関係はないが赤裸々な心的イメージは、この被験者の陪審員から有罪判決を得るのに貢献した。

まとめると、経済学は心理学（特に社会心理学）、社会学、人類学（特に文化人類学や歴史人類学）、歴史（特に文化歴史学や知の歴史）といった他の社会科学から学べる。経済全体についての対照実験を経済学者は使えないので、経済ナラティブの構成要素を見極めて理解するのがなおさら重要になる。物語はしばしば、重要な構成要素となる。

人間行動の駆動における物語の重要性

経済的なものだろうとそれ以外だろうと、ナラティブの構造において感情は重要で、それは物語の中に登場する。歴史小説と歴史映画は主流の歴史学の外にあるものだが、歴史における感情を理解させ、歴史を動かすナラティブの一部を理解する手助けとして傑出している。歴史小説の作者や歴史映画の監督は、研究で正当化される想像力と直感に基づき対話を構築するが、学者というより発明家に近い。

２０１３年のアメリカ歴史学会の会長演説で、ウィリアム・クロノンは歴史における学術研究と歴史小説とを比較した。

> 歴史学者は文献で述べられていない過去の側面には触れないが、その一部——最もわかりやすいのは意識の流れや非公式の会話だ——は人生の実に多くの部分にとってあまりに根本的なので、過去の描写のうち、歪曲性が高いのは次のどちらか、いささか判断しづらいところだ。そうしたものについてまったく触れない歴史か、それとも決定的な証拠がないところで、それをできるだけ責任ある形で表現しようとするフィクションか。[12]

つまり経済危機を理解しようとするときに使う主要なメタファーについての基本的な疑問がある。一般メディアの議論を支配しているのは「健常者や病人としての経済」というメタファーだ。経済は時に健全と述べられ、時には病気と言われ、正しい薬（財政政策や金融政策）を処方してくれる医者が必要だとでも言わんばかりだ。病気／健康のメタファーを続けるなら、一般メディアはしばしば「自信／安心感」という温度計について報告する。これは信頼度指数や株式市場で計測されるものだ。

人間的興味の物語の重要性は、心理学者ロバート・スタンバーグの研究を連想させる。著書『愛とは物語である』（１９９８）で、彼は二人の間の健全で愛に満ちた関係を、その関係のナラティブによって可能になったものと表現する。愛情関係と同様に、経済の進展も一次元的ではない。むしろ経済の物語は、その健康状態に関する世間的な知覚を超える側面を持つ。この物語には道徳的な側面もあり、忠誠か日和見か、信頼か不信か、行列の先頭に出ようとするか礼儀正しく待つか、といった態度にも関連してくる。さらにこの物語は感情の側面もある。安全性と不安、内面的な方向性と公式の方向性といったものだ。任意の時点で流通している物語の種類は、こうした側面すべてを伝えるものとなっている。

フラッシュ式記憶

人間の記憶構造は物語状の構造をしているだけでなく、少数の目立つランダムなイメージに注目したがる。一部の強力なナラティブは実に強い感情反応を引き起こすので、人々はかなりの年月がたってもそれを思い出せる。そのナラティブは、すぐに忘れ去られる他のコミュニケーションの中で、手短に要領よく伝えられただけかもしれない。なぜあるナラティブにそんな一瞬さらされただけで、ずっと後の経済行動に変化が引き起こされるのだろうか？

自分の安心感や現在の動機を表現しろと言われると、人々は時に、自分の心的な立場がいきなり変わったときのことを思い出して語ったりする。そうしたものには、孤立したはっきりわかる因果的な刺激があるようだ。その極端な形だと、長期記憶の確立があまりに突然で、まるで「フラッシュ式記憶」と考えられるほどとなる。[13] フラッシュ式記憶の体験は、暗い中で撮影された露出不足の映画で、カメラのフラッシュが焚かれたときにだけ照らされるような効果と似ている。そのフラッシュ式イメージはかなりの物語を語ることもあり、何か理由のある出来事を、その周辺環境や雰囲気まで含めて示唆してくれる。多くの記憶では、ある時点について記憶しており、文脈についても見当はつくが、集中したフラッシュ式記憶からは逃れられない。

心理学者たちは、フラッシュ式の地位を与える記憶を脳が選ぶ仕組みを研究した。これは家族アルバムにどの写真を入れるか選ぶのに似ている。実はフラッシュ式記憶は、記憶される出来事に結びついた感情とつながっているだけでなく、社会的な心理要因ともつながっているのだ。他人との共有アイデンティティと関連した記憶や、他人とリハーサルした記憶は、フラッシュ式の地位を得やすい[14]。だからフラッシュ式記憶は、感染性ナラティブ形成に関係する可能性が高い形で選ばれているのだ。

たとえば、１８６１年フォート・サムター近くにおけるアメリカ南北戦争最初の銃声を描くナラティブは、何十年後になっても赤裸々に記憶されていた。実際の出来事から35年たっても、元アメリカ軍曹長は部下を殺されかねない任務を率いねばならないと初めて伝えられたときに、自分がまさに何をしていたかについて実に細かく表現している。

> 私は新兵１００人の、歩兵としての教練を十分に受けた中隊を率いる曹長として、ニューヨーク湾のガバナーズ島で任務についていました。ちょうどクリスマス休暇のお祝いが終わりかけたころで、その南北戦争以前の時代には、そうしたお祝いは陸軍では10日ほど続くものだったし、実に盛大でした。１月５日土曜日、私は従来の日曜朝における検分に

備えて兵舎を掃除しており、静かな1日になりそうだから、夕方にはお祝いの続きがあるかなと思っていました。そこへ副官事務所から召集がかかり、そこで上級曹長は、中隊を午後2時に閲兵のため隊列を組んで行進させるよう命じられたのです。質問などしても無駄でした。[15]

1941年12月における日本による米軍基地攻撃は、第二次世界大戦へのアメリカ参戦開始をしるす出来事だったが、参戦する決意を説明してくれる強力なナラティブで表現されている。40年たっても、人々は真珠湾のニュースを聞いたときのことを記憶していた。

ユニハイの同級生ジョン・ホームズは、いまでも自分がどこにいて何をしていたかはっきり記憶している。

「当時、街角で新聞を売っていた。私はピコとプロッサーの角で、『エグザミナー』を売っていたんだ。私が売っていたのは、真珠湾が爆撃されたと報じる新聞だった。でも、それがどういう意味かは認識しておらず、それが自分の人生を変えるとも知らなかった。あまりに幼かった」。

ジョー・アーノルドも、ウェストウッドのグレンドンとロンドブルックの交差点にあるガソリンスタンドで働いていた。「そこにはでかい塔があった。霧の日で、その塔のてっぺんに上って何か見えないか見回したんだ。何が見えると思ったのかはわからない……」。

バーバラ・ライアン・ダンハムの記憶は、多くのアメリカ人の典型だ。

「朝食のテーブルについていました。ちょうど教会から帰ってきたところで、ラジオをつけていたら……みんな最初は信じられませんでした[16]」。

フラッシュ式の記憶は、一見すると物語のどうでもいい細部に動機づけられるという人間の傾向が持つ一側面だ。それは小話まがいの短い物語でもかまわない。右の例だと、物語はショッキングなニュースの直前または直後に起こった、ほとんど無意味な出来事のシーケンスという形になっている。これに対して、もし人々に数十年前の別の日についてこんなどうでもいい細部を思い出すように依頼したら、まさに有名または悪名高い出来事と関連していないからこそ、まるで思い出せないはずだ。

近年のアメリカ史で有名なフラッシュ式記憶の出来事は、２００１年９月11日、ニューヨークの世界貿易センター破壊と、ワシントンＤＣのペンタゴンへの大きな被害をもたらした、テロリスト攻撃だ。アメリカの多くの人は今日でも、攻撃について聞いたときに何をしていたかについての物語を思い出せる。こうした記憶の赤裸々さは、その攻撃が彼らの経済的行動に与えた影響の因果性を物語るものとなっている。

当時、全米経済研究所（ＮＢＥＲ）によると、アメリカ経済は２００１年３月以来の不景気だった。これは世界の株式市場が２０００年にピークを迎えその後の金融危機と大暴落の後のことだった。テロリストたちが、コントロールを強奪した航空機を、全米のシンボルとして重要な標的に激突させた２００１年９月11日の攻撃直後、そうした攻撃がまた続くのではと恐れて、人々が家から出なくなるためにアメリカ経済の不景気が長引くのでは、という恐怖が広がった[17]。

２０００年の株式市場バブル崩壊から1年後、大量の不景気のしるしの中で起きたテロリスト攻撃は、「経済が壁にぶちあたる」ための「完璧な嵐」だった[18]。

だが攻撃は正反対の影響をもたらしたようだ。２００１年11月に不景気は終わり、アメリカ経済はほぼ即座に回復して、この不景気はアメリカ史上最短のものの一つとなった。このすばやい回復はどう説明できるだろうか？　攻撃の後で、国の指導者たちから、全国の人々に対して全国的な安心感を支えるためにシンボリックなことをやるよう求める訴えを含むナラティブが生じた。攻撃から2週間後、アメリカ大統領ジョージ・W・ブッシュは航空会社従業員や全米に対して演説を行った。

> そして私たちは、仕事に戻ることでテロに立ち向かわねばなりません。ここにいるみんな、この重要な産業で出社したことで、テロリズムなど続かない、悪を成した連中はアメリカやその労働者や国民を怖がらせたりできないというはっきりした主張を行っているのです。（拍手）……連中が攻撃したとき、それは恐怖の雰囲気を創り出したいと思ってのことでした。そしてこの国の戦争が持つ大きな目標の一つは、航空産業に対する世間の安心感を回復させることです。旅行する人々に対してこう告げるのです。飛行機に乗りなさい。全国で仕事をしましょう。飛行機でアメリカのすばらしい観光地を楽しみましょう。フロリダのディズニー・ワールドに行きましょう。家族も連れて人生を楽しみなさい、私たちが楽しんでほしいと望んでいる形で、とね[19]。

ブッシュ大統領はまたアメリカ人を絶賛してみせた。「私たちは決然とした国であり、私たちは強い国だ。私たちはすばらしい価値観に基づく国なのです」。よいスポーツのコーチのように、彼は航空業界の労働者や全アメリカ市民に対してチーム精神を奨励していた。彼のナラティブは、強力で勇敢で、啓発的な行動を示唆していた。そのナラティブは、私たちみんなが他人に見られていて、勇気のお手本をみんなが示さねばならないという発想を煽るよう明示的に設計されていた。だが経済回復の間、ほとんどの経済学者たちは、２００１年９月の攻撃が持つフラッシュ的性格を認識しなかった。だがそれは、感染性のナラティブ群を奨励し、アメリカの企業やアメリカ経済に大きな影響を与えたかもしれないのだ。[20]

どこにでもあるフェイクニュース

赤裸々になろうとするあまり、話者はしばしばフィクションやフェイクニュースに頼り、誇張したお話を提供する。ナラティブの歴史を見ると「フェイクニュース」が目新しいものではないことがわかる。実は人々は昔からおもしろいお話が好きなので、これは本当ではないのではと勘ぐってはいても、話を広めてしまう。これは都市伝説などで顕著だ。実は人々はしばしば、自分がウソを広めているかどうかというはっきりした道徳的な決断を何も下さずに、扇情的な話を広めてしまうのだ。

フェイクニュースがしばしば印象的なのは、現実のモニタリングを実装する脳プロセスが不完全だからだ。心理学者や神経科学者によると、脳にとって情報源のモニタリングはむずかしいプロセスだ。脳は情報源を、他の記憶との関連で判断するからだ。[21] だから時間がたつと、脳はかつてその話を信用できないと判断したのを忘れてしまう。また、情報源モニタリングの得手不得手は個人ごとにちがうし、脳における側方間脳と前頭葉の損傷は、情報源モニタリングの大幅な欠陥に貢献しかねない。[22]

一例として、プロレスのイカサマ勝負を見てみよう。そこではレスラーたちがルール違反をしてほとんど相手を殺すかのように見える。人々は、他の人なら明らかにイカサマな茶番でしかないと思いそうな試合を観ておもしろがっているようだ。この奇妙な現象を指す用語「ケイフェイブ」が１９７０年代から文献に登場し始めている。

プロレスのイカサマ試合は、ルール遵守の高校や大学のレスリング試合のようには進まない。むしろいくつもの、突拍子もない物語要素を含む。選手の片方は実に露骨に邪悪そうだったり、ほとんど裸同然で醜かったりする一方、その相手はさっぱりしたハンサムで高潔な人物だ。悪漢は臆病にふるまい、ロープの陰に隠れ、レフリーがちょっと目をそらしたすきに、観客みんなが見守る中で反則攻撃をする。相手がダウンするとそれをいたぶり、ロープ高くに上って相手の腹に飛び乗るようなふりをする。

このインチキはしばしばあまりに露骨なので、どんな観客でもそれが多少は演技だというのはわかる。観客は時に、その演技が下手くそだと「イカサマ！」と叫ぶことさえある。それなのに、試合はまるで本当であるかのように上演されて、おおむね受け入れられている。観客はどうもそれが少なくともたまには本当であってほしい、と思っているかのようで、自分たちの想像力を刺激するために、それが本物なのだというふりをすることもある。

だが文芸理論家ロラン・バルトが述べるように、こうした試合の観客たちは、他のスポーツで行われるような形でその結果に賭けたりはしない。「そんなことをしても意味がない。……レスリングがそのオリジナリティを維持するのは、それがスペクタクルとして提示する各種の過剰によるのであって、スポーツとして提示されているのではないからだ[23]」。言い換えると、あるレベルで多くの人々は物語を信じるのを楽しむのであって、その事実性など気にしないのだ。

イカサマ試合は多くの国で長い歴史を持つので、これが長寿の物語なのだと示唆される。ProQuest News & Newspapers検索で「インチキ　プロレス」を検索すると、この用語は１８９０年にある記者が「最近ではインチキなレスリングの試合がたくさんある」と指摘しているのにさかのぼる[24]。古代ローマにおいてすら、本物のグラディエーターたちによる本当の命がけの試合の前座としてインチキ試合のプロルシオ（練習）が行われ、続く本番への観客たちの期待を盛り立てた[25]。プロルシオはおそらく現代のイカサマプロレス試合のようなもので、役者たちは観客操作の経験が豊かで技能もあり、その一部は有名人だったはずだ。

古代ローマ人たちが犯罪者や逃亡奴隷、キリスト教徒たちをコロッセウムでいたぶり殺すため、ライオンを解き放った時代からはいろいろ改善した。正直さの評判を持つ確立したマスコミもある。21世紀にはファクトチェックのウェブサイト、たとえばAP Fact Check、factcheck.org、politifact.com、snopes.com、USAfacts.org、wikitribune.comなどが誕生した。こうしたサイトはどれも、かつての主流マスコミで一般的だったように論争のあらゆる意見を分け隔てなく報道する代わりに、フェイクニュースを暴くことで評判を確立した。残念ながら、ほとんどの人はファクトチェックのウェブサイトなど見ない。さらに、そうしたサイトの信頼性まで、その評判を落とそうとするフェイクニュースにより台無しにされつつあり、一部の世間は本当の真実を見出すなんて絶望的だと思うようになってしまった。

ここからどんな結論が導き出せるだろうか？　何世紀も何千年にもわたる存在から見て、フェイクニュースは通常の人間条件の一部らしい。インチキ試合、インチキ物語、インチキヒーローはどこにでもいる。インチキは実に創造的だから、その演技は根本的な経済の力により引き起こされると考えることはできない。むしろその正反対が正しいのだ。フェイクなナラティブという形でのインチキのほうが、経済的な結果に影響するのだ。

ナラティブ群からの因果性の証拠

文献データからナラティブを研究すると、何か単一の文化の背後にあるナラティブ群を見逃しかねない。というのも、目に見えるナラティブの一部しか見られないかもしれないからだ。何十年もたった後の私たちの立場からすると、曇りがちな夜に地面に立って、上空の星座を見分けようとするようなものだ。まちがいなく、一部の星は見えない。さらにナラティブは通常、何年もかかって現れては消えるが、経済変動はしばしば突発的だ。これはものの数日で展開する金融パニックを見ればわかる。だがそのパニックの種は、何カ月も、何年もかけて撒かれている可能性が十分にある。

最終的には、経済変動を引き起こす消費判断や投資判断を行う大多数の人々は、決して十分な情報を持ってはいない。そのほとんどは、ニュースを慎重に見たり読んだりしないし、まともに理解できる形で事実を手に入れることもほとんどない。それでも彼らの決断は全体的な経済活動を動かす。それなら、注目を集めるナラティブがそうした決断を動かすのであり、それがしばしばセレブや信頼できる人物に支援される、というのが実態であるのはまちがいない。

ナラティブ群の中で新たに突然変異した物語が、現在の経済事象を引き起こせることを認識できたら、それだけでも大進歩だ。だがナラティブがどのように経済に影響するかについて、しっかりした理解に到達するのは容易ではない。思考を導くためにはまず一歩下がって、いくつか基本原則を検討しよう。その一部はこれまでの章でも漠然と触れたものだ。というわけで次章に進もう。

第8章

ナラティブ経済学 七つの主張

　これまで、ヴァイラルとなった通俗ナラティブが経済的な影響力を持つことを見てきた。最終的には、経済学者たちがこの関係をモデル化して経済事象の予測に役立ててほしい。だがまず、歴史的に重要なナラティブを理解し、発展途上の新しいナラティブを見つけるために使える、経済ナラティブについての基本的な主張をいくつか提供したい。

　だがその前に、経済ナラティブの重要な特徴をいくつか振り返ろう。ビットコインのナラティブが示すように、経済ナラティブは人々に対し、忘れたかもしれない事実を思い出させ、経済の中で物事がどう機能するかという説明を提供し、経済行動の理由や目的についての人々の考え方に影響する。そのナラティブは、世界の仕組みについて示唆することもある――ビットコインのナラティブでは、コンピュータが世界を征服しつつあり、地元政府の無能や腐敗という昔ながらの問題から解放された新しいコスモポリタン時代に突入しているのだという概念だ。そして、その情報をどうやって自分に有利な形で使えるかも示唆する。あるいはそのナラティブは、ある具体的な経済行動が、将来何か利益をもたらすかもしれない有益な学習体験となるのだと示唆することもある。時には、その経済行動を実行するのは、自分自身をそのナラティブ自体に参加させる手段となる。そのナラティブに参加することで、自分が歴史の一部だと言える。たとえばビットコインを買うことで、国際資本家エリートに参加したことになる。

主張その1　流行は速度も規模も様々

経済ナラティブの流行は、規模も時間軸も実に多様だ。ナラティブ流行には標準の道筋はないし、勢いのある流行の急成長は、それが長期的な重要性を持つという意味ではない。本書の補遺では、疫学からのモデルを見て、感染と回復パラメータを選べば急速な大流行、急速な小流行、遅い大流行、遅い小流行を意味するモデルが作られることを示す。

ナラティブは何十年もかけて到来しては去ることもあるので、経済学者たちがナラティブの影響を計測するために使うどんなデータ系列よりも長続きする場合もある。したがって、ナラティブの影響を即断してはならない。たとえば、ヴァイラルな経済ナラティブが、ものの数日でフェイスブックやツイッター上でヴァイラルになるミームとまったく同じだと考えるなら、歴史的な長期的好況がずっと長い時間軸で生じた流行の結果だという可能性を見損ねてしまう。

別の例：もし一部の流行が早くて他が遅いというのを理解しないと、ある作品の重要性を判断するのにベストセラーの順位に頼りすぎてしまう可能性が高い。ベストセラーは短期の売上に基づいている。たとえば『ニューヨーク・タイムズ』のベストセラー一覧は、その週だけで最大数の部数を売った本を報告している（これまでの章で、なぜマスコミが短期を重視するかはわかる。新しいニュースを絶えず作らねばならないからだ）。なぜ聖書とコーランが決してベストセラーに挙がってこないのかは、時間軸が短期だからだ。何十年前もの『ニューヨーク・タイムズ』ベストセラー一覧を見ても、たぶん知っている本は一つもないだろう。ほとんどは、一瞬燃え上がっただけの短期流行だった。

感染率はまた、ナラティブ流行ごとにまったく異なる。感染率がとても高いナラティブ流行は、開戦など国の緊急事態かもしれない。こうしたナラティブだと、人々はそれがあまりに重要で、他のどんな会話にでもこのニュースで割り込んでよいし、通常はつきあいのない人々とも話をしてよいと感じる。きわめて感染率が低いのに成功したナラティブの例は、国の国民的偉大さを示す愛国物語かもしれない。これは家庭や教室や、市民組織主催のイベントで、適切なときにしか持ち出されない物語だ。こうした物語は、忘却率が十分に低ければ、巨大な流行へと（ゆっくり）発達できる。

ナラティブはまた、回復率や忘却率も様々だ。高い回復率を持つナラティブはしばしば孤立しており、ナラティブ群の一つではない。低い回復率のナラティブは、絶え間ないリマインダーつきのものだ。たとえば、道端でホームレスや物乞いを見かけると、不況のときの大量失業に関するナラティブを思い出す。長期的なナラティブは、人の世界観や人生の意味についての感覚に影響しがちだ。

補遺の数式モデルが示すように、高い感染パラメータと低い回復率は、いずれ全人口がそのナラティブを耳にするということになるし、それがとても急速に起こることもある。だが同じナラティブでも、感染パラメータが低いが回復率がさらに低ければ、全人口にきわめてゆっくりと広がる。以下の例が示唆的だ。

１９８７年10月19日の株式市場崩壊直後に、アメリカでアンケートを実施した。この株式市場崩壊は、アメリカ史上で１日の下落幅が最大だった。私はアメリカ高所得個人の無作為標本に対し、その暴落についてずばりいつ耳にしたかを尋ねた。回答者のうち、97％は暴落当日にそれを聞いたと言う。平均の答えは、東部時間で午後１時56分、太平洋時間で10時56分だった。[1] ほとんどの回答者たちは、朝刊や晩のニュースでこの話を聞いたのではなかった。事態が起きている最中に、直接の噂でそれを聞いたのだ。

主張その２　重要な経済ナラティブは世間的な話題のごく一部でしかないこともある

経済ナラティブの流行の重要性を判断しようとするとき、ほとんどの経済的に重要なナラティブは、絶えず話題に上るものなのだという想定に基づいて結論を出してはいけない。きわめて重要な流行でも、ほとんど話題に上らないかもしれない。さらに、人々は常に話をしているので、何らかのナラティブは常に広がっている。経済ナラティブの研究では、経済変化の説明に役立たない小ネタに気を取られてはいけない。

１９３２年に大恐慌の頂点で、フランクリン・ローズヴェルトは現職のハーバート・フーヴァー大統領に大統領選で挑んだ。『ニューヨーク・タイムズ』で、ピューリッツァ賞受賞のジャーナリストであるアーサー・クロックは、一般人が経済状況について何を語っているかまとめようとした。彼は人々が語るのに耳を傾け、「できるだけ話を促したりはしないようにした」[2]。

> 列車、自動車、飛行機、徒歩でわたしは1万マイルもさまよった。列車、レストラン、街灯、酒場、ホテルのロビー、クラブ、人々の自宅などで、何百人も観察し語り合い耳を傾けた。

彼は１カ月かけてアメリカ20都市をめぐり、自分が行ったり耳にしたりした日常会話の中で、人々の発言の典型と思われるものを逐語的に書き留めた。そうした話のほとんどがつまらないものだったことで、彼は少し驚いた。

> 本や演劇の話はほとんど耳にしなかった。ヒアリングの中で、ドラマーによる新しいジョークなど一つも聞けなかった。候補者のだれに対しても個人的な熱意など一言も聞かれなかった。

クロックの記事は、一部でしか流行しないナラティブについてあまり安心するなという警告にもなるし、ある特定の時点でしか語られないナラティブについて慢心するなという警告でもある。マスコミは経済思想についてしょっちゅう論じるし、人々がそれについて考えるのは確かだが、経済理論は日常会話の話題ではないのだ。

クロックによれば、人々は大恐慌の影響や恐ろしさについてはしつこく語りたがったという。たとえば彼は、１９３２年にタクシー運転手から聞いた言葉を記録している。

> クリーブランドのタクシー運転手――東部から来なさったかね？　あっちの様子はどうだい？　ここらあたりの様子が知りたいなら、朝3時頃に深夜営業レストランの裏口にあるゴミバケツを見ることだね。そこから食事を得ている連中を見るといい。みんな物乞いにはほど遠い連中だ。……東部の連中は、ローズヴェルトが事態をよくできると思ってるのかい？　まあこれよりひどくはなりようがない。フーヴァーが来るまでは、あっしもいい暮らしができたんだがね。このタクシーじゃ無理だ。セントラルで炉の担当だったのに、仕事を切られたんだよ。注文がない。ここはいい町なんだが、いまはもうどん底だ。いつになったら回復すると思いなさるね？

この引用は、善良な人々が大恐慌でゴミ漁りに堕するほど追い詰められているという流行性のナラティブを示唆している。この発想は、心的なイメージと嫌悪の感情を引き起こす。タクシー運転手はまた、はっきりした答えのない質問をしている。繁栄がいつになったら戻ってくるか、という質問だ。アメリカが長期不況にはまっているかを知りたがるのは、彼の経済的な決断（たとえばいくら支出するか）がその答えにかかっているからだ。ゴミ漁りをするほど追い詰められているというナラティブは長期化を示唆しており、だからタクシー運転手は緊急の質問「いつになったら回復すると思いなさるね？」を発する。運転手は、どうも知識豊富らしいクロックから、未来についての啓発を得たいと思っているが、おそらくは定量的な答えを期待しているわけではないだろう。むしろクロックが、未来についてのヒントを提供するナラティブを提供してくれると期待したのだろう[3]。

経済ナラティブが人間の経済行動に与える影響を判断するにあたり、会話が重要な経済的決断、たとえば、退職後のためにどれだけ貯金するか、といった話題に触れることはめったにないのを思い出すと有益だ。所得の5％を貯金すべきか？　10％？　もっと？　この問題についての会話をどれでもよいから思い出そう。たぶん一つも頭に浮かばないはずだ。それでも人々は、いくら貯金するかについて決断しなければならないし、その決断は何かに基づくしかない。大恐慌の間のその決断は、不況の間の苦労、たとえば午前3時にゴミ箱で食べ物を漁る人々といったナラティブに影響されていたのかもしれない。また、そうした決断は、不況の先行きについてだれも何もわからないという、懸念する専門家たちの印象に基づいていたのかもしれない。それが、深刻な人間的影響を持つ長期的な経済停滞を恐れるだけの理由があると示唆していたのかもしれない。個別の漠然としたナラティブを単独で採りあげれば、行動を左右したりはしないが、そうしたナラティブが束になれば、行動に影響しかねない。

主張その3　ナラティブ群は単独ナラティブのどれよりも影響が強い

群れをなしてまとめて起こるナラティブは、それぞれの起源はちがうかもしれないが、私たちの創造力の中では何か基本的な発想に基づくものとしてまとめられ、お互いの感染を強化し合う。ナラティブ群を別の呼び名で言えば、大ナラティブ、マスターナラティブ、メタナラティブとなるが、私はそうした用語は使いたくない。それは、単なる物語の流行がナラティブを広範に普及させるというだけの話について、実際よりもまとまりや知的な性質を示唆するものになってしまうからだ。

時には群れの中のナラティブは「聞いた話では……」という形を採り、だれから聞いたのかは明言されない。主語を明示しないことで、「聞いた話では……」ナラティブの話者は、一見すると権威ありそうな人物が登場したり語ったりしているナラティブの群れがあるのだ、と匂わせる。こうしたナラティブ群の境界はときどき引き直され、あるナラティブが、他のその時点での流行ナラティブから流行性を拝借したりする。

これまで見たように、暗号通貨は大量の関連ナラティブに裏付けられており、主要なものが少数あってそれを何百万もの小さなナラティブが取り巻いている。2018年時点で、2000種近い暗号通貨がオリジナルのビットコインと競り合っていた。そうした暗号通貨のそれぞれは、起業家精神の物語であり、あるアイデアを持った熱心な開発者の物語だ。だが暗号通貨の最大のナラティブ群は、ビットコイン関連のものだ。あるナラティブでは、人気歌手リリー・アレンが

2009年に、ある公演をしたらビットコインで支払うという申し出を断ったという。このナラティブは印象的なオチがついている。アレンは今日、後悔で身もだえしているという。というのもその申し出を受けとってそのビットコインを持ち続けていたら、2017年には億万長者になっていたからだ。[4] こうした物語は、ビットコインのナラティブ成長とビットコイン価格上昇を維持する。こうした投資を自分でも見つけられなかったという人々の後悔を引き起こすからだ。他の各種ナラティブ同様、この物語はナラティブの発端となったり、それを持続させたりするセレブに注目したものとなっている。

　ナラティブ群の厳密なパラメータを定義するのはむずかしい。しばしば、そうした物語の一部をめぐる表面的な例しか見つけられない。ほとんどのナラティブは決して書き留められず、永遠に失われる。さらに、ナラティブは背景になっていて、決断が下されるときに言及されることはめったにない。たとえば、新しい車を今年買うか、もっと安定した時期が来るまで先送りするかを伴侶と議論するとき、自分の安心や不安を高める物語をあれこれ伴侶に語ることはないかもしれない。だから、ナラティブと行動とのつながりを確立するのは困難になる。口頭ナラティブと経済活動との最終的なつながりは、究極的には非言語的なものになるかもしれない。

主張その4　ナラティブの経済的な影響力は変化するかもしれない

　経済ナラティブの行動に対する影響は、ナラティブのその時点での変異や他の関連ナラティブの細部に左右される。ナラティブのフラグとなる単語やフレーズについてのデジタル化データに頼るときには、そうしたフラグの立つナラティブすべてが、時代を通じて常に同じ意味を持つと想定したくなる誘惑に耐えねばならない。ナラティブを深読みして、話された文脈を少なくとも考慮して、行動への含意まで読解しなければならない。将来的には、何らかの情報処理イノベーションで、こうした作業が人間の判断に依存しなくてよくなるかもしれない。

　またもや１９８７年10月19日、株価が史上最大の1日の下落比率を示した日を見よう。この問題はしばしば、この出来事の主要な記念日に話題に上る。この暴落の記憶のおかげで、株式市場は別の崩壊に遭いやすくなるのではと信じるかもしれない。というのも暴落の恐れのため、人々は株価下落の始まりに見えるものに対して反応するようになるからだ。だが１９８７年暴落のナラティブは、人々が現在の状況に類似点があると思わない限り、そうした影響を持つ必要はないはずだ。１９８７年には、ポートフォリオ・インシュアランスという新しいコンピュータ化された取引プログラムについてかなりの議論があった。他の要因の中で、ポートフォリオ・インシュアランスを巡るナラティブは、その時点では特異だった売り判断を検討する偏りにつながった[5]。

　他の不穏な株式市場の出来事は、ポートフォリオ・インシュアランスとはまったく関係ないナラティブで取り囲まれていた。１９１４年7月28日にオーストリア＝ハンガリーがセルビアに宣戦布告し、第一次世界大戦の引き金を引いてから、株価は暴落し始めた。パニックに対応してニューヨーク株式市場や主要なヨーロッパの株式市場は閉鎖された。アメリカは参戦していなかったが、ニューヨーク株式市場は12月12日まで再開しなかった。この閉鎖に関する２０１４年の著書『ワシントンがウォール街を閉鎖したとき』で、ウィリアム・シルバーは市場の過剰反応に貢献した多くの物語や噂を詳述している。特にパニックを起こしたヨーロッパの投資家たちは、間に合ううちに投資をアメリカから引き揚げようと殺到した。この「ヨーロッパのゴールドラッシュ」の間に、大西洋航路の危険が激増したにもかかわらず、大量の黄金がアメリカからヨーロッパに送られた。１９０７年のパニックは、アメリカ市場が不安定だという証拠だという話がいろいろ出回り、次のパニックが起こりかねないという恐怖も見られた。さらに、第一次世界大戦の引き金となったフランツ・フェルディナント皇太子の暗殺が、ロシア人による陰謀の一部で、彼らは大戦に備えて黄金を抱え込もうとしているのだ、という無根拠な噂もあった。

これに対し、１９３９年の第二次世界大戦開始は、アメリカの株式市場を閉鎖させたりしなかった。イギリスが１９３９年9月3日にドイツに宣戦布告して第二次世界大戦の火蓋を切ると、Ｓ＆Ｐ総合株価指数は、取引1日で９・６％も上昇した。新聞は、こんな強気の市場反応におおむね驚きを表明し、なぜ市場が１９１４年の経験を繰り返さなかったのか、説明できずに途方に暮れた。明らかに、このまったくちがう反応は、第一次世界大戦が株を持ち続けた一部投資家たちを大儲けさせ、ヨーロッパへの軍備や物資販売で儲けた投資家にも有益だったというナラティブに関連していた。[6] 第一次世界大戦と第二次世界大戦の人間的な物語はかなり似通っていても、それぞれの開戦時に成功した投資家を表現するナラティブには大きな差があった。

人々が自分のナラティブにつける名前にも注意する必要がある。ナラティブ名の一見ちょっとした変化も大いに重要かもしれない。特にその新しい名前が、ちがうナラティブ群に関連したものの場合はなおさらだ。言語学では、同義語は決してまったく同じ意味は持たない。追求されたら、人々は同義語が持つちょっとちがう意味合いについて複雑な考えを述べられる。神経言語学で、同義語は神経ネットワークの中でちがった接続を持っている。こうした接続の一部は、それが支持する経済思想の点で多いに意味を持つ。

主張その5　虚偽のナラティブを止めるには真実だけでは不十分

いきなり有力になった経済ナラティブが、ときどき何の理由もなくいきなり登場する。そうしたナラティブの一つが、2007〜09年の世界金融危機の後で生じた。ゼロに近い金利が、1990年代の日本で見られた「失われた10年」の先触れと解釈されたのだった。日本の「失われた10年」の物語は一例でしかなく、一つの観測例だけで、統計的な有意性はまったくないが、世界中で大流行して大恐慌のナラティブが再燃し、「長期停滞」をめぐる深刻な恐怖を引き起こした。

実際、こうしたナラティブや恐怖は経済や生活に深刻な影響を及ぼしかねない。たとえば政治学者スティーブン・ヴァン・エヴェラ（1984）によると、第一次世界大戦は少なくとも部分的には、「先手必勝カルト」と彼が呼ぶ、まちがったナラティブのせいで開始された。このナラティブは、先制攻撃した国が一般に優位に立てるとする説だ。この発想は、一部の歴史的ナラティブに裏付けられ、単純化された心理的、数学的、付和雷同的な議論により例示されていた。ヴァン・エヴェラによると、最終的にこの理論は不安定性をもたらした。みんな先制攻撃したがったのだ。ドイツはロシアに対する「抑止戦争」をうまく仕掛ける「機会の窓」があると思った。だがこのナラティブはまちがっていた。それは経済的な影響――巨大な軍備競争――をもたらし、攻撃側も防衛側も大惨事となる戦争につながった。ノーマン・エンジェルは1911年の著書でこのナラティブを「大いなる幻影」と呼び、それを本の題名にしている。エンジェルの著書は多くの人々にとって納得できるものだった（そして彼は後にこの研究でノーベル平和賞を受賞した）が、戦争を防ぐほど急速にヴァイラルにはならなかった。幻影は、それが決定的に反証された後でも生き残った。証拠が幻影ほどは急速に広まらなかったからだ。

アナロジーとして、経済活動は必ずしも最新の情報には基づかないことがわかる。時にそれは、その時点でヴァイラルになっていた何らかのナラティブに基づいている。一般的な知識は多くの面で着実に進歩はするが、経済行動に重要な形で影響する知識には必ずしも安定した進歩は見られない。ビットコインを取り巻き定義づけるナラティブがその一例だ。暗号通貨に魅了された優秀なコンピュータ科学者はいるが、世間の興奮を引き起こす魅力的なアイデアが最終的に正しいかまちがっているかを彼らは言おうとしない。

ありがたいことに、人間的な興味や物語の品質に囚われない単純な事実を扱う話では、現代社会は一般に外すことはないし、少なくともまちがっているときには訂正を受け入れる。たとえば、ほとんどの人々は家の近くの高速道路を正確に言えるし、まちがいを指摘されたらそれを受け入れる。また普通は、自分のまったく知らないことについて医師が教えてくれるものと信じている。まあ、おおむねは。２００３年調査で、世界保健機関（ＷＨＯ）はこう結論している。「慢性病治療をあまり受け入れないことが、世界的に大規模な問題となっている」[7]。ＷＨＯは続けて、先進国の患者のうち、慢性病について医師の勧めにしっかり従うのは50％ほどでしかないと述べる。そして新興国ではそれがもっとひどいという。

もっと議論の分かれる経済評論家やファイナンシャルプランナーのアドバイスを聞くとなると、遵守率はさらに下がる。だがどこまでがアドバイスでどこからが憶測になるのか？　そして根拠ある憶測と、作り話やフィクションをどうやって区別するのか？　両者の境界はあいまいだ。最終的に、物語の感染率は、根底にある真実には影響されない。感染する物語は、別の人の関心をすぐに捉え、印象づけるものであって、それが真実かどうかは関係ない。

ソロウシ・ヴォソウギらが２０１８年に『サイエンス』に発表した研究は、ソーシャルメディアのデータを使って、本当の物語とウソの物語とで感染率を比較した。[8]研究者たちは、6カ所のファクトチェックサイト、snopes.com、politifact.com、factcheck.org、truthorfiction.com、hoax-slayer.com、urbanlegends.about.comが確認した物語を選んだ。これらのサイトでは、ある物語が本当かウソかについて、95〜98％の一致が見られることがわかった。また３００万人が広めた噂12万６０００件を調べたが、ウソの物語のほうが、真実に比べてツイッターでのリツイートが6倍に上ることがわかった。研究者たちは、この結果がツイッター特有だとは考えなかった。そして研究時点は伝統メディアに対する不信が通常より高い時期だったが、そのせいとも考えなかった。むしろ著者たちはこの結果を、人々が「目新しい情報を共有したがる」裏付けだと考えた。言い換えると、感染は他人を刺激して驚かせたいという衝動の反映だ。この結論はもうひとひねりできる。まちがった物語を訂正する新しい物語は、最初のまちがった物語ほどは感染力がない。つまりまちがったナラティブは、訂正された後でも経済活動に大きな影響を持つ可能性があるということだ。

主張その6　経済ナラティブの感染は反復機会を利用する

感染は、会話にナラティブをすべりこませる機会の頻度による。通常、会話の話題を変えるのは、何か特別な状況でもない限り失礼なことだ。新しいアイデアや概念は、感染の機会を増やすかもしれない。たとえば、株式市場に関するナラティブの感染率は、１９２０年代と１９３０年代に世間が株価指数に注目し始めたときに高まっただろう。同じことが、１９７０年代以降の住宅に関するナラティブ流行でも起きた。これは不動産業者や住宅購入者たちが住宅価格指数に注目するようになった時期だ。いずれの場合にも、マスコミのライターたちは、注目を集める話の執筆を正当化する新しい事実を探す中で、何度もこうした指数を見返すことになった。

ほとんどの人にはお馴染みの別の例を考えよう。「ハッピーバースデー」の歌だ。これはおそらく、重要な経済ナラティブではない。歌詞が物語を語っていないから、本物のナラティブとさえ言えないという人もいるかもしれない。だが、ほとんどあらゆる人の意識の中には、この歌と結びついた物語がある。その物語は一連の出来事で、様々な誕生日で繰り返されている。その物語とはこういうものだ。何世代もさかのぼる長い伝統に基づいて、人々は愛する者の誕生日を祝うために集まった。だれかがお祝いの開始をアナウンスすると、誕生日ケーキが火のついたろうそくを立てて運ばれてくる。その人物の生涯1年あたり1本だ（ただしその人物が高齢過ぎる場合は例外で、そのときはロウソクの数についての言い訳や冗談が飛ばされる）。誕生日の人物は願いを込めて、一息ですべてのロウソクを吹き消してその願いを実現させようとする。もちろん、ほとんどだれも誕生日のお願いが現実になるなどとは思っていないが、長い伝統を尊重してその儀式を繰り返すのだ。時には、歌に追加の言葉が足されたりする。「これからも何度も誕生日が来ますように」。これはちょっと人々をまごつかせる。音節の数がメロディに一致しないからだ。お祝いは拍手で終わる。

「ハッピーバースデー」は、感染性ナラティブの好例だ。というのも世界中に多くの翻訳で広がり、史上最も有名な歌かもしれないからだ。その感染性は、絶えず誕生日が繰り返されるために生じるのであり、それがだれかの一番お気に入りの歌だから、というわけではない。美しさや優雅さが抜きん出ているわけでもない。その普及には、何の計画も統制もない。この歌を歌えというような政府勅令が出たこともないし、それを歌った人や歌われた人を生涯有名にしてくれるというようなマーケティングキャンペーンもない。デジタル計数によると、この歌は英語圏で１９２０年代と１９３０年代に疫病のように広がり、人々がもっと重要な懸念事項を持っていた第二次世界大戦の間は衰えたが、その後また増えた。

ワーナー／チャペルミュージックはこの歌に１９３５年からずっと著作権を主張し、著作権料を何百万ドルも毎年集めてきたが、２０１６年に「ハッピーバースデー」が、公開されていた１８９３年の歌「グッドモーニング・ツー・オール」[9]と驚くほど似ていることが示され、その権利を失った。「グッドモーニング・ツー・オール」はほとんど知られていないが、「ハッピーバースデー」とそっくりで、メロディはまったく同じ、歌詞もきわめて似ている。

Good morning to you

Good morning to you
Good morning dear children
Good morning to all.

ハッピーバースデー版は、どこかの幼稚園の教室で、どこかの教師が子どもの誕生日を記念してたまたまそれを考案したことが十分に考えられる。そしてその変異版が、無名の発端からヴァイラルになった。

Happy birthday to you
Happy birthday to you
Happy birthday dear［名前］
Happy birthday to you.

なぜこの一見するとちょっとした変異が、原曲よりはるかに有名になったかを考えよう。歌詞のちょっとした改変のおかげで「ハッピーバースデー」が新しく普及しつつある儀式と愛情のシンボルであるお誕生日会の一部となった。お誕生日会は、１８９０年代あたりに普及してきたのだ。この他の感染性ナラティブとのつながりが歌の流行を拡大させ、この儀式は毎年起こるものなので、記憶が強化され、ほとんどの疫病をいずれ消し去る回復率を引き下げた。また歌詞の変更により、歌い手が誕生日の人物の名前を挿入し、歌を個人化して人間的興味を追加できるようになった。

また「グッドモーニング・ツー・オール」の著者たちが、その歌を「ハッピーバースデー」にして著作権を取るだけで億万長者になれたことに気がつかなかったのはなぜかも考えよう。ある水準では、お誕生日会の儀式が長続きして人気を博すことくらい彼らもわかったはずだと思える。誕生日の儀式につながる歌——とても短く、覚えやすく、しょっちゅう歌われる歌——は流行るに決まっているとわかるべきだった。そして、歌に著作権をつけて商業業者から何百万ドルも得られることも気がつくべきだった。

行うより言うが易し。いまなら当然に思えることも、当時はさほど当然ではなかった。歌の改変として考えられるものは他にもいろいろあった。「グッドモーニング・ツー・ユー」には単語が16語ある。単語の半数を変えて、総単語数は変えなかったとしよう。すると単語の置き換えは16!/8!通り（つまり5億１８９１万８４００通り）ある。16語のうち8語を置き換えられるほど単純な単語が英語に１００語あるとしよう。すると、100^8=1京×518,918,400通りの歌のバリエーションがあることになる。こうした可能性すべてを事前に検討して、歌の改変で大儲けする方法に気がつくのは不可能だ。だから「グッドモーニング・ツー・ユー」から「ハッピーバースデー」を発明したのは、おそらく偶然の出来事で、そもそも起こったこと自体があり得ないことだった。だがそれが起きてしまった。最初はあまり広まらなかったけれど、でも新しい流行が改変した著者の名前を挙げることもなく（もう完全に忘れ去られている）静かに始まった。そしてそれは、映画、テレビ、ソーシャルメディアなど各種の形式に吹き込まれた形でのナラティブ群につながったのだった。

主張その7　ナラティブはつながりで栄える：人間的興味、アイデンティティ、愛国心

通常、経済ナラティブは感染のために人間的興味の物語に頼る。というのも人間はそうした物語に惹かれるからだ。それとわかる人格がナラティブと関連づけられると、心の中で描ける顔ができて、脳は人間や声や顔のモデルをその物語に関わらせるようになり、忘却の可能性を引き下げることになる。だが人間的興味の物語だけでは、ナラティブを感染性にするのに不十分かもしれない。成功する経済ナラティブは、時に何が感染性で何がそうでないかを感じ取る創造的な心の発明であり、そうした人々は各種要素をうまくまとめて感染性のナラティブを創り出す。ヴァイラルなナラティブを創り出そうとする人々は、セレブを慎重に選ばねばならない。というのもナラティブが最もうまく機能するのは、意図した観客たちが個人としてそのセレブを認識し、親身に感じるときだからだ。

たとえば、ジョージ・ワシントンと桜の木の物語がある。これは２００年にわたり人気がある話だ。最初に文書として登場したのは、１７９９年のワシントンの死の直後で、メーソン・ロック・ウィームズのベストセラー『ジョージ・ワシントンの生涯、その当人にとって栄誉となり、同様にその若き同国人たちのお手本となるおもしろい小話つき』の新版でのことだった。この本の題名からして、ウィームズはワシントンについて語り伝えられるナラティブを開始したがっていたのは明らかだ。ウィームズは、桜の木の物語を「遠い親戚である高齢のご婦人で、少女時代にワシントン

家でかなりの時間を過ごした人物」から聞いたのだという。[10]

彼女の語ったところでは「ジョージが6歳ほどの頃、彼は立派な鉈の持ち主にされたのでありまして、ほとんどの少年同様、ジョージはとんでもなくそれがお気に入りでした。そして絶えず、目の前のものを手当たり次第に切り刻んでおりました。さて、しばしばご母堂の豆の添え木を切り倒しておもしろがっていた庭で、ジョージは己が鉈の刃を、美しいイギリス桜の木の幹で不幸にも試してしまい、その樹皮があまりにひどくむけてしまったため、あの木が二度と回復できたとは思えませんね。……お父上は申しました。『ジョージ、かの庭にある美しい桜の木を殺したのがだれか、おまえは知らないかね？』。これは厳しい質問でした。そしてジョージはその下でしばらくためらいました。が、すぐに気を取り直しました。そしてすべてを制する真実の曰く言いがたい魅力で顔を輝かせた若者の甘き表情を持って、父親を見つめて勇敢にもこう叫んだのです。『ウソをつくわけにはいかないよ、お父さん。ぼくがウソをつけないのは知ってるよね。ぼくが鉈であの木を切ったんだ[11]』」。

この小話は今日のアメリカでも道徳話として広く記憶されている。「ウソをつくわけにはいかない」と「ワシントン」でググると18万8000件がヒットして、「ウソをつくわけにはいかない」だけで検索した結果の3分の1以上となる。ワシントンの物語は、その元となっている一文を圧倒しつつある。なぜこれはそんなに流行る物語なのか？　それはこれがアメリカ初代大統領に関する物語で、愛国的な魅力があるからにちがいない。その文脈で言うと、これは大ナラティブだ。他のどんな人についてだろうと、これは大した話にはならない。大した中身がある話でもなく、子ども時代のワシントンはウソをつかなかったというだけだ。「ウソをつくわけにはいかない」と「リンカーン」でググると10万２０００件がヒットする。同じくらい有名なリンカーン大統領が話に登場して、時にはワシントンではなくリンカーンの話にされていることさえある。

二人の伝説的なアメリカ人に関するこの物語は、正直さに関する経済ナラティブ群の一部だ。そうしたナラティブは、アメリカ特有ではないが他の国よりはアメリカのほうが強いかもしれず、おそらく事業取引の信頼を創り出し、賄賂や腐敗を制限することでアメリカ経済の発展を手助けしてきた可能性が高い。

しばしば経済ナラティブにおける基本的な人間的興味の要素は、同時期にヴァイラルになるちょっとちがう物語に含まれているものだ。ナラティブのちがうバージョンは、標的とする観客に適切な別のセレブに入れ替える。セレブの関わる新しいナラティブについては、すでに記憶の中にそのセレブについてお馴染みのナラティブがあり、これが感染を拡大する。[12]セレブを中心としたナラティブ群は自己強化する。極端な場合、そのセレブは超人的な地位を獲得し、それに関連したアイデアは自然で当然のものと思われる。ジョージ・ワシントンの絵はアメリカのすべての１ドル札と、25セント硬貨に描かれている。

時には、一般人が適切で気の利いた台詞を吐くが、そうした引用は改変されて、言い出したのが有名人だということにならないと感染しない。たとえば20世紀半ば以来、社会主義者のスローガン「能力に応じて働き、必要に応じて受けとる」というスローガンはカール・マルクスによるものだとされてきた。実際には、この標語を強調したのは１８５１年の社会主義哲学者ルイ・ブランで、当時はマルクスはほぼ無名だったし、この一節の変種は聖書にも登場する。[13] ルイ・ブランは１９００年以後もマルクスより有名だったが、今日ではほぼ忘れ去られている。だから20世紀半ばにそれがマルクスによるものとされた。それを行った無名人は、新しいセレブを追加することで改変版の流行を創始させたわけだ。

　ウェブサイトのウィキクォートは、有名な引用文の起源を追跡するが、多くの場合それを言ったとされる有名人は、そもそもそんなことを言っていない場合が多く、言った場合でも別の人を引用していただけのことも多い。だがそれでもかまわない。ウィキクォートが何と言おうと、その引用の真の起源は感染力がないので決してヴァイラルにはならない。そして感染こそが何よりも重要な要素だ。もしナラティブが人間のやりとりの中で繰り返されなければ、次第に忘れられる。セレブの関わるナラティブは、何かの出来事でそのセレブが失墜したりすればいきなり感染力を失う。そのナラティブに含まれるアイデアが本当だろうがいいものだろうが関係ない。

　すでに見たように、セレブの選定は愛国的な側面も持つ。人々は自分の国や自分の民族集団の個人のほうをひいきにするからだ。この選好があるからこそ、ナラティブの流行的な拡大がしばしば目につかなかったり認知されなかったりするのか説明がつく。それを認知するというのは、それが外国起源だというのを認めることが必要になる場合が多いのだ。あるアイデアが外国から来たものとして提示するインセンティブを持つ人は、特殊な場合を除けばほぼだれもいない。だから人々は、重要なアイデアは突然同胞にやって来たという幻想を抱き、そのアイデアが本当に持つ世界的な流行はまったく目に入らない。セレブだけでなく、党への忠誠や宗教への忠誠の問題もある。

愛国心は、単に忠誠を主張して国旗を振るというだけの話ではない。それはまた、良かれ悪しかれ重要なことはすべて自国でしか起きないという気分でもある。たとえばアメリカのＣＢＳニュースは毎朝「90秒でわかるあなたの世界」という番組をやり、今日のニュースについて知るべきことをすべて、きわめて手短に教えると主張する。でもこの名前は不正確だ。というのも報告は世界をカバーしないからだ。ニュースのほぼすべてはアメリカのものだ（イギリス王室とウラジーミル・プーチンの小ネタは例外）。ひょっとするとこの番組名は、アメリカ（世界人口のたった５％しか占めていない）が世界だと思っている多くのアメリカ人にとっては、本当に正確なのかもしれない。

＊＊＊＊＊

経済ナラティブについて、七つの主要な主張を見てきた。

1. **流行は速度も規模も様々。** 流行の時間軸や規模には大きなばらつきがある。
2. **重要な経済ナラティブは世間的な話題のごく一部でしかないこともある。** ナラティブはあまり耳に入らなくても、経済的に重要かもしれない。
3. **ナラティブ群は単独ナラティブのどれよりも影響が強い。** 群れが重要だ。
4. **ナラティブの経済的な影響力は変化するかもしれない。** ナラティブが時間とともに発達する中で変わる細部が重要だ。

5. **虚偽のナラティブを止めるには真実だけでは不十分。**真実は重要ではあるが、それは本当に有無を言わせないくらい明らかなときだけ。

6. **経済ナラティブの感染は反復機会を利用する。**強化が重要。

7. **ナラティブはつながりで栄える：人間的興味、アイデンティティ、愛国心。**人間的興味、アイデンティティ、愛国心が重要。

第3部では、この七つの主張を枠組みとして使い、歴史的に重要な経済ナラティブを検討して、経済ナラティブとそれが現実世界に与える影響について学べるものを見極めよう。

第3部

繰り返される経済ナラティブ

第9章 反復と変異

これまでの章では、ナラティブ経済学の要素に注目し、人気ある物語がどのようにヴァイラルとなり、感染症へと変異し、経済や政治事象に影響するのかを見てきた。その議論をいくつかの現実世界の事例で裏付けた。たとえば大恐慌についてのフレデリック・ルイス・アレンの洞察、ジョン・メイナード・ケインズの第二次世界大戦のナラティブ起源に関する分析、ビットコインのナラティブ、ラッファー曲線のナラティブなどだ。

この第3部では、最も重要なナラティブ群のうち九つを検討する。こうした繰り返されるナラティブは決して完全に消え去ることはなく、多くの変異型となって復活する。それらは、今日の最も重要なテーマのいくつかにも関連している。機械がすべての労働者を置き換え、大量失業が生じるという発想、金本位制に戻ればもっと金融安定性が高まるという発想、不動産と株式市場は特別な価値を持つという発想、労働組合は邪悪だという発想。こうした絶えず変わり続け、絶えず刷新されるナラティブは、経済についての世間的な理解を変え、経済的な現実の世間的な認識を変え、何が重要で意味があり道徳的かについて新しい発想を創り出し、個人の行動に新しい台本を示唆することで経済行動に影響を与えるのだ。

この第３部の各章は、こうした反復的なナラティブが、非常に大きく、絶えず変わり続ける影響を今日の社会に与えたことを実証し、私たちが孤立した同時代の力のせいだと思っている課題の多くが、実はナラティブに深い影響を受けているのだということを説明する。そうしたナラティブは、何世代も何世紀も前に根付いたものだが、新しく工夫された表現で再登場する。こうした例に取り組むと、経済についての見方が、たとえば不況や戦争という大規模な出来事から、株式市場や不動産といった大きな経済の力、そして仕事やテクノロジーといった社会維持の制度に至るまで変わるだろう。

すでに見たように、インフルエンザやはしか、おたふくかぜのような疫病の流行は、感染力が突然変異で変わると再発する。疫病の流行は、獲得免疫を突然変異が克服すると再発する傾向にあるが、時にはその突然変異は病気の感染力を高めるような、環境条件変化の結果だったりする。たとえばインフルエンザなら、ウイルスのゲノムや環境条件のちょっとしたちがいで、定期的に起こる流行や、たまに生じる大規模で危険な流行などがある。だから１９１８年のインフルエンザパンデミック、通称スペイン風邪は、第一次世界大戦よりも大量の人命を奪った。疫学におけるスペイン風邪は、経済学における１９３０年代の大恐慌の軌跡とそっくりだが、大恐慌の「病気」は運んだのがウイルスではなくナラティブだという点だけがちがっている。いずれの場合も、その流行ぶりはきわめて強く驚くべきものだった。だから反復的な経済ナラティブの細部に入る前に、この二つの本質的な仕組み——反復と変異——が経済ナラティブをどのように決めてそれに貢献するのかを詳述するのが有益だ。

経済ナラティブの変異

インフルエンザの変異が、かつての流行に似た症状を引き起こす病気の新たな感染を引き起こすこともあるように、経済ナラティブも変異する。だが類似性とちがいの流れは慎重に分離する必要がある。通常、ナラティブがたとえば別の国や数十年後に再発するときには、変異したナラティブは元のナラティブとはちがう特徴を持つ場合が多い——セレブがちがうとか、ビジュアルがちがうとか、オチがちがうとか。たとえば第12章では金本位制ナラティブと金銀複本位制ナラティブを論じるが、これはビットコインと深い共通性を持つ一方で、ウィリアム・ジェニングス・ブライアンの代わりにサトシ・ナカモトが登場している。次の新たなお金のナラティブは、また別のセレブの名前を持つだろう。ブライアンが今日ほぼ忘れられたように、ナカモトも将来はほぼ忘れられる。将来、成功した新しい電子通貨をうまく創り出す人物は、それについて感染性の物語をうまく作り出すだろう。そのために、たとえば人気あるセレブの名前をそれにくっつけたりするだろう。この変異は感染に必要なものかもしれない。

ナラティブの変異はまた、一部の出来事がナラティブの関連性を変えかねないときにも起こる。たとえば、一部の公的な出来事は、あるナラティブが政治的に正しいとか正しくないとかいうことを如実に示すかもしれない。もちろん人々は、そんなスキャンダラスな出来事と関連づけられるような物語を繰り返すのはためらう。[1]

ナラティブや、ナラティブを取り巻く環境の変異は、経済的な意思決定とのつながりを改善することで、それを経済ナラティブに仕立てるかもしれない。また感染を強化するけれど、物語を歪めて同じ経済ナラティブではなくしてしまうような変異もあり得る。その後、そのナラティブは何かちがう教訓に変形することもある。たとえば今後見るように、労働節約機械が職を奪うというナラティブ（第13章）は、１９３０年代大恐慌の間に恐怖感を引き起こしたけれど、同じナラティブの変形版（第14章）は１９９０年代のドットコムバブル期に、ある種の機会を生むのではという感覚を作り出した。こうした事例はナラティブ研究者にとって混乱のもとだ。というのもナラティブの中に登場する一部のキーワードは、ある固有の経済解釈を持っていた時期に比べてずっと長期間にわたり登場することになりかねないからだ。

ナラティブの登場タイミングが実際の経済事象の時期と一致しなくても、その両者は関連し合っているかもしれない。大流行したナラティブは、遅れて恐怖を引き起こしかねない。たとえば、技術がいつの日か自分の仕事に取って代わるのではという恐怖は、いずれ他のナラティブやニュースが、そうした代替がいまにも起きるという感覚を作り出したとき、ずっと後年になって経済行動に変化を引き起こしかねない。

経済ナラティブの再発

ナラティブの再発を引き起こす変異はランダムな偶然のこともあるが、専門のマーケティング専門家、政治家、詐欺師、ただのソーシャルメディアマニアたちが、その設計の一部要素に関連している場合のほうが多そうだ。創造性のある人々は、古いナラティブはずっと、昔にヴァイラルになったことでその潜在力が証明されているけれど、もはや感染性を失っていることを知っている。もとのナラティブに関連していたセレブは、忘れられたり失墜したりしている。ナラティブは、別の失われたナラティブと共流行関係にあった場合もある。だから創造的な連中は、それを現存する流行と結びつけようとしなくてはならない。

再発する経済ナラティブは国際的な広がりを持つことが多い。理由の一部は、マスコミの人々がずっと昔に、外国のニュースを観察すべきだと学んだからだ。というのもある国でヴァイラルになったものは、しばしば別の国でも感染を引き起こせるからだ。だが感染症の流行と同じく、どんな時点でも同じ流行が強い国、弱い国はある。さらに流行する伝染病は、同じ言語を使ったり国境を接したりする国々で類似性を持つ。本書の例はほとんどがアメリカのものだ。これは私が生涯を過ごし、直感と知識が最も豊富な国だからだ。またアメリカは昔から景気循環の歴史を記録してきた。全米経済研究所（ＮＢＥＲ）は１８５４年までさかのぼる景気の拡大と収縮記録を維持している。

一部の批判者は、アメリカにおける制度があまりに根深く激変したので、遠い歴史からはほとんど何も有益なことは学べないと論じるかもしれない。だが50年、１００年、１５０年前の出来事や反応は、今日私たちが見て経験することと驚くほど似ている。今日のナラティブには、そうした歴史的な時点の残響が残る。コイントスの賭けを持ちかけ「表ならオレの勝ち、裏ならあんたの負けね」と詐欺師が言って、それにカモがうっかり乗ってしまったという話をご存知だろうか？　この珠玉のナラティブは１８４７年以来（いやもっと前から）流通している。当時それは、ホイッグ党、ザカリー・テイラー（アメリカの第12代大統領）、19世紀における自由市場の最右翼支持者であるリチャード・コブデンなどと結びつけられているが、こうした人々について私たちは考えたりはしない。19世紀半ばには、人々は同じ物語を語るときでも今日見られるのと同じ解釈をしていたわけではないが、主題は時代が変わっても驚くほど似ている。

大きな経済事象、大きなナラティブの教訓

ＮＢＥＲが定義した、１８５４年以来のアメリカにおける最大の経済事象には以下のようなものがある。これからの章では、こうした出来事に何度も立ち戻る。

- １８５７～59年の不況に続き、１８６０～61年の南部州の分離とアメリカ南北戦争（１８６１～65年）。南北戦争はアメリカ史上で最も犠牲者が多い戦争であり、他のアメリカの戦争をすべてあわせたよりも多くの死者を出した。[2]
- １８７３～79年の不況で、アメリカにおける史上最大のベストセラー経済書、ヘンリー・ジョ

ージ『進歩と貧困』（１８７９）が刊行された。これは格差拡大を生み出した元凶として、無軌道な自由市場体制を糾弾した。

- １８９０年代の不況はＮＢＥＲの定義する経済収縮を２回、１８９３～94年と１８９５～97年に生み出した。この長期にわたる不況期間中は失業率が常に８％超で、１８９３～99年の間続いた。この不況は、アメリカにおける攻撃的な時期でもあり、アメリカはスペインアメリカ戦争とフィリピン戦争を引き起こした。
- １９０７～14年の短い収縮３回の連続。これは１９０７年のパニックで始まり、Ｊ・Ｐ・モルガンなどの銀行家たちによる英雄的な出資でかろうじて収まった。こうした出来事のせいで、連邦準備制度が作られ、将来的な銀行危機を防ぐように意図された。こうした収縮に続いて１９１４年から第一次世界大戦が起きた。
- １９２０～21年の不況は、短いながら実に大規模で、アメリカが経験した最も激しいデフレを引き起こした。
- １９２９年株式市場崩壊に続く大恐慌は、世界的な不況へと変形した。アメリカでは、長期化した不況が１９３０～41年まで続き、失業は一貫して８％を超えた。大恐慌という名前は１９３４年のライオネル・ロビンズの同名の著書からきたものだ。この間にＮＢＥＲの定義する収縮は２回、１９２３～33年と１９３７～38年に起きている。世界的な不況は第二次世界大戦の開始まで続いた。
- １９７３～75年の激しい不景気は、中東戦争と石油の禁輸によるものだった。経済学者オットー・エックスタインはこれを大恐慌と対比させ、１９７８年の同名の著書で「大不況」と呼んだ。

●１９８０～82年の厳しい不景気は、ＮＢＥＲ定義の収縮2回を含むもので、１９８０年の短い収縮と、その直後に１９８１～82年にも収縮が起きているが、これも中東での戦争と関係している。当時、この不景気もまた「大不況」と呼ばれ、同じく大恐慌との対比を招いた。[3]

●２００７～09年の激しい不景気も「大不況」と呼ばれ、やはり大恐慌との対比を招いた。そして今回はこの呼び名は本当にヴァイラルとなり、いまも使われている。

こうした不景気や不況はそれ自体がナラティブであり、その後の出来事を活発に引き起こしている。経済の停滞期における思考はすべて、前回の大規模な停滞期を強調するきらいがあり、また史上最大の停滞も注目される。アメリカと世界のほとんどではもちろん、その史上最大の停滞とは大恐慌だ。

通常、不景気や不況の原因を見つけようとする経済史研究者は、その停滞期の同時代に起こった出来事を挙げる。銀行破綻、ストライキ、政府の活動、黄金の発見、不作、株式市場の出来事などだ。こうした情報は有用だが、私たちの狙いはこうした不況や不景気について、それを引き起こしたり、その深刻さを悪化させたりするのに一役買ったであろう有力なナラティブやナラティブ群から考えるということだ。だが結局のところ、因果性の決定的な証明はしようがない。というのもこうした出来事は実に深く複雑であり、複数のナラティブが関与しているからだ。だがこうしたきわめて深刻な経済事象の発生における、ナラティブの累積的な影響は、状況証拠の域を超えている。

私たちの作業の第一歩は、主要な経済ナラティブと、それが長期にわたり再発するのを可能にした変異をいくつかまとめ、分類することだ。この第3部の残りの章では、反復性の経済ナラティブを九つ、その変異と再発とともに描く。ほとんどの読者は、こうしたナラティブの最新型しか知らず、古いものはご存じないはずだ。

1. パニックと不安
2. 倹約vs顕示的消費
3. 金本位制vs金銀複本位制
4. 労働節約機械が多くの職を奪う
5. オートメーションと人工知能がほとんどの職を奪う
6. 不動産バブルとその崩壊
7. 株式市場バブル
8. ボイコット、不当利益、邪悪な企業
9. 賃金物価スパイラルと邪悪な労働組合

こうした章の一部は、対立するナラティブ群を対で示す（たとえば倹約vs顕示的消費）。こうした対は、反対の経済行動と反対の道徳判断を示唆する。時には、こうしたナラティブ群の片方が反対側を消し去ろうとするが、別のときには、それが生み出す論争により反対のナラティブ群を強化することもある。

こうした章は主題別にまとめたもので、時代を追ってはいないことに注意しよう。というのもこうした主題は発生した個別の歴史的瞬間を超えた関連性を持つからだ。私たちの主要な狙いはこうしたナラティブから共通の主題を引き出し、それにより未来の経済ナラティブを認識してその影響を予測できるようにすることだ。

第10章 パニックと不安

19世紀初頭以来、経済変動には不安をめぐるナラティブの大きな一部門が影響してきた。銀行や企業、人々相互、経済に対する不安だ。経済的には、最も重要な物語は他人が抱いている不安と、世間の不安を抑えようとする活動についての物語だ。

最も初期の不安ナラティブは、銀行パニックをめぐるものだ——つまり銀行が約束を守るかどうか不安に思うか、ということになる。これは、銀行家や銀行規制当局の道徳性に対する世間の不安だけでなく、銀行の他の顧客についての不安、他の連中が一斉にお金を引き出そうとしないかという不安の話だ。大恐慌の間、フランクリン・ローズヴェルト大統領の「ブレーントラスト」専門家の一人だったレイモンド・モーリーは、この発想を簡単なナラティブにまとめている。

不況は銀行取り付け騒ぎとよく似ている。それは不安の危機だ。人々はパニックに陥って自分のお金を確保しようとする。私のお気に入りの話がある。うちの故郷では、私の少年時代に、アイリッシュの男が働いている石切場から出てきて、銀行に出かけてこう言った。「オレのお金がここにあるなら、いらない。ここにないなら欲しい[1]」。

こうした不安のナラティブは、現代史を彩る大きな出来事の理解に役立つ。いくつかの種類の不安ナラティブが工業化経済の歴史を特徴づけてきた。1種類目は、金融パニックナラティブで、銀行危機について心理に基づくお話を反映したものだ。2種類目は事業不安ナラティブで、経済活動の停滞を金融危機よりも、全般的な悲観論や事業拡大や雇用に対するためらいのせいだとするもの。3種類目は消費者不安ナラティブで、売上の鈍化を個人消費者のせいだとする。彼らがいきなり消費をためらうので不景気が生じたというわけだ。

図10-1は、1800年以来のこうしたナラティブの展開をプロットしている。こうした緩慢なナラティブはどれも、人間の生涯にまたがるような成長経路を示している。まず金融パニックがやってきて、続いて事業不安の危機に関するナラティブ、続いて消費者不安の危機をめぐるナラティブだ。

事業損失や消費者不安拡大の危険性についてのナラティブが広がると、そうしたナラティブの自己検閲が時にパニックを後押ししたりしかねない。人々は他人も自己検閲すると知っているので、みんなますます公式発表の行間を読んで「真実」を見極めようとする。

金融的な出来事が心理と関連しているかもしれないという発想に対する広範な社会的関心は、

図10–1　「金融パニック」「事業不安」「消費者不安」の書籍への登場頻度（1800〜2008年）

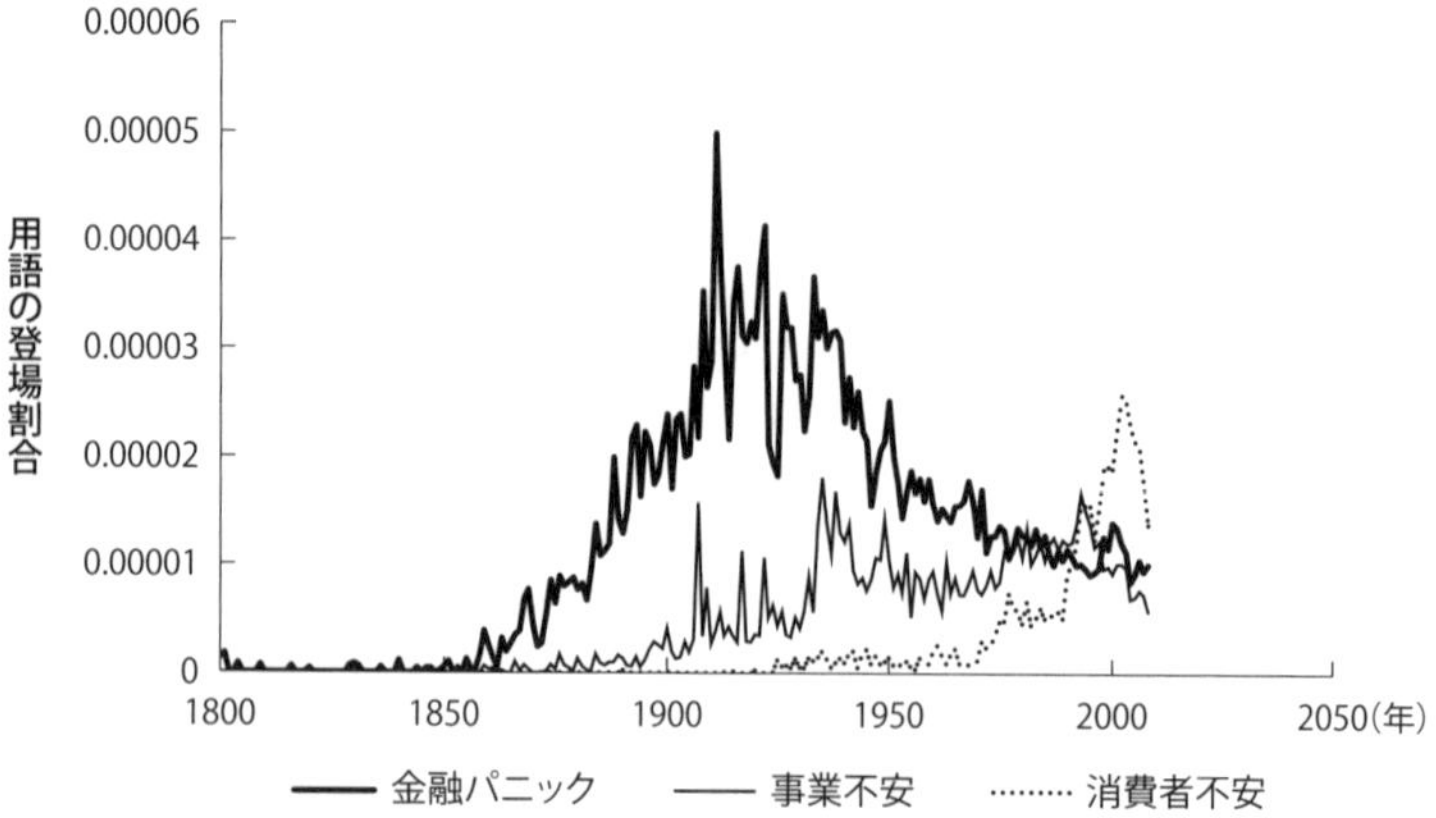

図は不安ナラティブが3つ別々に繰り返されるのを示しているが、それぞれ扱う部門が金融、事業、消費者とちがう。
出所：グーグルNグラム、平準化なし。

アメリカ南北戦争に先立つ1857年パニックの後に続き、その後数十年かけて高まった。「金融パニック」という用語はグーグルNグラムを見ると、有名な1907年パニックの3年後である1910年にピークとなる。金融パニックの流行は、それとともに成長したナラティブ群の一部だった。1907年のパニックでことさら強いナラティブにはセレブ――当時アメリカで最も有力な銀行家であるJ・P・モルガン――がからんでおり、おかげでこのナラティブは何十年も続いた。図10－1でこれは、金融パニックに対する世間的な関心が最も高まった点として突出している。

図10－2はアメリカの主要な金融パニックを個別に描いたものだ。たとえば1857年のパニックは、ものの数年で

図10-2　パニックナラティブの中での金融パニックナラティブの登場頻度（1800〜2000年）

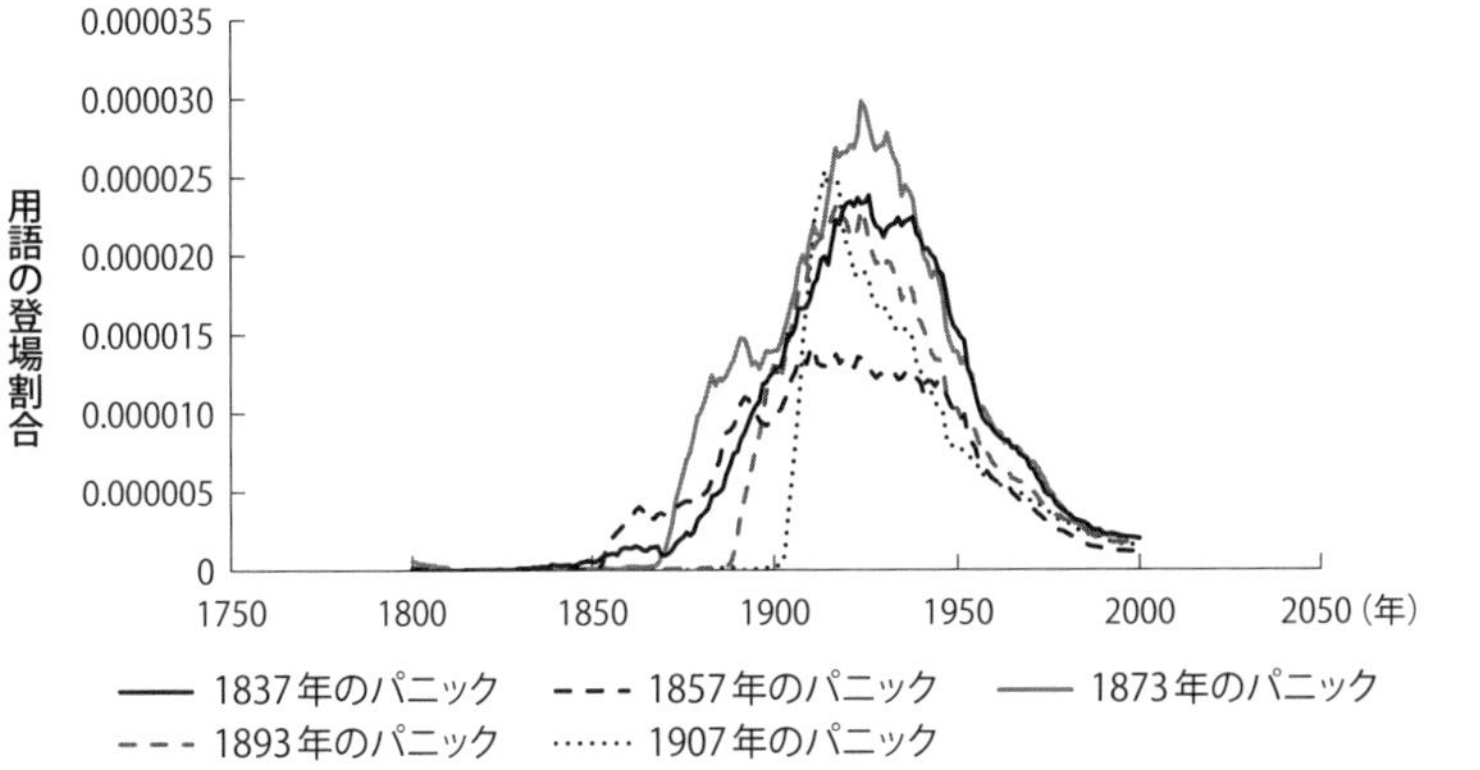

それぞれの大規模な金融パニックはちがった年に起きているが、それぞれが言及される頻度は図10-1で見た「金融パニック」という用語のもっと一般的なパターンと似た複数年にまたがるパターンに従う。
出所：グーグルNグラム、5年移動平均。

ほぼ忘れ去られた。後になって、他のパニックに関するナラティブ群の一部として復活している。1857年パニックの間には、マスコミは倒産、取り付け騒ぎ、支払い停止などの客観的な出来事について報じただけでなく、噂や感情にも言及している。1857年の新聞記事が同年のパニックをこうまとめている。

> ブローカーなどは大いに興奮してとんでもない報告を発表する。……世間の気分全体がかき乱されるために、この話を冷静に扱うのは不可能だし、ビジネス業界における最も信頼できる人々の見方を見極めることもできない。[2]

私たちは、19世紀に主流だったナラティブや、それに関連する世界の見方を振り返り、なぜ人々や新聞が「不況」（現代的な意味で）ではなく「パニック」について語ったのかを理解し、なぜ消費者不安の話はしなかったかを考えねばならない。金融パニックをめぐる当時のナラティブは、主に銀行口座を持っている尊大な金持ちについての物語と見られ、したがってそんな連中には金融パニックとそれに伴う「取引の停滞」が引き起こした騒乱も、多少はいい気味だと思われていた。18世紀と19世紀には、ほとんどの人はマットレスの下や壁の割れ目にコインを隠しておくのを除けば、まったく貯金しなかった。経済学的に言えば、追加収入に対するケインズ的な限界消費性向は１００％に近かった。つまり、高所得者を除くほとんどの人は、自分の収入を全額使った。だから過去数世紀のナラティブをばらまく連中にとって、消費者の不安について一般人を調査しても意味がなかったはずだ。

当時のほとんどの人は、引退とか子どもを大学に行かせるとか考えたこともなかったから、そうした目的のために貯金する動機もなかった[3]。年を取って食うに困ったら、家族や地元教会や慈善組織に面倒を見てもらおうと思っていた。期待寿命は短かったし、医療は安上がりだった。人々は貧困を、道徳的な頽廃や飲酒またはディプソマニア（現代で言うアルコール中毒）の症状だと思っており、経済の強さに関連した状態とは考えなかった。だから消費者の不安を抑えるべきだなどという発想はないも同然だった。当局は消費者の不安を抑えるよりはむしろ道徳的な美徳を植えつけるべきだとみんな考えていた。貧困者は貯金すべきだという発想は、19世紀を通じてだんだん高まった。これは貯蓄銀行運動のプロパガンダの成果だ。だが当時の思想は、一般人がそのプロパガンダを真に受けて貯金しようとしすぎることで不況が起きるなどという考え方からはほど遠いものだった。

「金融パニック」という用語がピークを迎えてから数年、１９０７年のパニック後に、アメリカはアルドリッチ＝ヴリーランド法（１９０８）を可決した。これは中央銀行の前身である全米通貨協会を創り出した。そしてその後、連邦準備法が１９１３年に可決され、アメリカ中央銀行が創設された。その狙いは「事業パニックの治療」を提供することだった。[4]

当時の強力なナラティブは、アメリカ最大の大金持ちと広く思われていたセレブ、Ｊ・Ｐ・モルガンの物語だった。１９０７年のパニックではアメリカに中央銀行などなかったので、彼は自分のお金を使い、他の銀行も説得してお金を出させて、銀行システムを救済した。アメリカを深刻な不況から救ったというのは強力な物語であり、モルガンのセレブとしての地位は高まるばかりだった。後に彼は、自分の本社オフィスをウォール街23番地に建てた。１９１３年に竣工し、いまもそこにあるが、モルガンはそこに入る前に他界した。これはニューヨーク証券取引所（１９０３年に完成していまも機能している）の真向かいで、フェデラルホールからも通りをはさんだところにある。これは１８４２年に建てられ、元の連邦議事堂に置き換わったものだ。

ジョージ・ワシントンは１７８９年にフェデラルホールの階段でアメリカ初代大統領に就任した。モルガンは自分の建物を、己の公徳心にあわせて奇妙なほど小さく慎ましいものにした。だからモルガンはアメリカのナラティブの中で、中心的でお手本となるべき人物として台頭した。１９０７年パニック後の不安の消失はかなりの部分がこの一人の人物への信頼だった。連邦準備制度は、彼の１９０７年の銀行家コンソーシアムをお手本にして作られた。ナラティブにあわせて、新しい中央銀行は連邦政府が作ったものなのに、形式的には銀行家が所有する形になっていた。ＦＲＢ創設後の議長はすべて、Ｊ・Ｐ・モルガンの化身としてナラティブに収まっている。

１９３０年の後、ナラティブは変異してちがう方向に広がった。事業不安増大と、後には消費者不安は、突然の恐怖よりは絶望と関連づけられるようになった。その頃には、不況を指すdepressionという言葉は別の意味を持つようになった。心理的な憂鬱または落胆だ。だから経済収縮を表すのに不況／depressionという用語がますます使われるようになったのは、その時代における新しい心理に基づく経済ナラティブを反映している。

１９３０年代の不況の間に、ギャラップ世論調査の創始者で世論計測の先駆者であるジョージ・ギャラップは、科学的な質問調査で事業不安や消費者不安を調査する初の社会科学者となった。[5] そして１９５０年代にミシガン大学の心理学者ジョージ・カトーナは「消費者景況（信頼）感指数」の構築を始めた。ミシガン大学調査研究センターは、いまもカトーナが１９５２年に創り出したこの指数を発表し続けている。その後１９６６年に、コンファレンスボードが消費者景況感指数を創り出した。こうした指数はいずれも、現在と目先の経済の強さの印象について消費者が答える質問に基づいている。こうした指数構築に使う質問はどれも、銀行パニックや投資家の突然の大脱出などについては尋ねていない。これは事業についてのナラティブ変化を反映したものだ。だがこうした変化は全面的なものではなく、金融パニックのナラティブはいまでも再燃する可能性を持っている。たとえば２００７年のイギリスではノーザンロック銀行で起きた。これは１８６６年以来イギリスで初の銀行パニックだった。

群集心理がヴァイラルに

金融パニックのナラティブは心理的な部分が大きく、ここでの重要な概念が群集心理だ。19世紀半ばには、チャールズ・マッケイの人気ある１８４１年著書『狂気とバブル』により世間の注目が群集心理に集まり始めた。ギュスターヴ・ル・ボンは群集心理という言葉そのものを１８９５年のベストセラー『群集心理』で普及させた。群集心理はその頃に影響力を持ち始め、流行のような道筋で拡大して、１９３０年代初頭にピークを迎えた。「群集心理」言及の数が増えたのは、１９２０年代の株式市場高騰の進行と並行しているようだ。

群集心理の発想と密接に関連しているのが「被暗示性」だ。これはある人間の行動は無意識のうちに他人の行動を真似したりそれに触発されたりしているという発想だ。この単語は、当初は19世紀末に登場したが、ナラティブ群や群集心理の一般理解において中心的な役割を果たしているようだ。「被暗示性」とその関連用語である「自己暗示」（これは自分自身に暗示をかけるという手口を意味する）は、かなり標準的な流行曲線を描き、１９２０年頃にピークとなって、その後はずっと低下の一途をたどっている（図10-3）。これらの概念はおそらく、１９２０年代の経済的な熱狂と１９３０年代の不況にも一役買っている。

人間の心が暗示にかかりやすいという発想は、合理的に最適化し、慎重な計算に導かれたかのように行動する存在としての経済人概念と真逆のものだ。１９２０年には被暗示性という概念は有名だった。これはつまり、当時の人々は他人が抽象的またはちょっとした例によってすぐに影響

図10-3 「被暗示性」「自己暗示」「群集心理」の書籍への登場頻度（1800〜2008年）

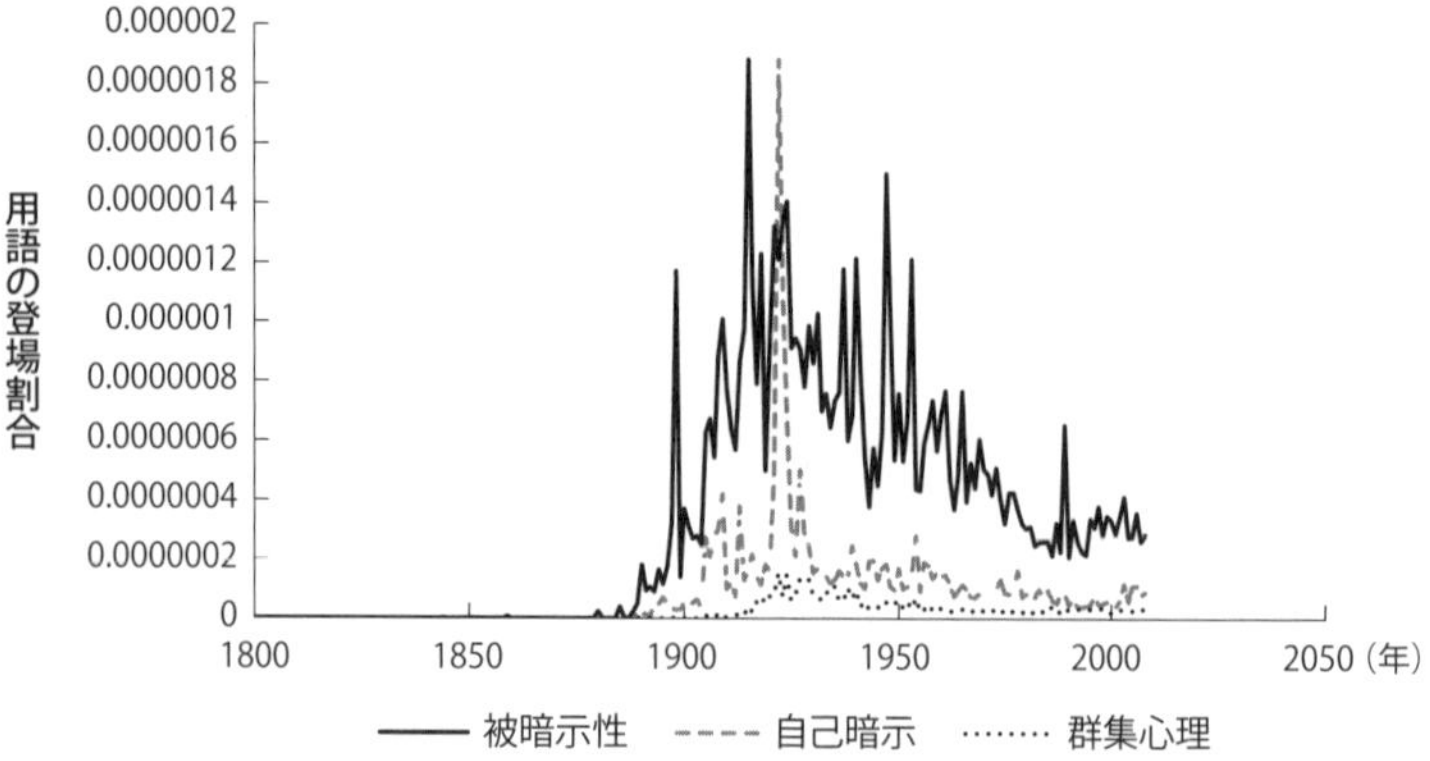

この図は不安ナラティブの流行再発3件が、少々ちがった形や文脈で生じたのを示している。
出所：グーグルNグラム、平準化なし。

を受けると思っていたかもしれないことを示唆し、したがってきわめて不安定な世界を予想して自分の経済行動を採っていた可能性が高いことを示している。このナラティブは群れのような行動を予想させ、そうした行動を悪化させるかもしれない。他の人々が操られやすい群れだと思うなら、その群れの動きを予測して先回りしようとする可能性が高まる。

群集心理や被暗示性の概念を使って、1930年代大恐慌のような不況を理解できる。そうするにあたり、こうした概念の直接的な応用だけでなく、こうした概念が不況の説明に役立つと人々が考える方法についても検討すべきだ。こうしたものは、私たちの概念であるよりも、彼らの概念である部分がずっと大きい。

暗示の心理と自己暗示運動

被暗示性の流行開始に近い1898年には『暗示の心理学』が刊行された。心理学者ウィリアム・ジェイムズの同僚ボリス・サイディスが書いたこの本は、ハーバード大学心理学研究室で行われた実験について述べている。サイディスは被暗示性を次のように定義する。

> 私は新聞を手に持って、それを丸め始めた。すると間もなく向かいに座る私の友人も、自分の新聞を同様に丸め始めた。これを我々は暗示の一例と呼ぶ。
>
> 我が友人A氏はうわの空だ。テーブル近くにすわり、どうしても解けないややこしい数学問題のことを考えている。その手に負えない問題の解決に没頭するあまり、身の回りで起こっていることは見えもせず、聞こえもしない。目はテーブルに向いているが、そこにあるものは何も目に入っていないようだ。テーブルに水の入ったコップを二つ置くと、彼は短い間隔でそのコップのほうに目をやる——視線は向いていても、見えてはいないようだ。そして私は決然と手を伸ばし、コップの片方を手に取ってそれを飲む。我が友人もそれに従う——うわの空で手を伸ばしコップを手に取り、飲み始めて、コップの相当部分を飲み干してから完全に我に返る。[6]

「自己暗示」という言葉は「被暗示性」より少し遅れて登場したが、人が自分自身だけでなく経済活動も操作できるという新たな期待につながった。１９２１年から、自己暗示の流行が広範な世間の関心を集めた。１９２２年にアメリカで著書の営業ツアーを行ったフランスの心理学者エミール・クーエは、自己暗示運動の最も影響力ある支持者だった。何百万人も惹きつけた彼の主要なアイデアは、ほとんどの人々が成功していないのは、自分で自分の成功を信じていないからだ、というものだ。成功するには、自分が成功すると繰り返し自分に暗示をかけねばならない。クーエは人々に、重要な主張を何度も暗唱するように助言した。「私は毎日あらゆる面でどんどん改善している」。多才なキャリアの一部として動機づけ講演を行っていたナポレオン・ヒルも１９２５年の著書『成功法則十六講』と１９３７年のベストセラー『思考は現実化する』で自己エンパワーメントナラティブに参加した。彼は無意識の力を活用して、ポジティブで金持ちになる態度を採用するように仕向けろと強調した。

自己暗示ナラティブは、１９２０年代以前に数十年かけてヴァイラルとなっていた、もっと以前の催眠術ナラティブの変異だ。このナラティブは、人々をトランス状態にする旅の催眠術師を描いている。トランス状態に入った人物は、きわめて暗示にかかりやすくなる。オリソン・スウェット・マーデンによる１９２０年の著書『成功の基本』によると、

> 人類すべてがその可能性を活かしきれず、その高みに到達できていない理由の一つ、すばらしい能力が凡庸な仕事をしているのを至るところで目にする理由の一つは、人々が自分を半分も十分に評価できていないからだ。我々は自分の神々しさに気がついていない。自分が宇宙の偉大なる因果原理の一部だと認識していない。自分の強さを知らないし、知

らないからそれを使えない。催眠術師に椅子から立てないと説得されてしまうと、サンドウですら椅子から立てない。立つためには、自分が立てると信じなくてはならない。というのも「できないと思う者はできない」というのは「できると思えばできる」と同じくらい真実だからだ。「ユージン・サンドウ（１８６７〜１９２５）は、その活動で観客を驚かせて勇気づけたムキムキのボディビルダーだった[7]」

自己暗示運動は１９２４年以降は衰え始めたが、どうも後遺症があったようだ。特に、きわめて成功したレニ・リーフェンシュタールによる１９３５年の親ナチス映画『意志の勝利』は自己暗示を拝借しているようだ。ヒトラーの魅力の一部は、ドイツが第一次世界大戦後に、絶望と不安の中で陥った不況／うつ病からドイツをインスパイアして引き出す、という発想に基づいている。当時、大恐慌は自信喪失から生じたものであり、ドイツ人は国民の自信を回復するための指導者が必要なのだと広く信じられていた。リーフェンシュタールの映画は、崇拝する大群衆の前の演説でこう語るヒトラーを描く。「この国家が１０００年にわたり続くのが我々の意志である。ありがたいことに、未来がすべて我々のものだとわかるのだ！」。ヒトラーは「我々の意志」と言うが、その言葉がドイツを魔法のように支配的な世界権力にしてくれるとでも言うようだ。

人間活動における自信の見えざる力に対するこうした関心の背後にあるのは、気圧という見えざる力が敵に与える見えざる影響のアナロジーであり、その両方を予測できるという可能性だった。

天気予報、経済の不安予想

科学的な天気予報は、19世紀半ばにおける驚異的な新発見だった。１８４０年代に二つの重要な発明が行われてから、この科学はすぐに発展した。遠い場所の気象条件について情報を伝えてくれる電信と、気圧の時系列プロットをつくり出す実用になる気圧計だ。

この新しい天気予報は大いに科学的な魅力を、当時もいまも持っており、人々は感銘を受けた。たとえばクリミア戦争の有名な逸話として、１８５４年11月に科学者たちは、一見すると別々の嵐二つが実は一つだと結論づけ、その軌跡を確立したので、そこから得られた予報で英仏の艦隊は破壊を免れたという。[8]

天気予報は、現代科学に何ができるかという人々の想像力を刺激した。１８９０年になると、新聞が毎日天気予報を発表するのは普通のこととなった。こうした繰り返しは、気象ナラティブについて強い流行の可能性を保証するものだ。こうしたナラティブはまた、経済予測のアナロジーを示唆する。世間の不安変化は、風や気圧の変化と似ているように思える。実際、人々は回復、悲観論などの傾向が「空気の中に感じられる」と言う。もし気象学者が風を予測できるなら、経済学者も不景気を予測できるはずだと人々は自然に思ってしまう。

人々が好況や不景気の経済予測を信じるなら、経済予測には自己成就的予言の要素があるかもしれない。不景気が迫っていると経済学者が宣言するのを聞いた人々は、経済を刺激する活動を先送りするかもしれない。逆に、こうした科学者／経済学者が過去の不景気は必ず終わったと指摘するので、人々はどんな不景気もいずれ終わると考えるようになるかもしれない。たとえて言うなら、あらゆる気象予報士が、ある地域がひどい嵐に襲われかねず、そうした嵐による危険性は通常は半年続くと示唆する情報があるのだ、と述べたとしよう。すると人々は半年にわたり多くの活動を取りやめ、経済活動は半年にわたり落ち込むかもしれない。不景気の経済予測だと、人々はそうした警告の後で他人が支出を減らすのを見て、それが不安上昇の嵐の証拠だと解釈するかもしれない。

経済の波が繰り返すという発想は、現代文化でもっと重要な地位を占める、さらに古い科学的な伝統に従っている。たとえば天文学者エドモンド・ハレーは１６８２年に、彗星が時に75・3年周期で登場するのに気がついた。彼は、同じ彗星が何度もやってきているのではと仮説を立て、１７５８年にそれがまた地球から見えるようになると予想した。ハレーの予想は正しいことが示され、今日でもハレー彗星は75・3年ごとにやってくるが、輝きがあまりに衰えたので、１９８５～86年にやってきたときにはほとんど目に見えなかった。ハレー彗星の物語はすばらしいので、みんな赤裸々に記憶している。いまやそれを核としてナラティブ群が構築されていて、たとえばハレー彗星の年に生まれたマーク・トウェインが、ハレー彗星再来の75年後に自分の死を予言したという話がある。

「ビジネスサイクル」に言及した最も早いProQuest News & Newspapersの記事は、１８５８年不況の間のものだ。そしてそれは天気に言及しつつ登場している。

> 気象学を学んだと称する一部の人々は、10年単位でも季節があると言う。また、同じ期

間で一種のビジネスサイクルのようなものがあるようだ。そして10年ごとのパニックが、最も穏やかな冬と同時期にやってくるというのは、きわめて幸運なことだ。これが偶然なのか天恵なのか、あるいはそもそも事実かどうかさえ、他の人々の判断に委ねよう。[9]

ビジネス変動が反復する周期的な出来事で、10年とかある決まった期間の波長を持つという発想は、その後経済学者にはあまり人気がなくなったが、不景気と不安増大が多少なりとも周期的で予想可能だというナラティブは、いまだに通俗的な思考に根付いたままだ。

天気予報はまた、将来の経済変動について、統計的に記録された先行指標があるはずだという発想を引き起こした。大恐慌に先立つ１９２９年の株式市場崩壊から10年もしない１９３８年に、ウェスリー・Ｃ・ミッチェルとアーサー・Ｆ・バーンズは経済予測での先行指標アプローチに先鞭をつけた。これによると人々は、株式市場が下がったら経済判断を慎重モードに切り替えろとされており、これ自体がまさに予測した不景気の原因をつくり出した可能性がある。[10] 今日の先行指標としては、商務省の『事業環境の展開』（現在では『事業現況調査』に統合）、コンファレンスボード『景気先行指標総合指数』、ＯＥＣＤ『景気先行指数』などがある。ProQuestやＮグラムで「先行指標」を検索すると、この発想が１９３０年代以来、長くゆっくりした流行を見せ、いまだに衰えていないことがわかる。

経済のバロメーターとしての不安

気圧を測れるように不安も測れるはずだ。さらに気圧とちがい、不安は影響を受けやすく、その場合によき愛国者たちは世間の不安を払拭する道徳的な義務がある。実際、１９２３～29年にアメリカ大統領だったカルヴィン・クーリッジは、経済と株式市場に対する世間の信頼を高める仕事を買って出た。

クーリッジのお墨付きについては大論争が生じ、時には「クーリッジ＝メロンの強気アドバイス」と呼ばれる。１９２８年の『アトランティック』の記事で、ラルフ・ロビーはあるパターンを指摘している。株式市場が暴落したときや、世間が投機筋の株式購入に伴う高水準の借入れを非難したときはほぼ必ず、カルヴィン・クーリッジ大統領か財務大臣アンドリュー・メロンが市場についてきわめて楽観的なことを述べたり、投機過熱には何も問題がないと言ったりする、というのだ。[11] ロビーは、クーリッジやメロンの楽観論に合理的な根拠があるかどうか疑問視した。そうした楽観論は、株式市場に対する世間の不安を抑えようとしているだけだと解釈したのだ。

クーリッジ＝メロンの強気アドバイスは、投資家のわずかな不安でも恐れる、影響力の高い人々を政権がなだめようとしたものだったのかもしれない。『ウォール・ストリート・ジャーナル』の１９２８年の記事は次のように述べる。

> 我が国のある主要工業企業の社長は、しばらく前に友人たちと市場について議論してい

た。「目先の上昇という点で我が社の株式については強気だな。だから自社株に買い注文を出したいね。私は投機はやらん。だからもちろん株は私の名義となる。問題は売るときだ。自分が将来のために持っておきたいものは十分に持っているんだが、少しでも株を売ったら従業員たちがすぐに聞きつけ、そして連中はほとんどの場合に株主でもあるので、連中が不安に思うだけでなく、投資保有を売り払おうというきっかけになりかねない。だから手早く儲けるよい機会だとわかっているのに、それを見過ごさにゃならん」[12]。

１９２９年に株式市場は崩壊した。その8カ月前の１９２９年2月、ＦＲＢは上昇市場に貸し込んだ銀行は支援しないぞと警告した。この発表には、ＦＲＢが「投機の良し悪し」についての判断を行う「権利も立場も主張するつもりはない」と条件はついていたが、投資筋は行間を読んで、即座に強烈な反応を示した[13]。『ワシントン・ポスト』は「連邦準備制度とウォール街の間の壮絶なバトル」を報じたが、ウォール街側はおおむね、連邦準備制度は余計な口だしをするなという意見だった[14]。１９２９年8月9日、暴落のわずか2カ月半前、ニューヨーク連邦準備銀行は再割引率（銀行に対する融資金利）を引き上げた。アメリカ史上で、それまで株式市場安定化と解釈できるような使命を持つ政府当局は存在しなかった。ウォール街と連邦準備銀行との「バトル」ナラティブはおそらく、その後数カ月で株式市場崩壊をきわめて重視する物語の感染に貢献しただろう。またその筋の事情通が過剰投機を感じているという広範な印象にもつながった。

崩壊の後で、政府高官、ビジネス関係者、ジャーナリストによる予言に対する幻滅が強まった。１９３０年にある評論家曰く、「残念ながら、ビジネスライターたちの間には楽観的な意見しか書かず、悲観論と思われかねない議論をすべて避けるという強い傾向があるらしい」[15]。１９３１年に『ニューヨーク・タイムズ』金融編集者アレクサンダー・ダナ・ノイスはこう書く。「有識者は、新年の予想に名前を連ねるときには明るい面を探すので、好ましくない汚れはすべて排除する」[16]。

同時に、だれも混雑した劇場で「火事だ」と叫んで世間の恐怖心を煽り、市場からの大脱出を引き起こした、などと非難されたくはない。混雑した劇場で火事というもとのナラティブは、大暴落から半世紀前の１８８４年にまでさかのぼるもので、『ニューヨーク・タイムズ』に以下のように報道されている。

> 火曜日の夜に、ハーレムのマウントモーリス劇場で『嵐に打たれ』上演の幕が上がった。火事の場面が演じられているとき、劇場の中を「火事だ！」という叫びが3回繰り返された。観衆の多くの人は顔面蒼白となったのがうかがえたが、芝居が続けられたことでみんな安心し、起きかねなかったパニックは避けられた。……この警告を引き起こしたのは、四番街２４４６に住むフランシス・マッカロンという若者だとルイス・アイズラーに指摘され、巡査部長と警官エドミストンが彼を拘束した……ウェルド判事が彼を1カ月の懲役に処した[17]。

だが「混雑した劇場」のナラティブは、どうもすぐには流行しなかったようだ。後にこのナラティブは１９１９年最高裁で、当時の判事（後に主任判事）オリヴァー・ウェンデル・ホームズ・ジュニアが書いた意見書で言及された。こうしてこれはセレブと関連づけられた。１９３０年代にこのナラティブは少し流行しはじめ、その後ヴァイラルとなった。

　１９３０年代を通じて、大恐慌は自分たちの発言の心理的影響に気がつかないオピニオンリーダーたちによる「無謀なおしゃべり」の流行で引き起こされたという考えが根付いた。[18] だが実際には、有力者たちは自分の談話が持つ心理的影響の可能性を十分に認識していたようだ。思想リーダーたちは自分たちの談話が恐怖を引き起こすのをあまりに恐れるようになったため、世間は彼らがどうもウソの楽観論をふりまく傾向があると怪しむようになったほどだ。言い換えると、街場の人々は指導者たちが無理にでも楽観的な話をしようとしていると考え、聞き手のほうがそうした自信過剰を補正しなければならないと思ったわけだ。こうした環境では、期待がずっと変動しやすくなるのはすぐに予想がつく。

　それまでのパニックナラティブと同様に、多くの人々も大恐慌を暴走やパニックだと考えた。他の人々が大恐慌から逃げるのを見た人々は、怖がって自分も逃げた。この恐怖の感覚は世間の想像力を強く捉えた。イェール大学の経済学教授アーヴィング・フィッシャーは１９３０年にこう書いている。

> 　したがって主要な危険性は、まったく各種の条件に内在するものではなかった。それは恐怖、パニック性の恐怖の危険であり、それが株式市場から事業へと伝わったのかもしれない。「私が唯一恐れるのは恐れへの恐れだ」というのが、勇敢な人物の台詞だ。[19]

ボストン市長ジェイムズ・カーリーの助手トマス・マレンも、１９３１年に似たような発言をしている。

> 恐れるべきものは恐れそのものだけだと私は信じる。[20]

後の１９３３年、大恐慌最悪の年に、フランクリン・ローズヴェルト大統領は就任演説でこう語った。

> そこでまず、我々が唯一恐れるべきものは恐怖そのものだけだという、我が確固たる信念を主張しよう——名もなき、理由もなき、正当性もない恐怖であり、退却を前進へと変えるために必要な努力を麻痺させてしまうものだ。[21]

トマス・マレンはセレブではなかったが、ローズヴェルト大統領はセレブだった。そこでローズヴェルトがこの発想の起源となり、すでに何度も繰り返されていたがゆえに正しいかのように聞こえたアイデアの考案者とされた。この、恐怖そのものへの恐怖という言い方は、今日ではローズヴェルトの最も有名な引用かもしれず、[22]ProQuest News & Newspapersによれば、それは21世紀最初の10年でのほうが、１９３０年代よりもっと頻繁に使われていた。

だがヴァイラルなナラティブはそう簡単にコントロールできず、予想外の作用も持つことがある。あらゆる人が怯えていると言い、勇気が必要だと強調すると、何も恐れないという愛国的な決意が生み出されかねない。同時に、こうした煽りは、他の人々が本当に恐怖を捨てられるか怪しいと思わせてしまう。だから問題は恐怖だと指摘することで、問題はかえって悪化しかねない。

1930年代の他のナラティブは、救貧院に流れ着いて、そこがあまりに混雑しているので、毎晩共有スペースで他のみんなと寝るために簡易寝台を開き、そして毎晩その寝台を畳んで床を他の活動のために空けねばならなかったという話に注目している。[23] また、病気になっても医者にかかるお金もないというナラティブもある。[24] こうしたナラティブは誇張されていても、最低限の必需品以外にお金を使う支払い意思を引き下げた。結果として人々はお金を節約しようとして通常の歯医者も避け、痛々しい歯の緊急事態が引き起こされた。

ローズヴェルトはまた、支出するのには道徳的な理由もあると述べた。1933年の就任後数日もしないうちに、彼は全銀行閉鎖を余儀なくした、巨大な全国的取り付け騒ぎの最中に国民にラジオで語りかけるという例のない手に出た。この「炉端のおしゃべり」で、彼は銀行危機について説明し、銀行に無理を言い続けるなと人々に頼んだ。全国に対し、軍事司令官が戦闘前に部隊に話しかけるときのように語りかけ、みんなの勇気と無私の心を求めた。ローズヴェルトは主張した。「国民のみなさんは信じなくてはなりません。噂や憶測で浮き足立ってはいけません。みんなで団結して恐怖をなくそうではありませんか[25]」。世間はローズヴェルトの個人的な要望に応えた。取り付け騒ぎは収まり、銀行が再開したらお金は引き出されるのではなく、預金が増えた。

私たちはいまでもこのナラティブ群に影響されている。全体としてのナラティブは、不景気を防ぐほどの強さもないし、使い方もうまくないが、それでも人々の意識にはあって、条件が変われば再び台頭するかもしれない。一方、いまや平日の最後には常に株式市場の終値を聞くという習慣をみんな身につけており、それを世間の不安の指標だと解釈している。また多くの月次景況感指数に注目するのも、経済学者に言われたからではなく、混雑した劇場での火事の叫びと同じくらい突然に、世間の不安がいきなり高まるという古いナラティブを真に受けているからだ。

大量失業に注目したナラティブ

大恐慌中につくり出された、大恐慌の原因一覧を探せる。そうした原因として述べられたり憶測されたりしたものは、それらの一致で大恐慌がもたらされた出来事に対応するのが通例だ。たとえば今日のキプリンガー出版創業者ウィラード・モンロー・キプリンガーは、大恐慌の初期の1930年に以下の原因一覧を提示している。

失業の原因はざっと以下のように述べられる。

1. 少数の人の下で多くの人の仕事をこなせる機械の開発。これは技術的な側面。
2. 農場から都市へと、状況に惹きつけられたり動かされたりした人々が工業センターにあふれた。
3. それまで男性が担っていた仕事に女性が参入。
4. 移民。これは現在では昔に比べて失業への寄与は小さい。
5. 事業の停滞。これは実に広い主題であり、失業の原因でもあり結果でもある。

これらはもっともらしい理論であり、それぞれ、特に労働節約機械の開発に関する最初のものにかなり真実の部分はある。だが強調しておくべき点は、どれ一つとして単独では答えを提供できず、この五つすべてがあわさってもダメだということだ。というのもそのすべては、適切な能力を持つ権威に研究探求されたことがない影響を持っているからだ。[26]

キプリンガーの五つの原因のうち、今日の世間的な大恐慌議論で思い浮かぶのは一つだけだ。事業の停滞であり、今日ならほとんどの人は、これが不安増大に関連していると言うだろう。だがキプリンガーはこの一覧を１９３０年に出しており、大恐慌が進むにつれて、ますます多くの人々が、これは不安の拡大によるものだと思うようになった。

キプリンガーの一覧はナラティブではなく事実についてのものだが、これら五つの原因のそれぞれが、１９３０年代に人気のあったナラティブに対応しており、したがって研究のむずかしい他のナラティブ群につながっていると想定できる。こうしたナラティブの一部や多くが、おそらくは長期的な指向を持つことは指摘しておくべきだろう。つまり大恐慌がいつまでも続くという含意を持っているわけだ。

１９３０年代が進むにつれて、大恐慌ナラティブは、アメリカ中央部における環境的な大惨事となるダストボウルの物語と結びつくようになった。これは１９３４年から１９４０年にかけてオクラホマ州、カンザス州、コロラド州、テキサス州を襲った嵐の影響で、これがきちんと管理されていない乾燥した表土を吹き飛ばして農場を破壊した。ジョン・スタインベックの１９３９年の小説『怒りの葡萄』は移住農場労働者一家の苦難を描き、大恐慌とダストボウルのつながりを固めるのに貢献した。『怒りの葡萄』はベストセラーとなり、後にヘンリー・フォンダ主演で１９４０

年に映画化された。またピューリッツァー賞、全米図書賞、ノーベル文学賞を受賞し、その後ずっとアメリカの高校生や大学生の読むべき本とされている。これは大恐慌ナラティブを動かしてきたナラティブ群の一部だ。

大恐慌の写真記録で、ドロシア・ラングはダストボウルで極貧に囚われた人々の印象的な写真を見せてくれる。ラングの強烈なポートレートだけでなく、パンの施し行列に並ぶ絶望したみすぼらしい人々の写真、どこかの街頭で、小さな木箱やテーブルにきれいに並べた5セントのリンゴを売る男、銀行の外に行列する人々、そしてフーヴァーヴィル（スラム）の生活の写真は、今日も大恐慌の視覚的な記憶を提供してくれる。

１９３０年代は、経済指標の転回点だった。それまで、失業を信頼できる形で計測する統計はなかった。アメリカの全米国勢調査は、就業者と非就業者の数を教えてくれたが、非就業者には高齢者、病人、就学中の人々、家にいる母親や休暇中の人々も含まれていた。１９３０年代になると、統計は失業率に注目するようになった。これは人口ではなく労働力の規模に基づく雇用を計測する。大恐慌の終わりから、失業率の月次発表により、あの出来事が繰り返される恐れがあるという考え方が促進されたかもしれない。グーグルNグラムを見ると「失業率」という言葉が急激に増えるのがわかる。ただし激増が生じたのは１９６０年の後だ。

「失業率」が１９３０年代にもっと取り沙汰されなかったのは不思議に思えるかもしれないが、話題にならなかったのは、世間がそれを定量的に述べるのになれていなかっただけかもしれない。非自発的失業と、怠惰やたかり根性とをまだきちんと区別していなかった。これに対して今日のナラティブは、本人のせいではない失業、本気で職探しをしている人々の失業に注目する。

大恐慌についてのちがうナラティブが発達

今日における大恐慌のナラティブは、おそらくその当時にキプリンガーたちが箇条書きしたような原因にはほとんど触れないだろう。今日の人々とはむしろ大恐慌の原因を、銀行破綻に関連した恐怖と不安増大のせいだとする傾向が強い。銀行破綻（そしてシャドーバンクの破綻）は２００７～09年「大不況」で中心的なナラティブだった。前出の１９３０年の一覧で、キプリンガーは銀行破綻など触れもしていない。そのほとんどは１９３０年より後に起きたからだ。

現代の理論の中にも、大恐慌の極度の長期化と深刻さについて、こうしたナラティブのどれにも頼らず説明しようとするものがあり、説得力がある。ハロルド・L・コールとリー・E・オハニアン論文（２００４）は、大恐慌に対抗しようとして「公正競争規約」を課した１９３３年全米産業復興法が、実はかえって大恐慌を長引かせたと論じる（この法律は、第13章で説明する購買力の不十分さをめぐるナラティブへの反応として生じた）。この法律は、企業がカルテルを作りやすくして、賃金を下げにくくした。１９３５年に最高裁はこの法律が憲法違反だと定めたが、コールとオハニアン論文は、ローズヴェルト政権はこの規約が実効性を維持するようにしたのだと論じる。さらに、初期の高失業が高失業の継続につながったのは、職を維持した人々が「インサイダー」となり、解雇された人々は「アウトサイダー」になったからだ。アッサー・リンドベックとデニス・J・スノウアー論文[27]が論じたように、インサイダーは需要が増えたときに、失業した「アウトサイダー」たちの再雇用を求めるよりは、結束して賃上げを要求するほうが多い。

他の理論にも一理ある。経済史研究者バリー・アイケングリーンとピーター・テミンは、大恐慌の長さとひどさは、賃金の下方硬直性を高めた労働市場の変化にもかかわらず、国として何も考えずに金本位制にしがみついたことと関係しているのだと論じている。彼らは、金本位制を早めに放棄した国のほうが景気回復が遅かったことを示した。(28)

ミルトン・フリードマンとアンナ・J・シュウォーツは『米国金融史』で、大恐慌は連邦準備制度（FRB）と彼らのマネーサプライ制御のせいだとしている。だがアイケングリーンとテミンは、アメリカのマネーサプライ低下は主に経済によるもので、FRBのせいではないとしている。マネーサプライの低下は、大恐慌をつくり出したのと同じフィードバックによる銀行取り付け騒ぎで生じた部分もある。フリードマンとシュウォーツは実質的に、FRBはそうした低下分を相殺できたらもっと成果を上げたはずだと論じている。テミンはまた、フリードマンとシュウォーツが、銀行取り付け騒ぎと経済活動指標との間に本質的な対応をまったく示していないことを指摘している。

こうした経済学者たちは、大恐慌の厳しさの物語のうち、ごく一部しか語っていない。コメディアンのグルーチョ・マルクスは、もっと楽しくて人気のある大恐慌の説明を提示している。1959年刊の彼の自伝によると、1920年代末にグルーチョは30代前半で、人気ある演芸場のショーで、役者としてかなり儲けていた。彼はこう回想する。

> じきに、ショービジネスよりずっとホットなビジネスが私の注目を集め、そして全米の注目を集めた。これは、株式市場と呼ばれるちょっとしたものだった。最初にそれに手を

出したのは１９２６年頃だ。自分がかなり巧妙なトレーダーだと知って、私は驚くとともに喜んだ。少なくとも、当初はそう思えた。というのも買う株すべてが上がったからだ。……ココナッツでの給料は週に２０００ほどだったが、これはウォール街で私が理屈上は儲けているはずのゼニに比べたらはした金だ。いやショーを演じるのは楽しかったけれど、給料なんかどうでもよかった。あらゆる人から、市場についてのアドバイスをもらった。いまや信じられないが、当時は以下のような出来事が当たり前だったのだ。[29]

グルーチョは続けて、自分と兄弟たちが過信してしまった各種のアドバイスを描き出す。エレベーター係からのアドバイス、ウォール街の人間、劇場のプロデューサー、ゴルフコースで出くわした人物。彼はその体験すべてを巨大な「愚行」として見ており、自分自身がそこに関与したのは理解に苦しむという。騒乱の20年代のイカレ具合と大恐慌の関係についての発想は、グルーチョ・マルクスのようなよい話し手による説得力ある説明を通じて伝説となった。そうした有名人は、経済学者よりずっと世間への影響力が高かった。

実際、こうした物語への関心はおおむね増大の一途をたどっている。図10-4は、大恐慌そのものの間よりも、２００９年のほうが大恐慌についての関心がはるかに高かったことを示唆している。とはいえ、それが起きている時点で人々はその経済停滞を「大恐慌」とは呼んでいなかったことに注意する必要はある。彼らはそれを「つらい時代」と呼んだ。当時の、他の大恐慌関連ナラティブは、その時代には異様だった用語、たとえばブレッドライン（訳注：パンの施しを受けるための行列）などと関連している。この用語は１９２９年から１９３４年まで急速に広まり、その後かな

図10-4 「大恐慌」の書籍（1900～2008年）とニュース（1900～2019年）への登場頻度

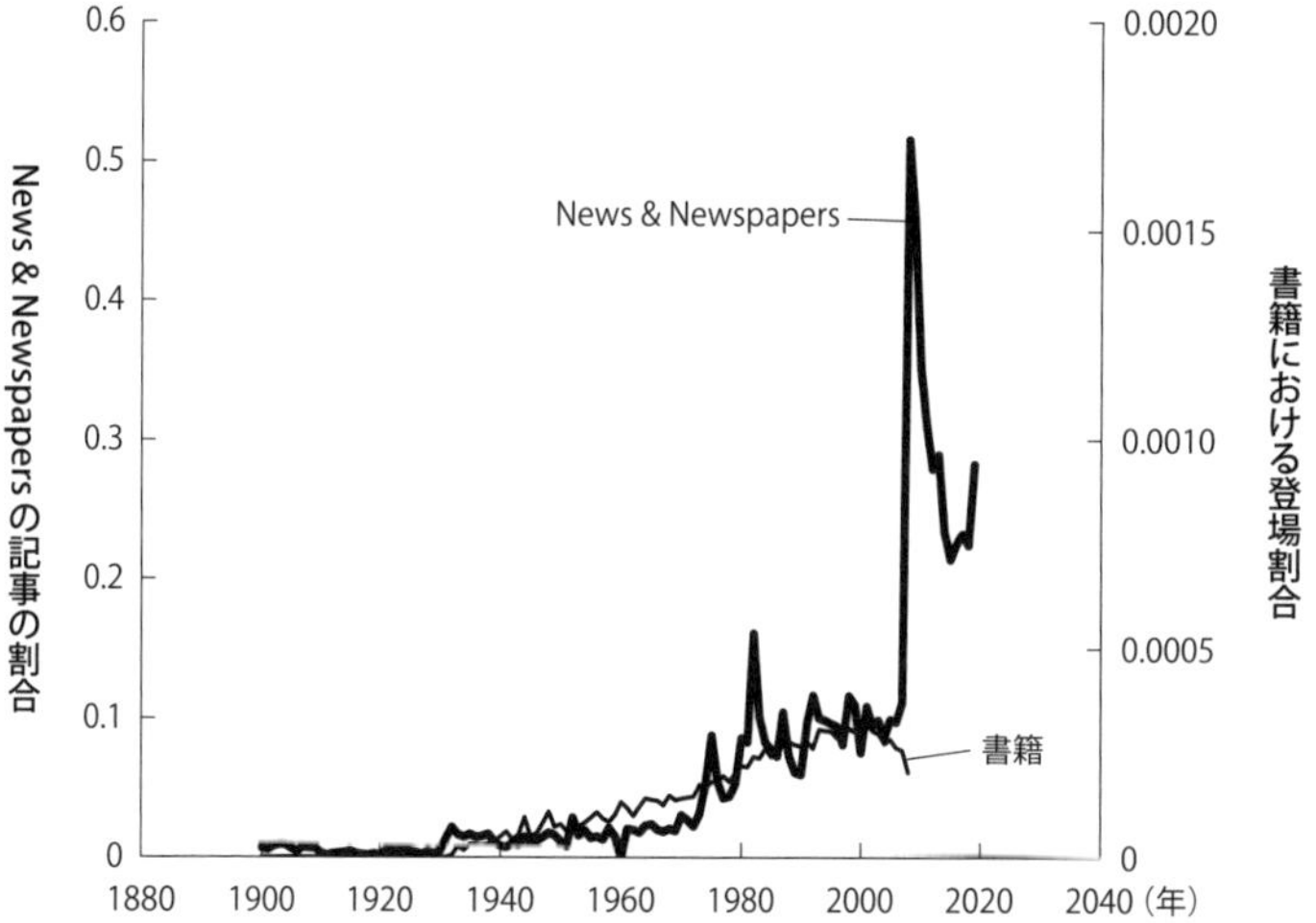

大恐慌のナラティブは、実際に大恐慌より何十年も長生きしている長期的な流行だ。
出所：グーグルNグラム、平準化なし、およびProQuest News & Newspapersに基づく筆者の計算。

り安定した衰退をたどっている。2009年における大恐慌への関心はグーグルトレンドの検索結果でも裏付けられているが、図10-4で見られるほど劇的ではない。

結局のところ、大恐慌のナラティブは、今日の私たちが経済下降期について考える方法にどう影響しているだろうか？ 2007～09年世界金融危機の、ナラティブに基づく年代記を考えてみよう。これは金融危機とほぼ同義とさえ言える19世紀の銀行取り付け騒ぎの物語にも関連している。大恐慌の後で、銀行取り付け騒ぎは治療されたと思われていた。2007年のノーザン・ロック銀行取り付け騒ぎは、1866年以来初めてのイギリスでの銀行取り付け騒ぎで、パニックに陥った預金者や怒った群集が閉鎖された銀行の前に集まるという古いナラティブを復活させた。この物語は国際的な不安をつくり出し、やがて1年後の２００８年にアメリカでワシントン・ミューチュアル銀行の取り付け騒ぎが起こり、さらにリザーブプライムファンドの取り付け騒ぎが数日後に起きた。こうした出来事は、きわめて異例のアメリカ政府によるアメリカマネーマーケットファンド元本保証につながった。明らかに政府は、古い銀行取り付け騒ぎの物語が世間の不安を煽るのを容認できなかったわけだ。

２００７～09年の不景気のまっただ中で、大恐慌ナラティブは銀行取り付け騒ぎナラティブと絡み合い、こんな通俗的な認識をつくり出したのかもしれない。「我々は多幸的で投機的で不道徳な、騒乱の20年代のような時期を通過した。株式市場と銀行はいまや１９２９年と同じように崩壊しつつあり、経済全体が１９３０年代のように崩壊しかねない。みんな失業し、お金を取り返そうと必死で破綻した銀行をみんなで取り囲むことになるのかもしれない」。

要するに、大恐慌とその原因（多幸症の時代の後で不安が高まる）は強力なナラティブであり続けている。大恐慌はアメリカ史上のトラウマ的な出来事であり、次に何が起こるかについての他のナラティブに人々が耳を傾けるときにも、絶えずその念頭にある。不安と恐怖の物語群よりはるかにみんなが忘れているのは、大恐慌時代に暮らした人々の念頭に強くあった、別の物語群だ。慎ましさ、思いやり、単純な暮らしに関するナラティブだ。こうしたナラティブはおおむね衰退しつつあり、執筆時点では顕示的消費を正当化する成功ナラティブに置き換わりつつある。これについて次章で論じよう。

第11章

倹約VS顕示的消費

倹約と質素なライフスタイルを維持しようという衝動は、古代にさかのぼるルーツを持つ。古代ギリシャやローマ、さらに中国や日本などに見られる贅沢禁止法は、過剰な見せびらかしを禁じた。富の誇示の忌まわしさは、反復的なナラティブとして多くの国や宗教で最古のものの一つだ。こうした倹約ナラティブの反対にあるのは、顕示的消費ナラティブだ。人生で成功するには、その成果と権力を示すために成功をひけらかさねばならない、というわけだ。この二つのナラティブは絶えず争っていて、慎ましさが比較的強い時期もあれば、顕示的消費が支配的な時期もある。どちらも重要な経済ナラティブだ。というのも、どちらも人々の消費や貯蓄に影響するからで、つまりは経済全体の状態に影響する。実はこうしたナラティブは、経済学者や政策担当者が必ずしも予測しないような、大きな経済的影響をもたらすこともある。

大恐慌期の倹約と思いやり

　１９３０年代の大恐慌期には、広範な非自発的失業が起きているという認識の中で、倹約ナラティブがことさら強かった。これはまた、１９２０年代の目に見える過剰反動だ。この過剰は「ジョーンズ一家に後れを取るな」という表現が急伸していることからも見てとれる。これは通常、体面を保つために、成功したご近所が買う物は何でも手に入れねばと思っている人々を嘲るのに使われる。実際、この表現の利用は１９３０年代に最大の増加を見せている。大恐慌前の時代に、不況がもたらした質素の表現はなかなか見つからない。[1]「新たな質素」は第二次世界大戦から１９５０年代にかけて高止まりしてから、下落している。

　大恐慌と第二次世界大戦と同時期の「新たな質素」は、人々がまったく自分のせいではないのに苦しんでいたという強いナラティブから生じた。彼らが失業したのは大恐慌のせいであり、後に一部は戦争のせいで命を落とした。ご近所のジョーンズ一家は大いに豊かだったかもしれないけれど、スミス一家は大恐慌期の他の多くの家族同様、ひどくつらい生活を送っていた。友人やご近所の口コミで、人間悲劇の巨大なナラティブ群が広まった。父親が失業して住宅ローンが返せなくなり、自分のせいではないのに家が差し押さえられてしまい、路頭に迷った一家の物語などだ。こうした条件の下では、まだ仕事のある人々ですら、正しい対応は新車購入や派手なパーティーを先送りし、高価な流行を追うのをやめるのが正しい対応だ。こうした自発的な緊縮は、大恐慌初期の激しい収縮や、第二次世界大戦中の消費者購入の収縮を説明するのに役立つ。

大恐慌時代のナラティブをそれ自身の言葉で

その時代の話題は支配的なナラティブを反映する。以下は大恐慌時代に『ボストン・グローブ』「家庭部門——女性が女性を助ける——匿名おしゃべり」欄に送られた手紙だ。これは別の時代のツイッター、微博、Redditのようなもので、女性が匿名で手紙を書き、お互いにアドバイスする欄だ。以下の手紙は1929年株式市場崩壊の6カ月後、1930年3月に掲載されている。

> 親愛なるミカドさん——資金を求める最近のあなたのお手紙で、貯金が最近の金融崩壊で消え去ったとおっしゃっていましたので、この手紙はあなた宛です。というのも私たちはまちがいなく共通点を持っているからです。ただ私の場合、貯金が消えただけでなく、おかげで多額の借金まで抱えることになりました。
>
> でも私の問題は次のとおり。もし現在のように堅実に暮らせば、つまりいまの家で厳しく倹約すれば、このお金は10年ほどで返済できます。もちろんもっと安い家に引っ越して、ギリギリの暮らしをして早めに返済もできますが、お願いしたいのはですね、ランセオラタさんや、お手紙をくださる他の姉妹のどなたでもいいので、そうするのが賢明と思われるか教えていただきたいのです。……
>
> 引っ越すのは恐いのです。それが私たちに道徳的に与える影響のためです。生活水準は下がり、そうした再調整や引っ越しが私たちの士気（スピリット）、勇気、人生の見通しに

与える影響を考えると恐いのです。あまり勇敢には思えないかもしれないでしょうが、実際にそんな時期を体験した人でないと、懸念と苦労は理解できないものですし、落ち着いた見通しを立てることもしづらいのです……クリヨルドより[2]。

このクリヨルドのような、必死で持ちこたえているようなご近所がいると、派手な消費をひけらかすのはきわめて心ない行為と思われる。この送り手が内省的に「私たちの士気（スピリット）」に言及しているのは特筆に値する。これはケインズの、不況は「アニマルスピリット」低下により生じるという発想を連想させる。家を売るべきかという彼女の決断は、次のような心理的な形でフレーミングされている。彼女は家族の士気を維持しなくてはならないのだ。人々の士気を維持するというのは、当時の言説で重要な主題だった。これは一般のアメリカ市民から国の指導層、個別の世帯主からアメリカ大統領ハーバート・フーヴァーまで同じで、大統領は楽観的に語り、他人にも楽観的に語れと奨励したのだった。

クリヨルド一家をはじめ似たような（あるいはもっとひどい）状況の多くの家族は、新車購入を先送りした可能性がかなり高いように思える。現実的に見て、各家族の子どもたちは、両親が新車の購入を先送りしても、一家が財務的なトラブルに直面しているなどとはほとんど気がつかないだろう。だが休暇旅行が取りやめになったり、映画館行きが取りやめになったりすれば、まちがいなく気がつく。

実際、家族の士気をめぐる懸念は１９２９年以降新しい流行となり、１９３１年にピークを迎えたが、大恐慌の間ずっと高止まりしていた（それ以前にも１９２０～21年の不況に際しても、家族の士気について物語が急増したことがあった）。離婚の増加は士気の喪失のせいだとされ、特に仕事が見つからない父親の恥が原因だとされた[3]。人々はこの士気低下を新しい長期的な問題の萌芽と考え、その問題が今後ますます顕著になりそうだと思った。１９３６年にある婦人団体がこう主張している。

> 家族はアメリカの生活システムすべての土台となる単位です。……現在その士気が崩壊したり支払い能力が失われたりすると、子孫に悲惨な影響が及ぶでしょう[4]。

このナラティブは、何事もないような態度を維持しつつ不要不急の支出は先送りするのを正当化したが、そうする中で、これは経済不況の長期化に貢献した。また大恐慌の影響を受けていない家族が顕示的消費を避ける理由も示している。それは他の家族の苦しみと思われるものに対する遠慮や、これがさらに拡大しそうだという見通しを考えてのことだ。新聞は、支出を抑えつつ家族の士気を維持する示唆を提案している。

> しばしば、手元不如意でも、家具の配置を換えたり、大きな家具の場所を変えたり（常に部屋の中の完璧なバランスを保つよう留意しましょう）写真を別の場所に移したりすることでかなり変わるものです。多くの女性は、こうした工夫をすることで、自分の家から一歩も出ることなく、旅行の便益をすべて確保しています。彼女の人生に対する見通しは洗濯されアイロンもかけられた、とでも言いましょうか[5]。

大恐慌についての人々の物語を当人たちの言葉で聞くのも、驚くような洞察をもたらす。フレデリック・ルイス・アレンは『オンリー・イエスタデイ』（１９３１）で、もっと慎ましい対応と深い宗教性について語っている。「国民の気質やアメリカの生活方法における驚くような変更……アメリカの都市や町を一街区も歩けば、その一部に嫌でも気がつかされる」[6]。作家で女優のリタ・ワイマンも、１９３２年に『ワシントン・ポスト』でその変化について語り、大恐慌と１９２０年代とを比べている。

あのインフレの時期、私たちが常に絶壁の縁にいたとき、私たちは視野を失っていました。受けとる価値と見合うかどうかをまったく無視して、モノや快楽にとんでもない金額を費やしていました。えらくお金がかかるなら、私たちはすぐに、それがいいものにちがいないという結論に飛びついたのです。……家庭での娯楽を考えてみましょう。私たちの多くは、自宅のテーブルのまわりに友人たちを集めるのがどんなに楽しいか、ほとんど忘れかけています。私たちの多くが「レストラン消化」に苦しんだものです[7]。

大恐慌は、お金を使う以外に人生で何が重要なのかについて振り返る時代となった。１９３１年にイギリスで、コラムニストのウィニフレッド・ホルトビーはこう尋ねる。

言い換えると、この時期を利用して気取りやたわごとを少し始末して、ご近所が考えているとされる「何をすべきか」の考えではなく自分の趣味に合った暮らしを送れるのではないか？　やることは実にいろいろあるし、世界は実に豊かな体験だらけなのだから、自分をお上品な区画に閉じ込め、そこでみんな恣意的な基準を採用し、同じものを着て、同じものを食べ、同じ悲しく単調な「外見」をつくり出すべきなのだろうか？……マリー・ロイドの古い歌「自分のやりたいことが自分にとってよいこと」の叡智を思い出してもよいのではないか——何をやりたがるべきかについてご近所がどう思っているかという勝手な臆測などではない。あえて貧しくなってもよいのではないか？[8]

1932年に大恐慌のどん底近くで、別の作家キャサリン・ハケットは、大恐慌における新しい道徳観についての自分の見方を説明している。

> かつてのバブル期には、バスソルトのびんや追加のイブニングスリッパを買っても、生活必需品すらない貧乏人に対して居心地の悪い気持ちを抱いたりすることはなかった。いつも絹のシャツを着てフォードに乗って仕事に向かう日雇い労働者という、大いに喧伝された話を嬉々として思い出せた。いまや状況がちがう。ジョーンズ一家は、大パーティーを開いて立派な服を着続ければ、人間の悲惨に対して無神経だと思われる。[9]

こうしたナラティブにもかかわらず、どうやら大恐慌の「つらい時代」の一部側面は、1920年代に比べて望ましい改善だったらしい。ピューリッツァー賞受賞の『ニューヨーク・タイムズ』

のジャーナリストであるアン・オヘア・マコーミックは１９３２年にこう書いている。

> 自分の同輩たちの無反応ぶり、恥知らずの利己性や軽佻浮薄が耐えがたいときがある。いまはそうしたときではない。市場のどん底で、わたしたちは絶頂にいたときよりずっと親切だ。不況の中のメイン街（訳注：実体経済のこと）は世界で最もご近所めいた通りだ。実に辛抱強い大通りなのだ。[10]

さらに、大恐慌の間に、失業率が高いのに犯罪が増えていないことが指摘された。[11] この現象は、本当なら犯罪につながったかもしれない失業による個人的な失敗の感覚を、「ご近所的」で「辛抱強い」感覚の高まりが和らげたことと関係しているのかもしれない。

街路はご近所めいてきたかもしれないが、人間の悲惨は街角にはっきり見受けられた。１９３０年代初頭には「物乞いの大規模な流行」[12]が見られた。１９３２年の『ワシントン・ポスト』によれば、「不況の間、物乞いはことさら活発になった。専業の物乞いには施しをしない人々でも、現在はきわめて心優しいことを彼らは見出している」[13]。

１９３０年秋にニューヨーク市で始まったリンゴ売りの流行は全国に拡大した。[14] 売り手たちは実質的に自分たちが物乞いだと認め、しばしば「失業中」「リンゴを食べて私をオオカミから遠ざけてください」という看板を掲げていた。[15] 実質的には物乞いをしていたのだが、リンゴを売ることで、もっと立派な存在であり親しみやすく思わせた。新聞はまた、要求どおりの施しを得られなかった物乞いによる犯罪のニュースも伝えていたので、彼らの存在は恐怖感をつくり出し、これまた顕

示的な消費を控えさせるように作用しただろう。(16)

　目に見える物乞い以外にも、はっきり失業しているとはわからない人々の内的な苦闘に関するナラティブがあった。弁護士ベンジャミン・ロスは1931年8月9日に自分の日記にこう書いている。

> 過去2年にわたり、ほとんどの専門職業者は保険などを担保に借りた借金で暮らしている。いまある仕事といえば、出来高報酬の無理筋な取り立て業務ばかりだ。みんな古い請求権を掘り返しては、何とかそれを現金化しようとしている。みんな短気で人々は不信感と疑念に満ちている。ますますつらい仕事をますます安く引き受けて、支出をギリギリまで抑えるしかない。(17)

だがほとんどの場合、根本的な変化は集合的な共感の雰囲気だ。これは共通の悲劇の後でみんなが感じるような気持ちだ。この雰囲気が、出来高制でも働こうとしたり、リンゴを食べたくもないのに街角でリンゴを買ったりする人々の意欲を説明している。だが顕示的な消費をすべて止めることで、彼らは知らず知らずのうちに大恐慌を悪化させていたのだ。

　街角での物乞いはアメリカに限ったことではなかった。失業率がアメリカより高かったドイツでは、アドルフ・ヒトラーが政権を取る直前の数年で、物乞いや、犯罪に手を染める失業した若者が驚くほど増えている。高い犯罪率と失業率は、ヒトラーが多くの有権者にとってなぜ魅力的だったかという説明になる。(18) 1933年に選出されると、ヒトラーはドイツ人の物乞いやホームレスたちを強制収容所に閉じ込めることで問題に対処した[19]。

一方、世界の大半は質素ナラティブを受け入れた。映画評論家グレース・キングスリーは1932年に、映画が前ほどぜいたくに興味を示さなくなったと指摘している。

> 不況とそれが世間に与えた影響のため、プロデューサーたちは映画における奢侈の表現を抑えるようになっている。これまではヒロインたちが暮らす部屋はあまりに広くて、ここは公共図書館の建物だろうかと思えるくらいだったのが、いまやもっと小さい部屋が表示され、富の表示はかつての派手さにはまるで及ばない。……そしていまやエレガントなリチャード・バーゼルメスとエキゾチックなマレーネ・ディートリッヒは、家庭生活の単純な物語を演ずる予定となっている[20]。

こうした映画は生活の台本を提供した。人々は自分で消費を減らそうと意識的に決めたことはまったくなくても、純粋な無意識の暗示から消費を減らしているかもしれない。

教会の説教もまた富の誇示に反対してみせた。これは1932年のある新聞記事が報じている。

> この不況の時代に、公的にひけらかされた奢侈は犯罪だ、と司祭のマイノット・シモンズ博士は説教師として昨日、オールソウルズ・ユニテリアン教会のクリスマス説教で主張した。

この記事はさらに彼の説教を引用している。

> 高価な祝宴に大盤振る舞いをしたいと願う人々は、それが悪趣味だという考えを理解していただければと願います。……そうしたことは常に根深い反感を引き起こし、この冬にはそうした反感を引き起こしてはならないのです。[21]

ここでの議論が基本的には道徳的なもので、利己性への訴えではないことに注意しよう。アメリカのメイン街（実体経済）について書いたときにアン・オヘア・マコーミックが指摘したとおり、お互いに対する人々の態度は変わった。他人にどう見られているかを管理しようと気にするようになった。『ワシントン・ポスト』は、他人の質素ぶりを見ることで、その人の地位や人間としての価値について引き出す結論がまったく変わってしまったと述べる。

> するとモードがありがちなこととして急に向きを変え、貧困がしゃれたこと（シック）になった！「手が届かないよ」というのが胸を張って、自慢げにすら言われるようになった——というのもこれは自分が株やモノで大損したのだということを含意しているからではないだろうか。もちろん、その人がかつてそんな金持ちだったか、本当に損をしたのかはどうでもいい。[22]

実際、大恐慌の間、人々は大恐慌による苦労や自分、親戚、友人の損失の物語を語るのに、奇妙な喜びを感じるようになった（これは今日もたまに見られる）。ナラティブには道徳的な面がある。この貧困は自分のせいではないので、恥じることもない。そして苦しむ人に共感するのには尊厳があった。さらに貧困の中で豊かさを楽しむ「罪」は、ずっと失業していて、カツカツで暮らしているご近所がいるときには、不道徳さが増した。

新たな質素さの熱狂

「貧乏シック」文化は１９３０年代に新しい熱狂を引き起こした。特筆すべきなのが、自転車への熱狂だ。多くの人が都市部の通勤や買い物に自転車を使うようになったのだ。デパートは顧客用に自転車置き場を設置した。[23]

　自転車狂乱は部分的には、新車購入を先送りしたいという欲求から生じた。すでに車を持っている人々は、いまの車をもっと長く使うことにした。車のない人は、いままでどおり公共交通機関を使うか、自転車に乗ることにした。なぜ人々は車の購入を先送りしたのか？　失業したから、というのが大きな理由の一つだ。もう一つは、自分が失業するかもしれないと思ったということだ。

　１９２０～21年の不況期に製作された芝居に基づく１９３１年のトーキー映画『六気筒の愛』は、高価な車を買おうという男の決断に関わるややこしさの一部を示している。その決断の結果として、妻と娘がとんでもない浪費家になり、また一家は高価な車を持っているから金持ちなんだろうと思う、たかり屋の友人たちを惹きつけてしまう。映画のプロット自体が、派手な買い物の結果に関するナラティブ群の一部となった。ご近所が失業したのを見て、絶望と苦闘の物語を聞くと、多くの人は今年は新車を買うべきでないのが当然だと思った。１９３２年の『ウォール・ストリート・ジャーナル』の記事も、車の購入を遅らせる反顕示的消費な動機を指摘する。

> ある深刻ながら簡単にはわからない障害が、いまや支出力を持っていて、業界の利益になる形でその力を適切に使える人々がそれを行使するのを阻害している。その障害とは、これみよがしに派手だと思われるという広範な恐怖だ。……取引を復活させようとする努力にこんなハンデを負わせるのは、単なる憶測ではない。特に自動車産業は、お金もあり、本当に新車のニーズを持つかなり多くの人々が、ご近所の批判を恐れて購入を控えているという確定的な証拠を集めることで、それが現実であることを大規模に証明した。営業に対する新種の抵抗は、不況の「心理的」産物の一部、つまりは新車所有が不適切な豊かさの誇示ではないか、あるいは他人にそう思われるのではないかというしつこい疑念だ。[24]

『ウォール・ストリート・ジャーナル』は鋭い。オリ・ヘフェッツが作った消費カテゴリーの「見えやすさ指数」は、消費支出を他人がどれだけ認識するか計測しようとする。この指数は、全31カテゴリーのうち自動車を二番目に気がつかれやすい消費カテゴリーとしており、それを上回るのはタバコだけだ。[25] もしもう金持ちに見られたくないのであれば、新車の購入を控えるのが一番の方法かもしれない。

フィードバックのループはやがて明らかになった。一部の人は、車などの大きな消費アイテム購入を先送りし、それが自動車や消費者製品産業での失業につながり、それがさらに先送りを引き起こし、それが2巡目の失業を引き起こし、というのが数年続いた。数字がそれを物語る。多くの労働節約量産機械を採用したフォード・モーターの新車販売は１９２９年から１９３２年の間に86％下がった。

なぜこのフィードバックループはそんなにも激しく、なぜこんなときに起きたのだろうか？　こうした疑問に答えるには、根底にあるナラティブをもっと注意して見る必要がある。家庭では、いきなり暇な時間が増えたことが問題になっていた。１９３２年にある女性が『匿名おしゃべり』にこんな手紙を書いている。

> 親愛なるグローブのお姉様方――このすばらしいコラムにわたくしの問題を持ち込んでもよろしいでしょうか？　結婚して6年、子どもは二人おります。かなり若いときに結婚したのですが、夫はこれという特技はございません。わたくしも働いておりましたが、最初の子どもが生まれたときに辞めざるを得ませんでした。キャリアを伸ばせるように夫を学校に通わせまして、その費用もわたくしが支払い、また夫が働いていないときの育児や生活費もすべてわたくしが負担しました。夫は1年前までは安定して働いておりましたが、他の多くの人と同様にそこでクビになりました。その後は、たまにほんの数日働くだけです。昨年の夏には、第二子が生後ほんの数カ月だったのでわたくしも働けませんでした。この冬は親戚と暮らして、たまに裁縫や育児などそこの仕事をわたくしが手伝いましたが、生計は立たず不安です。
>
> 一番困っているのが夫の態度です。こんなふうな暮らしをまるで気にしていないような

のです。わたくしとしては子どもに、路頭に迷っているのを知られたくはありません。現状のままでは施しで暮らしているだけで、こんなことは長続きしないと思います。

この夫の態度はわたくしが最初の頃に働いていたせいなのか、それとも夫が責任をなかなか取ろうとしないせいなのでしょうか？　別に夫が悪い人だとは思いません。というのも多くの面で立派な男なのですが、お金を稼ぐ能力がまったくないようなのです。わたくしが小銭を稼いだら、夫はわたくしがそれで家の費用を負担してもまったく気にしないのです。わたくしは恥ずかしくてたまりません。妻とはいえ、男が女からお金を取るなどというのはまったく慣れることができないのです。

夫を正気にかえらせる手はあるのでしょうか？　家族にこの状況は知られたくありません。わたくし自身はよい仕事が間もなく手に入るあてがあります。それが手に入ったら、子どもたちの分だけ支払うようにして、夫は自力でやりくりするようにさせるべきだと思うのです。それで事態はマシになるとお思いでしょうか？　わたくしを受け入れて助言をください。

ルーシー・アンブラー[26]

ルーシーは、「グローブのお姉様方」の一人から、彼女の夫の問題は当人のせいではないのだと指摘されるはめになった。

親愛なるルーシー・アンブラーさん――無責任な夫に関するお手紙は、確かにわたしの興味をかきたてました。わたしも多くの点で貴方と同じような男性と結婚しておりますが、感謝すべき点はたくさんあると思いますよ。その方はいい人で立派な男性だとおっしゃいましたね。同じような人が何百万人も生計をたてられずにいるのは、その方のせいでしょうか？　もし1年前までずっとしっかり働き、家族のために精一杯やってきたなら、現時点で苦境にあるからといって、だれがそれを見下せましょうか？　貴方のご不満は、実は旦那さんに対してではなく、現在の経済状況に対するものだというのが真相ではありませんか？……

カタリーナ[27]

金額の大きい支出について、夫婦間で交わされる会話は想像がつく——そもそも話題に上ればの話だが。傷つき、裏切られ、寄る辺ない気持ちはなかなか口に出せない。それはルーシー・アンブラー夫妻だけでなく、自分も同じ立場になりかねないと恐れた他の夫婦でも同じだ。高額支出についての話は封印され、その支出自体も封じられたことは容易に想像がつく。

　こうした物語が横行していて、失業率が長期的に高まっていると、失業労働者に職を与える雇用主は一種の英雄とみなされる。だが雇用者にはそれを相殺する傾向として、「お金を稼ぐ能力」がなく、他に選択肢もない人物を雇うことについて懸念するというものがある。ペンシルバニア州緊急救済委員会の行政官が１９３６年にこう語っている。

この救済策の根底にもちろんある失業状況と関連してもう一つ重要な要因は、不況前の日々には雇用者たちに、感情的な理由などで単に「拾われていた」だけの多くの男女は、決してかつての仕事を取り戻せないということです。[28]

雇用主は、やる気と生産性をはかりにかけねばならない。1990年代の不景気で雇用者にインタビューしたトルーマン・ビューリーは次のように発見している。

> 経営者がやる気を気にしたのは主に生産性への影響のためだ。やる気がないと、労働者はグチでお互いの足を引っ張り合うし、やる気があれば追加の仕事もしたがるようになり、仕上がるまで残業し、お互いを励まし合い助け合い、改善提案をして、部外者に会社のよい点を話してくれる。[29]

雇用主は苦境ではなおさら労働者のやる気を重視すると結論しても問題なさそうだ。しばしば従業員のやる気を高めるため、仕事で成功した気分になれるようにして、給与方針に差をつけず、頑張って働くインセンティブを下げることになっても、高い成果を上げる従業員にも低い従業員と同じ賃金方針を適用する。[30] さらに雇用者はしばしば、出来の悪い社員でも感傷的な理由や職場のやる気を維持するために雇い続ける。

だがこの話には暗い一面もある。大恐慌最悪の日々は、雇用者が出来の悪い従業員をクビにしても冷酷だと言われずにすむだけのもっともらしい口実を与えた。状況が少し改善しても、その出来の悪い従業員を再雇用はしない。このため、クビになった人々は長期的な失業に直面しかねない。

質素なファッション：ジーンズとジグソーパズル

青いデニム生地は、もともと仕事着にしか向かないとされていたが、大恐慌の間にファッショナブルになりはじめた。とはいえ、それ以前のセレブもデニムでファッションステートメントを行っている。たとえば１８７７〜80年にインディアナ州知事だったジェームズ・D・ウィリアムズは「ブルージーンズ・ビル」の異名を取った。フォーマルな場でさえジーンズ姿にこだわったからだ。ある評論家によると、ウィリアムズにとってごわごわの青い生地は「平等と民主主義のシンボル」なのだった。[31]

だがこの材質が本当に人気を博したのは１９３０年代になってからだった。１９３４年にリーバイ・ストラウス社は初の女性向けブルージーンズを作り、それを「レディー・リーバイス」と名付けた。[32] そして１９３６年にリーバイ・ストラウス社は自社ブルージーンズの尻ポケットに、初のファッションロゴをつけた。『ヴォーグ』は１９３０年代に初めてブルージーンズを着たモデルを表紙に載せ、女性は意図的に新品のジーンズに傷をつけて「あちこちにわざと破れを作って」着古してあるように見せはじめた。[33]

ブルージーンズと様々な文化との関連づけは、何十年もさかのぼれる。１９２０年代と１９３０年代には、ブルージーンズ文化は貧乏シック文化やカウボーイ物語文化、野郎どもの農場文化と合致した。１９４０年代になると、ブルージーンズはまったくちがう文化と関連づけられ、まずは第二次世界大戦中にリベット打ちのロージー（訳注：女性が工場で働いていることを示すプロパガンダで使われた）と関連づけられ、それから高校、若者の反逆、ウーマンリブとも関連づけられた。[34]

ブルージーンズのファッションが真に爆発したのは1950年代のことで[35]、1955年のヒット映画『理由なき反抗』と、スポーツカーの無謀運転により24歳の若さで死んだそのハンサムなスター、ジェームズ・ディーンにより新たな高みへと押し上げられた。その死は映画にとって、不気味とはいえ完璧な宣伝だった。この映画の一部ファンは極端に走った。たとえばロンドンの郵便トラック運転手ダグラス・グッドオールは、ブルージーンズを着ただけでなく、1958年までに同映画を400回も観て、名前を法的にジェームズ・ディーンに改名した[36]。だがその頃には、ブルージーンズのナラティブは貧困者への共感という結びつきを失いつつあり、経済ナラティブの地位を失ったかもしれない。それでもブルージーンズの遍在性（その低価格、実用性、他人のファッション判断に基づく）はブルージーンズの流行が今日まで広がるのを可能にしている。

同じく貧乏シックと結びついているのは、ジグソーパズルの熱狂だ。家にこもった静かな晩の暇つぶしに、一部の人は仕事帰りにニューススタンドで、夕刊といっしょに新しい安物の段ボール製ジグソーパズルを買った（伝統的でもっと高価な木製のジグソーパズルに代わるものだ）。いきなりジグソーパズルがどこでも売られるようになり、人々は不思議に思った。「段ボールの箱に入った変な形の材料のかけらがカタカタいう音を聞くだけで大喜びで跳ね起きるとは、人間の脳にはどんな心理的な風変わりさが埋もれているのだろうか？」[37]

自転車、ブルージーンズ、段ボール製のジグソーパズルは、大恐慌のひどい経済条件への論理的、合理的な反応でしかないのかもしれない。安上がりなのだから。だがこうした清貧に対する熱狂、現象の熱狂ぶりは、なぜ人々が大恐慌中に高価な消費財を買わなくなったかについての説明にナラティブが役立つことを示唆している——その拡張として、大恐慌の長さと厳しさの説明にも役立つ。

1920年代に人々が決して自転車で通勤しなかったのは、金持ちだったからではなく、そんなことをしたら異様に思われたからなのかもしれない。通勤に自転車を使ったり、晩に家にこもってジグソーパズルを組み立てたりしていた人のナラティブを聞いて、初めて同じことをやっても安心できたのかもしれない。そして、それを何年も続けて、もっと高価な輸送手段や娯楽手段の市場を弱め、それにより大恐慌からの回復を遅らせたかもしれない。同様に、もし立派な新しい家を建てるのが悪趣味でひどい妬みを招くのであれば、家を建てない理由としてはかなり強いので、なぜ住宅建設が大恐慌時に実質的に止まったのかも説明がつく。

ここでわかるのは、経済の力学——財やサービスの需要変化——はナラティブのちょっとした変化に左右されるということだ。大恐慌の中で、人々は貧乏シックを克服するようになったが、それは人々の見かけの貧困がその人々について何を物語るかについてのナラティブが変わったせいかもしれない。『ワシントン・ポスト』は1932年にこう書いている。

> だがいまや、別の取っ手がひねられた。いまや貧乏を示唆してもシックではない。もし愚かな投機や株式市場でお金を失ったのであれば、世界的な大混乱から回復する時間はすでにたっぷりあった。それがいまだに貧乏だと言うなら——うん、それが意味するのはつ

まり結局のところ、もともと大したものを持っていなかったということなのかもしれない[38]！

どんな結論が引き出せるだろうか？　１９３３年に大恐慌のどん底で始まった慎ましい経済回復の少なくとも一部は、貧乏がもはやシックではなくなったせいで人々が消費を増やしたために生じた！　こうしたナラティブはすべて、大恐慌の原因と結果が、支出の複数循環と合理的な投資行動への金利の影響という経済学者たちの単純な物語を超えたところまで広がっているのだと示唆している。

大恐慌以来の質素と共感のナラティブ低下は、多くの経済トレンドの説明に役立つかもしれない。質素さの低下はおそらく、トマ・ピケティが２０１４年の『21世紀の資本』で記録した、国民所得に占めるトップ１％の所得シェアに見られる格差増大に関連しているだろう[39]。またおそらくは、ルイス・ウチテルが２００６年の『使い捨てアメリカ人』で指摘した、経営者が従業員に対して感じる忠誠心が長期的に下がっていることとも関連するだろう[40]。質素と共感を軽視するナラティブは、ドナルド・トランプが２００７年のビル・ザンカーと共著した『大富豪トランプのでっかく考えて、でっかく儲けろ』でも支持されていた[41]。

倹約ナラティブは１９９０年以降の日本でも、ちがう物語と人物を使って繰り返された。１９８０年代の絶好調の日本経済は、１９９０年代以降の「失われた数十年」に道を譲り、アメリカにおける質素と共感物語に似た物語を引き起こした。『ワシントン・ポスト』は１９９３年にこうしたナラティブをまとめている。

東京発――かつて大盤振る舞いだった日本の消費者たちは、いまや新たなお手本となる市民を得た。良寛だ。18世紀の隠者僧侶で、現世の財を投げ打って純粋な生活を追い求めた人物となる。

良寛は最近、ゴールデンタイムのテレビドラマでも取り上げられ、雑誌の特集記事にもなった。彼を含む禁欲主義者たちについての本『清貧の思想』は9月以来35万部を売り上げている。

今日、日本の消費者たちは立派な良寛を真似ようとしているらしい。大好況と右肩上がりの金融市場に後押しされた5年にわたる一大支出の後で、消費者たちは正気にかえって財布の紐を引き締めているのだ。[42]

良寛（1738〜1831）は親切さと恵まれない者への鷹揚さを語る多くの物語で記憶されている。昆虫を哀れんで蚊やシラミが自分を食うにまかせ、盗みに入って何も盗るものがないことに気がついた泥棒に、自分の服を与えたこともある。[43]多くの日本人はそこまでいかなかったが、この新たな美徳は日本における失われた数十年の間ずっと続いた。

「アメリカンドリーム」といったナラティブが倹約ナラティブに取って代わる

「アメリカンドリーム」という言葉を作ったのは、ジェイムズ・トラスロー・アダムズの、『ニューヨーク・タイムズ』ベストセラー著書『アメリカの叙事詩』（邦題『米国史』）初版（1931）だ。この用語は1931年に以前にはProQuest News & Newspapersではほぼ見つからず、唯一出てくるのは1929年と1930年に「アメリカの夢」と銘打って売り出されたマットレスへの言及だけだ。図11-1が示すように、アダムズの『アメリカンドリーム』はヴァイラルになり、「アメリカ的人格」「アメリカ的原理」「アメリカの信条」といった類似の用語をはるかに上回る人気を博した。「アメリカンドリーム」は長く緩慢な流行で、アダムズが最初にその用語を使ってから1世紀たつ今日も増大を見せている。1949年に死んだアダムズは、その流行の発端しか見られなかった。

アダムズはアメリカンドリームを次のように定義している。

> 「アメリカンドリーム」は、人生があらゆる人にとってもっとよく、豊かで十全なものとなり、各人に能力と業績に応じた機会が与えられるべき土地の夢だ。……それは単に自動車や高賃金の夢ではなく、それぞれの男女が、生まれや地位の運命による状況と関係なく、自分が生得的に実現できる最高の地位を達成できて、他人からもありのままの自分を認識

図11-1　「アメリカンドリーム」の書籍（1800～2008年）とニュース（1800～2016年）への登場頻度

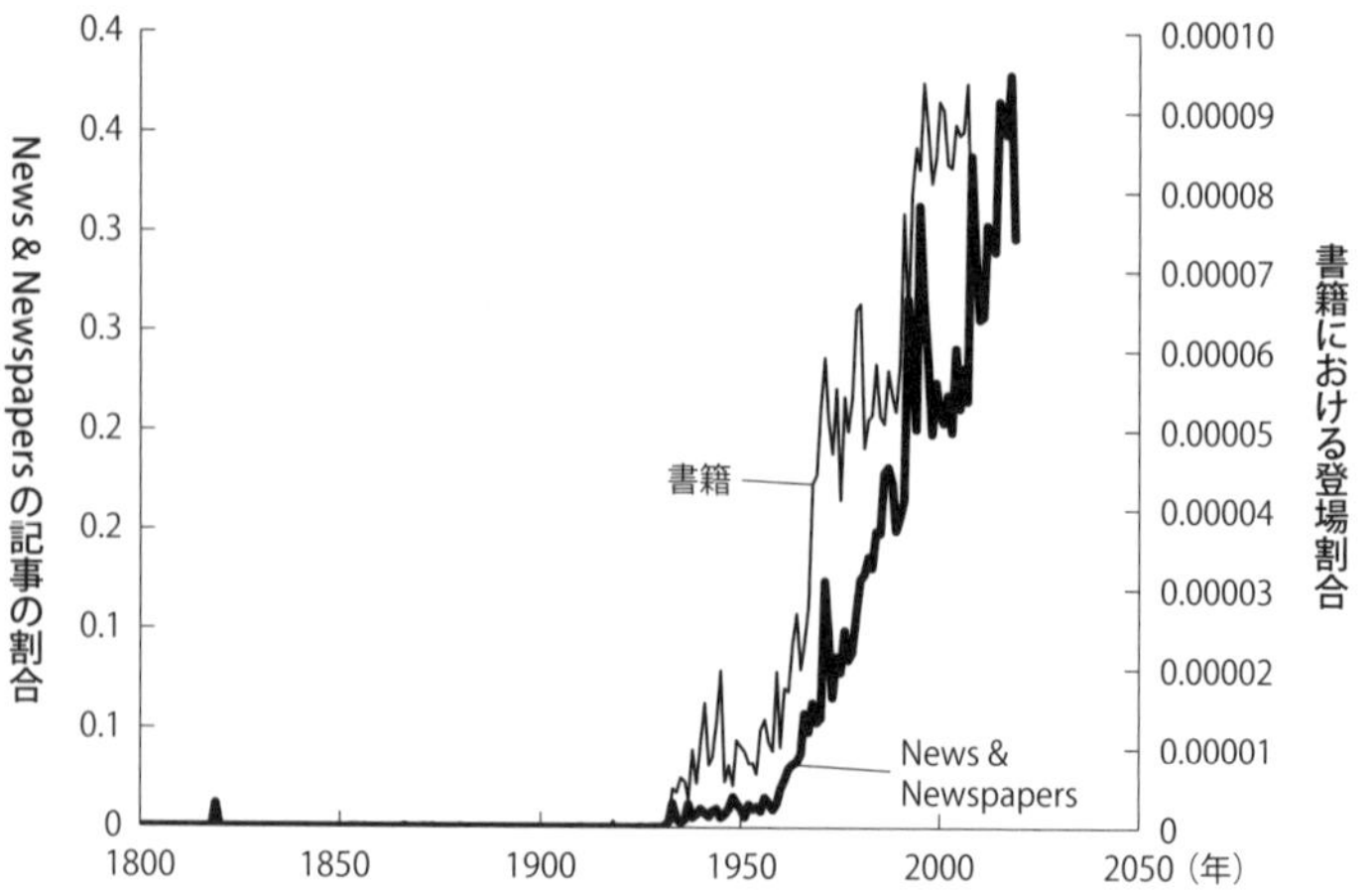

流行は考案者ジェイムズ・トラスロー・アダムズの存命中にはほとんど始まっていなかった。
出所：グーグルNグラム、平準化なし、およびProQuest News & Newspapersに基づく筆者の計算。

してもらえる社会秩序の夢なのだ[44]。

アダムズの記述は、あらゆる国の夢の退屈な記述でしかなく、ヴァイラルになると期待される熱気あふれるマニフェストではないと言うかもしれない。実際これは、中国国家主席習近平が述べる中国の夢と似ている。フランスの前大統領フランソワ・オランドが述べたフランスの夢にも。そしてカナダの「ナショナルドリーム」も。すべてアダムズをお手本にしたものだ。だがこのアイデアをゆっくり持続的に感染性にした何か魅力的で独自のものが、ここにはあったはずなのだ。

「アメリカンドリーム」という用語は、アメリカの価値観として真実味がある。アメリカは貴族がおらず、位階や王室もなく、独立宣言で「万人は平等に作られている」と宣言し、ほとんど政府介入なしに自由な事業を実施できる。だがアメリカはまた１８６３年まで奴隷制を認めていた国だ。アダムズが１９３１年にアメリカンドリームを定義するはるか以前に、奴隷制は恐ろしいこととされ、国として述べている平等性へのコミットメントと整合しない恥ずかしいものと思われていた。そして奴隷制廃止後も、アメリカの黒人は長いこと平等な扱いを受けてこなかった。

だが「アメリカン」と「ドリーム」を組み合わせることで、この用語は「それぞれの男女が、生まれや地位の運命による状況と関係なく、自分が生得的に実現できる最高の地位を達成でき」る、もっとよい社会秩序へのトレンドを定義づけたのかもしれない。ドリーム／夢とはそういうものだ。理想の未来の感覚、今日は部分的に達成され、将来的に完全に達成されるかもしれない、根深く激しく求められる願望だ。アダムズが、アメリカンドリームというのは「単に自動車や高賃金の夢ではなく」と述べるとき、どうやらアメリカンドリームが部分的にはそうした物質的なものの夢でもあると主張しているようだ。もちろん人々は家族を養いたいし、よい生活水準を求めるが、全員が同じ目標を達成する機会を与えられたいとも思っているのだ。

この用語がヴァイラルになる以前の１９３０年代におけるアメリカンドリームの当初の議論は、もっぱら知的なものだった。たとえばジョージ・オニールの１９３３年の知的な戯曲『アメリカンドリーム』は、アメリカ社会が本当にこの夢を体現しているか検討した。後の１９６０年に、エドワード・オルビーによるほぼ同名の別の知的な戯曲『ジ・アメリカンドリーム』は消費者主義についてもっと批判的だった。「アメリカンドリーム」という用語はアメリカについての真摯な議論に頻出した。アメリカにおける経済的成功の通俗概念に批判的だった一部の知識人は、この用語を皮肉っぽく使ったが、他の知識人はそれがアメリカの持つ性質の本当の側面を描き出していると考えた。

たとえば公民権運動の指導者マーチン・ルーサー・キング・ジュニアはこの用語を伝説的な「私には夢がある」演説で使った。これはワシントンDCにおける公民権を求めた行進の間に、ワシントン記念碑からリンカーン記念堂まで埋め尽くす巨大な群集に対して行った演説だった。1963年8月28日、彼は確信を持って、いつの日か「この国が立ち上がり、その教義の真の意味どおりに生きるでしょう：私たちは、万人が平等に作られているというこの真実を自明のこととする」。

議会はキングの誕生日を1983年にアメリカ国民の祝日にした。この議会法にロナルド・レーガン大統領が署名して発効させたとき、彼はこの「私には夢がある」演説に触れた。同年の後になってキングの未亡人コレッタ・スコット・キングは「マーチンの夢――アメリカンドリーム――を実現させるのを手伝ってください」と述べた[45]。一見すると小さく予想外の歴史的な瞬間――アダムズの本の出版とキングのたった1回の演説――が次第に発達し、強力なナラティブの背骨となって、何十年たってからも感染により成長するようになるのがわかる。

本書でこれまで何度も扱ってきた、ナラティブのセレブ的側面は、アメリカンドリームのナラティブにも作用している。人々を鼓舞する人物で、アメリカンドリームのために戦って暗殺された人物であるマーチン・ルーサー・キング・ジュニアのほうがずっといいナラティブになったので、アメリカ人の集合意識の中でジェイムズ・トラスロー・アダムズを押しのけて、アメリカンドリームのナラティブに人間的興味の側面を与えることで、すさまじい感染が実現できるようにした。そもそもアダムズは大したセレブではなかったので、このナラティブに名前が伴うほどではなかった。キングの「私には夢がある」演説以来、「アメリカンドリーム」の検索結果でジェイムズ・トラスロー・アダムズに言及しているものは０・１％に満たないが、マーチン・ルーサー・キング・ジュニアに言及したものは３％もある。

結局のところ、アメリカンドリームの一般に受け入れられているナラティブは、万人の繁栄の願いを含んでいるが、それを商業的・利己的に思わせないような形でフレーミングしている。それは、ひたすら自分の優位性を証明するために行われるというソースティン・ヴェブレンの顕示的消費の発想をひっくり返している。結果として、アメリカンドリームは潜在的な購入者が買い物に満足するような、新居や2台目の車といった消費者製品の売り込みにとても役立つようになった。実際、ProQuest News & Newspapersは、「アメリカンドリーム」という用語の用法の半分は、記事ではなく広告で起きていることを示している。

アメリカンドリームの変質：持ち家

１９３０年代と１９４０年代に、「アメリカンドリーム」という用語を使う広告のほとんどは、知的な製品を売り込んでいた。書籍、芝居、説教などだ。だが時代が流れ、流行が強まると、この用語は別の側面を見せるようになる。アメリカンドリームは持ち家となり、持ち家は愛国心と社会へのコミットメントを意味するのだ、という感覚が根底に生じるようになった。ここ数十年の広告はアメリカンドリームという用語を昔ほどは使わなくなったが、相変わらずアメリカンドリームでは持ち家に大金をかけていいのだという思い込みを延命させている。ProQuest News & Newspapersで「アメリカンドリーム」の検索結果の3分の2以上は、「家」「住宅」といった用語を含んでいる。

アメリカンドリームは、２００７〜09年の世界金融危機でやがて崩壊することになる、住宅バブルを支える政府活動を正当化するのにも使われた。バブルの絶頂に近い２００３年に、政府出資の住宅ローンの巨大機関ファニーメイは、広告で以下のスローガンを採用した。「アメリカンドリームに向けて私たちも」。その同じ年、アメリカ議会はアメリカンドリーム頭金支援法を可決し、ジョージ・W・ブッシュ大統領も署名した。この法律は住宅購入の頭金を補助するものだった。１９７３年以来、アメリカ議会で審議された法案や決議２６５件が「アメリカンドリーム」という言葉を含んでいる。

ジョージ・W・ブッシュ大統領は２００４年再選選挙戦で、「所有権（オーナーシップ）社会」というスローガンを多用した。このスローガンはアメリカンドリームという主題の変奏だった。ブッシュは所有権を尊重し、人々が「オーナーシップを引き受ける」――つまり自分で責任を取る社会に注目させようとしていた。２００２年に彼は「このアメリカでは、自分の家を所有していたら、アメリカンドリームを実現しているのだ」と述べた。持ち家がもたらすよい気分についても語った。「その人たちと握手をして、その物語を聞いて、台所や階段を見せてくれるときの誇らしさを目にするだけでいい」[46]。

対照実験で、消費者製品の売り込みは愛国心に訴えると改善することが示されている。[47] 道徳的正しさや愛国心にアメリカンドリームという言葉をつなげることで、このナラティブ流行はおそらくアメリカの持ち家率を引き上げ、ビジネス全般も刺激しただろう。

その結果はプラスにもマイナスにも働いた。一方でアメリカンドリームのナラティブは、高価な車、派手な家など豪華な消費財やサービスを買いたい人々の欲望を正当化する。このナラティブはおそらく、消費者需要を通じて直接的に、そして政府支援や、何か市場がおかしくなったときに期待される将来の政府支援という形で間接的に、不動産部門を刺激したはずだ。逆に持ち家への欲望に内包されたようなアメリカンドリームは、２００７～09年世界金融危機前のアメリカ住宅バブルで大きな役割を果たし、危機の大きさを拡大した。

今日では、アメリカンドリームのナラティブは顕示的消費と分不相応な家の所有を正当化するもので、大恐慌の間に人気があった倹約ナラティブとは正反対だ。アメリカンドリームのナラティブは、自分の業績に誇りを感じるのを正当化してくれる。それは道徳的正しさの感覚だ。次章で見る金本位制のナラティブも、似たような道徳的主題を持っている。

第12章 金本位制VS金銀複本位制

反復性の経済ナラティブの中で特に有力な金本位制ナラティブは、今日ではまあまあ活発だ。たとえばドナルド・トランプ大統領は繰り返し、アメリカの金本位制復帰を主張している。2017年のインタビューで彼はこう述べる。

> かつてすごく、すごくしっかりした国だったのは、金本位制だったからだよ。……金本位制を復活させるのはすごくむずかしいだろうが、いやはやすばらしいことになる。お金の基準になる標準ができるんだ。[1]

簡単に言えば、金本位制への復帰は国の通貨を、決まった量の黄金で定義し、政府はその通貨を黄金で買い戻すかその逆を、求めに応じて行い、通貨を完全に黄金と交換可能にするということだ。

世界は1971年に決然と金本位制を放棄した。それ以来、各国は不換紙幣を使っている――つまり何も裏付けがないお金ということだ。

中央銀行は（カナダ銀行という大きな例外を除けば[2]）まだ黄金を保有しているが、通貨の裏付けは黄金ではない。世界黄金評議会《ワールドゴールドカウンシル》によると、世界中の中央銀行や財務省は合計3万3000トンの黄金を持っており、その価値はおよそ1兆4000億ドルだ[3]。だが黄金は通貨の裏付けではないのに、なぜ中央銀行はそれを保有するのか？

アメリカ下院議員ロン・ポールはアメリカ連邦準備制度理事会議長ベン・バーナンキに、なぜFRBが黄金を保有してダイヤは保有しないのか尋ねた。バーナンキは率直に答えた。「まあ伝統です――昔からの伝統[4]」。バーナンキは、中央銀行が保有する黄金をすべて手放したら世間を不安にさせるという物語について、中央銀行は明らかに気にかけているというナラティブや発想に言及していたのだ。一部の人は、アメリカがいまでも金本位制だとか、少なくともそれを放棄したとははっきり述べていないと信じてさえいる。

本章では、黄金とお金に関するナラティブは特異な感情的論調を持つことを見る。それは今日の暗号通貨ナラティブで見られるような感情だ。黄金とお金とイノベーションには謎があり、そしてこうした話題についてのもったいぶった理論も謎めいている。この謎は説明がむずかしい。

黄金と金本位制の物語は単純ではない。実は歴史的に見て、金本位制は昔から長引くデフレなどの経済問題を引き起こしてきた。加えて、金本位制についてのナラティブは歴史的に、きわめて対立を招きやすく、反感を引き起こす。最近の暗号通貨ナラティブと同じだ。まずこの長い伝統、19世紀の黄金をめぐる興奮を見て、それが今日どのようにしつこく残り、変異型で暗号通貨の中に再燃したのかを見よう。

１８７３年の犯罪と感情的な分断

アメリカ合衆国が実質的に金本位制を採用し、米ドルを黄金だけに関連づけたのは、ユリシーズ・S・グラント大統領が署名した１８７３年の貨幣鋳造法による（１９００年金本位制法は、さらにこの基準を明確化した）。１８７３年までのアメリカは、金銀複本位制だった（実質的にであって、そう名乗ってはいなかった）。そして１８３４年の貨幣鋳造法は、銀と金の交換比率を16対１で固定した。１８７３年の動きは、世界の通貨を金本位制を核として国際的に標準化しようとする動きの一環だった。[5]

１８７３年貨幣鋳造法はその後20年にわたり、しつこいデフレ（つまり消費者物価の下落）を伴った。一部の評論家は１８７３年貨幣鋳造法を「犯罪」と銘打った。というのもデフレは借金を抱える人々を貧しくしたからだ。特に農場をローンで買った人々は、デフレのおかげで作物を売れる価格が下がり、負債の実質価値が上がってしまった。また巨額の買い物をした人々は、ちょっと待てばもっと安く買えたのにと歯がみした。特に農民によるその頃の談話は道徳的な怒りを奨励し、金銀複本位制への復帰に対する世間的な支持を引き起こした。

金銀複本位制の提案は、19世紀末には国際的に議論され、アメリカで大きな支持を得たもので、通貨の裏付けとして2種類の金属を持つ状態に戻り、ドル建てのお金で借金をしている人々に、どの金属で返済するか選べるようにするというものだった。アメリカで定義されたような金本位制だと、１ドルの支払いを定めた契約は、１／20・67オンスの黄金を支払う契約だった。16対１の比率の金銀複本位制の下なら、この契約でそれだけの黄金を渡してもいいし、その16倍の銀を渡してもいい。金銀複本位制の支持者たちは「シルバライト」と呼ばれるようになり、まるで政党まがいの印象だったが、実のところアメリカでは民主党と手を組んでいた。シルバライトたちはアメリカを金銀複本位制に移行させるのには結局成功しなかったが、１８９０年代までにシルバライトたちの提案はいきなり人気を博した。

だが１８９０年になると、世界商業におけるこの2種類の金属の実勢市場価格は、30対１くらいの比率になっていた。だから金銀複本位制の提案は、借金を黄金ではなく銀で返すことで、借金をざっと半分にできるようにするものだった。もし採用していたら、米ドル建ての負債の価値半分についてデフォルトが起こったことだろう。だから金本位制支持者たちは、自分が真実と誠実さを支持しているのだと考えていた。

図12−1が示すように「金本位制」という言葉が英語の本や新聞雑誌に登場したのは、１８９０年代と１９３０年代以外にはあまりない（また２０００年以降にも金本位制という用語がじわじわ増えているけれど、これは単に「最高のもの」という意味で使われる「金本位制」だ）。この１８９０年代と１９３０年代という二つの10年間は、まさに失業率で見てアメリカ最大の不況二つの時期だ。金本位制はこうした不況の時期に大いに話題になったので、金本位制ナラティブが厳しい不況の可能性にどう関係しているのかを考えるべきだ。

図12-1　「金本位制」の書籍（1850〜2008年）とニュース（1850〜2019年）への登場頻度

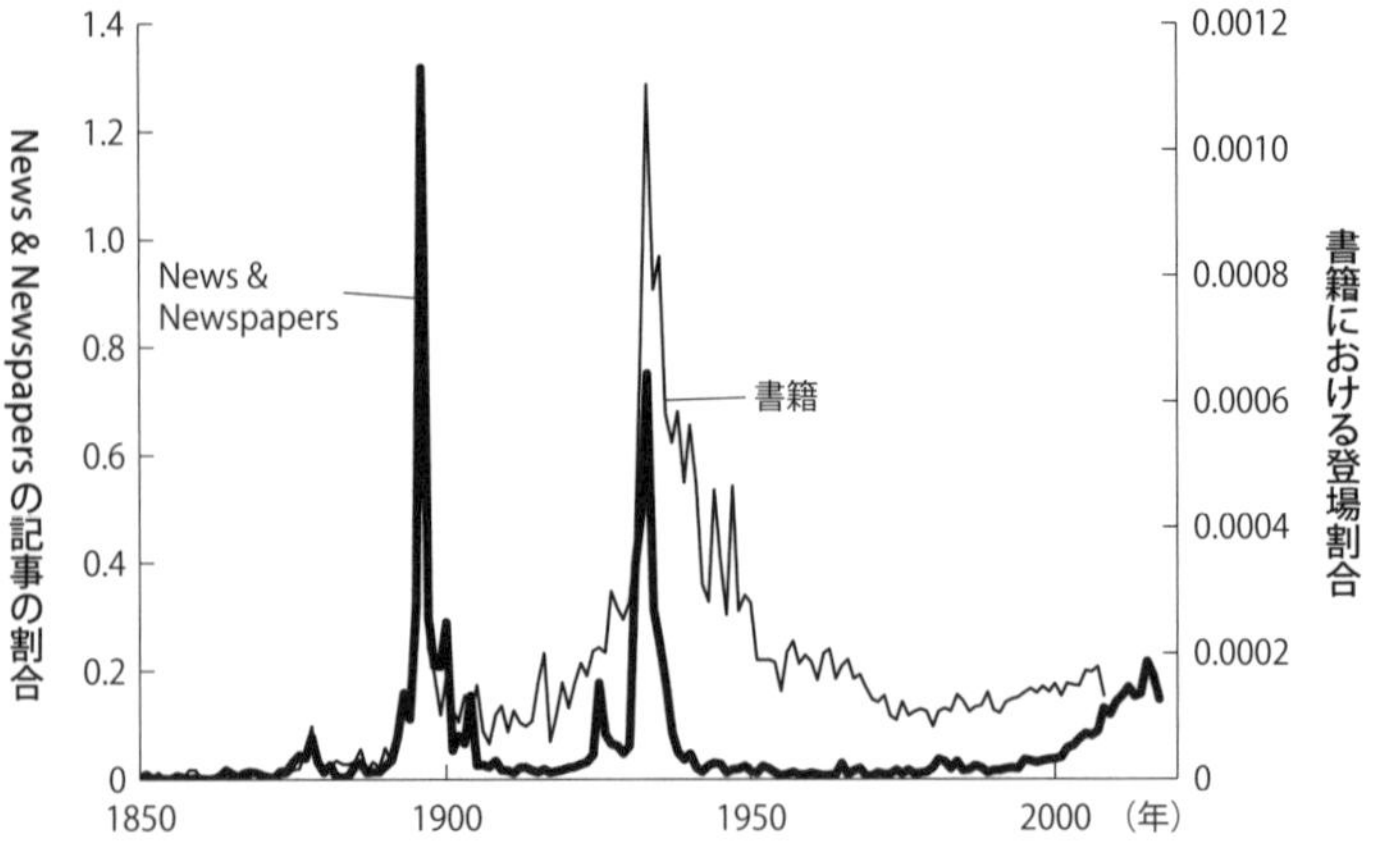

この用語は数十年も間を空けて2回の大流行があり、どちらも大恐慌と関連している。
出所：グーグルNグラム、平準化なし、ProQuest News & Newspapersのデータを使った筆者の計算。

１８９０年代と１９３０年代のどちらの場合も、話は金本位制を貶めて、債務を少ない黄金で返済できるようにするという話と、金本位制を終わらせるのは伝統的で正直なことを終わらせることになるという苦情だった。人々は過去の叡智からきて、真の重要な価値を反映するものだと認識する発想については自然な敬意を抱くようだ。

「減価（devaluation）」という用語が英語に登場したのは１９１４年だ。これは通貨価値の低下を意味する。この表現が人気あるものになったのは１９３０年代のことだ。１８９０年代の初の厳しい不況ではこうした用語はなかった。だがその10年でシルバライトたちのナラティブ復活が見られた。１８９０年代に彼らの反対者たちは、金銀複本位制はデフォルトによる国民的な恥を避けるための不正直な試みだと考えた。

1895年4月、『アトランタ・コンスティテューション』は16対1の金銀複本位制に戻るという発想について報じた。当時この発想がヴァイラルになりつつあったからだ。

> ヘップバーン下院議員は議会の閉会後に1カ月ほどアイオワ州を旅してから、いま当地に来ている。彼は自分の選挙区のあらゆる郡や州内の各地を回り、みんな銀の問題に夢中だということを知ったという。だれもが顔をあわせるたびに、郵便局だろうと街角だろうと、鉄道駅だろうと角の雑貨屋だろうと車に乗っているときだろうと、それしか話題にせず、アメリカ政府はヨーロッパ諸国の政策など無視して、銀による自由で無制限の貨幣鋳造を支持する宣言を即座に出すべきだという気運が高まっている。(6)

金銀複本位制への信頼はきわめて強い地理的、社会階級的な側面をつくり出した。東部のインテリたちは金本位制を好んだが、西部の人々は農民が多く、金銀複本位制を好んだ。金本位制支持者たちは交響曲のコンサートが好きだが、シルバライトたちはボクシングの試合を見たがった。一部の説では、シルバライトたちはマッチョで戦争大好きな傾向があった。1897年に『ニューヨーク・タイムズ』は「銀の教義にはその信奉者たちの天性の野蛮さを引き出し、原始人たちの野蛮な原理や荒っぽいやり方に大喜びさせるような何かがあるのだろうか?」と尋ねている。(7)

論争は強い感情的な重みを持つようになった。ある評論家は東部の人々に、西部のシルバライトたちをバカにしないよう懇願した。

東部の人々の一部は、西部の銀に対する感情の性質と強さを誤解しているか、それについて意図的に自己欺瞞に陥っている。「西部の頭のおかしい連中」「平原の道化たち」「怠け者の金さらい」「金鉱掘りの泥棒ども」「文無しども」「踏み倒し屋」「無政府主義者」といったレッテルは、苛立ちと怒りをかきたてるものでしかない[8]。

この評論家は、ほとんどの西部人が東部から移住したというのに、発想がまったくちがうことに驚愕している。そして、西部のシルバライトたちが共有している感情的な各種発想を描き出し、特にアメリカ通貨基準の変更は慎重な国際的交渉を必要とすると信じる金融専門家たちに対する遺恨を述べる。結局のところ、彼は地理的に局所化されたアイデア流行の力を過小評価していたのだ。

金銀複本位制概念の感染はアメリカに限られたものではなかった。１８９４年ロンドンでの国際金銀複本位制会議は、金本位制が引き起こした長く緩慢なデフレが、世界の大半で農業沈滞を生み出していると指摘した[9]。この会議報告書は、なかでも他国に比べてアメリカの苦労が大きいと指摘しており、金銀複本位制の世間的な支持がこれほど高まった大国はほかになかった。

アメリカ東部のインテリたちの上から目線的な態度は、金銀複本位制論争の絶頂期にはまちがいなく認識され、嫌われていた。この嫌悪を他のナラティブが活用しているのも見られる。弁護士ウィリアム・ホープ・ハーヴェイの著書『コインの金融学校』は１８９０年代不況のさなか１８９４年に刊行された。これは金銀複本位制支持の議論を提示した。こんなこむずかしく専門的な問題についての本が、アメリカでなぜベストセラーになったのか不思議に思わざるを得ない。アメリカの人口がいまの20%強でしかなかった時期に、100万部が売れたとされているのだ。だがこの本はとても引き込まれる書き方になっていて、たくさんの絵を使った架空の対話形式になっている。

　物語はコインという名のある若者（イラストから見てティーン前半かもしれない）を追う。彼は新聞記者を含む議論好きな聴衆に対し、金銀複本位制支持の抗議を行う「小さな金融家」だ。記者たちはコインの最初の講義を新聞で報道し、その不遜ぶりはエスタブリッシュメントの人々、教授、銀行家たちを怒らせ、彼らは2回目の講義に押しかける。「シカゴ大学政治経済学部長ラフリン教授」という実在の人物が架空の台詞で、金本位制の事実について若きコインに質問して恥をかかせようとするが、若きコインはラフリン教授よりも事実をしっかり把握していることを証明する。[10] ハーヴェイの本には、金銀複本位制のナラティブ感染における重要な要素の一つが見られる。知的な若者が、お高くとまったインテリや専門家をぎゃふんと言わせる素敵な物語だ。

金銀複本位制とビットコイン

　19世紀の金銀複本位制への熱狂は、近年に見られるビットコインへの熱狂と似ているようだ。イェール大学の我が学生たちの一部もビットコインにとても入れ込んでいて、ビットコインの話をすると身を乗り出す学生たちもいる。魅力の一部は、ビットコインを理解するには多少の努力と才能が必要だということかもしれない。ビットコインのまわりには、伝統的なお金と同じく謎めいた雰囲気がある。紙のお金だって、なぜ価値が生じてそれが維持されるのかを理解している人はほとんどいない。

第1章で述べたように、ビットコインには探偵物語めいた謎があり、それは発明者がサトシ・ナカモトだというナラティブにも後押しされている。彼はビットコイン保有の結果としていまや大金持ちかもしれない。だが、だれも彼を見つけていないし、その存在すら確認されていない。実際、ビットコインのナラティブは秘密の暗号と関連している。それは人気ある第二次世界大戦のナラティブでいまだに人々が口にする暗号のようなものだ。賢い若者はビットコインを理解するが、老いぼれどもには絶対に理解できないという発想は、多くの人に魅力的だ。

1世紀前にウィリアム・ホープ・ハーヴェイがコインを若者にしたのは偶然ではない。1890年代に通貨基準は、今日のビットコインと同じような謎を提示した。1890年代の若者は不思議に思ったのだ。このぼくたちが手にしているお金ってのはズバリ何なのか？　なぜ価値があるのか？　そしてこう尋ねたかもしれない。実際に金貨なんかほとんど見ることもなく、紙幣や銅のペニーや銀の10セント玉しか見ないのに、金本位制だなんて本当なのか？　銀行にでかけて黄金をよこせといったらどうなるんだろう？

1890年代のほとんどの人はそんなことをしようとはしなかったし、やっても追い返されたかもしれない。というのも預金者に紙のドルを渡せば銀行は義務を果たしたことになるからだ。だから1890年代ですら、金本位制はじれったい謎だったのだ。

シルバライトとコガネムシ

多くの面で1890年代のシルバライトたちは、2016年アメリカ大統領選におけるドナルド・J・トランプ支持者を先取りしていた。それは支持するものについても、多くのインテリが彼らに対していだく軽蔑の面でもそうだ。1896年7月にシアトルを訪れた『ワシントン・ポスト』の記者はこう書く。

> 住民すべてを熱烈なアメリカニズムの精神が覆っている。大文字の「国」を信じ、アメリカは必要次第で世界の他の連中に言うことを聞かせるほど強力だと考え、他のどんな政府の同意も協力もなしに、施行するあらゆる法制を強制できるのはまちがいないと思っている。妄想に囚われているわけではなく、親切で名誉も心得ている。彼らの中を旅した「サンセット」コックスは、西部人たちを「東部の若き起業精神の精鋭」と適切に描いている。
>
> その何千人もの人々は、出身地である東部の新聞を定期的に読んでいる。そこで、生まれて初めて彼らは、そうした新聞において自分たちが「バカ者」「無政府主義者」と呼ばれているのを知った。『ニューヨーク・サン』編集者ダナは西部人全般に対する罵倒形容詞を死ぬほど使っているのに、その甥で義理の息子たるジョン・K・ダナはこの州のオークスデールから6キロ西にある小麦と家畜農場で静かに活発に生計を立てており、ポピュリスト系の自由銀鋳造支持者なのだ。[11]

金銀複本位制こそが繁栄への唯一の道だという発想は、シルバライトの間で強まっていった。彼らは金本位制がこのまま続けば1890年代の不況は永遠に続くと示唆している。この発想は見当ちがいだ。というのも金本位制は何十年も続いたが不況が永続したりはしなかったからだ。

それでもこの発想は、シルバライトたちにとって名誉に関わる話となり、自分たちが発見した中核的な真実なのに、それをお高くとまった東部のインテリどもが否定するのだ、ということになった。1896年の大統領選で、ウィリアム・マッキンリーはしっかりしたお金こそ全般的《ジェネラル》な繁栄への道だと述べた。

> 1817年、1825年、1837年、1841年、1857年、1873年、1893年、1896年の大金融不況やパニックの歴史を読んで、これが正しいかどうか見てみるといい。しっかりしたお金の勝利と、11月における投票所での保護は、私の判断では不安を払拭し、それによりあらゆる種類の事業を助け、そうなったらあなたの事業も全般的《ジェネラル》な進歩を共有し、全般的《ジェネラル》な繁栄から利益を得るだろう。[12]

意味合いとしては、一般に田舎の無知な農民であるシルバライトたちは歴史を読んでいないというものだ。だがそれでも不況が永遠に続くという発想は彼らの間に広がり、そしてこの発想自体が消費と投資を抑えることで繁栄の足を引っ張った。

一方、金本位制を熱烈に支持する連中はコガネムシと呼ばれるようになった。1874年には珍しかったこの用語は、コブ状の流行曲線のように見えるものを描き、1896年という1890年代大不況のどん底でピークを迎えた。マッキンリーが1896年にウィリアム・ジェニングス・ブライアンを大統領選で破ると、あるジョークがヴァイラルになった。シルバライトがコガネムシにこう尋ねるのだ。「将軍《ジェネラル》を見たか？」すると相手はまちがいなくこう答える。「どの将軍《ジェネラル》？」。答えは「全般的《ジェネラル》な繁栄だよ」と、選挙戦中のマッキンリーのことばに言及するのだ。このジョークは1897年、選挙後1年ほどで立ち消えた。経済が改善の様子を見せ始めると効果を失ったのだ。[13]

ナラティブが1893年銀行取り付け騒ぎを引き起こす

1893～99年のアメリカ不況は、1893年春に一連の銀行取り付け騒ぎが起きたことで、かなり唐突に始まった。預金者は銀行からお金を引き出そうと殺到し、おかげで恐れていた銀行破綻が加速した。でもその取り付け騒ぎの引き金は何だったのだろう？

一つの引き金は、1893年4月17日に始まった噂だった。アメリカの財務省分局が、もはや紙幣への支払いを黄金では行わず、銀しか支払わなくなったので額面の半額くらいにしかならないのだという。これは根も葉もない噂で、唯一あったのは財務省の準備金が減りつつあるというだけだった。新聞は、財務省の準備金が1億ドルを下回ったという事実を、単にそれがきりのいい数字だからというだけで、でかでかと報道した。だが取り付け騒ぎが起きたのは財務省に対してではなく、市中銀行に対してだった。後に『ニューヨーク・タイムズ』金融エディターとなるアレクサンダー・ダナ・ノイスは1898年にこうコメントしている。

> パニックはその性質からして理屈などない。だから１８９３年の金融的な怯えは法定通貨の減価の恐れから生じたものであっても、怯えた銀行預金者が真っ先にやったのは、まさにその法定通貨を銀行から引き出すことだった(14)。

ノイスは、法定通貨に黄金を支払う話とはまったく関係ない市中銀行から預金者がお金を引き出したのは、紙幣が「彼らが習慣的に使う唯一のお金の形態」だったからだと考え、地元銀行からの預金引き出しは、人々がかつての金融災害に関する通俗ナラティブで行っていたことだったからだと考えた。言い換えると、以前に何度も見たり聞いたりした台本を演じていたわけだ。彼らは市中銀行には行った経験があったが、紙幣に対して黄金を要求できる分局には行ったことがなかった(15)。だから１８９３年春の最初のパニックは、銀行破綻物語の高い感染率の結果だったようだ。だがこの話だけでは、１８９３〜99年の長期化した不況の説明としては不十分だ。

１８９０年代の金本位制の記述を読むと、アメリカ人のかなりの部分、特に東部の学歴の高い人々の間には、金本位制へのほとんど宗教的なこだわりが見られる。金本位制支持は、契約は金本位制を前提として書かれたという発想に基づいていた。したがって金本位制を弄ぶというのは契約を反古にするに等しい話になりかねないわけだ。

事業上の重要性に加え、黄金は経済学者が通常は考慮しないような、すさまじい霊的な重要性を持っている。結婚指輪は黄金製だ。「黄金」という単語は欽定版聖書に４１９回登場する。聖人たちの絵では、黄金の後光が頭から放たれている。キリスト教の伝統では、こうした聖人たちはしばしば社会の中で地位が低く侮蔑されていたが、後光が彼らの真価を示すのだ。１８６０年の読者に宛てた詩「だれであれあなたへ」でウォルト・ホイットマンは、読者を一人残らず重視していることを示したがった。

> だが私は無数の頭を描くが、その黄金色の後光を描かぬ頭はない
> 我が手から、あらゆる男女の脳からそれは流れ出て、燦然と放たれ続ける

金本位制を支持するナラティブは、原理に基づく強い象徴的な側面を持つようになった。１８７４年に、銀を貨幣基準から外してアメリカを明確に金本位制にした貨幣鋳造法をめぐる論争の中で、アメリカのネヴァダ州上院議員ジョン・Ｐ・ジョーンズはこう述べた（と『コングレッショナル・グローブ』は記録する）。

> 黄金は商業の表現である。それは文明の最も強力なエージェントだ。国を野蛮から引き上げたのは黄金だ。火薬、蒸気、電気よりも社会をまとめ、産業を奨励してその報酬を確保し、進歩を喚起し、科学芸術を奨励したのだ。[16]

１８７４年の同じ論争で、同じく金と銀を採掘するネヴァダ州のウィリアム・モリス・スチュワート上院議員はこう述べた。

好きなだけ提案をあれこれまとめてくれていいが、本当のところ、結局の話、私はあんたらがどれだけ議論しようと、どれだけ決議を出そうとどうでもいい。そんなので何も変わりはしない。あんたらも、他の人々と同じ結論に達するしかないのだ。黄金が普遍的な価値基準として認知されているのだとね。[17]

こうした主張は政治的な狙いを持つもので、歴史を単純化しすぎている。実際、歴史上のほとんどの期間は金本位制などではなかった。「標準モデル」――一枚の金貨が法貨を表し、補助貨幣が卑金属で作られ、紙幣は政府がそれを無条件で法貨と交換するという意志に基づいて価値を持つ――が最初に登場したのは、18世紀イギリスでのことだ。標準モデルは１８７９年までアメリカでは完全に採用されていなかった。[18] 金本位制についての話題は１８７４年に始まったが、素敵な流行曲線に従って広がっている。

黄金の十字架

金本位制に反対する人々のナラティブは、不公正な格差を強く強調している。１８９５年の著書『アメリカ金権政治』でミルフォード・ライアソン・ハワードはアメリカが二つの階級に分裂していると書いている。金権階級と「国のつらい労働者たち」だ。「史上最大の闘争は、この二つの階級の間で起こっている闘争だ[19]」。彼は金本位制につきまとう道徳的な価値を、労働者から単純に強奪するのを正当化するエスタブリッシュメントの指導者たちによる陰謀が広めたたわごとだと考えた。「これは現代版の追い剥ぎであり、それが法律により支持され、社会と金権的な教会により立派なものとされているのだ[20]」。

物語のこちら側は一部の世界では感染性を持ち、その流行を利用する他の物語群を生み出した。傲慢で強欲な企業経営者が、罪もない人々をだまし操る物語がたくさん生まれた。だがほかにも物語はあった。反対側にあるのは、危険な「ポピュリスト」運動に吸い込まれるバカな大衆の物語だった。当時この運動は民主党と関連づけられていたが、党の伝統的な価値観とは正反対になっている。カリフォルニア光学社のヘンリー・L・デイヴィスは１８９６年にこう語った。

> 下層民どもは有権者のかなり大きな部分を占め、連中が支配権を握る危険がある。我々の希望は、彼らをもっと知的になるよう教育し、見方を変えさせることだ。彼らの成功は安心感を破壊し、落ち着かない世界が続いて、ビジネスは苦しみ続けることになる[21]。

シルバライトどもがバカで、経済的な大惨事が迫っているという発想を強化すべく、ナラティブ群が生じた。台所用品と配管部品の小売り業者ホルブルック・メリル・アンドステットソン社のチャールズ・メリルは１８９６年にこう語った。

> 私はこの話について深く研究した。というのもこれはあらゆる市民に関心のある話だからだ――商人だろうと労働者だろうと。もしブライアンが選ばれて民主党の公約が実施されたら、それはこの国に起こる最も悲惨なことになるであろうと信じる。ビジネスはすで

> にかなりひどいが、民主党が成功したらあっさり潰れ、あらゆる階級の人々がその影響を等しく感じるだろう。もし民主党公約の原理が法制化されたら、私は廃業したほうがマシだ。……内戦よりもひどい。南北戦争で弊社は信用は維持できたが、民主党の公約が実施されたらそうはいかない。[22]

それでも民主党は黄金の力を理解して、それを自分たちのナラティブで使った。１８９６年７月の民主党全国大会におけるウィリアム・ジェニングス・ブライアンの「黄金の十字架」演説は、アメリカで史上最も感動的な政治演説の一つと考えられている。それは金本位制の話とキリスト教の道徳性の話を組み合わせている。今日ですら、この演説の最後の部分は何百万人もが記憶している。

> 商業的な利益と労働者の利益とあらゆる苦闘する大衆の支持を受けて、私たちは連中の金本位制に対する要求にこう答えようではありませんか。おまえたちに労働者の額にこのイバラの冠をおしつけさせはしない。おまえたちに人類を黄金の十字架にはりつけさせたりはしないぞ、と。[23]

ブライアンはこれを語りつつ、腕を左右に広げて十字架にかけられているような身ぶりをし、群集はそれに喝采を浴びせた。反応はこの大会の会場だけでなく全国的にも即座に起こり、時にはヒステリー寸前となって、まるで革命が目前に迫り労働者階級がついに栄えるのだ、とでも言わんばかりだった。

なぜブライアンの最後のくだりはそんなに強力だったのだろうか？　おそらく労働者階級は自分たちの経済的な苦しみを、キリストが強力なローマ人の手で残酷な処刑に苦しんだのと結びつけたのだろう――これはキリスト教会を何世紀にもわたって促進したナラティブの一つだ。

ブライアンはこの言葉を語ったが、書きはしなかった。多くの新聞が後に報告したとおり、アメリカ下院議員サミュエル・W・マッコールが１８９６年1月に述べ、『連邦議会議事録』に採録されているように、イバラの冠と黄金の十字架というほとんど同じ言葉を使っている。ブライアンはマッコールの演説の場にいて、そのくだりに対する観衆の反応を見定めた。彼は偉大なデマゴーグがずっとやってきたこと、つまり観客を観察し、実験して、ヒットするものを探していたのだ。[24]『ニューヨーク・タイムズ』がコメントしたように、

> 暗くだれも探索せぬ議事録のファイルには静謐で最も純粋な宝石がいくらでもあふれている。だがその宝石が採掘され、あるいはバックナンバーと辛抱強く格闘する者たちによりそのくだりが加工され、そして権威のハンコを押して発行されない限り、それは役立たずのままなのである。[25]

セレブであるブライアンがマッコールの思索につけた権威のスタンプこそ、この物語がヴァイラルになるために必要なものだった。マッコールのせりふは、大統領候補が公開の場で言うまでは物語にならなかった。

こうした対立するナラティブの影響は、人々が近未来におけるお金の価値や事業活動について異様に不安になるということだった。1896年に、マネーサプライの大幅な減価と契約破棄が懸念されるときに、契約を締結したりリソースをコミットしたりするのはいやだと述べたビジネスパーソンは多く、アラスカコマーシャル社のルイス・スロスもその一人だった。

> 事業はきわめて鈍く、ほとんど足踏み状態だ。資本投資は尻込みしているし、不安が高まっている。どんなに魅力的な提案だろうと、この不安定なお金の恐怖が消えるまでだれも事業に投資したがらない。この金融基盤の不安と動揺と不確実性から、事業がどれほど苦しんでいるかを示す一例がある。私の親戚でこの会社の一員が、少なくとも5万ドルはかかる見事な家を2軒建てようかと考えた。図面が引かれ、入札も行われて、あとは契約の締結だけとなった。だが予定の建設業者は、アメリカの金融問題が解決する選挙後までは締結も施工もしないと言う。まちがいなく似た事例はたくさんあり、それが取引の流れを停滞させているのだ。[26]

経済学者などのインテリの間では、金銀複本位制への移行は物価水準を倍増させかねないと広く考えられていた。というのも黄金の市場価格から考えて、比率は30対1であるべきだったからだ。クラシカルな経済学者とグレシャムの法則（「悪貨は良貨を駆逐する」）によれば、銀が黄金を駆逐し、アメリカは実質的な銀本位制になってしまう。[27] スロスが言及した住宅に話を戻せば、金銀複本位制は実質的に、5万ドルの家がそれぞれ10万ドルで販売されねばならないということだ。見込み販売価格が10万ドルなら、買い手は５万ドルの契約を結びたがるし、建設業者は10万ドル欲しがる。だが金銀複本位制の政治は不確実で前例がなかったから、予想ははっきりしなかった。買い手と建設業者がなかなか合意できなかったのも無理はない。

『シカゴ・デイリー・トリビューン』の１８９３年記事を見ると、金銀複本位制の影響がどれほど大きくなりそうかわかる。

> もし銀の購入あるいは自由な貨幣鋳造を、16対1や20対1の比率で続けるなら、実質的に黄金は貨幣ではなくなり、それを国から追い出して銀の基準へと沈むことになる。これはあらゆる賃金労働者にとって、賃金購買力の半分近くを失うことになる――あらゆる銀行預金者にとって、預金の価値は半分近く喪失してしまう。自由な銀貨鋳造をこの国で行えば、人民に対して行われる最も巨大な詐欺で窃盗となる。(28)

ではどうしてウィリアム・ジェニングス・ブライアンはそんな「詐欺で窃盗」でアメリカ大統領選出寸前まで行ったのだろうか？　ブライアンの人気はヴァイラルになった一連の人気あるナラティブから生じたものだ。そうしたナラティブは、少なくとも一部の有権者から見ると、金銀複本位制は正当なものだ、あるいはもっと厳密には、黄金と16対１、20対１の金銀複本位制が正当だと裏付けるように思えたのだ。

普通のアメリカ人が、金融システムについて深い理解どころか、浅い理解さえ持っていたと思ってはいけない。１８９０年代にアメリカのほとんどの人は、金銀複本位制と既存の単一金属（つまり黄金）本位制とについて根本的に混乱していた。なぜ混乱したかといえば、金貨も銀貨も大いに流通していたからで、それが同じ価値のものとして普通に受けとられていた。だが金貨の黄金含有量は、金属市場では1ドル銀貨の市場価値の2倍だったのだった。またドル紙幣、つまり銀の受取証も流通していて、そこに「１銀ドル」「保有者に対して支払われる」と書かれていた。これは銀本位制ではないの？

実は、１００銀ドルをアメリカ財務省支局に持ち込めば、いくらでも１００黄金ドルをくれる。そうしないと、黄金ドルと銀ドルの自由兌換制が阻害されるからだ。多くの人が理解しなかった重要な点は、アメリカ財務省は銀という金属と引き換えに黄金ドルは渡さないということだ。もしそれをやっていたら、財務省には大量の銀が持ち込まれてしまう。そしてだれでもこれをいくらでも繰り返せる。市場で銀を買い、それを支局で黄金に換え、その黄金でもっと銀を買い、それを毎日繰り返せば、だれでもやがて大儲けできる。だがアメリカ銀ドルの供給はアメリカ政府が制限していた。

当時、だれも自分が受けとったり使ったりする通貨の種類に注目したりはしなかった。それどころか、ほとんどの人はやりたくても、現金を黄金に換える方法などわからなかった。

だったら、なぜ不安定なお金というナラティブがそんなに強く流通したのか？　なぜ19世紀最後の10年で、金銀複本位制の主張がこれほど強引になったのか？　理由の一つは明らかだ。借金を抱えている人は、16対1の銀で支払えば負担が半分になるという発想がふりかざされたからだ。この発想は彼らにとって、一種の救済に思えただろう。そしてそうした交換の可能性を示唆する物語はすべて、まちがいなく魅力的になる。また金銀複本位制のナラティブがしばしば「１８７３

年の犯罪」、つまり議会が金銀複本位制を終わらせる法律を可決したことに対する復讐として述べられていたことを思い出そう。

これらを合わせると……金銀複本位制は、あまり話のわかっていない人々が理解もできないような形で、通貨の裏付けを一見微妙かつ巧妙に変えるという提案だった。それは今日きわめてわずかな人しか理解できないビットコインの背後の暗号と同じだ。だから金銀複本位制はクールなアイデアだった。あるいは１８９０年の人なら「ぶっといアイデアだ」と言っただろう。加えて、金銀複本位制は、かなりの怒りを引き起こした目に見える不正を正してくれるかもしれなかった。この二つのおかげで金銀複本位制は激しく流行した。

黄色いレンガの道

黄金と銀をめぐるナラティブの特異な流行としては、当時は無名の作家Ｌ・フランク・ボームによる児童書についての社会的流行の登場が好例だ。『オズの魔法使い』は１９００年5月、マッキンリーとブライアンの間の2度目の選挙戦の冒頭で登場し、この選挙戦でも金銀複本位制が争点になっていた。この物語はある種の旅であり、魔法の銀のスリッパを履いたドロシーが、魔女に追われつつ、黄色いレンガの道をたどってオズの魔法使いに会いにゆくのだ。その仲間は犬のトトと、新しい友人三人だ。かかし、ブリキの木こり、ライオンだ。最後にオズの魔法使いは、弱々しい小男で詐欺師でしかないことが暴かれる。

人によってはこの本を寓話として読んだ。黄色いレンガの道は金本位制で、銀のスリッパは銀自由鋳造運動であり、オズの魔法使いはマッキンリー大統領で、臆病ライオンはウィリアム・ジェニングス・ブライアンだ。オズ（Ｏｚ）は、黄金や銀を量る通常の単位であるオンスの略号だ。

この本は批評家には受けなかったが、ベストセラーとなり感染した。１９０２年には舞台で「壮大なミュージカル」になった。１９３９年にジュディ・ガーランド主演で映画『オズの魔法使い』がリリースされると、その成功は壮絶なものになった（映画版では、比較的新しかったカラー映画を十分に活用するため、銀のスリッパをルビー色のスリッパに変えた）。１９７２年にはガーランドの娘、ライザ・ミネリを声に使ったアニメ版『オズへの帰還』で関心が復活した。１９９５年のグレゴリー・マグワイアのベストセラー小説『ウィキッド　誰も知らない、もう一つのオズの物語』はブロードウェイのミュージカル『ウィキッド　オズの魔法使いたち　知られざる物語』となり、これは２００３年以来ずっとブロードウェイで上演され続けており、２０１８年現在ではブロードウェイミュージカルとして最長上演記録第６位となっている。[29]

ほかにも例はあり、２０１３年の映画『オズ　はじまりの戦い』や、２０１９年にレジェンダリーエンターテインメントが製作中のテレビ版オズなどがある。オズの物語群の成功は、１世紀以上前にヴァイラルになった黄金と銀のナラティブの、ほとんどそれとわからない名残なのかもしれない。

金本位制の終わり

米ドルの貴金属価値を引き下げようというブライアンの提案は、１８９０年代にはきわめて感情的な問題だった。それは、経済史研究者バリー・アイケングリーンとピーター・テミンが「金本位制メンタリティ」と、金本位制が表す「道徳と正しさのレトリック」と呼ぶもののせいでもあった。[30]

１９３０年代には、ジョン・メイナード・ケインズのおかげと、失業が危機的な水準だという感覚のおかげでナラティブも変わった。１９３３年11月の『ハートフォード・クーラント』掲載のマーク・サリヴァン論説によると、米ドルが黄金１／20・67オンスから１／35オンスに切り下げられ、兌換が停止されたことで１９３０年代の金本位制をめぐるナラティブが以前のものと変わった理由が説明できる。変化の一部は新しい用語の問題だった。サリヴァンはナポレオンの主任外交官タレイランを引用し「政治家の仕事というのは、古い名前の下では世間に悪い印象を持たれる制度について新しい用語を発明することだ」と述べる。[31] 切り下げ支持者は明らかにこれを理解していた。

１９３０年代になると、「裏付け毀損（debasement）」や「インフレ（inflation）」といったよくない響きの言葉に代わり「切り下げ（devaluation）」という用語が全面的に使われるようになった。切り下げというのは、開明的な政府による建設的な行為を指すものだが、「裏付け毀損」や「インフレ」は道徳的な欠陥を含意する。

他の国は以前から、通貨を金貨に兌換するのを停止しており、アメリカも１９３３～34年に段階的にそれを実施した。ケインズなど有力な経済学者の助言によりイギリスは１９３１年に金本位制を停止した。金本位制の最後は１９７１年にリチャード・ニクソンが変動ドルに切り替えたことでアメリカで生じた。世間は金本位制の終わりを受け入れ、経済的な混乱はほとんどなかった。

確かに金本位制ナラティブは今日では有力ではない。トランプ大統領はそれを支持して見せて世間の反応を探ったが、世間はおおむね無反応だった。だがお金についてのナラティブが持つ魅力はまちがいなく続いている。これは継続中のビットコインの例が明らかに示すとおりだった。将来はお金のナラティブに新しい変化が生じ、それが世間の一部を沸き立たせ、そして将来的な経済の展開に影響するのはまちがいない。

この反復性のナラティブを描く最初の3章では、ナラティブが他人の不安についての不安、顕示的消費への意欲、金融制度に関する信頼に影響するのを見た。次の2章では、人間の技能を陳腐化させる可能性を持ち、人々に生活水準や労働についての根本的な変化を考えさせるようになった、劇的な新技術の発達をめぐる反復的なナラティブを考えよう。

第13章 労働節約機械が多くの職を奪う

水力、風力、馬、蒸気を原動力とする新しい機械や、人間の力をもっと効率的に使う機械の発明が、労働者を置き換えて大量失業を引き起こすという懸念はきわめて長い歴史を持つ。こうした反復的なナラティブは、多少の改変つきで21世紀にも再登場しており、過去と同じく不安を高める重要な問題になりかねない。

本章では、しばしば「労働節約機械」「技術失業」という言葉を使う多くのテクノロジーナラティブの流行と衰退（図13-1）を検討する。1811年のラッダイト運動、1830年のスイング暴動、1873～79年の不況の恐怖、1893～97年の不況、1930～41年の大恐慌だ。

図13-1 「労働節約機械」「技術失業」の書籍への登場頻度（1800〜2008年）

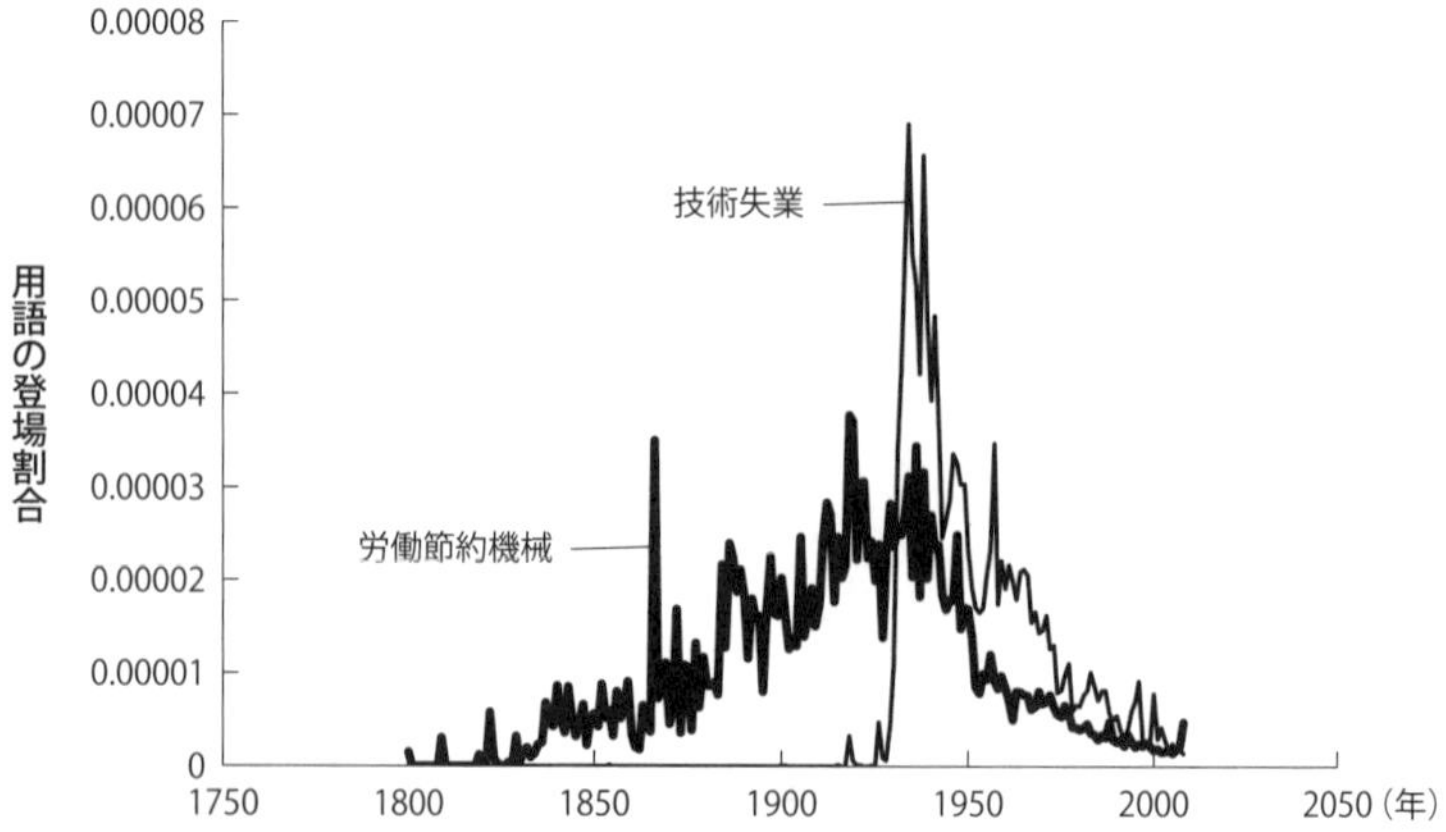

機械に仕事を奪われるというナラティブは長い歴史があり、その変異ごとにちがう流行が生じた。
出所：グーグルNグラム、平準化なし。

古代からスイング暴動まで

自動機械が人間の筋力に取って代わるという話は古代世界にまでさかのぼる。ホメロスが紀元前8世紀に書いた叙事詩『イーリアス』には、御者のいない車両、自力で移動するヘーパイストスの三脚器が描かれている。ホメロスはこの車両を「自動」と述べている。[1] 紀元前350年頃のアリストテレスは、機械が人間に取って代わる可能性を提唱した。

というのもあらゆる装置がダイダロスの石像や、詩人によれば「自力で神々の集会所に入った」というヘーパイストスの三脚器のように自力で仕事をこなせ、他人の意思に従ったりそれを予測したりできるなら、つまりもしそれと同様に、飛び杼《ひ》が自分で布を織り、ピックが竪琴に導く手なしに触れることができるのであれば、職長は召使いを欲しがらず、主人は奴隷を欲しがらなくなるであろう(2)。

ダイダロスの石像は、現代のロボットのように歩いたり走ったりできたとされる。紀元前１世紀のアレクサンドリアのヘロンは、プログラミング可能なヘーパイストスの三脚器を作る方法を書いた『自動機械』を表した。紀元前１世紀頃には、水力石臼が穀物を粉に挽くようになっていた。だから機械が職を奪うという発想は、西暦紀元開始のはるか以前から、失業の恐怖とともに存在していた。

18世紀の新聞を検索すると、技術進歩が経済をどう変えているかについて大いに関心が持たれていたという証拠が得られるが、技術が職に与える影響への懸念はあまりなかった。18世紀の新聞には「産業革命」という用語はまったく登場しない――これは歴史家が後から採用した言葉だ。だが19世紀になると、技術による失業についての懸念が脚光を浴びた。このナラティブは、多くの人が失業した経済不況期には特に流行した。

決定的な出来事は１８１１年にイギリスで、神話的なラッドなる人物を精神的指導者とする集団抗議だった。古いナラティブを更新して１８１１年に大流行させた変異は、布織り職人の仕事を奪う新種の動力紡績機だった。「ラッダイト」という言葉はその後の年月でずっと新聞に登場し続け、現在でも技術進歩に抵抗する人物の同義語となっている。

１８３０年に起きたイギリスのスイング暴動は、新しい脱穀機が広く使われるようになって、畑仕事が失われたことに対する反応だった。暴動者たちの精神的リーダーは、空想上の「キャプテン・スイング」で、ここでも暴動者たちは機械を破壊した。確かに、機械化による農業雇用の減少は広く認識されていた。それは最も機械化が進行しつつあった先進国の人々にとって恐ろしい変化だった。土地に暮らし、土地を耕して暮らすのは古代からの伝統だったのに、いまや労働者は糊口をしのぐのにまったく新しいことをしなければならず、そして新しい仕事をするにはおそらく混雑した都会に引っ越す必要があった。

その恐怖を描くときに、彼らは「技術失業」「コンピュータ」「人工知能」などという言葉は使わなかったが、この現象についての独自の用語、たとえば「労働節約」などの用語を持っていた。たとえば労働節約装置、労働節約デバイス、労働節約発明、労働節約機械、労働節約プロセスなどだ。

1870年代の不況ナラティブ

１８７３～79年の不況は、欧米におけるきわめて強い不況だったが、その中で労働節約の発明が高失業の原因の少なくとも一部ではないかという懸念が人々の意識の中心となって、それがおそらく不況を悪化させた。アメリカでは、この不況は通常は金融投機が１８７３年の銀行パニックを引き起こしたせいだとされているが、労働節約発明による長期的な職の喪失や職の見通し低下は、その不況が世界的に広がる原因になったかもしれない。

１８７０年代の不況は確かに、農民たちによる労働節約機械の採用が加速していて、ますます多くの労働者が機械を破壊し、雇われた作男たちは暴力の脅しをかけていた。[3] 暴力の根底には、一般労働者の見通しをめぐる広範な懸念があった。

この不況の最中に、有名な１８７６年のフィラデルフィアにおけるアメリカ建国１００周年記念博覧会は、アメリカ革命記念よりは労働節約機械の裏付けになっていた。博覧会は確かにジョージ・ワシントンの私物をいくつか展示していたが、歴史についてはその程度だった。むしろそれは、20カ国からの現代産業の見本を展示した。訪問者《ビジターズ》ガイドは、巨大な機械ホールにおける最も劇的な展示について述べる。

> この建物の真ん中には、１４００馬力のコーリスエンジンがあり、これは機械展示すべてを動かすのに必要な駆動シャフトをすべて（必要なら）駆動できるものです。このエンジンは１２０インチのストロークを持つ40インチシリンダーを持ち、この特別な業務のために建造されました。必要に応じて稼働しますが、展示されているエンジンがシャフト駆動作業の一部を受け持つはずです。シャフト駆動の主要ラインは、床から高さ18フィートのところにあり、建物の全長をほぼ縦断しています。カウンターシャフトは通路から脇道へと必要な点で分岐します。[4]

この展示はまた、農業での職に関して警戒すべき理由も掲げていた。

最も広範かつ興味深い展示は、実際に活動する農業機械で、これは農場や農園で使われる、耕作、収穫、出荷準備でのすべてがカバーされています。各種の加工食品や各種の魚、養殖漁業の改良型装置もあります。[5]

実に感動的なものとはいえ、建国１００周年記念博覧会の技術展示は、職や失業が人間にもたらすひどい影響についての恐怖を引き起こした。１８７６年に『フィラデルフィア・インクワイアラー』はこう書く。

> 雇用の渇望は失望、絶望、諦めにつながる。それは救貧院や慈善施設、監獄や刑務所をあふれかえらせる。人類を貶める。家族を崩壊させる。悲惨、犯罪、自殺がその後にやってくる。絞首台の被害者をたっぷり供給する。……今日、一人の人間が、50年前には１００人の仕事だったはずのものをこなす。石炭7トンの蒸気力は、10時間で綿糸3万３０００マイル分を十分作れるが、機械がなければこれは女性7万人の手作業に等しい！　消費は機械生産に追いつけない。市場が商品であふれかえる。[6]

こうした懸念の結果、１８７９年にマサチューセッツ州のジョージ・フリスビー・ホア上院議員は「労働節約プロセスがどこまで製品の生産と流通に入り込んで手作業を置き換えているかについて調査し報告する」委員会を設置した。[7]

だが１８７９年になると、対抗ナラティブがすでに生じていた。労働節約プロセスは雇用を減らすどころか、かえって増やすというのだ。『デイリー・アメリカン』のある論説は、機械が労働に取って代わるという懸念を一蹴してこう書いている。

> 労働節約プロセスの傾向はすべて労働階級の底上げを目指すものであり、もしその変化に多少の苦労が伴うにしても、それは人類の進歩のあらゆる段階で見られるものだ[8]。

この論説は、今日労働者に対して失業の恐れなど必要ないと安心させるための議論と実にそっくりだが、１８７０年代の不況の間に行われた労働節約機械の全体的な議論を見ると、こうした議論があまり説得力を持たなかったらしい。

１８７９年のヘンリー・ジョージのベストセラー『進歩と貧困』はこうした問題に真っ正面から取り組んでいる。この本は、当時のすさまじい技術進歩が格差を作り出し、貧困生活を送る人々の数を増やしていると主張する。

> というのも、もし労働節約機械が完璧になるまで進歩して、富の生産に必要な労働が完全に不要となったら、地球が生み出せるものすべては労働なしに手に入るようになり、改良余地はゼロにまで減ってしまう。賃金はゼロになり、金利はゼロになって、レントがすべてを奪う。地主は労働なしに自然から得られる富のすべてを調達できるから、労働も資本も不要になり、どちらも生産された富の一部でも分かち合うよう説得できる方法はまったくなくなる。そして人口がいかに少なくても、地主以外のだれかが存在し続けられるなら、それは地主の気まぐれやお慈悲のおかげとなるだろう。——彼らは地主の座興か、そ

の施しによる物乞いとして維持されることになってしまう。(9)

当時、「ボタン一押し」という用語が、電気回路を完成させる機械的な駆動を指すものとして普及した。たとえば1879年にニュースは、御者がボタンの一押しで馬に電撃を与えるというフランスでの発明について述べている。この仕組みは、お行儀の悪い馬をしつけるのに使えるのだ。(10)

労働節約発明と1890年代の不況

こうした発明は、失業の恐怖を煽るだけだった。1894年の『ロサンゼルス・タイムズ』社説は、1890年代不況の激しさを、労働節約発明のせいだとした。

> 労働節約機械の導入と、その結果としての生産増は現在の事業の低迷とひとかたならぬ関係があるのはまちがいない。……過去数年にわたり、労働節約機械の発明と採用があまりに大きく、社会はそれにまるで追いつけていないのは確かだ。(11)

この記事は続いて、労働節約発明の最近の例を並べる。

> 帽子製造において、機械は労働生産性を9倍近くにした。明らかに私たちは、以前より9倍も多くの帽子をかぶるわけにはいかない。

改善プロセス採用により、小麦粉生産に必要な労働は80％減少したが、私たちそれぞれはこれ以上の小麦粉は食べられない。[12]

同年に『サンフランシスコ・クロニクル』も労働節約機械についての社説で話に加わった。その論説は「大問題」と題されていた。

金持ちはもっと豊かになり貧乏人はもっと貧しくなった。すさまじい富の成長と並んで、苦闘する労働者のあばら屋はますます荒れ果てた。……そしてこうした懸念の深刻さをさらに強調するなら、この問題をすぐに解決しなければ、現代文明を破壊する大変動がやってくると言っていいだろう。[13]

１８９５年に多層建築のアメリカの厨房に新しいダムウェイター（小荷物用エレベーター）システムが導入された。ダムウェイターには建物の各階に対応するたくさんのボタンがついている。その階の番号を押すと、エレベーターは自動的にその階に上昇してそこで止まり、その階からボタンを押すと元のところに戻る。

１８９７年の『シカゴ・デイリー・トリビューン』への投書「店舗は単に労働節約機械」で、送り手は労働節約イノベーションの一覧に追加している。彼はデパート運動を挙げている。巨大な店舗を建てて、一つ屋根の下で考えられるあらゆるものを売るという動きだ。この運動は、１８３８年のパリのボン・マルシェデパートで始まった。１８９０年代になるとデパートは国際的な流行が加速し、その後数十年にわたり規模は拡大し、派手になり、広告も多くなった。この手紙は、デパートのさらなる拡大は「流通のために雇用されている実に多くの人々を始末してしまい、3分の1の人数でやっていけるようになる」かもしれないと述べる。[14]

シカゴでは、1881年創業のマーシャル・フィールズ社が1887年にシカゴ都心に7階建てのデパートを建てた。そして1893年にはますます華やかな9階建てのデパートを建て、1893年世界コロンビア博覧会（シカゴ万博）という国際展示会に参加するはずの大群衆を迎えようとした。1897年にシカゴの高架路面電車、通称「ループ」が完成し、ますます多くの人々をマーシャル・フィールズにつなぎ、それがこの投書を引き起こす効率的な小売りイノベーションとなったのかもしれない。

1893〜99年の不況で特に驚かされるのは、トラスト、つまり価格を高い水準に吊り上げておこうとする企業の談合だった。1899年のニューヨークにおける談話で、マサチューセッツ州ヘイヴァーヒル市長で元労働組合関係者だったジョン・C・チェイスは「トラストは私に言わせれば労働節約機械だ」と述べている。明らかにこれは、現代のトラストが労働を排除しようとする非人間的な試みの中でそうした機械を採用するということだ。[15]

機械、ロボット、未来の技術失業

労働なしの世界という発想は、『眺めのいい部屋』『インドへの道』『ハワーズ・エンド』といった古典で有名なイギリスの小説家E・M・フォースターではもっと鮮明になっている。フォースターの１９０９年ＳＦ小説「機械が止まる」では、機械がすべてをこなす世界が描かれている。

そして彼女は灯りを生成し、放射光にあふれ電気ボタンだらけの部屋の光景を見てホッとした。ボタンやスイッチがそこら中にある——食べ物を頼むボタン、音楽、衣服を頼むボタン。風呂を沸かすボタンもあり、それを押すだけで（模造）大理石の風呂桶が床からせり上がり、そこに温かい脱臭液体が満たされているのだ。冷水浴ボタンもある。文学を作るボタンもあり、もちろん友人とやりとりを行うための各種ボタンもある。部屋には何もないが、この世界で彼女が気に掛けているあらゆるものとつながっているのだった。[16]

フォースターの小説は、機械が唐突に誤動作して、あまりに機械依存となった世界に死と破壊をもたらすところで終わる。

それから10年強ほどたった１９２０～21年不況の間に、労働節約機械のナラティブは再び変化し、ロボットの発想が生まれた。１９２１年のカレル・チャペックによるチェコの戯曲『ＲＵＲロッサムの万能ロボット』は、チェコ語の「労働者」を意味する単語から取った「ロボット」という言葉を、それまでの労働節約発明やオートマトンに代わるものとして提起した。この戯曲の英訳初演は１９２２年10月のニューヨークでのことで、評判は高かった。芝居としてすぐにヒットしたわけではなく、１９４８年まで映画化はされていない。だがこれはナラティブの流行を生み出した。

戯曲とその発想は、「ロボット」という用語がほとんどの世界言語で採用されるほどヴァイラルになった。この戯曲はロボットを発明した科学者ロッサムと、ロボットの量産を開始して、やがて独自の心を発達させたロボットたちの反乱に直面する実業家ドミンの物語だ。歩き、しゃべって、戦う機械人間という発想は、ボタン式装置の物語より本質的に流行しそうに思えるが、チャペックの最初の物語はごくわずかな人々にしか届かず、したがってロボットの流行はゆっくりしたものだった。その後数十年で絶えず技術イノベーションが喧伝されたために、回復率も低かったのかもしれない。１９２０年代にロボットに言及した新聞はきわめて少なかったが、この用語の利用はその後数十年で増大した。感染性を高めるためには、ロボットの発想はクリエイティブな人々によるさらなる発達を必要としたのかもしれない。

1930年以前：機械が人を置き換えるますます鮮明なナラティブ

自動化された未来の物語はますます鮮明になりつつあったが、そうした物語はまだおおむねかなり遠くの話に思えた。「ロボット」という言葉は１９３０年代まで新聞や本で一般的にはならなかった。ただし劇的な例外はいくつかあった。たとえば交通信号は、１９２９年７月に『ロサンゼルス・タイムズ』が報じたように、マサチューセッツ州メドフォードの交差点で交通整理をしていた警官を置き換えた。

> このロボットは、赤、黄、青色の交通塔という通常の形で構成され、路面に埋め込まれた敏感なプレートの上を通過する自動車自身により自動的に操作されている。交差交通が

> なければ、どの車も待つ必要はない。車両が交差点にやってきて、他に車がいなければ、舗装面からの制御で青信号になる。もし交差点の通行待ちをしている車があって、交差交通が多ければ、通行待ちを許可する信号は、空きが生じ次第青信号を出し、その車が通り終われば、すぐに激しい交通のほうに青信号を出す。ロボットは同じ原理で複数の機械を処理し、最大の交通量の街路がまず空にされたり部分的に空にされたりして、それによりここの複雑な広場のあらゆる部分に滑らかで均等な交通量が使用されるのである。(17)

この段落をほぼ1世紀後の今日読むと、なぜいまだに交差交通のない交差点でしょっちゅう信号待ちをさせられているのか、と不思議に思うかもしれない。たぶんこのロボットには何か問題があったのだろう。その問題には、いまだに安上がりで実用的な解決策がないのだ。だがこの１９２９年の物語は影響を持ち始めていた。

その10年前に、労働節約発明の影響を表す新しい用語が英語に登場した。その用語は「技術失業」だった。この用語は１９１７年に初登場したが、流行が急上昇したのは１９２８年のことだった。グーグルNグラムで見ると、「技術失業」のカウントは１９３０年代に激増して、図３-１のエボラ流行曲線と同じような形をたどる。「技術失業」曲線は、大恐慌のどん底１９３３年にピークを迎える。これと並行して生じた流行が「動力時代」という用語だったが、これはいまやほとんど消えている。動力時代というのは、かつて筋力で行われていた活動が、いまや強力な機械により行われているという認識を指す。

１８７０年代の不況の間、アメリカ労働力の半分は農業に従事しており、その10年の労働節約機械というのは馬に引かれた農業装置のことだった。１８８０年になると、農業で働くアメリカの労働者は5分の1でしかなくなり、ナラティブはむしろ、農民が農場から移転した先の仕事を脅かすものとなっていた新しい燃料動力機械や電子機械が中心だった。（今日では農業労働者はアメリカで2%に満たない）。技術失業は新しくしつこい懸念となった。

技術失業のナラティブ流行が、大恐慌のずっと以前の繁栄期である１９２８年に始まったというのはおもしろい。とはいえ、１９２８年は失業に関する懸念が高まった時期で、これはすべて技術失業だけのせいだとされていて、アメリカ経済の弱さなどという話とは世間的にまったくつながっていなかった。イギリスの元財務大臣でその後また同職に復帰するフィリップ・スノーデンは１９２８年の『ニューヨーク・タイムズ』に、当時技術節約装置の世界的リーダーだったアメリカが、技術失業という独特の問題を抱えていると書いている。

> だが他国が専門特化と人間労働の置換という点でアメリカに追随したがるなら、こうした国々における失業問題は、アメリカにおける既存の失業問題の特徴を抱えることになるであろう。
>
> これはまちがいなく、あらゆる工業国が直面しなければならない大問題だ。つまり、機械と科学の進歩が賃金獲得階級の大衆に対して投げかける現在の苦労を避けることだ。言い換えると、問題は人間がアイアンマンの奴隷とならぬようにすることなのだ。[18]

１９２０年代には「時間と運動研究」で労働者を機械のように扱う「効率性専門家」が取り沙

汰された。こうした専門家の目標は不要な動きをすべて排除し、時間と労働費用を節約することだった。１９２０年代に形成されて１９３０年代の大恐慌でヴァイラルになった他のナラティブ同様、効率性は技術失業と関連づけられていた。

技術失業の懸念についての流行はどのように始まったのだろうか？　１９２８年3月、アメリカ上院議員ロバート・ワグナーは、失業は認識されているよりもずっと高いという信念を述べ、労働省に失業の調査をするよう頼んだ。その次の月になって、労働省はアメリカ政府が公表した初の公式失業率を載せた調査を提出した。

その調査によると、アメリカには失業者１８７万４０３０人と、賃金雇用者２３３４万８６０２人がいると推計していた。つまり失業率は７・４％だ[19]。この高い失業率推計は大いなる繁栄の時期にやってきて、こんな豊かさの中で何がこんなに高い失業を引き起こすのかという疑問をもたらした。

１９２８年4月、つまり1カ月後に、『ボルチモア・サン』は、１９４０年代と50年代に有力な労働経済学者となるサムナー・H・スリクターの理論を参照した記事を掲載した。その記事によると、スリクターは失業にいくつか原因があると指摘したが、「現在では最も深刻なのは技術失業だ」と述べたそうだ。具体的には「この失業がある理由は、労働節約手法を通じて、雇用を作り出すより早く雇用をなくしているからだ[20]」。こうした言葉は、新たな失業統計の公式報告と並んで、技術失業の新時代がやってきたという発想の感染をつくり出し、ラッダイトたちの恐怖は刷新された。それ以前の農業沈滞は、それに伴う労働節約機械の恐怖とともに、その後の工業沈滞のモデルのように見えてきた。

後に1932年著書の題名で「ニューディール」という用語を提唱したスチュアート・チェイスは、1929年5月の株価高騰期に『人間と機械』を刊行した。インフレ補正した実質アメリカ株式市場は、S&P総合指数で見ると、この本の刊行後の5カ月で20%も増大したが、その後悪名高い1929年10月の大暴落を迎える。だがそのバブル期ですら失業増大についての懸念ははっきり見られた。チェイスによれば、私たちは「失業加速の出発点」に近づきつつあるのだという[21]。

> 機械はあらゆるプロセスにおいて労働を節約する。一人が10人に置き換わる。そうした人々のうち一部は、新しい機械の製造と保守に必要となるが、一部は永久に排除されてしまう。……もし購買力が機械化の空前の勢いのために拡大の上限に達したのであれば、結果は失業しかない。言い換えると、これからは生産が上手になれば、それだけ生活がひどくなる。加速要因がまだ到来していなくても、通常の失業の悲惨さは掛け値なしに続く。
> これは癲狂院《てんきょういん》の経済である[22]。

この本は、大災厄の始まりが目前だという感覚を伝えている。「加速する失業は……すでに到来していなくても、いつ到来してもおかしくない[23]」。これは重要だ。手に負えない失業のナラティブは、1929年株式市場崩壊の兆候がまったくない時点ですでにヴァイラルになりつつあったのだ。

1929年10月28～29日のアメリカ株式市場暴落に先立つ前の週の、激しいアメリカ株式市場の下落の間に、全国的に報道された全米ビジネスショーがニューヨークで10月21～26日に開催されていた。場所は多くのウォール街の人々が通勤で通るグランドセントラル駅に隣接する会議場

（現存せず）だった。このショーはオフィス職場におけるロボット技術のすさまじい発達を強調していた。それはこのショーが11月にシカゴに移ったあとでこのように表現された。

> 昨日の全米ビジネスショーでの展示は、未来のビジネスオフィスは工場となり、機械が人間要素に置き換わり、ロボット――機械人間――が主要なオフィス労働者となる。……宛名書き、署名、請求書発行、計算機、キャンセル機、製本機、両替機、書類印刷機、複製器、封筒封印機、開封機、紙折り機、ラベル書き、郵便計量器、給与支払機、分類計数機、転写機など、各種の機械的な驚異があった。……
> あるタイプライター機械は、40カ国語で手紙を打ち出した。巡業営業マンが持ち歩く携帯計算機械も展示されていた。[24]

1930年代：新型ラッダイト主義が広まる

１９２９年株式市場暴落から間もなくの１９３０年には、暴落自体が新技術により可能となった財の余剰のせいだとされることが多かった。

> 1929年の最後の数カ月にクライマックスがやってきたとき、逆転の時期は避けられないものだった。というのも人々は自分の生産した余剰財を買うだけのお金がなかったからだ。[25]

前述のように、ロボットの恐怖は「ロボット」という用語が最初に登場した１９２０年代の大半ではあまり強くなかった。恐怖の大きな波は、１９３０年代を待たねばならない。歴史家エイミー・スー・ビックス（２０００）は、なぜ１９２０年代が恐れ知らずだったかを説明する理論を提示している。１９２０年代に人気を博したようなイノベーションは、職を奪うかどうかはっきりしなかった。新技術を挙げろと言われたら、１９２０年代のほとんどの人は真っ先にT型フォードを思い浮かべたかもしれない。その売上は１９２０年代前半には年間１５０万台にまで膨れ上がっていた。１９２０年代に初めて登場したラジオ局は、情報と娯楽のエキサイティングな新しい形を提供したが、それが多くの既存の仕事を置き換えるかどうかは明白ではなかった。

　ますます多くの家庭に電力が引かれ、電力を必要とする新しいガジェットには多くの可能性があった。１９２０年代の労働組合は、職を奪う機械について警鐘を鳴らそうとした――そして１９２０年代が進むにつれて、そうした警鐘はますます恐ろしげになった――が、世間の反応は鈍かった。労働組合の警鐘が感染しなかったのは、人々が発明に奪われた職の話をあまり聞いたことがなかったからだ。

　ビックスによれば、１９３０年代になると、わくわくする新消費者製品の物語の代わりに、職を奪うイノベーションの話がニュースの中心になった。ダイヤル式電話が交換手に取って代わった。巨大な連続鋼板式スチール工場がスチール労働者に取って代わった。新しい採掘装置が炭坑夫に取って代わった。朝食シリアルの生産者たちは、自動的にシリアルの箱詰めをする機械を買った。電信は自動化された。都市ごとに大量の植字機械が導入され、中央のオペレーター一人で新聞印刷の植字をリモコンで行えるようになった。新機械が溝を掘った。飛行機はロボットの副操縦士を具えた。コンクリートミキサーが新しい道路を敷設しセメントを広げた。トラクターやコンバインが新しい農業革命をつくり出した。トーキー映画は映画館で演奏するオーケストラに取って代わり始めた。そしてもちろん１９３０年代は、アメリカで大量の失業を実際に目撃することになり、失業率は１９３３年に推定25％に達する。

ニワトリと卵のどちらが先かを見極めるのはむずかしい。職を脅かすイノベーションの話はそうしたイノベーションの突出した速度により引き起こされていたのか？　それともそうした物語は、技術失業についての世間の懸念によるイノベーションへのマスコミの関心変化を反映していたのか？　おそらく答えは「どちらもある程度はある」というものだ。

過少消費、過剰生産、賃金の購買力理論

技術失業ナラティブとちがい、労働節約機械ナラティブは、過少消費または過剰生産ナラティブと強く結びついていた。これは、人々は機械が生み出す生産物すべてを消費することなど絶対に無理なので、慢性的な失業がどうしても生じる、というものだ。この理論の起源は１６００年代の重商主義者にさかのぼるが、「過少消費」「過剰生産」の一般的な利用がProQuest News & NewspapersやグーグルＮグラムに登場するのは、１８７０年代の不況の頃だ。ヘンリー・ジョージは１８７０年代の不況期に出た１８７９年の著書『進歩と貧困』で過剰生産理論について述べ、それが「バカげている」と結論づけている。[26]

過剰生産や過少消費の理論が勢いを増したのは１９２０年代のことだった。それは１９２９年10月28〜29日の株式市場大暴落からものの数日で、暴落の解釈の中で登場している。[27]

こうしたナラティブが本当に頂点に達したのは１９３０年代だった。過少消費ナラティブは、他のどの10年と比べても、１９３０年代の登場頻度はProQuest News & Newspapersで5倍以上になっている。このナラティブは、いまや世間的な言説からはほぼ消え去り、いまこの話が登場するのは、主に経済思想史についての論文だけだ。

だがなぜそれが大恐慌の間に世間の想像力をそれほど強く捕らえたのか、なぜこのナラティブ流行が再発しかねないか、そしてその感染を増やすような、適切な変異や環境変化を考えてみる価値はある。今日、過少消費というのは退屈な専門用語に聞こえるが、大恐慌時代にはかなりの感情的な重みが伴っていた。というのもそれは深い不正と集合的な愚行のシンボルだったからだ。当時、それは主に通俗理論であって、学術理論ではなかった。

デフレでは賃金カットが必要になるという明らかな現実にもかかわらず、これに反対する「賃金の購買力理論」も１９３０年代には人気を博した。この理論によると「過剰な競争」が賃金をあまりに不当な水準にまで引き下げたので、労働者たちは製品を消費する余裕がないのだという。だから大恐慌は、あらゆる雇用者に賃上げを強制することで治療できる。経済学者グスタフ・カッセルは１９３５年にこうした発想を「インチキな教え」と呼び、それが「最近になって社会経済の通俗議論だけでなく政治的なアジでも目立ってきた」と述べている。[28]

だが世間はこうしたインチキな教えを捨てようとはしなかった。１９３２年の大統領選で、フランクリン・ローズヴェルトは現職ハーバート・フーヴァーと対戦した。フーヴァーは赤字財政支出で経済を回復させようとしたが失敗していた。ローズヴェルトは、すでに人気のあった過少消費の理論を述べる演説を行った。彼の見事な手口は、それをルイス・キャロルの有名な児童書『不思議の国のアリス』に触発された物語の形で述べたことだった。この本では、聡明で好奇心旺盛なアリスという少女が、ナンセンスと自己矛盾の話を繰り広げる多くの変な生き物に出くわす。ローズヴェルト版のこの話は、対立候補のフーヴァーを、ナンセンスを語るジャバーウォックに置き換えていた。

> 困惑し、いささか懐疑的なアリスは共和党指導層にいくつか簡単な質問をしました。もっと株券や債券を印刷して売り、新しい工場を建てて効率を改善すると、買える以上の財が生産されてしまうんじゃありませんか？　いいや、とジャバーウォックは叫びます。生産すればするほど、もっと買えるようになるんだ。
>
> 余剰を生産したら？　ああ、外国の消費者に売ればいい。
>
> 外国人はどうやって買えるの？　我々がお金を貸してやるのだよ。
>
> もちろん外国人はその返済に、向こうの財を送ってくれるんですね？　いやいや全然ちがうよ、とハンプティ・ダンプティ。私たちはホーレー＝スムート関税の高い壁の上に座っているんだからね。
>
> 外国人はどうやってその借金を返すの？　それは簡単。債務延期というものを聞いたことはあるかね？[29]

ローズヴェルトはこの物語を使って共和党による経済刺激の試みを伴う政策の愚かさを指摘したが、彼の選挙戦は問題をどう解決するのかまったく提案していない。むしろこの「アリス」演説で、彼は投資家保護を導入しようと提案している。またフーヴァー大統領のような過度に楽観的なことは言わないと約束し、株式市場の投機をこれ以上奨励しないとも述べた。１９３２年に選出されたローズヴェルトは、１９３３年に全米産業復興法に署名して、全米復興庁を作り出し、これは公平賃金を強制しようとした。この実験の結果については第17章で論じよう。

一見すると過少消費は大恐慌の高失業を説明するように見えるが、学術経済学者たちは、この理論を真面目に受け入れたことは一度もない。この理論自体が一度もしっかり説明されていないのだ。この理論はしばしば、技術失業に伴うものとして述べられている。過少消費は、アメリカが突然必要以上にモノを作れるようになったから１９３０年代に突然問題になった、というわけだ。だが過少消費の他の説明は、技術のことにまったく触れない。たとえば１９３４年に農業調整庁長官チェスター・C・デイヴィスは、自分の庁が「購買力を大衆に再分配」して、もっと消費できるようにして、過少消費をなくすのだと述べている。なぜ技術失業がいきなりこれほど重要になったと思うかについても説明した。

> なぜ我が国は１５８年たった現在、市場メカニズムを補うこんな仕組みが必要と思えるのだろうか？　歴史を振り返り、ビジネスが大企業に集中し、農民が販売協同組合に集約され、労働が集合的な交渉組合にまとまったのを考えれば答えは得られる。こうしたものが自由市場の領域を減らし、こうした集中を左右する個人の力を高めたのだ。[30]

言い換えるとデイヴィスは事業の集中が技術失業の問題を増幅していると考えたわけだ。

大量失業は深刻な社会問題を引き起こした。たとえばアメリカでは、それはメキシコ出身の労働者１００万人の強制送還（当時は本国復員と呼ばれた）を引き起こした。狙いは「本当の」アメリカ人のために仕事を空けることだった。[31] 世間のナラティブはこの送還を支持し、抗議はほとんど生じなかった。新聞報道は、嬉しそうなメキシコ系アメリカ人が鉄道駅でお別れの手を振り、故郷に帰ってメキシコ国を助けるという写真を掲載している。

ダイヤル式電話もまた、失業とそれに伴う過少消費についてのナラティブで重要な役割を果たした。ダイヤルなしの古い電話だと、話しては受話器をとって交換手につなぎ、すると「番号は？」と尋ねられる。ダイヤル式電話は交換手とのやりとりが不要だが、大恐慌中に発明されたものではなかった。実はダイヤル式電話の最初の特許は１８９２年にさかのぼる。ダイヤルなしの電話からダイヤル式電話への移行は何十年もかかった。

だが大恐慌の間に、電話交換手の職が失われることに注目したナラティブが持ち上がり、ダイヤル式電話への移行は、ダイヤル式電話を採用すると職の破壊に加担することになるのだという道徳的な呵責に邪魔されることになった。たとえばワシントンＤＣのアメリカ上院はダイヤルなしの電話を、大恐慌最初の年である１９３０年にダイヤル式電話に置き換えた。導入の３週間後、カーター・グラス上院議員はそれを撤去して古い電話に置き換える決議を提出した。交換手の仕事が失われると指摘した彼は、新しい電話に対する本気の道徳的な糾弾を述べた。

私はこの議場から上院決議74を満場一致で可決させて、守衛官にこの恐ろしいダイヤル式電話を上院側から撤去させることを求めたい。……私は報酬もなしに電話会社の一従業員に代えられるのに反対する。[32]

この決議は可決され、ダイヤル式電話は撤去された。アメリカが高失業下になければこんな決議が可決したとは考えにくい。この物語は、大恐慌の間の総需要収縮に伴う恐怖の雰囲気を補うのに貢献する感染性の経済ナラティブを後押しした。

ロボット（つまりオートメーション）による職の喪失は大恐慌の説明の大きなものとなり、したがってその大きな原因と見なされるようになった。１９３１年『ロサンゼルス・タイムズ』の記事は、この発想を説明した多くの記事の一つだ。

人が機械に置き換わるたびに消費者が失われる。というのもその人物は消費するものに対する支払いを行う手段を奪われるからだ。雇用されるロボットの数が増えれば、それが生産するものに対する需要は減る。人は支払えないものを消費はできないからだ。

この条件は不可避だ。この純粋に人間的な災厄を解消できる政策的な特効薬はない。[33]

まだ職を失っていない人でも、失う見込みや可能性のために消費を減らす。１９２８年にハーバート・フーヴァーに敗退した大統領候補アル・スミスは１９３１年に『ボストン・グローブ』にこう書いた。

いまや失業の相当部分は直接的に、人力を置き換えるよう意図した機械の使用増大が原因だとわかっている。……その人間心理は単純でありだれにでもわかる。自分の仕事に不安を抱く人物はお金を使わない。むしろ貯め込む。物入りになる日のために貯金しようとする人を責めるのはむずかしい。[34]

世界で最も高名な物理学者アルバート・アインシュタインは大恐慌のどん底の１９３３年にこのナラティブを真に受け、大恐慌は技術進歩の結果だったと述べた。

私の判断によれば、この厳しい経済的沈滞は、ほとんどがまちがいなしに、内的な経済的原因にさかのぼれる。技術発明と組織を通じた生産装置の改善は人間労働の必要性を減らし、それにより労働の一部を経済の回路から排除することになって、それにより消費者の購買力の累進的な減少が引き起こされたのだ。[35]

その頃には、人々は機械人間が特に見あたらなくても労働節約発明を「ロボット」と呼ぶようになっていた。大恐慌開始から1年ほどたった１９３１年初頭の『ロサンゼルス・タイムズ』記事は、ロボットがその時点ですでに「アメリカだけでも手作業労働者８０００万人に相当」するが、男性労働者は４０００万人しかいないと述べている。[36]

単語誕生：テクノクラシー

株式市場下落のどん底となった１９３２年には、アメリカ株式市場は3年もたたずに１９２９年の価値の80％以上を失っていた。どうしても疑問に思えるのは、なぜ人々が市場をそんなに低い水準に評価したか、ということだ。その答えの大きな部分はヴァイラルになったナラティブだ。現代産業はいまや人々が欲しがるよりはるかに多くのモノを生産できるので、不可避の慢性的な余剰が生じる、ということだ。

この新しいナラティブは、一般人を経済から排除する二つの新語と関連づけられるようになった。「テクノクラシー」、つまり技術者が支配する世界と、「テクノクラート」、つまりそうしたいまや強力となった技術者の一人だ。こうした用語は１９３０年代に登場したものではなかった。１９２０年代にもときどき使われて、政府は世界平和を確実にしてくれる科学者により運営されるべきだという理論を指す用語となっていた。

ソースティン・ヴェブレンは「技術者のソヴィエト」に運営される世界を思い描いた『技術者と価格体制』という本を、その前の不況である１９２０〜21年に書いている。だが１９３０年代初頭の失業激増と持続により、この用語は新しい意味を持つようになった。革命的な意図を持つコロンビア大学の集団が「テクノクラシー」を名乗った。ハワード・スコット技師が率いるこの集団は、アメリカ全国の科学者たちで構成されていた。１９３３年になると、スコットは当時の映画スター並みの有名人となった。

テクノクラシー運動は独自の専門用語を作り出し、新種のお金である電気ドルを提案した。ハワード・スコット監修で書かれ、フランク・アークライトというペンネームで出版された１９３３年の本『テクノクラシーＡＢＣ』で解説されているように、電気ドルはエネルギーの単位を表す。アークライトという名前は、職を奪い反機械暴動を１７７９年に引き起こした、水力紡績機の発明者リチャード・アークライトの人生に刺激を受けたものらしい。アークライトの本とその発想はヴァイラルとなった。特に現代科学が間もなく経済を一変させ、いまのお金すら排除してしまうという発想が人気を博した。この物語はビットコインの物語といろいろ似ていて、サトシ・ナカモトと同様にフランク・アークライトというペンネームが使われたところまで同じだ。

『テクノクラシーＡＢＣ』によるとアメリカ経済は10億馬力の容量を設置している。また１馬力は人間10人の労働力に等しく、10人分の労働をその機械にやらせるには、それを１日８時間、２日間にわたり動かすだけでいいという。つまりこの本は、大恐慌の失業増大は、恐ろしく新しい永続状態の発端なのだという発想に裏付けを与えた。ある報告が達した結論は確かに恐ろしいものだった。

> いま我々が直面している状況は、人類史上まったく先例がないものだ。というのも１００年足らず前には、人体が地上でエネルギー変換の最も効率的な機械だったからだ。技術進歩で人間労働に基づく知見はすべてどうでもよくなる。というのも現代機械のエネルギー変換率は人間の何千倍にもなるからだ。１８９０年までエネルギー生産で見た社会的身体の動きは、牛車の歩みにも似たものだった。これに対して１８９０年以来、それは

飛行機の速度に達し、絶えず加速を続けている。[37]

世界がいまや機械を設計運用する技術者のものだという発想は、当然自分が科学者になれると思わない人々——つまりほとんどの人々——にはおっかないものだったので、消費、投資、雇用にためらいが生じ、それが大恐慌を悪化させ引き延ばした。

『ニューヨーク・タイムズ』は１９３３年に、テクノクラシー流行の強さについて驚愕を述べている。

> テクノクラシーの大義が持つセンセーショナルな性質は、ほとんどヒステリーに近い大衆運動を引き起こしている。自分の主張する方向性（きわめて漠然としたものだが）での対策がないと失業者が２年以内に２０００万人に上る、というスコットの予測を読んだ者の多くは、工業と経済システムの崩壊が目前だと考えた。テクノクラシーがもたらした恐怖のおかげで事業契約が滞ることさえあった。[38]

技術失業ナラティブはどうやら、１９３０年代のどこかで人口に飽和したらしい。その後、この発想への言及は「技術失業」という言葉を使う必要はなかった。みんなその概念を理解していたからだ。たとえば１９３６年の長い『ニューヨーク・タイムズ』記事は、長期失業が人間のやる気や家族関係に与える悲劇的な影響を嘆いていたが、失業者たちが「年齢よりも新発明の機械により力を奪われた」と述べたのだという以外に失業の理論にまったく言及していない。[39]

ナラティブが第二次世界大戦に向かう

技術失業ナラティブは（グーグルNグラムによれば）１９３５年以降は衰えたが、完全に消えはしなかった。むしろ第二次世界大戦直前まで多少の影響を及ぼし続けたが、その頃には戦争に関する新しいナラティブ群が感染力を持ち始めた。

多くの歴史家は、ナチ党とアドルフ・ヒトラーが１９３３年選挙で権力を握ったのは、ドイツにおける大量失業のせいだと述べる。だが今日めったに言及されないのは、ナチ党高官たちが同年、ドイツで人を機械で置き換えるのを違法にすると公約したことだ。[40]

チャーリー・チャップリンの１９３６年映画『モダン・タイムス』は、実に強力でいまだに集合的な記憶に残るナラティブとなっている。この映画には、ある企業で労働者の昼食時間を効率化するため、ロボットの手が従業員に昼飯を食わせるという爆笑ものの場面が登場する。[41]チャーリー・チャップリンが昼食を食わされるときに、機械が誤動作してすさまじい速度となり、それが大混乱を引き起こす。この物語が労働節約機械に関する懸念の大きかった時期に感染性を持ったのは偶然ではない。

第二次世界大戦中のニュースでロボットへの言及を探してみると、いくつか例が出てくる。戦争の初期にイェール大学の科学者クラーク・ハルが、いつかロボット兵の軍団を開発するための研究をしていた。[42]だがその試みの説明はずいぶん遠くの話で現実離れしているように聞こえた。戦争の後期にナチスが使った「ロボット爆弾」「ロボット飛行機」は成功しなかったと報道された。[43]むしろニュースは、本物の人間兵による偉大なヒロイズムのナラティブだらけだった。

再びヴァイラルになるためには、労働節約機械のナラティブは第二次世界大戦後に新しいひねりが必要だった。そのひねりは、人間知性と究極的には人間の頭脳に対する新たな評価を強化するように思えるひねりだ。ナラティブは新しい「電子頭脳」——つまりコンピュータに目を向けた。「電子頭脳」という用語は1960年頃を頂点とする見事な流行曲線を描く。これは次章で検討する機械ナラティブ群の典型だ。

第14章 オートメーションと人工知能がほとんどの職を奪う

技術失業が当分の間問題を引き起こすというナラティブは、第二次世界大戦で消えたわけではなかった。それどころか、繰り返し変異してはちがう種類の流行をもたらした。それは図14－1に示したように「オートメーション」と「人工知能」という言葉と関連していることが多い。人工知能についてポスト第二次世界大戦期には少なくとも四つのナラティブがあり、それぞれ１９６０年代、１９８０年代、１９９０年代、２０１０年代にピークを迎えた。本書執筆時点では、２０１０年代の人工知能ナラティブはさらなる高みを目指しているように見える（訳注：図14－1の推移を見ると人工知能のピークは１９８０年代と２０００年代、２０１０年代としか見えず、書かれているのは「オートメーション」のピークのように思える）。

毎回、ナラティブは世界がいまや機械に支配される恐ろしい大きな転回点の端緒についたばか

図14-1　「オートメーション」「人工知能」を含む新聞や雑誌の記事比率（1900〜2019年）

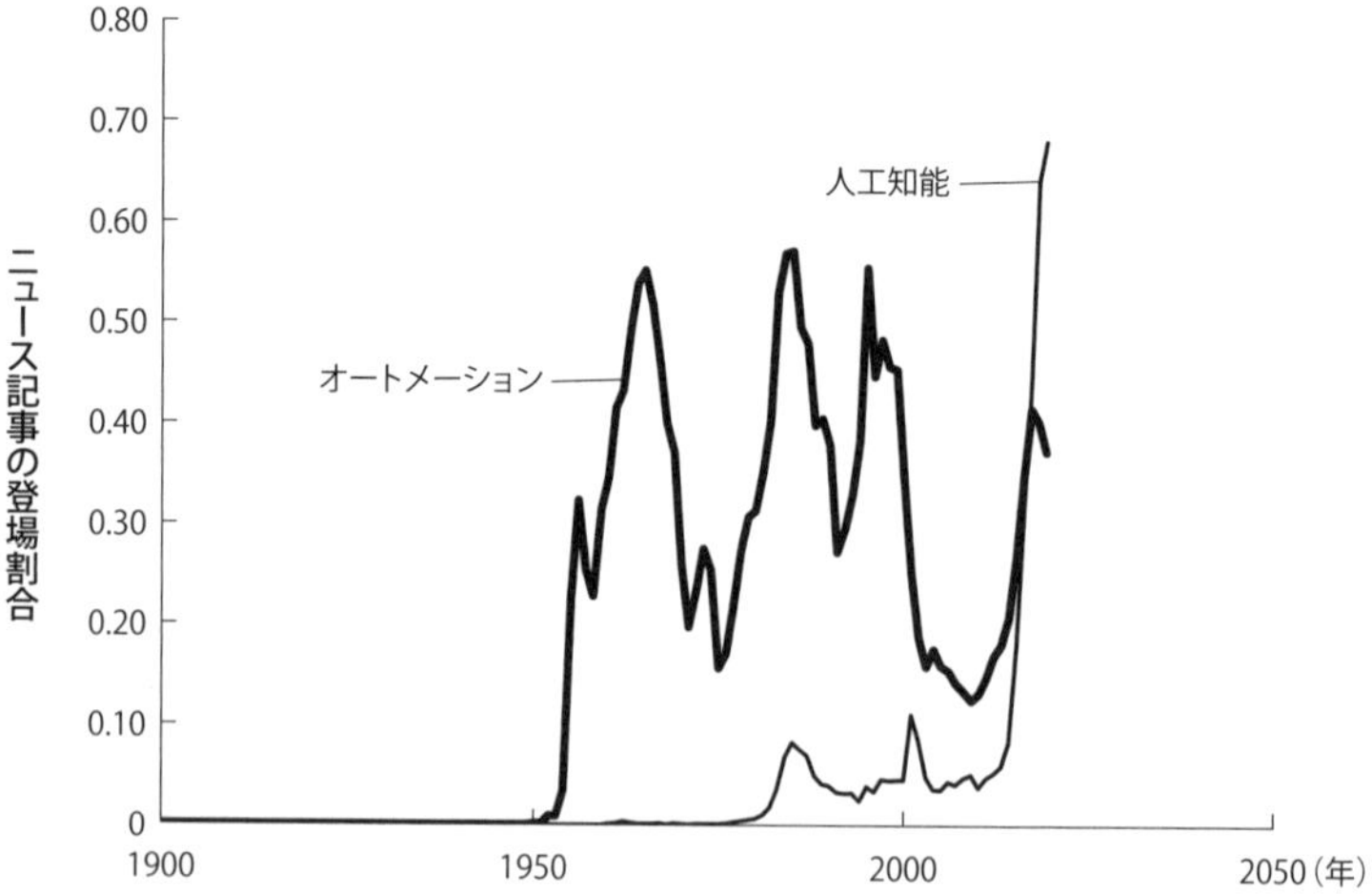

オートメーションと人工知能のナラティブは何度か繰り返され、毎回話は少し変化している。
出所：ProQuest News & Newspapersに基づく筆者の計算。

りなのだと示唆した。ロッサムの普遍ロボット（前章参照）はしゃべれるので人工知能の一種ではあるが、そうした知能がどうやって実現されるかについての話はなかった。ロボットは児童書のしゃべる動物のようなものだった。だがオートメーションと人工知能の話は、そうした発想が新たに具体性を持つにつれて繰り返し流行の度合いを更新していった。

　オートメーションの恐怖はおそらく、迫る不況の恐怖と関連していた。1945年末にエルモ・ローパーが行った『フォーチュン』世論調査は、アメリカ国民にこう尋ねた。

　戦争が終わってから10年以内に広範な不況が起きると思いますか、それともおそらく回避できると思いますか？

結果：不況になる　48・9％

たぶん回避　40・9％

わからない　10・2％[1]

つまりアメリカの人口の半分が第二次世界大戦後に不況を「予想」していた。彼らの回答は、きちんとした予測というよりは、これまで論じてきた大恐慌とポスト第一次世界大戦のナラティブの記憶がいまだに鮮明だったのを反映したものだろう。

ありがたいことに、こうした期待はまちがっていた。不況は再発しなかった。はい、確かに不況再発の宿命論的な恐怖はあったが、最近の不況の怒りに満ちたナラティブは、ポスト第一次世界大戦の不当利益に関する怒りのナラティブも含め、薄れていった。そのナラティブはとにかく再起しなかったのだ。加えて、物価が1913年の水準に下がるべきだという発想はもはや現実的に思えなかった。第二次世界大戦の終わりはまた、技術失業への関心を一時的に減らす気晴らしとなった。代わりに第二次世界大戦後の経済ナラティブ群は、戦争が終わったからいまやもっとお金を使ってもいいのだと示唆するようになった（不当利益と低物価の期待については第17章で詳しく論じる）。

そうしたナラティブの一部は、アメリカ人が戦争直後に取っていた多くの高価な休暇に関する物語であり、それが大恐慌の倹約ナラティブを相殺した。「アメリカ史上最大の旅行増加」が生じており、終戦後1年目の1946年は「戦勝休暇年」と呼ばれた[2]。戦争が終わる数年前ですら、西半球の旅行代理店や休暇リゾートは、消費者が戦争債で貯め込んだ富の一部を消費する方法として、戦勝休暇の豪華旅行プロモーションを開始していた。

１９４６年に休暇が実際に起きると、休暇旅行者たちはそれをしっかり新しいレディマウント（35ミリカラースライド）に記録し、そうしたスライドを昨年のクリスマスプレゼントであるスライド投影機とセットになった新しいケースに保存した。[3] また消費者は家庭映画カメラ（これは第一次世界大戦後の数年後までほとんど手に入らなかった）を使って立派な旅行記を作った。そうした休暇や新生児（というのは１９４６年生まれの私のことだ）のスライドや映画は、故郷の友人や親戚に示され、幸福な時代の感覚と、大盤振る舞いの共有体験についての愛国的な感覚を広めることになった。

人々はまた、自分の新たな楽観論が、他人の楽観論を見てさらに強化されるのを感じた。最初に１９４６年に認識されたベビーブームは、第一次世界大戦末とは大きなちがいだった。第一次世界大戦後には、ベビーブームどころか恐ろしいインフルエンザ大流行が起きたのだ。１９４８年以降の新しい楽観物語は、自己成就的予言となった。この用語は１９４８年にロバート・Ｋ・マートンが提唱したものだ。１９５０年の新聞記事はこう主張する。

> 今年末に発達したような楽観的なコンセンサスの下では、予測そのものが活動の活性化促進の効果を持つ。[4]

だが考えるべき疑問は次のとおり。なぜ第二次世界大戦末の１９４５年には、これほど多くの人が戦後の不況を予想したのだろうか？　そしてなぜ１９５０年代と１９６０年代の間歇的《かんけってき》な不況が、全体としての楽観論を邪魔したのだろうか？　その答えの相当部分は、戦後期にも間歇的な力を持っていた大恐慌ナラティブにあるはずだ。つまり、同じ技術失業ナラティブが形を変えてやってきたのだ。

オートメーション不況ナラティブ

１９２９年に登場した、労働節約機械の「発端」という同じナラティブが20世紀後半も遅くなってから再登場したが、形は変わっていた。

アインシュタインが１９１５年に発表した、一般相対性理論の後で「シンギュラリティ（特異点）」という用語が使われはじめた。この用語は、方程式の一部の項が無限大になる状況を指すもので、後にブラックホールと呼ばれるようになる天文学現象、「時空間の特異点」を表す用語だった。だが後にこの華々しい「シンギュラリティ」という言葉は、機械がついにあらゆる面で人間より賢くなる時点として定義されるようになった。

こうした経済ナラティブにおける変異は、筋肉が電気機械に置き換わるという問題から、脳が人工知能に置き換わるという問題に関心を移した。基本的な技術失業ナラティブは同じだが、事例はもっと広い視野を持つ。最初は巨大蒸気機関や電気設備が人間の筋力を節約した。変異後のナラティブは、コンピュータが人間の思考に取って代わる話に注目した。この変異がナラティブを刷新した。

「オートメーション」という用語が「労働節約」とちがうのは、「オートメーション」はだれも生産プロセス近くにはおらず、遠い制御室に技師が一人いてプロセスの開始ボタンを押すだけ、というイメージを示唆することだ。オートメーションは当時、１９５０年代から単なる機械ではなく「機械を動かす機械」として描かれた[5]。それはだれも見張りさえせずに自動的に動くプロセスを示唆した。

１９５５年頃、「オートメーション」という言葉はいきなり大流行した。職が奪われるという世間的な不安はかなり高まった。特に電子データ処理が事業運営すべてをこなすようになった。新しいナラティブは、１９２０年代、１９３０年代の技術失業ナラティブよりも、生産における人間の関与をまるごと置き換えるというものだった。１９５６年には初の「オートメーションストライキ……押しボタン時代の恐怖に触発されたもの」が生じた[6]。オートメーションの想像を絶する飛躍についての物語が語られた。以下は１９５６年の記事からだ。

> 東部の製造工場への訪問者は最近、稼働する新種の工場を見て驚愕した。彼らの目の前で、巨大な鋼板がベルトコンベアに入っていった。そしてその鋼板はベルトコンベア27マイルを進み、その間に2613台の機械や工具により加工され、新品の冷蔵庫として登場した――梱包、箱詰めもすんで、出荷の準備万端で。
>
> 訪問者たちを驚かせたのは、輝く白い冷蔵庫2台が毎分製造される間に、機械にも鋼板にも人間がまったく手を触れなかったということだった。
>
> 彼らはオートメーションの稼働を目にしていたのだ[7]。

オートメーションはまた、これまで労働者の権利のために立ち上がってきた労働組合の終わりを予告するものと見られていた。労組が機械をオルグするのは不可能だったからだ。(8)

労働者の調査は、１９５７～58年と１９６０～61年の双子の不景気頃にいきなり変化を遂げる。世論アナリストのサミュエル・ルベルは、選挙結果の予測を当てるので有名だったが、この二つの不景気にはさまれた経済停滞期１９５９年にこう書いている。

> １９５８年に世間が不景気をどう思っているかアンケートを行ったときには、オートメーションについて言及する人はあまりいなかったし、失業の原因とさえされなかった。現在では、インタビューの三人か四人に一人は個人的体験に基づき、機械に職を奪われた労働者の事例を挙げる傾向が強い。
> しばしばこうした物語の結末は悲しげなコメントで「一部の人は決して自分の仕事を取り返せないだろう」というものだ。なかには「これは発端にすぎない」と言う人もいる。同じく陰気な予言「2年後には機械が私の仕事をやっているだろう」というのが、スタッテン・アイランドのエレベーター係、クリーブランドの会計士、ヤングスタウンの交換手、デトロイトの鉄道事務員からも聞かれた。(9)

この双子の不景気は大恐慌以来最も厳しいもので、オートメーションの恐怖の中で将来に不安を抱いた世間が消費を減らしたせいで生じたのかもしれない。１９５７～58年の不景気は当時「オートメーション不況」と呼ばれた。[10]

伝説的な俳優キャサリン・ヘプバーンとスペンサー・トレイシー主演の１９５７年映画『デスク・セット』[11]はエメラックというＩＢＭ大型コンピュータを買おうとしている会社が舞台だ。ヘプバーンが演じるバニー・ワトソンは、同社のきわめて知識豊富な資料室の司書だ。トレイシー演じるリチャード・サムナーはコンピュータ技師で、新しいコンピュータの計画を練っている。映画の中でリチャードはバニーと恋に落ち、自分の仕事が彼女の職を破壊するという緊張関係の中で彼女にプロポーズする。映画によると、すでに前のコンピュータが給与支払いを自動化し、給与部門の多くの仕事をなくしたという。映画のなかでは、エメラックが誤動作して、バニーをクビにするだけでなく、全社のあらゆる従業員に解雇通知を送りつけることで緊張が高まる。このまちがいは後に訂正される。

映画の中では、コンピュータは会社の資料室の機能の一部を置き換えている。コンソールでタイプした質問に答えるのだ。たとえばエメラックに「地球の総重量は?」と尋ねると、エメラックは「人間を含めますか、除外しますか」と答える（私は最近、音声駆動式のグーグルアシスタント、ＯＫグーグルに同じ質問をしてみたが、あっさり教えてくれた。5.972×10^{24}kgだ）。そしてバニーはエメラックに尋ねる。「バニー・ワトソンはリチャード・サムナーと結婚すべきか?」。エメラックは「ノー」と答える。これはコンピュータが自分の創造主に惚れていたことを示唆するものかもしれない（ＯＫグーグルに同じ質問をしたら、２０１１年『ニューヨーカー』の記事「iPadは新しいエメラックか?」を紹介してくれた）。

オートメーションの危険性についての広範な懸念は１９６０年代にも続いた。１９６２年に民主制度研究センターは、サイバネーション（オートメーションの同義語として一時流行りかけたが1960年代以後は立ち消えた用語）についての報告書を出した。その報告書はこう結論している。

> サイバネーションは、これまで私たちが伝統的に格闘してきたものとはまったくちがう、実に広範な変化を社会にもたらすものなので、私たちの暮らし方の持続性に関する現在の見方を根幹まで揺さぶることだろう。もし民主主義制度が少しでも生き残れるとすれば、サイバネーションの影響についてずっと深い理解が必要となる。[12]

1963年に労組指導者ジョージ・ミーニーは、週35時間労働の要求をオートメーションに関する懸念と結びつけた。1964年にアメリカ大統領リンドン・ジョンソンは、技術、オートメーション、経済進歩に関する全米委員会創設の法律を選挙戦中に施行した。この委員会の報告書[13]は、この恐怖がほぼ消え去った1966年まで遅れた。

1957〜66年オートメーションの恐怖は、かなり急速に消え去ったようで、しかも長いこと再発しなかった。1965年に『ウォール・ストリート・ジャーナル』は、アルフレッド・L・マラーブル・ジュニアによる「オートメーションの警鐘の誤りが明らかに」という記事を載せた。この記事は、1965年の人々がオートメーションのことをあっさり忘れてしまったようだと述べる。マラーブルは、1965年の大規模な自動車労働組合の集会でオートメーションがまったく言及されなかったのを面白がっている。この記事はこう結論している。「この悲観論が労働組合、大学、政府、そして有力な労働評議会に蔓延した規模は、控えめにいっても壮絶なものだった[14]」。

『スター・ウォーズ』物語

オートメーションの恐怖は１９８０年代に鳴り物入りで復活した。すでにナラティブは形を変えて再起するのを見てきた。時には新しいナラティブは新語を伴うが、時には古い用語が復活する。図14-1は１９８０年代初頭に「オートメーション」という用語がすさまじい跳ね上がり方を見せているのを示している。１９２０年代に考案された「ロボット」という用語も、１９８０年代初頭にすさまじい跳ね上がり方を示している。考えられる説明の一つは、ロボット物語の感染性が、アタリ社とアップル社というホームコンピュータ製造企業の大成功に後押しされ、人々が技術進歩は加速していると思うようになったことで高まったというものだ。

ロボットストアと呼ばれる会社が、１９８３年に人型ロボットの製造販売を開始している。こうしたロボットは人間型で、同社社長は2年以内にアメリカ世帯の10～20%がロボットを所有するようになると予想している。[15] 実際のところ、そうした装置はほぼ使い物にならず、この製品は大失敗に終わった。

この１９８０年頃に観察される「ロボット」という言葉の跳ね上がり方と整合する形で、この時期にはきわめて成功したロボット映画が次々に登場するのがわかる。これは感染が時代とともに変わり、新しいヴァイラルな物語を伴うのを示している。ジョージ・ルーカスの『スター・ウォーズ』３部作は、１９７７年から１９８３年にかけて登場したシリーズ物の３本の映画で、世界の（これまで）最も有名なロボットR2-D2とC-3POを登場させている。アメリカのテレビ漫画シリーズ『戦え！　超ロボット生命体トランスフォーマー』は、自動車や兵器に変身できる能力を持つ巨大ロボットの冒険を描いたもので、1984年から1987年まで放映された。このシリーズはどちらも、子ども用のおもちゃフィギュアの大量販売が伴った。『ブレードランナー』（1982）と『ターミネーター』（1984）も当時の成功したロボット映画だ。

　もちろんロボットが映画に登場したのは1970年代よりずっと前からのことだし、それは今日も続いている。実は映画のロボットは、チェコの戯曲作家チャペックが「ロボット」という単語を提案して、それが1922年にヴァイラルになり始める以前から登場している。おもしろいことに映画のロボット（またはオートマトン）は「ダミー」（たとえば『ザ・ダミー』（1917））や機械人間（たとえば『ルオモ・メカニコ』（1921））などだ。1922年以降も多くのロボットが映画に登場した。特筆すべきはフリッツ・ラングの1927年映画『メトロポリス』のフトゥラだ。この映画はロボットをマシーネン・メンシュまたは機械人間と呼んでいた。

　だがロボットが登場する映画のほとんどはB級ホラー映画で、主題も荒唐無稽で子どもじみており、世間の思考に大した影響を与えなかった、宇宙人が世界を破壊する映画と似たり寄ったりだった[16]。こうしたおおむねばかばかしい映画は、自動化された未来に対する恐怖に感情的な彩りを与える以上には経済活動に大した影響をもたらさなかっただろう（訳注：揚げ足取りではあるが映画『メトロポリス』のロボットはマリア。フトゥラという名前は原作小説だけ）。

　成功したロボット映画の新たな波が、1957～64年のオートメーションの恐怖に先立ってやってきた。当時の映画に登場するロボットは、『ロボット・モンスター』（1953）のロー・マン、『偉大なるトボー』（1954）のTobor（ロボットを逆から綴ったもの）、『火星から来たデビルガール』（1954）のチャニ、『標的地球』（1954）の金星ロボット、『禁断の惑星』（1956）のロビー・ザ・ロボット、『クロノス　宇宙の破壊者』（1957）のクロノス、『ニューヨークの怪人』（1957）のコロッサス、『地球防衛軍』（1957）のモゲラなどがある。

　オートメーションのナラティブの大いに変異したバージョンが、1980年と1981～82年の双子の不況で復活した。このとき失業率は2桁に達した。失業のおかげで、またもやオートメーションが失業の原因ではという考えが力を得た。このアイデアは、総需要減少へとつながり、さらなる高失業をもたらしたはずだ。1982年に『ニューヨーク・タイムズ』のアンドリュー・ポラックは、いまや明らかに目につくようになったオフィスオートメーションの先駆けである「新オートメーション」を描き出した。

> いまのところオフィスオートメーションに影響を受けた人々は、主に秘書――いまだに不足している――などの事務職で、タイプライターを電子ワープロで置き換え、ファイルキャビネットをコンピュータ化した保存システムで置き換えることで作業を高速化できる。だが新オフィスオートメーションシステムは、経営にも影響しつつある。経営者は会社のコンピュータから情報を呼び出して、それを自分で分析できるようになるからだ。こうした機能はかつて部下と中間管理職の集団を必要としたものだ。[17]

　またもや、人類がこれまで労働節約機械で培ってきた体験すべてが無駄になるシンギュラリティに到達し、いまや大量失業者が生み出されつつあるというナラティブがヴァイラルになった。ポラック曰く「今回はどこに逃げればいいのか見えない」(18)。このヴァイラルなナラティブこそが、1980年代の双子の不況があれほど深刻だった本当の理由かもしれない。

図14-1が示すように、1995年頃に「オートメーション」という用語の三つ目の山が生じている。ここでも、労働節約機械をめぐるこれまでの体験がすべて陳腐化する、シンギュラリティが目前だというナラティブが湧き起こった。1995年のインターネットブームの発端には、コンピュータネットワークの未来をめぐるナラティブがあった。

　ほとんどの経済学者は、オートメーションの悪い作用は一時的なものだと考えているが、増えつつあるその一部と多くのテクノロジストたちは、現在の技術変化の勃興はこれまで見たどんなものともちがうと考えている。その理由は二つある。

　まず、トラクターが失業させたのは農民だけだし、工作機械オートメーションは工場労働者しか失業させなかったが、スマートデバイスやコンピュータネットワークは、計算、通信、単純な推論に基づく仕事すべてを侵食できる。住宅ローンの申請書を埋めてチェックし、電話を転送し、ウシが人間の手伝いなしにマイクロ制御された搾乳装置で自力で乳搾りするようにさえできる。

　これほど変幻自在で、物理的制約に縛られず、銀行、電力会社、保険、電気通信といった無関係の産業の巨大な一部を削除してしまえる能力を持った技術は前代未聞だ。

　第二に、マイクロプロセッサやソフトで動くデバイスやネットワークの力は空前の勢いで増しており、およそ18カ月で性能が倍増している。このトレンドは何より、マイクロチップに基づく技術の費用が空前の低下を示すということであり、それがずっと広く急速に使えるようになる。[19]

この１９９５年頃のオートメーションの恐怖ナラティブにおける新しいひねりは、即座に不景気を引き起こすことはなかった。ほとんどの人はこのせいで支出を抑えようとはしなかったし、世界経済は大好況となった。１９９０年代の支配的なナラティブは、来る新たな千年紀《ミレニアム》がもたらすすばらしい事業機会にばかり注目していた。オートメーションのナラティブは再び２０００年に下火となった。ドットコムバブル、不動産バブル、２００７〜09年の世界金融危機に気を取られたせいだ。だがオートメーションのナラティブはいまだに消えてはおらず、新しいキャッチフレーズで述べられているだけだ。

株式市場のドットコムバブルまたはミレニアムバブル

インターネットは、世間に提供されたのは１９９４年あたりからだったが、コンピュータの驚異的な力をめぐるナラティブを生み出した。世紀の変わり目以前は、インターネット時代は２０００年の新千年紀到来と同時にやってくるように思われ、それが目前の未来の出来事だったときには大いに喧伝された。２０００年までの数年で主に恩恵を受けたのはドットコム株だった。１９７４年から２０００年に至る市場拡大で、株価は20倍以上になった。[20] この時期はアメリカ史上最大の株式市場拡大を見せ、拡大についての記述はまさにそれを示唆している（この物語はいまや、2007～09年世界金融危機後のわずか3倍の拡大をめぐるナラティブに置き換わり、忘れられつつある。この新しいナラティブのほうが現時点では感染力が高いのだ）。

20世紀最終四半期における株式市場拡大の議論は、ドットコム株を買う動機として機械に職を奪われるという恐怖を強調しなかった。なぜか？　人々は、技術進歩に直面したときの己の個人的な不甲斐なさの感覚よりも、情報時代の発明への投資がもたらす機会について話しがちだった。だがそうした感覚は、ハイテク企業の株主としてドットコム現象の一部になろうとする人々の動機を後押ししたらしい。

2007～09年世界金融危機後にシンギュラリティの恐怖が強まる

グーグルトレンドによると、オートメーション／技術に基づく恐怖の最新の波は2016年頃に始まり、執筆時点でもまだ衰えることなく続いている。

このオートメーションに対する最近の恐怖の盛り上がりをどう説明しようか？　この疑問に答えるには、自動音声認識と自然言語理解を使って、尋ねた質問に答える（少なくとも答えようと努力する）iPhoneのアプリ、アップル社のSiriの登場を考えねばならない[21]。多くの人にとって、しゃべり、理解し、情報を提供するというSiriの能力は、機械が人間と同じくらい、あるいは人間以上に賢くなる、待望のシンギュラリティの到来に思えた。同年、ＩＢＭはしゃべるコンピュータのワトソンを、テレビのクイズ番組『ジェパディ！』に登場させ、ワトソンは相手の人間チャンピオンたちを破った。そしてこれに続き、アマゾンエコーのアレクサ、グーグルのＯＫグーグルや、アリババの天猫精霊、霊隆（Ling Long）の叮咚（Ding Dong）、ヤンデックスのアリスといった変種や改良版が登場した。こうした発明は驚異的だった。『スター・ウォーズ』『戦え！　超ロボット生命体トランスフォーマー』『宇宙家族ジェットソン』が予言した時代がやっと到来したように思えた。

　アップル社はSiriを開発企業であるＳＲＩ（スタンフォード研究所）インターナショナルから買い、このＳＲＩはアメリカ国防高等研究計画局（ＤＡＲＰＡ）からの政府資金で２００３〜08年にこれを開発した。こうした初期の製品はヴァイラルにはならなかった。人々が突然ポケットに話しかけられるデバイスを持ち、それをほとんど信じられない崇拝者たちに見せびらかしたのは、２０１１年という年のことだったのだ。Siriと間もなく追随した競合は、人間の会話をなくすというプロセスを開始したように思えた。人間よりSiriと話すほうがいいという場面も想像できる。Siriの情報のほうがずっと包括的で信頼できるからだ。人間が最終的には置き換わりかねないという発想は恐ろしいもので、その結果として人間の集合的な自尊心が失われるのも想像に難くない。

　その同時期に、他の発明もまた世間の大きな関心を集めはじめた。特に自動運転車は、安全についての多少の懸念はあれ、多くの職を奪うと予測されている。自動運転車を実際に見た人はほとんどいないが、みんなそのプロトタイプが高速道路を走っているのは知っていた。こうした自動運転車はすでに、プログラミング不可能と思っていたことを行える。たとえば、道路の近くで子どもが走り回っていたら速度を落とす、といったことだ。人間の常識は自動運転車では信号の一覧に還元できる。これはつまり人間の常識は置き換えられるということだ。

　最近の話題は機械学習が中心だ。ここではコンピュータは、人間の知能を使ってプログラミングしなくても、自分で学習できるよう設計されている。グーグルトレンドの検索で、「機械学習」のウェブ検索を見ると、２０１２年から急上昇が見られ、２００４年から２０１９年にかけてグーグル検索インデックスは4倍以上になっている。このナラティブは最近の話題に動かされている。きわめて成功したチェスのコンピュータプログラム、アルファゼロは、機械学習だけを通じて機能しているとされる――つまりチェスをどう遊ぶかという人間のアイデアはまったく使っていない。このナラティブは、チェスのルールだけしか教わっていないまったく白紙状態のプログラムが自分自身と大量のチェス対戦を行い、自分のまちがいから学習するのだと語る。[22] ある意味で、機械学習ナラティブは、人間が生成するプログラムを走らせるコンピュータよりもっと困ったものだ。

歴史学者ユヴァル・ノア・ハラリは、このナラティブが自分自身が「無意味な存在となる恐れの増大」へと人々を向かわせ、「新しい役立たず階級」に転落する不安をもたらす、と述べている。[23] もしこれがかなりの流行へと発展すればこうした実存的な恐怖はまちがいなく経済的な不安をかきたて、経済にも影響しかねない。

仕事（ジョブズ）とスティーブ・ジョブズ

スティーブ・ジョブズの物語は機械化に職を奪われるという恐怖と結びつく驚異的なナラティブだ。彼の物語は、２００７～09年世界金融危機頃に登場した多くの本で語られている。特筆すべきは２０１１年のウォルター・アイザックソンによる『スティーブ・ジョブズ』で、これは発売後１週間で37万９０００冊売れ、[24]『ニューヨーク・タイムズ』ベストセラーでトップを飾り、アマゾンでも６５００件以上のレビューがついて、平均得点は星４・５個だ。アイザックソンは天才

（たとえばアルバート・アインシュタイン、ベンジャミン・フランクリン、イーロン・マスクなど）の伝記が専門だが、ジョブズについての本がずばぬけて成功している。

興味深いことに、スティーブ・ジョブズのナラティブはジョブズという、だれもロボットにはプログラミングできないようなクセのある本物の人間が、アップル・コンピュータ社にまったく不可欠だったように見せている。したがってジョブズ自身の物語は、自分がお役御免になりかねないと不安に思う人々に魅力的に映った。彼はアップル社を創業したのに追い出された、というのがその物語だ。というのも面白みのない管理職タイプの連中が、ジョブズの変わったところを容認できなかったから、ということになっている。アップル社が傾き始めたら、呼び戻されて同社に新しい命を吹き込み、今日では世界で最も成功した企業の一つになった。スティーブ・ジョブズのナラティブは、伝統的な社会におさまりきらない人々にとってのファンタジーだ。自意識過剰なのに人生で大して成功していない人々は、自分がジョブズのような存在だと夢見るのだ。

労働節約機械と知的機械をめぐるナラティブの経済的帰結

2世紀にわたる通俗ナラティブを大量にたどり、職を奪う機械というナラティブを見てきた。こうしたナラティブは、人々が消費や投資にお金を出す意欲や、起業活動や投機に参加しようという意欲にまちがいなく影響してきたし、いまも影響し続けている。一時的な不景気や不況が作り出した経済的な苦境は、機械が職を奪った影響だと誤解され、それが悲観的な経済反応をつくり出して自己成就的予言となるのだ。

１８７０年代の不況中に刊行された『進歩と貧困』におけるヘンリー・ジョージの労働節約機械問題に対する解決策――そして同書の決定的な提言――は、土地に単一課税を行って、労働節約発明が地主にもたらす便益を税金で取り上げることだった。ジョージの提案では、新しい機械の唯一無二の狙いは土地を耕すことだとされていた。これは経済が純粋な農業経済なら当てはまるかもしれない。この提案は、大恐慌時代に世論に登場し、ここ数年でもまた復活した、多くの議論を呼んだ「ロボット税」と似ている。ロボットを使う企業がその主張だ。[25]

ジョージは税収の一部を「公益」のために分配しろと提案した。[26] その提案は基本的に、今日実によく語られるユニバーサル・ベーシックインカムの話と同じだ。

> これについてはみんなが平等に分かち合うべきだ――弱き者も強き者も、幼児もヨタヨタの老人も負傷者も足の不自由な人も盲人も元気な人も。[27]

ユニバーサル・ベーシックインカムの再演としては他に、１９４３年の著書『期待していいもの新しい社会契約の示唆』でレディ・ジュリエット・ライス＝ウィリアムスが行ったもの、ロバート・テオバルトが１９６３年の著書『自由人と自由市場』で行ったものがある。支持団体ベーシックインカム・ヨーロッパネットワーク（ＢＩＥＮ）は１９８６年に創設され、後にベーシックインカム・アースネットワークに改称された。多くの人、いやほとんどの人が将来は無職になるというナラティブは、累進所得税と勤労所得税控除の支持を維持するのに有益だったが、それでユニバーサル・ベーシックインカムを採用した国はまだない。

変異する技術／失業ナラティブは、技術失業が生み出した問題が危機的な地点に到達しつつあるという印象が新しいニュースが登場すると、世間を惹きつけるようだ。１９３２年に絶賛されたチャールズ・ホワイティング・ベーカー『繁栄に戻る道』では、なぜ労働節約機械が職を奪うという世間の懸念が**これまでは**（つまり１９３０年代初頭までは）まちがっていたかを説明しようとした。

ベーカーはその目新しさを強調した。「自動機械や経済的な輸送の広範な利用はほんの昨日始まったことにすぎない」。彼は、失業は新しい長期問題であり、決してなくなりはしないと強調する。だからベイカーは、万人のためのユニバーサル・ベーシックインカムのようなものを提案する。

> 私たちは、大量にある財をさばく市場を作る方法がたった一つだけしかないという事実に向き合わねばならない。……ごくわずかな所得しかないアメリカ世帯の95％の購買力を増やそう。彼らはすぐにもっと買い物をする。[28]

近年では、新しい再分配の提案が提出されては議論される中で、この新しい懸念の波の更新がうかがえる。特にグーグルトレンドを見ると、「ユニバーサル・ベーシックインカム」という用語の激増が２０１２年に始まっているのがわかる。ProQuest News & Newspapersも基本的に同じ上昇傾向を見せる。格差への世間の関心は激増し、トップ１％やトップ０・１％の所得シェア増大に大いに関心が向けられた。トマ・ピケティ『21世紀の資本』はこのトレンドを描き、ベストセラーになって激しい論争を引き起こした。「デジタルデバイド」という用語はヴァイラルになったが、これはデジタルコンピュータへのアクセスに関連した格差の一種だ。

労働節約機械と知的機械が人々の生計や仕事にこれから与える影響を予測できる人はだれもいない。だがナラティブ自体が、経済バブルや不景気を増幅する方向に動かす可能性はあるし、公共政策も左右しかねない。人工知能と機械学習が人間の知能を置き換え、熟練技能労働者を無用にするという話に関する執筆時点でのナラティブは、支出と起業パターンに不安定さをもたらす。これを含めた各種経済ナラティブは投機市場、特に不動産市場と株式市場といった投機市場に影響しかねない。これについて次の二つの章で検討しよう。

第15章 不動産バブルとその崩壊

不動産ナラティブ――土地、住宅、場所、家屋の価格の魅惑的なほどの上昇をめぐる物語――は経済ナラティブとして最も有力なものの一つだ。その影響の強力な例は、２００７～09年大不況に先立つ話題で、この大不況は世界中の経済をガタガタにした。２００７～09年大不況は、住宅価格について膨れ上がった発想を伝える物語に後押しされていた。

不動産ナラティブの歴史は長い。古代から産業革命まで、不動産の物語は農場価格をめぐるものだった。現代では、関心は住宅建設に絶好の都心の空地へと移り、それから都心部の実際の住宅に移った。こうした変化は、土地の希少性とその価値をめぐる反復的なナラティブの変異でしかない。

不動産バブルとその崩壊のナラティブは、第10章で扱ったパニックや不安と同じナラティブ群の一部だと思ってしまいがちだ。だが不動産をめぐる不安は、経済の状態に関する不安とはまったくちがう。というのも人々がその両者を別物と見なす傾向が強いからだ。[1] 不動産は個人の資産と思われていて、だから各人とも自分が一家言あるつもりでいるが、経済は無数の力の産物と思われている。だが本章で明らかになるように、不動産もまた社会に左右される資産であり、その価値は人々が自分をご近所や他の人々とどう比較するかに左右されるのだ。

投機と土地バブル

20世紀以前の歴史の大半においては、通俗ナラティブは住宅投機や株式投機よりは、土地投機（農地か、栄えたり栄えそうな都市の空き地）をほめそやした。以下の土地投機家のナラティブは、人間的興味でいっぱいだが、１８４０年に１８３７年からの米国土地バブルがはじけてから書かれたものだ。

> 彼の父親は余計な担保や地役権のついていない立派な農場を遺した。だが投機が活発になり、一瞬で大儲けができるようになると、Dは「他の商売に手を出してもよいな」と思った。そこで畑を売り、草原の荒れ地と、開発予定の都市の角地を買った。そして「黄金のインド」にふさわしい富の夢を見始めた。もう働いたりはできなかった。そんなのは突然、尊厳にもとるものとなった。広大な西部の土地何千エーカーもが入居者や所有者を待ち受けているというのに、耕作だの１００エーカーほどの土地で満足するだのあり得ない。D

はそんなことはせず、手持ち資金の限界まで繰り出した。ついに土地バブルが崩壊した。開発予定の都市は、蓋を開けてみるとただの泥炭地だった。そして草原農場は、果てしない富の源泉とはいえ、労働により生産的なものにしない限り無価値なのだった。[2]

ここには、見もせずに泥炭地を買ってしまう愚かな投機家という繰り返されるナラティブが見られる。このナラティブは１９２０年代フロリダ土地バブルでも復活するが、泥炭地が沼地に代わっている。

1920年代フロリダ土地バブル

20世紀後半になるまで、戸建て住宅を投機対象にするという話はほとんどなかったようだ。ProQuest News & Newspapers検索で「住宅価格（home price）」を調べると、その時期までこの用語が投機的な意味合いで使われることはほぼない。それどころか「home price」という用語は以前の世紀では、外国市場ではない国内市場での価格という意味だ。たとえば「小麦のホームプライス」といった表現になる。住宅価格という意味でのhome priceが登場するときも、通常は金持ちが富を誇示するために家にやたらにお金をかけるが、その家が値上がりしているかどうか気にもしないという話で登場する。たとえば『セントルイス・ポスト・ディスパッチ』の１８８９年記事にはこうある。

ソーヤー上院議員は、ジェファーソン・デイヴィスがワシントンにいたときに住んでいた家に長年住んでいたが、賃貸はやめて、デュポンサークルから目と鼻の先にすばらしいブラウンストーン邸宅を建てた。少なくとも8万ドルの価値があり、ソーヤーの巨額資産はそれを見事な様式に保つことだろう。その周辺にも立派な家がたくさんある。(3)

家の価値についての言及は、それがまるでずっと変わらないかのようだが、上院議員が投機的な投資をしていると匂わせるものはない。

ProQuest News & Newspapersで「エーカーあたり価格」で検索すると、まったくちがうパターンが登場する。この用語は20世紀冒頭にピークを迎えたが、それはこの用語が投機対象としての農地を指すことが多かったからだ。１９２０年代半ばの「フロリダ土地バブル」もたくさんの検索結果がかえってくるが、「住宅価格」という用語はそれらの記事にほとんど登場しない。広く取り沙汰されたこのバブルでは、関連するナラティブとして、自動車の普及でフロリダという土地が、避寒別荘を求める北部人たちにも来やすくなっていることを強調している。自動車の台頭を見ると、すごい勢いで売り切れている美しいはずの敷地は、新居を建てるための空き地だったというのも意外ではない。だが１９２６年になると、フロリダ土地バブルは一大スキャンダルとして広く全米に報道された。新聞は、業者たちが未開発の土地を住宅敷地サイズの区画に分割して、見もせずに北部人に売りつけ、買ったほうは死ぬまでその孤立した家の近くに町ができることもないという記事を掲載した。こうした物語は、そうした原野商法の評判を大きく下げた。

土地は昔から住宅価値のごく一部でしかない。モリス・A・デイヴィスとジョナサン・ヒースコートによる推計では、１９７６〜２００６年で見ると、住宅の総価値のうち土地は平均でたった36％だという。[4] それ以前の住宅価値に土地が占める割合のデータは、固定資産税評価以外にはないようだが、おそらくアメリカ人口がもっと田舎に分布していたときには、この比率はさらに低かっただろう。[5]

　土地を重視したフロリダのナラティブとはちがい、住宅投資は歴史的に、天候と利用を通じて損耗し、絶えず維持管理が必要で、いずれは古びて取り壊されるものと考えられている。なぜ上物のない更地が、少なくともフロリダのバブル期には、投資としてもっとエキサイティングに思えたのかわかる。

　伝統的に、新築住宅価格は建設費がほとんどだと広く思われている。[6] それどころか、かつては住宅価格は建設費とほぼ連動するというのが通説だった。１９５６年全米経済研究所（ＮＢＥＲ）の研究は、１８９０年から１９３４年にかけてのアメリカ住宅価格変動に、建設費では説明のつかない短期変動が見られることを発見したが、こう結論している。

> だが長期的な動きを見ると、建設費指数は減価償却で調整した価格指数に密接に従っている。……長期分析の場合、価格指数の代わりに建設費指数を使っても、誤差はそれほど大きくないはずだ。[7]

　建設費指数は賃金と建材の価格だけを含み、地価は含んでいなかったので、ＮＢＥＲのアナリストたちは住宅投資を減価償却する構造物の保有としか見ておらず、時間がたつにつれて損耗して流行遅れになると考えていた。こんなナラティブでは、住宅バブルなど起こるはずもない。

ニュース、数字、ナラティブの登場

新聞がやがて、読者は混雑した都心部の住宅価格に興味があることを発見した。都心は地価もずっと高いので、住宅価格と地価とのつながりは大きくなる。こうした物語は感染性を持ち、人々は都心からずっと離れた物件も、高価格に至る投機的なトレンドをある程度は共有していると考えるようになった。

感染に貢献した別の要因は、既存住宅についての住宅価格指数の開発だった。ProQuest News & Newspapersで、既存住宅のメジアン価格について初めて言及したのは、１９５７年のＡＰ通信記事が、アメリカの上院住宅小委員会報告について述べたものだった。その委員会の報告では、地価上昇もあって、低所得世帯が住宅市場に手が届かなくなっていると結論づけられていたという。[8] 新聞は全米リアルター協会の既存住宅メジアン価格を公表するようになった。ケース＝シラー住宅価格指数（現在ではＳ＆Ｐ／コアロジック／ケース＝シラー住宅価格指数）は、もともとカール・ケースと私が作ったものだが、１９９１年から登場しはじめた。こうした指数はマスコミが定期的に大きな変動を報道できるようにしたので、住宅価格変動の記事に具体性が出てきた。

住宅価格統計の登場以前は、マスコミが市場の投機的な動きについて定期的に報道するのはむずかしかった。株価指数が１９３０年代に普及するまで、マスコミが株式市場の大きな動きを示すときには、いくつか主要株の１日の株価変動を示すしかなかった。こうした株は、大きな株価変動がある日にはだいたい同じ方向に動くからだ。マスコミは、そうした動きには食いついた。だが住宅価格について普通のニュースで報道するのはそんなに簡単ではない。住宅が１日で転売されることなどない。むしろほとんどの家の販売は、数年あるいは数十年間隔の長期にわたる。月次のメジアン住宅価格変動すらあまりニュースにはならない。というのも月次の変動は、月ごとに売れる住宅がちがうので誤差があまりに大きいからだ。

１９９１年にカール・ケースと私が公開を始めた、リピートセールス指数は新時代の到来を告げるもので、きわめてばらつきのある、しかも販売頻度のとても少ない住宅販売から総住宅価格の月次変化が推測できる。この指数は、シカゴ商品取引所における戸建て住宅の先物市場につながり、これは住宅価格の日次変化を明らかにする可能性すら持っているが、この市場の活動は２００７～09年世界金融危機後にはほとんど干上がってしまった。

株や住宅市場の投機バブル記述でありがちな想定は、投資家が最近成功した投資パフォーマンスをそのまままっすぐ延ばし、価格上昇が続くものと期待して、価格をさらに吊り上げるというものだ。このプロセスは何度も繰り返され、悪循環やフィードバックと呼ばれるものとなる。だがナラティブもまた関係してくる。その時期のナラティブに耳を傾ければ、投資家たちは時に受ける印象とは裏腹に、大して計算高くないように思える。価格上昇は将来の期待よりも、むしろ絶好調とされる資産に注目させ、バブルを煽るような物語やおしゃべりによって動かされているように見える。

住宅への欲情と社会的比較

価格の急上昇期には、それをズバリ何が動かしているのか理解するため、そのときに人々が何を言っているか聞くのが重要だ。2007年の著書『住宅への欲情 アメリカの住宅へのこだわり』で、ダニエル・マクギンは心理的な要因が作用していると考える。この本は2007〜09年世界金融危機の発端、1997〜2006年の記録的なアメリカ住宅価格高騰の中でも最も急激な住宅価格上昇期直後に刊行された。

マクギンが『住宅への欲情』という題名を選んだのは、2007〜09年世界金融危機と不景気直前のバブル市場での会話に見られる感情が、本当の欲情を反映していたと考えるからだ。つまり、地位や、時には権力への欲情であり、それが時には人々を破滅的な行動へと向かわせるのだ。このアメリカ史上の欲情期に、人々はますます高くなる住宅価格の物語や、そこで儲けた人の話を、合理的と言うにはあまりに熱心に信奉し続けた。

マクギンは、ほとんどの経済学者の語彙にはない衝動や動機をいくつか説明する。彼は「ハイファイブ効果」というのを説明する。これは『勝者を応援すると自分も興奮すること」だ。ほとんどの人は、不動産投資で自分が最近成功したのを見ると喜ぶし、自分が安泰で嫉妬深くなければ、友人やご近所が成功するのも喜ぶ。ご近所の勝利を分かち合うのを喜び、お互いに「ハイファイブ」、つまりスポーツ選手が大きな勝利をおさめたときに、明らかな喜びの瞬間の中でお互いにお祝いの身ぶりをかわしたがる。

マクギンはまた「我が家こそ自分の退職年金」効果についても述べている。これは、住宅ははっきりわかる価値貯蔵の方法だから、成功した生活には家が必要なのだ、という物語だ。最近のバブルでのこのナラティブは、「背伸びして」「無理をしてでも」家を買うべきだという格言を匂わせることで住宅価格を煽った。買える中で最大の家を買いなさい、住宅価格がさらに上がったときに、よかったと思えるから、というのだ。マクギンはまた、「窓から覗くのは実に簡単」効果を挙げる。これはインターネットやソーシャルメディアにより、住宅覗き屋たちがご近所やセレブの住宅仕様や価格を根掘り葉掘り調べられるようになったことを指す。マクギン曰く、

> そして多くのご近所では、国の関心を庭のバーベキューでの会話から判断するなら——そういう場では、戦争、死、政治といった話は会話のネタとして危険度が高い——住宅ネタのほうがどんな地政学的紛争よりも安心だと考えている人が多い。[9]

インターネットは今日の住宅市場におけるナラティブに力を与える。人々は当然、他の人が仕事でどれだけ稼いでいるか知りたがるが、インターネットではそんな情報は得られない（公務員以外は）。そして直接尋ねるのも下品とされる。だがマクギンによると、２００６年に開始されたZillowやTruliaといったウェブサイトを使えば、だれの家の値段でもすぐに（無料で）わかってしまう。

社会心理学者レオン・フェスティンガーは人間に普遍的なものとして「社会比較プロセス」を挙げた。[10] どこでも人々はお互いを自分と同じくらいの社会階級の人間と比較し、社会のランクで自

分よりはるかに上の人々や下の人々は無視する。しょっちゅう顔をあわせる成功した集団の一員に見えるように大きな家をほしがる。住宅を選ぶときには、他の人も無理をしているというナラティブを知っているから、自分も無理をする。マクギンの「住まいで人は測られる」効果は、不動産の比較ナラティブの力を裏付ける。２０００年代初頭の住宅バブル絶頂期に、インターネットですぐに調べられるような成功の指標はほかになかった。

持ち家促進の歴史

不動産ナラティブの別の要素として、個別の物件だけでなく、持ち家そのものについての広告プロモーションが歴史的に継続して行われてきた。アメリカでは、こうしたプロモーションは「自分の家を自分で持とう」キャンペーンで始まった。これは１９１４年に不動産業者ヒル・ファーガソンが、全米不動産委員会協会（現在の全米リアルター協会の前身）の指示の下で開始したものだった。自分の家を自分で持とうキャンペーンは、アメリカでそれに先立つ貯蓄貸付組合運動や、さらに以前のイギリスや欧州の住宅金融組合運動と同じく、人々が貯蓄を増やすのを支援しようとする試みだった。

自分の家を自分で持とうキャンペーンは、借金は不名誉で危険で、人は絶対借金すべきではなく、とにかく貯金して即金で家を買えるようにすべきだという広範な思い込みを変えようとするものだった。１９１９年に多くの新聞に掲載された広告で、そのキャンペーンはこう訴えた。

住宅ローンという発想に怯えてはいけません。人によっては、それが恥だと思っています。でも最大級の企業やアメリカ政府だって借金はしているし、あなたも恐れる必要はないのです。[11]

住宅購入は、もっと現代的な概念である「引退のための貯蓄」の一部として提示されていないことに注意しよう。ProQuest News & Newspapers検索によると、１９２０年代までは住宅広告で引退が言及されることはほとんどないに等しく、それが一般的になったのは１９４０年代になってからだ。20世紀の最初期には、人々は引退のための貯蓄など考えたことはなかった。というのも多くの場合、かれらは引退後にあまりお金を使うほど長生きするとは思わなかったからだ。むしろ、貯蓄というのは病気などの不運に対する非常手段として脇に取っておかれるものだった。

貯蓄銀行運動と、自分の家を自分で持とう運動はまあまあ成功した。持ち家率は上がり、今日ですらアメリカなど先進国の低所得者は多少の貯蓄を持っていて、そのほとんどはホームエクイティという形になっている。

次にやってきたのが、１９２２年に女性誌『デリニエーター』編集者マリー・メロニーが開始した、「アメリカの家庭改善」運動だ。不動産グループは、その後も20世紀を通じてずっと、持ち家を支持する広告に出資し続けた。２００７~09年世界金融危機直前まで、全米リアルター協会は「いまこそ家を売買する絶好の時」という用語を含む無数の広告を打った。金融危機の後でも、「持ち家は大事です」という新しいキャンペーンを開始した。

こうしたキャンペーンは、家を持つ人は成功した愛国的な人々が多いと強調した。キャンペーンは愛国的な理想を支持するのに役立っただけでなく、家を買う理由をもっと明確にして、ナラティブを拡大した。

ご近所を感心させたいというのは社会的な関係性の一部だが、そこには心理的な費用が伴う。マーケティングの人々はしばしば、人々が見せびらかしを後ろめたく思うのを克服させる立場にいる。土地を買ったり派手な家を買ったりすれば、そういう後ろめたさはつきまとうかもしれない。大恐慌前には、多くの広告は未開発地を買うのが投資だと述べていた。たとえばある大新聞は1900年から「君主のごとき土地がオレンジウッド」なる広告を載せて、アリゾナ州フェニックス近くの2ヘクタールの土地を売り出し、家を建ててもいいしオレンジの果樹園にしてもいいのだと述べた。広告は、その地域がいかにファッショナブルかという文章だけでなく、最近のオレンジの競売価格も載せていた[12]。こうしたマーケティングに対する苦情に応えて、アメリカの個々の州は1911～33年にかけて「『青空』が何フィートあるという以上の根拠がない投機的なスキーム」販売を禁止する「青空法」をいろいろ可決したのだった[13]。

ポンジ氏と彼のもう一つの手口

1926年に、ポンジ方式（ねずみ講）を発明したとされるチャールズ・ポンジが釈放された（ポンジ方式というのは、早期の投資家に対して後から投資した人々のお金を使って払い戻し、利潤が出るという印象を作ってもっと被害者をおびき寄せるという詐欺的な手口だ）。その後間もなく、ポンジはフロリダの青空法に違反した罪で牢屋に逆戻りしている。フロリダの土地バブルで、彼はフロリダの土地を小さな敷地に分割して投資家に売りつけたが、その土地が水面下の沼地だと明かさなかったのだ。[14] ポンジの名前と、ぼんくら投資家が沼に沈んだ土地を買ったという物語はそのねずみ講手口とともにヴァイラルになり、いまだに有名だが、沼地ナラティブに彼の名前はあまり登場しない。

こうした濫用に対応してアメリカは、小規模投資家に対する土地の小割販売について、法規制を強化した。州法は土地販売を、単なる不動産売買でも証券販売の一種だと定義して、土地取引は証券取引規制の対象になった。さらに土地販売の規制はそうした濫用を防止するために強化された。[15] スキャンダルとそれに伴う規制のため、人々は見込みの将来利用に基づき未開発地を買うのは無責任で不名誉であり、まともな仲介業者が売るならその土地は先に本当に収益を生み出すようになるべきだと考えるようになった。そこで広告は、既存事業への投資や持ち家の売り出しに向かい、これが不動産ナラティブを煽り続けた。

人々が住宅購入を、再建可能で減価償却する上物ではなく土地への投資として考え続ける限り、住宅価格バブルの可能性は残る。同時に、不動産投資は最も単純な投機的投資であり続けた。ほとんどの人はリスクの高い専門的投資に足を突っ込むほど暇ではないが、人生のどこかで家を持つので、投機的投資としての不動産投資について学ぶのにあまり努力は必要ない。

市街地と物語

ナラティブの変化では、住宅価格の激変が一部の都市だけに起こって他の都市は無事、という現象は説明できない。一部の都市に限られる物件価格高騰が、単に供給制約で説明できるという証拠はある。たとえば、建設に使える未開発地は都市によって多少ちがうし、かつては建設用地がたくさんあった都市も、いずれ土地が使い果たされてしまうこともある。

ある都市の人口が増えているときには、その都市が特に魅力的ではなくて、ことさら有利なナラティブがなくても、そこに引っ越したい人は**少しは**いる。たとえば、潜在的な移民は、しばしば貧困国や不安定な国からきた人々で先進国での足がかりを求め、自国への近さとか、目的の都市に自分の言語を話す集団がいるかどうか、といった恣意的な要因で都市を選ぶかもしれない。そこで土地がすぐに買えるなら、新しい家が建てられ、移民たちの住宅需要は価格に大した影響を与えない。だがそうした土地がなければ、そうした移民たちは既存の住宅に他の人より高値をつけねばならず、住宅価格は上がる。

その場合に、都市に住めるのは豊かな買い手だけになる。すでにその都市に住んではいても、そこに特にこだわりがない人々は、家を売ってそのお金を使い、ちがう都市のもっと手の届きやすい家を買うほうがいい。このように、供給制約は高値をもたらし、豊かな人がその都市に残る。[16]

供給制約はまた、都市ごとの住宅価格差やその時間変動の説明にも役立つ。経済学者のアルバート・サイズは人工衛星データを使い、主要アメリカ都市のまわりにどれだけ使える土地があるかという推計を構築した。水面や急斜面（建設適地ではない）に囲まれて広がれない都市は住宅価格が高めだというのが結論だった。[17] またすでに都市に住宅を所有する人々は、それ以上の住宅建設、特に低価格住宅建設を妨害しようとする傾向がある。彼らにはそうする経済的なインセンティブがあるのだ。というのも、住宅供給を制限すれば住宅価格が上がるからだ。こうしたインセンティブの影響は都市ごとにちがう。だがこうした伝統的な経済的説明を超えたところでは、ナラティブの変化が住宅ブームに役割を果たすという証拠もある。

２００７〜09年世界金融危機に至る数年は、一部の国では住宅価格の記録的な上昇が起きた年だった。これは特にアメリカが顕著だ。Ｓ＆Ｐ／コアロジック／ケース＝シラー住宅価格指数によると、アメリカ全国の住宅価格は１９９７年から２００５年にかけて、実質価値で（つまり消費者物価指数で見たインフレ分を除いて）75％も上がったが、主要居住家屋賃料の消費者物価指数は、消費者物価指数に基づくインフレ分を補正しても、８％しか上がっていない。この住宅価格上昇は、住宅サービス需要が満たされないのが原因となるどんな要因をもはるかに上回る。

このアメリカなどの住宅ブームは２００７〜09年世界金融危機の大きな要因だった。住宅価格は暴落し、住宅ローン返済のデフォルトが激増し、住宅ローンの貸し手は深刻な財務危機に陥り、その危機が金融部門の他の分野にも広がって世界に伝搬した。金融危機後の２０１２年になると、アメリカの実質住宅価格は１９９７年よりたった12％しか高くない水準まで下がり、そこからまた新しいブームが始まって２０１９年現在まで続いてはいるが、このブームもまた弱まりつつあり、一部のアメリカ都市では実際に物件価格の下落が見られる。アメリカの実質住宅価格は２０１２年から２０１８年にかけてまた35％上がったが、実質賃料はたった13％しか上がっていない。

物件転がしの台頭

２００７〜09年大恐慌につながる住宅バブルを理解するには、金利や税率、個人所得といったいつもの要因を見るだけではあまり役に立たない。むしろ人々が自分の住宅について、土地への投機的な投資だと考えるような投機ナラティブへのシフトを検討すべきだ――このナラティブを貸し手は歓迎した。

世界金融危機の種は何十年も前に蒔かれていた。「転がし屋（フリッパー）」という単語の新しい意味が、1970年代と1980年代にはアメリカでヴァイラルになった。当時の転がし屋というのは、投機的な投資を買ってそれを「転がす」、つまり買って1年以内に転売し、手早く儲ける目端の利くやり手のことだった。でもこの用語は、今度は別種の住宅ブームの間に人気が出た。マンション改装ブームだ。

当時はインフレがひどかったので、賃貸よりも持ち家のほうが、税制面でずっと有利になった。というのも住宅ローン返済の金利分（インフレのせいでとても高い）は総収入から控除できたが、賃料は控除できなかったからだ。住宅ローンの名目金利が高くなって、一部の人は持ち家が不可能になったが、その他多くの人にとっては、インフレによる住宅価格上昇の期待は高金利を相殺するほどのものだった。[18]

需要に応えるため、開発業者は賃貸アパートを買い、入居者を個別住戸から追い立てて、そのアパートをマンションとして売り出した。そのアパートに何年も住んでいた賃借人の一部は、大いに文句を言った。それをなだめるため、業者は賃借人たちに、改装が終わったら自分のアパートを割引価格で購入する契約を申し出た。その契約は、それを買いたい人々に転売する権利も認めていた。多くの賃借人は自分の契約を投機家たちに「転がし」、その投機家たちもまたその契約を転がした。転がし屋は多くの世間的な注目を集め、多くの人はそうした人々を、商機にめざとい起業家として誉めそやした。

１９９０年代になると、「転がし屋」という用語は新規上場（ＩＰＯ）で株を買い、それをすぐ転売する人々を指すのが一般的になった。人々は転がし屋を賞賛し、ＩＰＯは通常は値づけが過小なのが多いと理解している人々だと述べた。ＩＰＯ直後にその株価が跳ね上がると、転がし屋たちは手軽に儲けられた。ジェイ・リッターによる有名な１９９１年の記事は、ＩＰＯ後の価格急増に続いて、その後数年ではあまり株価上昇は見られない傾向があるので、最適な戦略は最初にＩＰＯで買ってすぐに転売することだと示していた。

ところが２０００年代初頭に、すさまじい住宅価格高騰で、「転がし屋」という用語は住宅を買い、それを大なり小なり改装して、すぐに転売する人々を指すようになった。再びその成功について誉めそやす物語が語られた。ほとんどの人は、実際に家を転がすほどの熱意はなかったが、自分たちが居住用の家を長期投資として買うだけで「長期的な転がし」をやっていると空想したのかもしれない。このように彼らは、投機ナラティブに参加したのだ。

大邸宅と慎み

熱狂的な不動産ナラティブは２００７～09年世界金融危機で止まりはしなかった。２０１２年10月、『ウォール・ストリート・ジャーナル』は新聞に新しい欄を作った。「大邸宅」と呼ばれるこの欄は、[19]『フィナンシャル・タイムズ』の「お金の使い道」という欄を真似たものだったが、「大邸宅」は住宅だけに注目していた。ちなみに２０１２年は、アメリカの住宅価格が２００７～09年世界金融危機後に、再び高騰を始めた年だった。またそれは、警察がついにニューヨーク市ズコッティ公園から、1年前に始まったウォール街占拠運動を撤去した年でもあった。この運動は「私たちは99%」というスローガンに大いに注目を集めていた。これは豪勢な暮らしができない大半の人々を指すもので、そうした人々も重要なのだという公的な主張のスローガンだった。

「大邸宅」欄は、どうも、トップ1%がそういう人々よりずっと重要だとわめいているようだった。それは豪勢な住宅と、そこに住む尊大な人々の豪華な写真を載せて、論調は賞賛を浴びせかけるものだった。だがこの欄はまた、誇示についての懸念と、そうした豪勢さに対する世間の嫌悪についても報じた。たとえば「大邸宅」欄の２０１７年記事「ハイテク社長　目立たぬようにすべきか、豪勢に生きるべきか？」は、どれだけ大きな家を買うべきか決めるときにハイテク企業の社長が直面する悩みを詳細に論じている。この記事は、住宅選択はキャリア最適化戦略における諸力のデリケートなバランス作業の一部なのだと明確に示している。したがって「サンフランシスコのベイエリアの不動産仲介業者は、会社に身を入れず無駄遣いする創業者を投資家たちが敬遠しないかと思って、顧客が派手な家を買いたがらなくなっていると語っている[20]」。

ドナルド・トランプのナラティブと都市投資家

慎みナラティブを相殺しているのがドナルド・トランプナラティブで、これが彼を２０１６年にアメリカ大統領に選出させた。トランプナラティブは、多くの人々が「豪勢」に生きる人々をまったく「敬遠」などしないことを証明した。それどころか、トランプが多くの共著書で開けっぴろげ

図15-1 「住宅バブル」のグーグル検索クエリー（2004〜2019年）

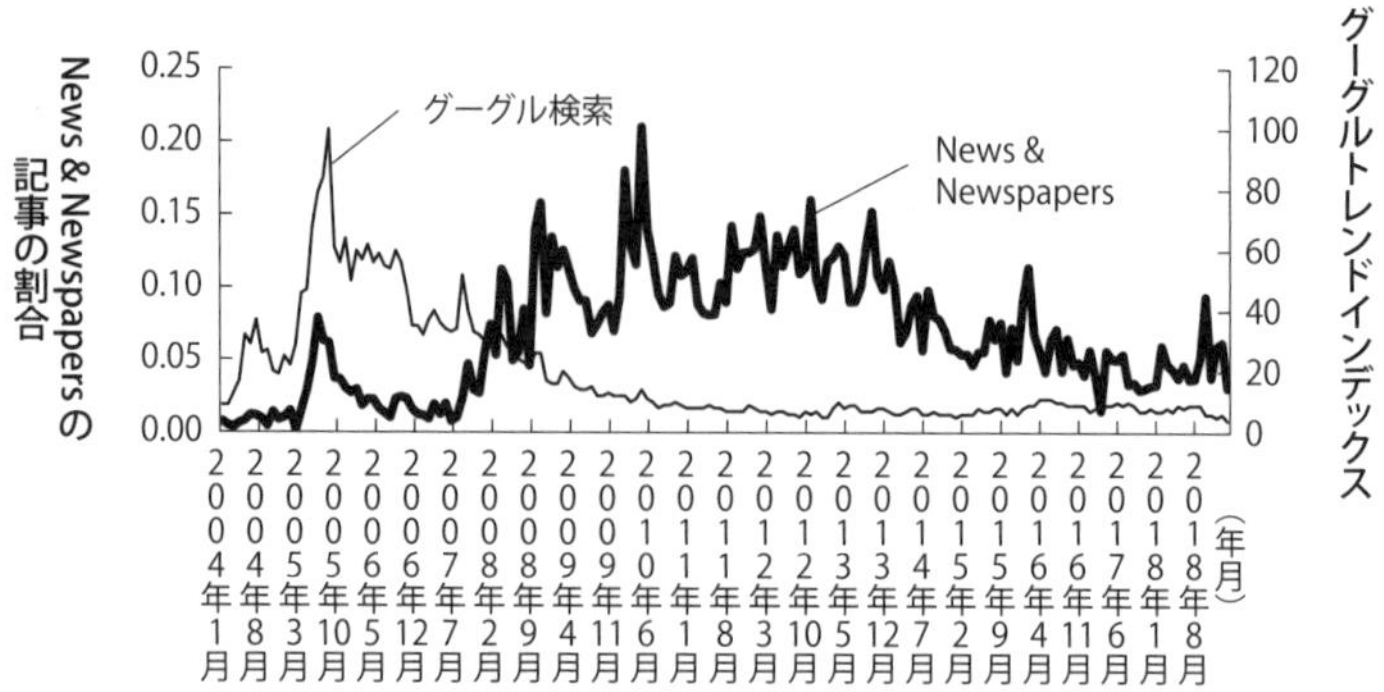

インターネット検索は2007〜09年世界金融危機直前に急増した。マスコミの反応は一部遅れた。
出所：グーグルトレンド。

に述べるように、自分が金持ちだと人々に知らせるほうがいいのだ。ここでは住宅ブームのナラティブが、第11章で述べた顕示的消費ナラティブと共流行している。大量の人々がトランプナラティブに興味を抱いた。そこでは富の誇示はすばらしく、立派なキャリア戦略だという発想を奨励している――これはウォール街占拠運動の理想主義の対極に位置している。トランプナラティブの流行は、2012年以降の住宅価格反転に貢献した。

2005年、2007〜09年の金融危機に先立つ住宅ブームの間に「住宅バブル」のウェブ検索が激増した。図15―1に示したこの曲線は、エボラの流行曲線（図3―1）と似ている。当時何かとても感染性のあることが明らかに起きていたのだ。一部の人はこのブームに便乗し、住宅を転がすだけでなく、そのブームを煽った。不動産投資への熱意は人口の相当部分に感染した。2005年にトランプはトランプ大学というビジネススクールを創設し、「あなたも含め、だれをも成功した不動産投資家に変えてみせよう」と語った。トランプのタイミングは最悪だった。『エコノミスト』は２００５年７月18日に、住宅バブル崩壊の見通しに関する巻頭記事を載せた。[21] トランプ大学は世界金融危機の直後２０１０年に、詐欺と不正の糾弾を受けつつ廃業した。

今日の住宅市場

２００３年以来、私は同僚だった故カール・ケースと、いまはアン・キンセラ・トンプソンと共同で、アメリカの４都市で最近家を買った人々に年次アンケート調査を行っている。この調査はイェール大学経営大学院主催で行われている。そのアンケートの質問の一つは「この物件を買うにあたり、その購入を投資と考えましたか？（１）まったく考えなかった、（２）ある程度は考えた、（３）それが主要な考えだった」。（３）を選んだ人の割合は、２００４年に49％でピークを迎えた。この答えを選んだ人の割合は、世界金融危機直後の２０１０年には32％に下がり、２０１６年になると42％に上がった。

このアンケートはまた、住宅市場に関する全般的な会話の水準についても尋ねている。具体的には「過去数カ月における友人や仲間との会話で、住宅市場の状況についての議論はどのくらいありましたか？（１）しょっちゅうあった、（２）ときどきあった、（３）ほとんどなかった、（４）一度もなかった」。「しょっちゅうあった」と答えた人の割合は、１９９７～２００５年ブームの終わりの２００５年に43％でピークを迎えた。２０１２年になると「しょっちゅうあった」と答えた人の割合は28％で底となり、ブーム期の数字よりはるかに低くなった。考えられる解釈としては、住宅市場ナラティブの感染率が低下したというもので、住宅価格の低下こそが流行の終わりとして見られるということだ。

２００５年春のナラティブはどんなものだっただろうか？　ProQuest検索では、『エコノミスト』などの巻頭記事が登場する前の２００５年の３～５月に「住宅バブル」という用語を含む記事が２４６件出てくる。そうした物語の一つはアラン・グリーンスパンの主張を含んでいる。彼は住宅市場に「多少のあぶく《フロス》」と「根底にある持続不能なパターン」を指摘している。この発言は、１９９６年12月に株式市場について彼が行った「根拠なき熱狂」演説と対比されている。２００５年から２００７年にかけて、「グリーンスパン」「あぶく」の両方を含むニュース記事は１６９本ある。それは華々しく引用しがいのある、経済的セレブの登場する物語だ。それは華やかで引用しがいのあるナラティブ群に貢献し、その中には経済行動を変えて金融危機をもたらす力を持ったナラティブもあった。

次章では、不動産から株式市場に目を移し、株式市場を経済の中心に据えた別の強力なナラティブをたどる。両者のナラティブの間にはいくつか類似性が見られる。それはどちらも投資家にとって、絶好の商機と見られた文脈において感染性を持ち、どちらも投資家の貪欲さと愚行の物語と絡み合っている。

第16章 株式市場バブル

株式市場バブルをめぐるナラティブは、興奮とリスク引き受けの物語であり、証券を売買する比較的豊かな人々の物語だ。第15章で論じた不動産ナラティブと同様に、株式市場バブルをめぐるナラティブは社会的な比較に動かされている。それは心理に動かされており、株価は世間の不安水準に関連しているので、こうしたナラティブは第10章で扱ったパニックと不安のナラティブとも関連している。[1] だが株式市場は経済全体とはちがう。だから株式市場のバブルを作り出して維持するナラティブは、まったく別のナラティブ群を構成し、経路も感染源もちがっている。

ナラティブ誕生

「暴落（クラッシュ）」はすぐさま、1929年10月28日の1日における株式市場下落と、それに伴う1929年10月29日の小さめの下落と結びつけられて考えるようになり、それに続く大恐慌と分かちがたく結びつけられるようになった。「暴落（クラッシュ＝衝突）」は無謀な飲んだくれの運転手やレーシングカーが限界まで攻めているような印象を与えるので、暴落ナラティブは通常、突出した高騰、正気ではない楽観論や、ひょっとして無謀さと不道徳な行動がそれに先立ったという含意も持つ。人間の愚行が株式市場の高騰に表現され、それに続いて恐ろしい株式市場暴落が起こるというナラティブは、今日でもしっかり根付いている。

1920年代の投機の雰囲気は、意外でも何でもないが、ある技術進歩と結びついている。それがトランス・ラックス・ムービー・ティッカー（別名ティッカープロジェクター）だ。1925年に初めてニュースで言及され、その後証券会社、クラブ、バーなどに普及したこのティッカープロジェクターは、株式市場についての世間的な興奮の中で生み出された。

このプロジェクターは、かなりの観衆が見られるほど大きな画面に株式市場の最新の取引を投影した。プロジェクターが投影する情報を見るのは映画を観ているようなものか、あるいは今日の私たちなら、巨大なフラットスクリーンテレビを観ているようなものだった。こうしたティッカーのどれかに群集が集まることもあり、株式市場の物語感染が促進される。1928年AP通信の記述によると、ムービー・ティッカーは「派手な取引」をもたらした。

これは何千人もの投機的な意欲をかきたて、これまで意欲のなかった人もそれを抱くようになった。自分の株が大量取引の中でどんどん値上がりするのを見る興奮は、自分が高額の馬券を買った馬が、コースのホームストレッチで先頭を切って駆け込んでくるのを見る競馬マニアにも似たものがある。[2]

このナラティブのしつこさは、その後数十年、さらには今日まで、世間が国内株価指数に対して示す執着の説明に役立つ。マスコミもそれを絶えず表示する。人々は、株式市場が経済の活力についての根本的な指標だと広く信じている。

「暴落（クラッシュ）」という用語は、１９２９年までは株式市場の運動とはあまり結びつけられていなかったので、この単語の新しい用法は経済についてのちがった見方の別名となった。経済成長が株式市場全体のパフォーマンスに大きく依存するのだ、という見方だ。だから株価指数は予言として受けとられるようになった。「ブームとクラッシュ」というフレーズは19世紀にも聞かれたが、それは大砲発射についての描写とか、嵐の波が岸に打ち寄せる様子とか、リヒャルト・ワーグナーの音楽などについての表現だった。１９２９年の後には、この表現がヴァイラルになり、通常は株式市場について用いられる表現となった。

暴落：投機過剰と絶望とを分ける地点

経済学者たちはいまだに、１９２９年10月28日株式市場大暴落について首を傾げている。この日には、暴落そのもの以外に何か突然重要なニュースはまるで起きていないのだ。同じくらい訳がわからないが、さほど議論されていないのは、それに先立つ１９２０年代大半における、株価の指数関数的な上昇だ。１９２９年という年には最も劇的な株価上昇が見られ、１９２０年12月から１９２９年９月までに株価は５倍増となっていた。１９３２年６月になると、株の市場価値は１９２０年12月の水準以下にまで戻っていた。

１株あたり利益もまた１９２０年代を通じて激増したが、不思議なのはなぜ株式市場がその利益増加に激しく反応したのか、ということだ。株式市場は、そうした利益上昇にはもっと慎重に反応するのが普通だ。利益は毎年ひどく変動するし、１年でゼロになることだってあるのだから。だが株式市場は不調の年が１年あってもゼロには下がらない。そして、絶好調の年が１年あったからといって、それにあわせて株価がすぐに上がることもない。

１９２９年の大暴落は、１日または２日だけの出来事と考えないほうがいい。１９２９年10月28～29日をあわせてもS&P総合指数はたった21％しか下がっていない。これはその後数年での下落のごく一部でしかない。しかも、この下落の半分は翌日の１９２９年10月30日には回復している。全体として見ると、S&P総合指数の終値は、１９２９年９月７日のピークから、底打ちの１９３２年６月１日までのわずか３年未満の期間で86％下がった。１９２９年10月の１日の下落幅が一番話題にのぼるが、ずっと注目すべきなのは、株式市場の不安定ながらも無慈悲な下落が毎日、毎月のように続いたことだ。ビジネスパーソンや政治家たちは、その間に実体経済は堅調だと抗議し続けたのだった。

このナラティブは、その唐突さと激しさの点でことさら強力で、世間の関心はこれまでにないほど強く暴落に向けられた。確かに1929年10月の1日の下落幅は記録的だったし、記録は常にいいニュースの種だ。さらに、この物語のタイミングには、即座の持続的な世間的反応を引き起こすような何かがあった。1930年代の思想史に関する1955年の著書『我らが時代の一部 30年代の廃墟や記念碑』でマレー・ケンプトンはこう書いている。

> そして1930年代の本当の歴史を条件づけた、1929年にアメリカを襲った嵐を再現するのもまたむずかしい。……アメリカンドリームのイメージはほころび、ひび割れていた。その批判者たちがこれほど説得力を持ったことはなかった。[3]

その嵐は、まったく予想外というわけではなかった。1928年の、1929年大暴落の1年前に起きた大統領選の中で、『ニューヨーク・タイムズ』金融編集者ダナ・ノイスはこう書いた。

> 最近アメリカ各地を巡って帰国した、観察眼の鋭いある旅行者は、列車やホテルロビーでの会話は、気乗りしない様子で政治的な選挙戦の話に触れてから、すぐに本当に生き生きと株式市場の話に向かうそうだ。別の人物は、漏れ聞いた女性たちの会話も、遅かれ早

かれお気に入りの株をめぐる議論に飲み込まれてしまうのだという。このようなことは1925年、1920年、そして特に1901年には見られた。……だがある意味で、現状はその他すべてと驚くほどちがっている。これまでのそうした状況ではすべて、正気の投資家たちは、何やらまったく新しい経済力がそれまで受け入れられてきた前例をひっくり返したのかもしれないと考えてか、投機の崩壊を予測するのもためらわれているので沈黙を保った。今回の状況では、まったく正反対に、保守的な意見は公然と強く否定的な見方を述べている。個別投資家の発言の連続や、銀行家の会議などで、この投機的な陶酔が遠からず終わるという予測が公然と行われ、膨れ上がった市場は暴落に向かっていると言われている。[4]

明らかに、投機の証拠は世間に示されており、人々はそれについてニュースでも見たし、列車でも話題にした。たとえば1929年ピークの1年前に、アメリカ株式市場の実際の変動性は比較的低かった。だがそこで含意された変動性、つまり金利や株式市場のマージン融資《ローン》について、最初のマージンとして証券会社が要求するものを考慮した数字はとんでもなく高かった。これはマージン融資を提供する証券会社は株式市場の大幅下落を懸念していたことを示唆している。[5]だから危険の証拠は市場がピークを迎える以前から1929年に存在していたが、それは議論が分かれていて断言はできなかった。株式市場の高い1株あたり利益は、株式市場下落のリスクの高さを予測できるが、危険な嵐がものの数時間でやってくると示す専門的な天気予報とは話がちがう。そういう天気予報での嵐の警報なら、ほとんどの人は耳を傾ける。だが1929年には

図16-1　「株式市場暴落」の書籍（1900〜2008年）とニュース（1900〜2019年）への登場頻度

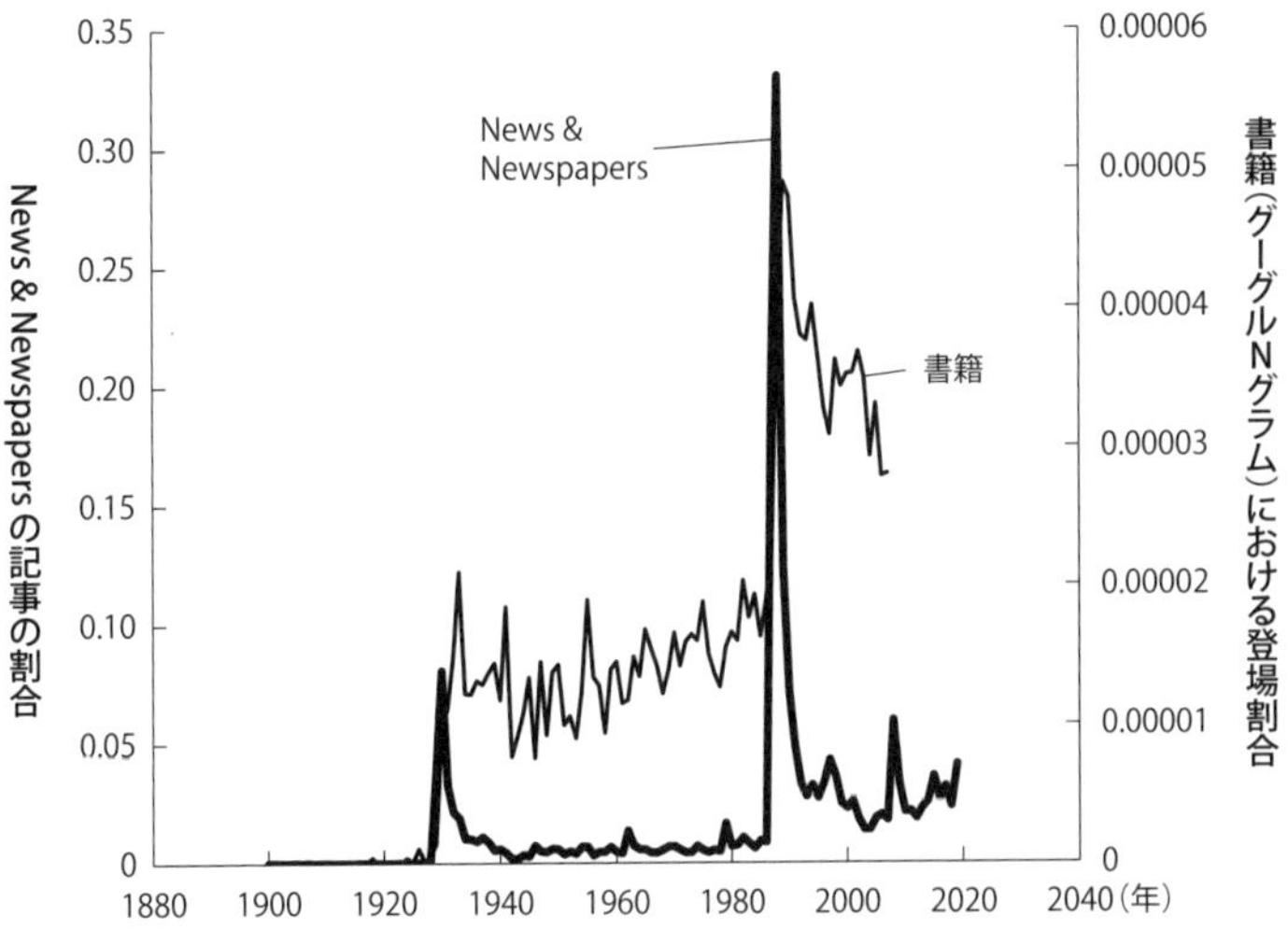

このグラフは、1929年と1987年のニュースできわめて短期の流行を示し、書籍ではずっと長期の遅れた反応が見られる。
出所：グーグルNグラム、平準化なし、およびProQuest News & Newspapersに基づく筆者の計算。

大半の人々が、高い株価利益率の伝える警報に耳を傾けなかった。暴落後に、多くの人はその警告を思い出し、なぜあれを考慮しなかったのかと不思議に思っただろう。

図16-1が示すとおり、株式市場崩壊のナラティブは1929年にすさまじい勢いで跳ね上がったので、今日までそれが続いているほどだ。ただしその登場率は、新聞よりは書籍のほうが多い。「株式市場暴落」は今日でもおおむね1929年についての話だが、その流行は1929年の実際の崩壊の数年前、1926年に弱々しく始まりつつも、あまり真に受けられなかったらしい。新聞では、二つの

高速な流行があって、どちらも1年以内にピークを迎えたので、きわめて強い短期の感染があったわけだ。最初のものは、ダウ・ジョーンズ工業平均株価が1日で記録的な12・8％の下落幅を1929年10月28日に示し、さらに翌日も下落したという話で、大いに流布した話題だ。二つ目のものは1987年10月19日に始まった。これはダウ平均が22・6％の下落（1929年10月28日の下落割合の倍近いが、2日で考えれば少し低い）を見せたときだ。

　1987年の下落を除けば、1929年以来、株価の動きが「暴落」と広く呼ばれたことはない。なぜだろうか？　これまで見たとおり、新聞はやたらに記録を気にする。おそらくは読者がそうだからなのだろう。そして1929年以来、記録的な1日の下落幅は1987年だけだったからだ。伝承によれば、株式市場の流行は、1929年に極度に高い感染を生み出した。また1987年10月19日の日々にも高い感染があったのもわかっている。マスコミと投資家のからむ物語は、1929年暴落の物語を思い浮かばせて、それを増幅したのだ[6]。

　1987年暴落は、フラッシュ式記憶の出来事だったようだ（第7章参照）。突然の爆撃や自動車事故、宣戦布告と同じで、なかなか忘れられないのだ。だが数十年たってしまうと、その物語はもはや活発なナラティブ群に収まらないようなので、いまや大流行はしていない。

1929年自殺ナラティブ

　1929年10月28〜29日の大暴落は別のフラッシュ的な出来事で、これは1987年の出来事よりも強かったかもしれない。1929年のフラッシュ式記憶は、その暴落と関連した死の物語により拡大した部分も大きい。つまり、この物語はビジネスパーソンが自殺した話が大量につきまとったのだった。

そうした自殺が本当に暴落のせいなのか、書き手たちが自殺をビジネス状況のせいにするほうが、読者の反応がいいと学んだせいなのかについては、多少の疑問がある。1955年のベストセラー『大暴落1929』で、ジョン・ケネス・ガルブレイスは、実は暴落後にはそれほど自殺は増えなかったと論じている。[7] だがそうした自殺をめぐるナラティブは本当にたくさんあった。1929年11月だけでも、ProQuest News & Newspapersでそうした自殺に関する記事が28本も出てくる。第6章で論じた、心理学の感情ヒューリスティックという原理は、こうしたナラティブが人々を一時的にあらゆるものに対して怯えやすくすると予測している。[8]

1929年暴落時の死のナラティブは、暴落により財務的に「破滅」させられ、もはや生きる理由もなくなってしまった人々の物語によって強化された。暴落から2カ月後、『ルイビル・クーリエ・ジャーナル』の新聞記事はこう訴えた。

> 拳銃自殺はいけません！
>
> 50歳で自殺する人々の話を読んで私は驚愕する。株式市場はその人たちを破滅させた——でもそれは金銭的にでしかない。
>
> そのお金を稼がせてくれた脳みそはいまだに持っているのではないか？[9]

１９７０年にスタッズ・ターケルは『大恐慌！』を刊行した。これはターケルがこの本のために調査をしていたときに引退年齢に達した人々とのインタビューに基づいている。このインタビュー集は、１９２９年ナラティブが語り手たちの記憶の中で、40年後にどのように変化していたかを明らかにしてくれる。自殺と１９２９年がしょっちゅう登場し、粉飾や明らかな誇張も多い。語り手の一人、アーサー・A・ロバートソンは、ターケルのインタビューを受けたときには大企業の取締役会長だったが、１９２９年には31歳だった。ロバートソン曰く、

> １９２９年10月29日、そう。狂乱状態。わたしに電話をかけてきた友人たちは、20人近くいたはずだ、死に物狂いで。しかしどの場合も、彼らにお金を貸すことに意味はなかった。どうせ仲買人に渡すお金だ。明日の彼らは、昨日よりもっと困窮しているだろう。あっちでもこっちでも自殺、もちろんそれは強烈なショックだよ。知っている人たちだもの。胸が痛んだよ。ある日１００ドルの価格がついているのを見たとすると、次の日には20ドル、15ドルになっているんだ。ウォール街ではみんなゾンビみたいに歩きまわっていた。[10]

画家で彫刻家のクヌド・アンダーセンはこう回想する。

> それまでの仕事を失った衝撃は大きかったが、私には作品制作という逃げ場があった。たくさんの人が煽りを受け、なかには自殺に追い込まれる人もいるという深刻な状況のなか、私は絵を描くことに没頭した。経済的な損失がもたらす痛みは、いつか消えてなくな

る。そう、日蝕のように。だが生まれてはじめてそんな事態に直面した人たちは、そのことを知らずに自分の命を絶った。[11]

1929年にはビジネスパーソンの妻だったジュリア・ワルサーはこう語る。

> 大暴落が起こると、銀行は融資を打ち切り、信用取引による持ち株は回収されました。市場の下落で夫は事態に対処できず、すべてを失いました。まったくの無一文です。夫はいつも笑いながらこう言っていました。「僕がこれまでに見た100万ドルというのは、失ったあの100万ドルが最初で最後だ」。
>
> 20年代のバブル期は非現実的な感じでしたが、大恐慌はあまりにも現実的すぎてかえって非現実的でした。大恐慌には悲惨な側面がありました。窓から身を投げる人がいたくらいですから。[12]

図16-1の流行は、1929年流行よりもはるかに強く見える。1987年流行は、その強みの大半を1929年から得ている。1987年の暴落でも自殺が起きたとされるが、それは長期の記憶を形成したようには見えない。というのも、強いナラティブが起きなかったからで、1987年以降にはそれを強化するような不況も起きなかったからだ。1987年には信用取引でマージン50%の保有が義務づけられていたが、1929年にはそれはなかった。つまりアメリカでは、1929年に比べて1987年に「一掃」されたり「破滅」したりした人はずっと少なかったとい

うことだ。

１９２９年についての道徳ナラティブ

１９２９年ナラティブはどうしてこれほど強くなったのだろうか？　道徳性についての考え方も一役買ったかもしれない。１９２０年代は、経済的な超豊かさにとどまらず、詐欺、利己性、性の解放の時代でもあった。一部の批判者たちは文化のこうした側面を否定的に見ていたが、株式市場暴落まではこの物質的な不道徳性に対する批判論を構築できずにいた。

暴落の次の日曜日、１９２９年11月３日に行われた教会の説教では、暴落について語られ、それが道徳的、精神的な逸脱のせいだとされた。こうした説教は、喧噪の20年代について最後の審判の日めいたナラティブを形成するのに役立った。グーグルＮグラムを見ると「喧噪の20年代」という用語は１９２０年代にはめったに使われなかったことがわかる。この用語はいささか決めつけじみた感じがするが、一般的になったのは１９３０年代になってからで、大恐慌の大きな道徳話が次第に、１９２０年代の過剰と病理的な自信に対する全国的な嫌悪へと変貌してからだ。道徳性の旗振り役は、１９２９年10月28日という１日に起きたことを、天からの稲妻になぞらえた。

マレー・ケンプトンは、１９２９年暴落の日に始まるナラティブを描き、１９２０年代の「神話」と１９３０年代の「神話」に言及している。

> 20年代の神話は、美でも笑いでも、伝統への反旗でも、個人の表現の探索に関わること

だった。そのすべては30年代の神話によって、利己的でふざけていて自己中心的と判断された。当時は、20年代はそんなに単純ではなくその価値はいろいろで、いいものも悪いものもあった、と言うのは不適切に思われた。[13]

だから株式市場の崩壊は自己中心的で自己欺瞞的な１９２０年代と、経済的には不況ながら知的にも道徳的にも優越した１９３０年代とを分けるものと見られた。今日ですら、株式市場の暴落は一種の天罰だというナラティブ的な発想は残っている。

セレブと靴磨き少年のナラティブ

１９２９年大暴落のナラティブにセレブを結びつけた例として、１９２０年代後半の靴磨き少年のナラティブがある。このナラティブでは、偉人、たとえばジョン・D・ロックフェラーやバーナード・バルークやジョセフ・ケネディ（全員がいまでもセレブで、ケネディは後にアメリカ大統領となったジョン・F・ケネディの父親だというだけでも有名だ）が、１９２９年のピーク前に株を処分しようと決断したのは、靴磨き少年が株式市場投資のアドバイスを申し出たからだ、とされる。ジョディ・チャドリーは、この物語の一変種を２０１７年『ビジネス・インサイダー』で書いている。

１９２９年にＪＦＫの父親ジョセフ・ケネディ・シニアはこうしたちょっとしたヒント

を見逃さず、ピークで売り抜けただけでなく、下落に当たっても大量の棚ぼた式の儲けを手にした。

株式市場に投資したほとんどあらゆる人にとってと同じく、ジョセフ・ケネディ・シニアにとっても1920年代は実にすばらしい時代だった。当然だろう。買えるだけの株を買って、それが上がるのを見守ればよかったのだから。

1920年代の喧噪の強気市場で大儲けをしたジョー・ケネディ・シニアは、そろそろ靴を磨こうと考えた。

靴磨きの椅子にすわっている間に、ケネディ・シニアは靴磨き少年がどの株を持つべきかについていくつかアドバイスを贈ってくれたのに驚いた——そう、靴磨き少年が株式市場に手を出している。

この頼まれもしないアドバイスのおかげで、ケネディ・シニアは人生の転機を迎えた。彼はすぐにオフィスに戻ると、株式ポートフォリオを全部処分し始めたのだ。

それどころか、単に市場を離れるだけでなく、それを大きくショートした——そしてその後間もなくやってきた派手な暴落のおかげで濡れ手に粟の大儲けをした。

ピークに達したからといって鐘が鳴ったりはしないが、靴磨き少年が株式のアドバイスをするようになったら、そろそろ出口に向かう頃合いなのだ。[14]

だがProQuest News & Newspapersデータベースを1920年代と1930年代について調べても、この物語の裏付けは得られなかった。靴磨き少年が金持ちの重要人物に株のアドバイスをするという話の最も早い言及は、バーナード・バルークの１９５７年の回想記だが、(15) それですら、靴磨き少年が口を開いた瞬間に天啓がやってきた、というようなものとは言いがたい。

靴磨き少年の話はまた、靴磨き人、床屋、警官などがアドバイスをくれたという変種もいろいろある。たとえば１９１５年の『ミネアポリス・モーニングトリビューン』記事では、高騰する市場はまだまだ反落しないと論じられている。

> 女中や靴磨き人たちがツキによりひと財産築いたような話は聞かない。そうしたロマンスは通常、上昇の終末が近づいているのを示すものだ。(16)

この１９１５年ナラティブは、靴磨き少年ナラティブのような道徳的な力はないようだ。というのも何か大災厄じみたハルマゲドン事象と結びついていないし、あまり道徳的な説教もできていないし、物語をうまくセレブとつなげてもいないからだ。

株式市場暴落ナラティブは今日でも重要か

１９２９年大暴落からずいぶん経ち、１９３０年代の時代精神はほぼ忘れられたとはいえ、アメリカがまたもや株式市場暴落を経験するかもしれないという気分はまだ残っている。この継続的な経済ナラティブは、１９２９年の長続きする遺産であり、株式市場のバブル終焉の下落を増幅させ、不安の増大にも貢献する。さらに、一部の人が自分の考え方をこうしたナラティブに基づいてフレーミングするというのを多少なりとも認識すると、他人もまたそうした増幅反応を示しかねないという予想につながるかもしれない。

２０１９年の本書執筆時点で、株式市場暴落の物語に感染性はないが、世間の考え方の一部ではあり続けているし、何か変異が起きたり経済環境が変わったりすれば復活しかねない。政策担当者は不動産バブルナラティブと株式市場暴落バブルの両方から教訓を学べるかもしれない。経済的な変曲点では、見出しや統計以上のものを見ておくことに本当の分析的な価値があるということだ。また変異を起こして繰り返す一部の物語が人生において重要な役割を果たすことも考えるべきだ。過去からの物語や伝説は、次のバブルや暴落の台本なのだ。

次の二つの章は、これまで扱ってきたものとはちがって、道徳的な怒りと反撃の衝動を宿している。どちらの章でも、支配的な怒りの感情を検討する——第17章では企業に対するもの、そして第18章では労働組合に対するものだ。この怒りが採る形は、経済行動に大きな変化をもたらしかねない。

第17章

ボイコット、不当利益、邪悪な企業

企業に対する怒りは時代とともに変わる。人々は、消費財が大幅に値上がりすると企業が邪悪だと思い始めたりする。価格上昇は企業が強欲なせいだとナラティブは述べ、物価上昇が止まっても、価格がまだ高すぎると世間が考えれば、世間の怒りは継続しかねない。怒りはまた、企業が賃金をカットすると煽られる。こうした怒りは組織的なボイコットや不買運動を引き起こしたり、まとまってはいなくても、価格が下がるまで消費を先送りしようという各種の意思決定を引き起こしかねない。こうした場合、人々は自分の購買決断を道徳的なものとして考え、単に自分の欲求を満たすだけのものとは思わない。

怒りのナラティブはまた、利己的な考えとも相互作用して、価格が下がるまで支出を控えようとする。こうした怒りのナラティブは大きな経済的出来事、たとえば1890年代の不況、

１９２０～21年の不況、大恐慌、１９７４～75年の不景気などで明らかに見られる。そうした怒りは今日もかいま見られ、将来はそれをもっと強く見ることになるかもしれない。

ボイコット（不買運動）ナラティブ

「ボイコット」という言葉（言語的な特徴を反映して少しちがいはあるが）は、１８８０年から世界の主要言語に含まれるようになった。チャールズ・C・ボイコットがこの永遠の名声を得たのは、ボイコットを考案したからではなく、その最も有名な被害者だったからだ。ボイコットはアイルランドの不在地主に雇われた土地管理人だった。１８８０年の不作に対応して、賃借人たちが支払う地代を10%下げようと申し出たが、賃借人たちは25%カットを要求した。ボイコットは抵抗した。アイルランドの土地賃借人組織が、もっと広い社会に訴えてボイコット反対の支持を求めた。１８８０年にボイコットは己の苦境を、『タイムズ・オブ・ロンドン』への投書でこう描いている。

> 9月22日に令状送達人が、17人の警官の護衛をつけて我が家の保護のために到着し、その後からわめきたてる群集が、私の家族に罵声をあびせて脅かしました。その翌日の9月23日、人々は集団で私の農場に集まり、１００人かそこらが我が家にやってきて、身体的な脅しの下、我が小作人たち、作業員、厩舎係すべてを追い払い、二度と私のために働くなと命令しました。……店主たちは我が家への販売をすべて止めろと警告されました。

……何をする作業員も得られず、土地同盟は公然と私の破滅を誓っており、それがいやならすべてを投げ出してこの土地を去れと言うのです。[1]

これは赤裸々な物語だが、なぜ世界中でヴァイラルになったのだろうか？　まずこれは議論を呼んだ。一方でボイコットに対する行動は人道にもとるように思えるが、その一方で格差上昇と富や権力の集中という大きな問題に対処するものでもあった。こうした行動が採られたのは、これが初めてではなかった。

だが今回、ボイコットという形で一般社会からの道徳的支援を求めるのが強力なツールかもしれないという発想が芽生えた。実際、ボイコットは労働者にとって新しく優れた戦術のように思えた。というのもそれはこのボイコットで直接利益を受けるわけではない社会全体を関わらせるものだったからだ。だからそれはこの行動が道徳的なもので、利己的ではないという証明に思えた。この発想はきわめて感染性が高く、遠く広くまで広がったのだった。

「ボイコット」はやがて、独自の経済ナラティブの中心となる。他の一部のナラティブと同様に、それは情緒的な反応を中心とする――この場合、事業者に対する怒りだ。ボイコットのナラティブには、やはり怒りが生み出す陰謀の感覚も伴う。本章でこれから見るように、ボイコットのナラティブや同じ群に属する他のナラティブは、広範な社会的非難の底流があるときに再発する傾向があり、それは人々の支出意欲や妥協意欲に影響するから重要なものとなる。

ボイコットのナラティブがヴァイラルに

労働史家のレオ・ウォルマンは『アメリカ労働組合におけるボイコット』（１９１６）で次のように書いている。

> ほとんど何の前触れもなく、ボイコットは１８８０年に登場して、その後10年から15年にわたり労働組合主義の最も効果的な武器となった。その力を逃れられるほど強力な対象はなく、また突出した人間もいなかった。[2]

１８９０年代不況の中頃に、ナラティブは変わり始め、世間は絶え間ないボイコットの連続にうんざりしてきた。ほとんどの人が疑念とうんざり感を述べるようになると、ボイコットの道徳的な優位性は消える。ウォルマンが述べるように、

> アメリカ労働連合は影響力を行使して、ボイコットの利用にもっと節度を求めるようになった。１８９３年から１９０８年までの連合の規定の大半は、あまりに頻繁なボイコットの利用を抑えるためのものだった。１８９４年の大会で、上級理事会は「この種の適用をあまりにたくさん承認するのは実際的ではない。活動があまりに分散されてしまい、最高の結果が得られなくなってしまう」と述べた。その後、数年ごとにボイコット承認を規

制する新しい規定が採用されることになった。[3]

だがボイコットは永遠に消えたわけではなく、現代の経済史を通じてときどき復活している。それぞれの場合に、ボイコットはその背後にあるナラティブの力が維持される間しか続かない。根底にあるナラティブが弱まると、ボイコットはやがて崩壊する。

不当利益の物語が第一次世界大戦で
ボイコットナラティブを再活性化させる

ボイコットと関係しているのが、不当利益者のナラティブ台頭だった。図17-1は「不当利益者(profiteer)」の流行感染を示す。この用語は、実業家たちに対する怒りと関連している。『オックスフォード英語辞典』によると、この用語が登場したのは１９１２年のことだった。第一次世界大戦中とその直後にはきわめて頻繁に使われ、それがピークに達したのは１９２０〜21年不況の間だった。「不当利益者（profiteer）」はもっと古いprivateer（私掠船）をもじったもので、これは政府公認で敵国の貨物船を餌食にする海賊船のことだった。こうした赤裸々な心的イメージが「不当利益者」の感染を拡大した。当時これと関連したフレーズは「過大利益」であり、そしてこれまで見た「ボイコット」だ。

１９１８年、第一次世界大戦最後の年に、『ニューヨーク・トリビューン』はこうしたナラティブの例を提供している。

図17-1　「不当利益者（profiteer）」の書籍（1900～2008年）とニュース（1900～2019年）への登場頻度

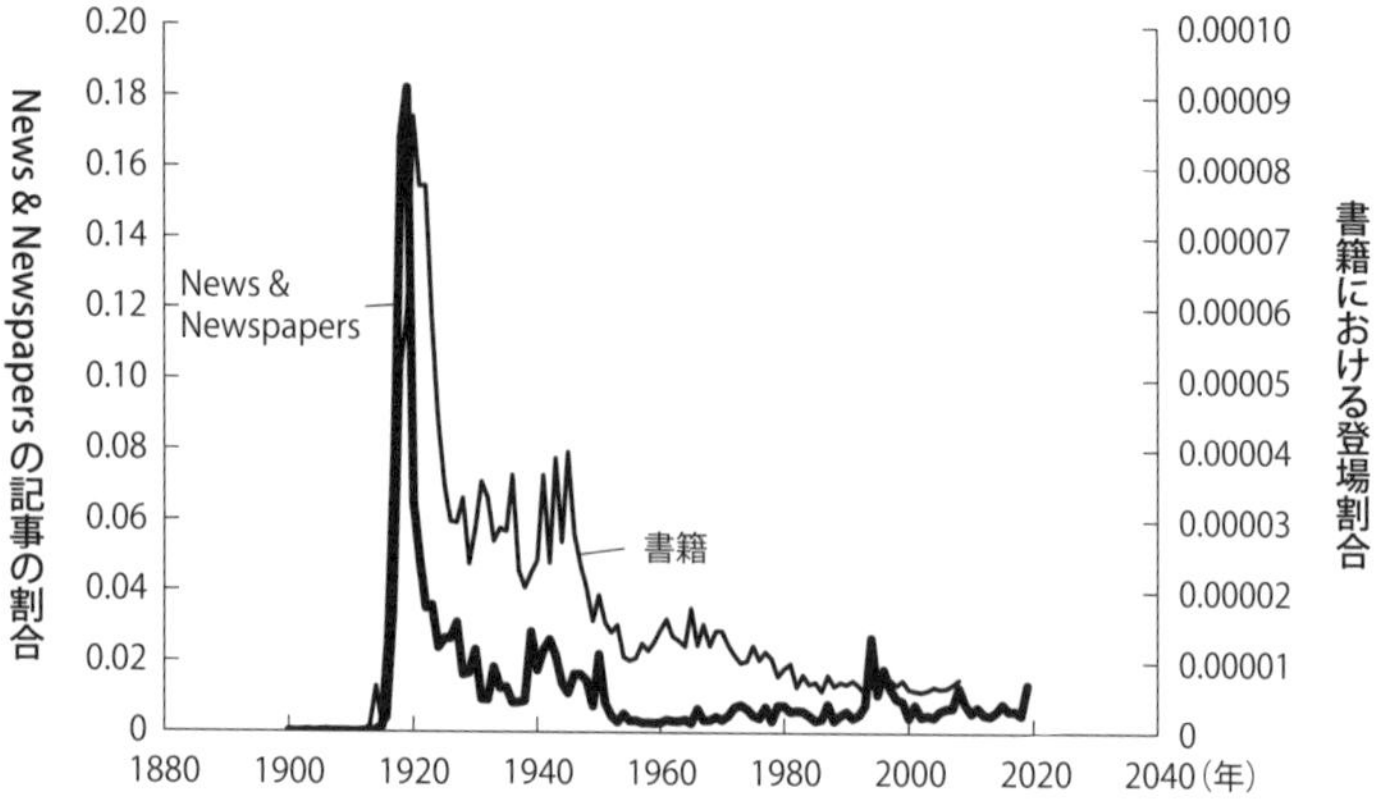

「不当利益者」は第1次世界大戦の間に始まった強力な短い流行だったが、ピークに達したのは1920～21年不況のことだった。
出所：グーグルNグラム、平準化なし、およびProQuest News & Newspapersに基づく筆者の計算。

『クリーブランド・プレイン・ディーラー』によれば、地元話があって、路面電車に乗った男二人が大紛争について語り合い、片方がこう言った。「戦争はうちの工場には神の恵みだよ」。すると相手は笑ってこう答えた。「あと2年続いてくれれば、オレも大立者だよ」。すると、このお話によれば、これを聞いた女性が立ち上がり、この二人を傘でぶちのめしながらこう叫んだ。「もしあんたたちにとっての戦争がそういうものなら、あんたたちの発言はあたしにとってはこういうことよ[4]！」

このナラティブは、怒った女性が傘を武器として使うという強力な視覚映像が伴うもので、きわめて感染性が強かった。このナラティブや類似のものは戦争後も続き、実業に対する態度をその後数年にわたり左右し続けた。

近代的な統計が整備されてから、最も短期の不況は、１９２０年から21年にかけて起きた。当時、人々はこの不況を「戦後不況（post-war depression）」と呼び、ハイフンで結ばれないpostwarという単語もまた登場して、はっきりと第一次世界大戦を指すようになった。この大戦は歴史上のユニークな転回点と思われていたからだ。それを表すフレーズ、「すべての戦争を終結させる戦争」は第一次世界大戦直後にヴァイラルになった。数十年後に、第二次世界大戦のために第一次世界大戦が霞んでしまい、postwarも第二次世界大戦後の期間を意味するように変わった。結果として、１９２０〜21年の不況はそれだけを指す固有の名前を失ってしまった。２０１３年の本でジェームズ・グラントはそれを「忘れられた不況」と呼ぼうと提案している。それが彼の本の題名でもあった。

それでも１９２０〜21年の不況は１９３０年代大恐慌時の強力なナラティブだった。それは大恐慌の台本となった。究極的には、１９２０年代初頭の不況から１９３０年代の大恐慌に至るあらゆる重要な事象は、「戦前」「戦後」の情緒的な文脈に置かれた。たとえば１９３３年に、第一次世界大戦を生き延びた20歳の兵士たちは30代半ばになっており、いまだに戦時中の友情を維持していて、多くの場合にはまだ戦争の負傷が治りきっていなかった。どちらの不況もまた企業に対する世間の怒りの雰囲気を生み出した。傘でビジネスパーソン二人を攻撃する怒った女性がその筆頭だった。

「平常性」への回帰

第一次世界大戦後、戦争直後のインフレが１００％になって、１９２０年にはデフレナラティブが生まれた。消費者物価が劇的に下がるはずだという物語は、不当利益者ナラティブとの関係で、強い感染性を持っていた。実際、１９２０〜21年不況の間に、何千もの新聞記事は一部の個別価格が戦前の１９１３年や１９１４年の水準にまで戻ったと指摘していた。新聞の記者や編集者は、読者がそうした記事に大きく反応すると知っていた。というのもほとんどの人からすれば、戦争さえ終われば物価が前の水準に戻るのは自然なことに思えたからだ。これはとても重要な「平常性への回帰」であり、これはいずれ消費者に新しい家や車を買うよう仕向けるが、でもそれは物価が完全に下がりきってから、ということになる。

物価が戦前水準まで下がるという発想は、１９２０年大統領選の間の話にも後押しされた。大統領候補ウォーレン・ハーディングは、第一次世界大戦前の世界の状態を表すのに「平常性（normalcy）」という言葉を流行らせた（訳注：通常の用語はnormalityになるので、本当はあり得ないおかしな語法となる）。そして、その状態を取り戻すのだと約束した。１９２０年よりずっと前から、「平常性」という単語の使用は記録されている――ハーディングが発明した言葉ではない――が、１９２０年以前にはまるで使われていなかったので、多くの人はそれをハーディングが考案したものだと思っている。

ハーディングは「平常性（normalcy）」という単語を、ドナルド・J・トランプが「どでかし

(bigly)」や「ずっごい（yuge, huge の訛り）」を２０１６年の、アメリカを再びグレートにするという選挙戦公約で使ったのと同じくらい乱発した。ハーディングとトランプの選挙戦はどちらも、言葉がナラティブに具体性を与え、しばしば冗談のネタにされ、ほとんどそのナラティブの名前も同然となった。ハーディングにとって「平常性」は１９２０年の不況状況を、まだ鮮明だった戦争のトラウマと一緒くたにする傾向を反映したもので、それが当時は感情的に強烈なナラティブを作り出した。

　１９２１年３月にアメリカの新大統領就任演説で、ハーディングは１９２０年の選挙戦でずっと強調していたことをまとめた。

> 　実業界は戦争の反応による混乱を反映している。実業界は物質的存在の血脈ともいうべき存在だ。経済の仕組みは複雑で各部分が相互依存しており、異常な需要、信用インフレ、価格高騰に伴うショックや歪みに苦しんできた。通常のバランスが阻害され、流通経路が詰まり、労使の関係が厳しくなった。慎重かつ勇気をもって再調整に臨まねばならない。国民は得るばかりでなく犠牲も払わねばならない。物価は戦争活動の熱の衰えを反映したものであるべきだ。戦争は変えがたいほどに報酬を再調整してしまうし、人生の必需品同士の持つ不可分な関係も、それにより明らかになってしまうので、かつての賃金水準には二度と戻らないかもしれないが、平常性が安定に達するよう頑張らねばならないのだ。[5]

買うべきか買わざるべきか

1920年代のいまだに傷ついた情緒的雰囲気の中では、価格が下がるまで不要不急の品物を買い控えるのは、道徳的にも実務的にもほとんどの消費者にとって明らかな戦略に思えた。だが購買を先送りすると不況到来が促進される。ある観察者は1920年にこう書いた。

> 購買する世間は戦争が終わったのを知っていて、モノに対して戦時価格を支払わないようになってきた。人々はとにかく買わないので商品も動かない。[6]

ポピュリスト的な怒りは高まり、不当利益を得ている製造業者や小売り業者に対する抗議も高まった。抗議は基本的な経済原理を利用しようとしていた。

> もし人々が本当に不可欠なもの以外は食品だろうと何だろうと何も買わないと決意すれば、需要と供給の逃れがたい法則が自動的に作用して、状況にもっと平常な状態をもたらす。[7]

だから倹約が新しい美徳となり、人々は1913年の「通常」価格復活を待った。

なぜ1913年なのか？　現在の消費者物価指数（CPI）に先立つ公式の小売り価格指数が、

労働統計局によりアメリカで初めて公開されたのは、１９２０～21年不況の直前の１９１９年のことだった。この指数は、１９１４年に第一次世界大戦が唐突に始まる以前の、最後の完全に平和だった年、１９１３年に始まる過去のデータを使った。[8] この指数は、１９１３年以来とても劇的な物価上昇を明らかにしていた。だから１９１３年が物価比較のベンチマークとなり、消費者たちは物価が１９１３年水準に戻るまで買い物を遅らせようとしたのだった。１９２０年１月、労働統計局長ロイヤル・ミーカーは「１９１３年頃に私たちが文句を言っていた物価が理想と見なされるようになった」[9]と述べ、その理想がまちがっていると指摘した。消費者物価指数は、１９１３年に９・８の水準から始まった。１９２０年にはそれが倍以上の20・９になり、１９２１年半ばには17・３に下がった。９・８まで戻るにはずいぶん先が長い。

極端なデフレの場合には、デフレについての派手なナラティブがヴァイラルになるほどの情緒的な感染を始めかねず、その場合にのみ購買行動は大幅に下がる。消費者たちは、物価が公平な水準に戻るまで買い物を遅らせることに、復讐まじりの報酬を見出すのだ。怒りはそのナラティブ次第だ。だからデフレと不況との間には、国ごとに見ても、長期にわたって比べても、あまり強い一貫した関係はない。[10] １９２０年代の経済ナラティブは物価下落について情緒的に豊かな期待の雰囲気を作り出した。ナラティブは、買い物を先送りするのが賢いというだけでなく、そうするのが道徳的だし責任あることだというものだった。

不当利益と公平賃金ナラティブ

終戦から１９２０年までの物価上昇は、新しく人気を博した用語「不当利益者」というレッテルを貼られた事業者のせいだと広く考えられた。それまでの戦争で、戦争から利益を得た人々を批判するために使われた用語（死肉漁り、火事場泥棒、簒奪者、闇市商人、吸血鬼、ヴァンパイア、こそ泥）はどれも「不当利益者」のような意味合いを持っていないようだった。この用語は、戦争英雄たちを犠牲にして戦時中に大儲けしたと匂わせるものとなっている。不当利益者というと大規模な活動で、ちょっとした個人レベルの便乗屋ではなく政府にコネのある大企業などを示唆しているので、本格的なボイコットという形での集合的な行動が必要なのだと示唆している。当時、アメリカの観点からするとボイコットのもう一つの利点は、共産主義とはまったくつながりがないことだった。

「不当利益者」という言葉は、第一次世界大戦中とその後の無数のナラティブに登場した。それはビジネスコラムに限られた話ではない。教会の説教は、戦時中の食品価格の高さを非難し、人間の苦しみに対してまっとうな人間らしさや敬意を示さない実業家たちの利己的な行動を批判した[11]。他のナラティブは、家族を戦争で失ったアメリカの家族の名前と住所を発見した弁護士にまつわるものだった。その弁護士は、戦死した兵士の家族は政府の恩給を要求するのに弁護士が必要だとウソをつき、政府給付金の迷路を切り抜ける手伝いと引き換えに、政府からの支援すべての20％を支払うという契約に署名させるのだ[12]。こうしたナラティブを見れば、こんな業突く張りな不当利益に対する極度に情緒的な反応も理解しやすい。

不当利益者ナラティブは、１９１８年の終戦でも止まらなかった。１９２０年と１９２１年の戦後インフレで、物価高に怒った顧客が牛乳配達人を追いかけ回し、肉屋に対して嫌がらせに肉をまったく食べないようにすると告げるナラティブが広まった。経済学者たちは、なぜ戦時インフレが１９２０年まで続いたか理解していた（大量の債務を抱えた政府は、戦争で乱れた経済からの問題に直面していたし、負債を増やすような増税や金利引き上げはやりたくなかった）。だが世間は理解できなかった。世間は戦時中の経費や、戦争直後の体験を善と悪の戦いとして見なすようになった。人気作家ヘンリー・ハズリットは１９２０年にこう書いた。

> こうして、あらゆるところに自分が正しいと思い込んでいる人々が、卑しい世間による蛮行や強奪を糾弾することになる。肉屋は靴を自分に売る人々の不当利益に驚愕する。靴屋は劇場チケットの投機家たちの強欲に驚愕する。劇場チケット販売者は地主の要求の厚かましさにたじろぐ。地主は石炭屋の要求する金額に天を仰ぎ、石炭屋は肉屋で卒倒する。[13]

すると疑問が出てくる。こうした人々は本当に不当利益者と言えるのか？　彼らの唯一の罪は、インフレ期に値上げしたということだけのようだ。１９２２年にアーヴィング・フィッシャーはドイツを訪れたが、そこでは第一次世界大戦後のインフレが長く続いてハイパーインフレに発展した。彼は洋服屋を経営する「とても知的」な女性との会話を回想している。彼女は、このきわめて急速なインフレから見て、異常に安くシャツを売ってくれたのだった。

不当利益者と見られるのを恐れて、彼女はこう言った。「いまお売りしたシャツは、新しく買うのにいまのお値段とまったく同じくらいの費用がかかるんです」。だったらなぜこんな安値で売ってくれたのか、と尋ねるより早く、彼女は続けた。「でも私はもっと安く買ったので、儲けは出ているんですよ[14]」。

そしてフィッシャーは、戦前の物価や「１９１３年のドル」に何ら道徳的なものも特別なこともないのだ、と熱烈に論じた。ドイツでの不当利益に対する苦情は、１９２０年アメリカで述べられているものと似ていた。アメリカは、第一次世界大戦の停戦から１９２０年6月までの19カ月間に、消費者物価が28％のインフレを見せた。

シラキュース（NY）6月2日――ユーティカのジョン・A・ロバーツ社は、服飾の販売を行っているが、連邦裁判官ハーランド・B・ハウにより、11件の不当利益での有罪判決を受けて5万5０００ドルの罰金を科せられた。……政府の説明によると売上は次のとおり。16・75ドルで買ったドレスを35ドルで販売……6・5ドルで買ったスカーフを25ドルで販売[15]。

大幅なインフレのせいで、このアパレル販社が高い利潤を得ているかのような印象ができてしまった。経済学者たちは、そこで作用している仕組みをある程度説明しようとした。

だが高価格により生じる別種の不正があり、それはあらゆる事業者——製造、仲買人、卸売り、小売り——が格闘できる過剰な利潤だ。そしてそれは物価急上昇期には、ほとんど受けとらざるを得ないものとなっている。ここ5年ほどで事業者は、市場価格が上昇する間に商品を棚に置いておくだけで金持ちになれる。これが「不当利益」の本当の話だ。これは実業界にいきなりふりかかった邪悪な習慣ではないし、人を投獄して止められるものでもない。それは病気の症状であり、病気そのものではないのである。[16]

この議論はおそらく、インフレが企業利潤に与える真の影響についてまったくわかっていない人々には、ほとんど納得のいかないものだっただろう。むしろほとんどの人は、事業者が高値で暴利を貪るという「邪悪な習慣」に陥ったという不当利益の流行に囚われていた。不当利益の懸念がやっと収まったのは、消費者物価が下落を始めてからだが、その懸念が衰えたのは下落と完全に同期していたわけではない。というのも怒りの流行は独自の内部力学を持っていたからだ。

アメリカでのインフレは１９２０年６月には終わったし、消費者物価は１９１３年の水準に戻ることはなかったとはいえ、急速に下がったのは事実だ。それまでは、この問題について人々はえらく感情的になった。ある１９２０年の新聞投書はこう述べる。

過剰利潤はまさにその名のとおりのものだ——不当利益、高利貸しの果実だ。そしてこの世で課税されるべきものがあるとすれば、これぞその対象だ。それどころか、これは懲役やもっと厳しい刑罰で処罰されるべきだ。[17]

政府はこうした情緒を深刻に受け止めた。第一次世界大戦中の１９１７年には、アメリカは戦前の１９１１～13年水準を超える利潤には、60％の過剰利益税を課した。過剰利益税は１９２１年10月まで廃止されなかった。というのも戦争が終わっても当分の間、企業に対する怒りは尾を引いていたからだ。この税金は、廃止されるまで企業が利潤を出さないようにしたために、１９２０～21年不況に貢献した。一方、人々は買い物を控えた。それは利己的な不当利益者への怒りのせいだけでなく、物価下落期には買い物を先送りしたほうが利益が得られると考えたからだ。

１９２０～21年の不況は、１９２０～21年の消費者ボイコットによる不況と考えたほうがいいのかもしれない。１９２０年1月に、アメリカ上院議員アーサー・キャッパーは「不当利益者はアカどもより危険だ」と述べ、消費者たちに「強奪級の価格で売られる商品購入を拒否して、利潤のブタどもをボイコットしろ」と促した。[18] 当時の別の言い方をすれば、この不景気は「ボイコット」という言葉が表すとおり、まさに「１９２０～21年の買い手のストライキ」だったのかもしれない。

１９２０～21年の不景気で同じく広まっていたのは、「公平賃金」が支払われるかどうかの懸念だった。いわゆる不当利益者への怒りは特に、一部の会社が従業員の賃金カットを行ったことで煽られた。こうした会社は、自社の最終製品の価格が下がっているのに、高賃金を支払い続けるわけにはいかないと弁明した。合理的な人物であれば、時に賃金カットが仕方ないのはわかったはずだが、雇用者による賃金カットの必要性は、感染性のナラティブにはならなかった。労働組合の代表者は、雇用者の苦境を組合員に説明するインセンティブなどなかった。むしろ、邪悪な経営者という物語を継続するほうが自分の利益にかなうと考えた。

「公平賃金」という用語の利用場面は、「不当利益者」という用語と驚くほど似たパターンをたどっている。だが「公平賃金」の成長のほうが、19世紀末から始まっていてもっと急激で穏やかだった。書籍では、「公平賃金」の利用のピークは1920〜21年不況の頃だ。ProQuest News & Newspapersでは、この用語のピークは1930年代の大不況期だ。

ジョージ・A・アカロフとジャネット・L・イェレン（1990）が主張する公平賃金仮説は、労働者たちは自分が公平賃金をもらっていないと感じたら、報復で作業を遅らせたくなると主張する。アカロフとイェレン論文は、それがあらゆる時期に等しく当てはまるかのようにその理論を提示しているが、どうやらナラティブ変化で公平賃金への注目は高まるらしい。

鋭い1920〜21年不景気を突然終わらせたナラティブ

1920〜21年不況の唐突な終わりと、不当利益に対する世間的な懸念の弱まりは、何かはっきりした説明はなさそうだ。おそらく今日あまり観察できない、新しい世間的なナラティブがあって、物価低下の期待が弱まり、高物価への怒りを弱めたのだろう。

1920年の夏と秋は豊作で、これは信頼できる先行指標ではないにしても、多くの人はこれをそう解釈した。

今年は莫大な作物が得られ、豊作と好景気の間にはまちがいなく関係がある。戦争は自然法則を廃止したりはしなかった。[19]

１９２０年末に有力なカナダの銀行家であるサー・エドモンド・ウォーカーは、なぜ物価が１９１３年の水準まで下がらないかという理論を提唱した。

この［消費者物価が戦前水準よりかなり高いという］状態は、もう一世代ほど続くかもしれず、戦争による債務の負担が異常に高い税金と高いレントを引き起こす限り続かざるを得ないかもしれない。[20]

１９２１年４月になると、「物価はゆっくりと平和な水準に落ち着き、不当利益も前ほど見られなくなった[21]」という主張が出てきた。多くの農民は、すでに産物の多くについては、１９２１年に１９１３年水準の価格しか受け取れない状態に戻っていたという。[22]

だからその頃になると、物価が下がるまで買い物を先送りする理由も減った。また事業――と富――はもはやそんなに邪悪ではなくなったので、ボイコットの衝動もなくなった。人々は支出しても後ろめたさを感じなくなった。女性は１９２１年には、もっと顕示的な宝石を身につけていると言われた。[23] 子どもは学校に弁当を持っていくよりはお金を持っていくようになり、それで高価な昼ご飯を買っていた。１９２１年末には「お金を流通させよう精神」が生まれつつあった。

みんな以前のどんな時期よりも、快適さを得ている――人生の楽しみをもっと見出している。それが証拠に、自動車だらけの道路を見てみるといい。それはすべてお金の支出ということだ。[24]

１９２１年の急激な回復は、経済回復のための積極的な政府刺激策よりも、こうした新しいナラティブのせいなのかもしれない。

１９２０～21年不況と、１９３０年代大恐慌との対比

労働史研究者は、１９２０～21年の不況時のほうが、その後の１９３０年代大恐慌時に比べ、物価低下による賃金カットを労働組合が受け入れやすかったことを発見している。[25] 労働組合は１９２０～21年には数も少なく力もなかったし、労組によるプロパガンダもあまり広まらなかったのだ。だから雇用者たちは、デフレのせいで賃金カットが必要だと主張しても成功しやすかった。製品につける価格が下がるため、賃金支払いのための売上も減るのだと指摘した。『忘れられた不況』（２０１４）でジェームズ・グラントは、１９２０～21年の不況が比較的すぐ終わったのは、こうした賃金の柔軟性によるものだと述べている。

これに対して、１９３０年代のナラティブは、雇用者が賃金カットをする理由は純粋に貪欲とウソの産物だと述べた。神父たちは、事業に反対する政治的な立場を採るようになったとして批判された。

一部の神父は、宗教ではなく経済学を説く特別な力を与えられたと考え、まったくの情緒だけで賃金や仕事の話をする。情熱的に最低賃金や労働時間について、実に広範でご立派な人道的見地から説くので、同じく立派で広範な人道的見地から規制に反対する人々は、人間の進歩の敵としてタコ部屋工場の雇用者といっしょくたにされてしまうのだ。[26]

こうした話はまちがいなく、雇用者がレイオフを避けて世間とのよい関係を維持するための賃金カットを行うのをやりにくくしただろう。さらに、第13章で指摘したように、１９３３年全米産業復興法は賃金カットを禁止し、フランクリン・ローズヴェルト大統領の政策は、この法律を最高裁が１９３５年5月に違憲とした後でさえ、企業の賃金カットをさらにしづらくした。[27] こうした規制は、賃金カットは真に邪悪なのだという大恐慌のナラティブを反映したものだった。こうした規制がなくても、企業は低価格に対応して賃金カットをするのには苦労しただろう。

「平常性への回帰」ナラティブは、１９３０年代大恐慌ではそれほど大きなものではなく、時間がたつだけでなくなるものではなかった。１９２０～21年の不況での認識は、この不況は戦争とインフルエンザの後で平常に戻るまでの一時的な状態だというもので、大恐慌と比べて根本的なフレーミングの差があった。大恐慌での失業と物価下落はむしろ、１９３０年代に大流行していた他のナラティブのレンズ越しに見られた。それは不安ナラティブ（第10章）、倹約ナラティブ（第11章）、技術失業ナラティブ（第13章）、１９２９年株式市場大暴落ナラティブ（第16章）などだ。

１９３０年代大恐慌期のボイコットと不当利益

１９２０～21年大恐慌への言及は、１９２９年10月28～29日の株価大暴落のときに始まった。[28]最後の大きな危機は常に、人々の心の中で特別な場所を占めているし、特にそれが史上最大の危機だったらなおさらだ。というのも、そうした物語は感染を拡大するのに人々の記憶に頼るからだ。大恐慌発端のあるナラティブは、いまの状況は基本的に１９２０～21年の繰り返しだと主張はしたが、もっと広い大恐慌ナラティブは、何か根本的な形でちがっていたはずだ。

１９２０年代のナラティブは、第一次世界大戦による直近の苦しみを強調したが、そのナラティブは10年後の１９３０年代にはそれほど強くはなかった。だが見られるデフレはほぼ同じだった。１９２０～21年の消費者物価低下は、それまでにないほど激しいものに見えた。多くの人は１９２９年の後で物価が１９２０～21年と同様に下がると思っていたから、物価下落が終わるまでは買い控えを選んだのだった。

１９２９年10月28～29日の株式市場大暴落から1カ月くらい後に、ニュースはアメリカにおける年次のクリスマスお買い物シーズンの小売り低迷の兆候にかなり注目した。ニュース記事は、クリスマスのお買い物は普通だけれど、高価なアイテムが弱いと述べた。だがお買い物が普通なのは単に値下げのせいでしかなく、その変化は「株式市場暴落に伴う心理効果」のせいだとされた。[29]

経済学者たちはこの収縮が、１９２０～21年と同じく短命に終わると予想していた。だからこそ、フーヴァー大統領らは１９３０年に、１９２９年に始まった不況がすぐに終わると自信たっぷりに述べたのだった。だが世間は一般にフーヴァー大統領を信じなかった。１９３２年の大恐慌のどん底で、消費者物価がいずれ１９１３年や１９１４年の水準に下がるというナラティブはしつこく続いた。これは、１９３３年の消費者物価のどん底だったといまはわかっているものから、さらに20%下がる必要があるということだ。[30] このナラティブは消費財の購入先送りを正当化した。キャサリン・ハケットは１９３２年にこう書いている。

> 私はすでに、経済学者たちの予言をたっぷり読んで、物価の将来トレンドについて自分の当てずっぽうも他の人と大差ないと確信するに至りました。主婦は商品市場の下落を、投資家が株式市場の下落に対処するのと同じやり方で対処します。実際の必需品以外のものを買うにあたって、じっとすわって価格が落ち着くまで待つのです。ですが経済学者でなくても、２０００万人の主婦全員がそれをやったら、景気の回復はいつまでも遅れるということくらいはわかるのです。[31]

この引用は、消費者行動の重要な側面をいくつか描き出している。ハケットは消費者行動を株式市場の投機家の行動になぞらえている。彼らは専門家を信用せず、情緒的なエネルギーを、個別株価についての個人的な予測を形成するのに費やす。また、こうした投機についてのナラティブの高い感染についても語っている。女性たちは投機家のように話をしていたにちがいない。予測不可能な消費者物価の変化の中で、買い物の成功と失敗について、賢い決断やまちがいについての話を語っていたのだ。平均的な買い物客が、（負ではない）インフレを予想していたにしても、もし物価下落についての情緒あふれるナラティブの感染率が高ければ、結果は消費者支出の大幅な純低下になりかねない。

１９２０年代と１９３０年代の不況における購買パターンを理解するのに、経済学者たちが女性の証言をもっと見てこなかったのは不思議だ。この時代の性的な役割分担では、男性が株式市場で取引して、女性は買い物を管理する立場にあったので、女性のほうが自分の直感にしたがって、買い物を戦略化する話をたくさんしていたはずなのだ。歴史を書いた男性は、男性の大統領、男性銀行家、男性実業家たちの重要な決断にすべてを帰着させたが、不況をもたらした決定的な意思決定（つまり購入先送り）は女性からきたのかもしれない。実は１９３２年に大恐慌のどん底近くで、チャールズ・Ｅ・フォスター夫人なる人物が、女性たちにこう語ったと報じられている。

> 今日のアメリカ女性が手にしている最も効果的な武器の一つは、そのすさまじい購買力です。なんでも彼女たちは、アメリカの所得の85％を使うとか。通常どおりの支出を支持する世論形成のために、自分たちがお手本を示す以上のやり方があるでしょうか？[32]

一方、１９２０～21年の不況と同じく、１９３０年代にもボイコットはたくさん見られた。ドイツや日本の製品に対するボイコット、ユダヤ人と関係した財に対するボイコットなどだ。ドイツ人たちは西欧製品のボイコットを始めた。こうしたボイコットはどれも、経済的な影響を持っていたはずだ。

「いま買おう」キャンペーン

大恐慌の初期には、消費者に購入を先送りさせるバーゲン狂騒に反対する道徳的な論調を作り出そうとする試みがあった[33]。ワシントンＤＣの商工会議所は、「繁栄のためにいま買おう」というスローガンのキャンペーンを１９３０年に立ち上げた。「繁栄委員会」があらゆる宗派の司祭に対し、「説教壇から繁栄を説き」「生産を刺激して失業状況を解消」するように呼びかけた[34]。フランクリン・ローズヴェルトも１９３３年に大統領になると、愛国的な市民が価格低下を待つ衝動を克服してもっと強い経済を支えようと述べ、独自の「いま買おうキャンペーン」を立ち上げた[35]。

１９３３年8月に、愛国的な人々が小売りの商品の動きが一番遅い8月に、がんばって小売商品を買おうとしている「8月に買おう」キャンペーンが報じられた。消費者たちは、多くの果物や野菜は8月が「缶詰シーズン」なので、買うのによいタイミングなのだと言われた。このキャンペーンは消費者物価が季節性を持っていることを公表し、物価はこれから上がり続けるので賢い消費者はいま買うべきだと匂わせた[36]。明らかに「いま買おう」キャンペーンは、根付いてしまった「物価は下がる」ナラティブに対抗しようという試みだった。

その後のボイコットナラティブ

第二次世界大戦後、アメリカは１９２０～21年不況とボイコットの再演に近いものを経験した。

だが今回は、政府当局は１９２０～21年のナラティブを覚えていて、それを使って対応を考えた。１９４５年の終戦で、アメリカ当局はしばらく戦時中の物価統制を維持して、第一次世界大戦後の１９１９年に生じたようなインフレを防止しようとした。１９４５年４月から10月には、動員解除に伴うきわめて短いが激しい不景気が起こったが、その不景気では物価は安定していた。だがアメリカ政府が統制を解除すると、物価は急速に上がり、１９４９年には１９４５年の30％高になっていた。またもや消費者ボイコットや買い手ストライキの話が持ち上がり、１９４９年には１９２０年と似た不景気が起きた。新聞は再び、買い手は先送りにできる商品の購入を、価格が下がるまで待っているのだと報じた。

　１９７３～75年の激しい不景気は、禁輸のせいだと広く考えられている。禁輸は売り手側のボイコットだ。アラブの石油禁輸は１９７３年に、アラブ＝イスラエル（ヨム・キプール）戦争中に始まった。禁輸は、石油輸出国機構（ＯＰＥＣ）からの石油供給を抑えるというものだった。ＯＰＥＣ諸国は、イスラエルを攻撃して、アメリカのイスラエル支援により敗北しかけていたアラブ諸国に共感していたのだった。この禁輸は原理や情緒による出来事で、戦争が開始と同じ月に終わったずっと後まで続いた。それはアラブ諸国に対する道義的な支援を表すものだった。参戦したアラブ５カ国のうち、ＯＰＥＣ加盟11カ国にも入っているのは１カ国（イラク）だけだったのだが。

　１９７３～75年の不景気を取り巻くナラティブの多くは、人間的な怒りを源にしていた。この不景気の原因としてよく挙がるもの――１９７３年ヨム・キプール戦争でイスラエルを支援したアメリカにＯＰＥＣが怒りの抗議をしたせいで生じた石油危機――は話の一部でしかない。石油価格はいきなり前代未聞の4倍になり、消費者の間に怒りと、アメリカ国内における石油割り当て制への対応困難の物語を引き起こした。割り当て制としては、ガソリンの奇偶割り当てなどがある（消費者は、ナンバープレートの最後の数字が奇数なら奇数の日にしかガソリンを買えず、偶数なら偶数日にしか買えない）。

石油価格上昇で、電気料金も上がり、それが不当だと思ったせいもあって、多くの人は一種の抗議として家の大半を暗いままにしておいた。[37] 1970年代のアメリカインフレ暴走期には、多くの人はインフレこそアメリカ最大の問題だと考えており、ある評論家は1974年7月にこう書いた。「インフレと闘うのは山火事と闘うようなものだ。勇気、チームワーク、協調的犠牲が必要なのだ[38]」。当時、アメリカのインフレは年率12％で、戦争周辺の時期を除けば最高記録となった。

消火活動のたとえは道徳的な論調があるので、そのせいで消費を抑えた人もいるかもしれない。実際、1973～75年の激しい不景気の発端の1973年4月には、一部の人が肉の高さに抗議して「肉ボイコット」を起こした。そのボイコットのおかげでアメリカの食肉産業の労働者2万人が失業したと報じられた。[39] 8月には1日ボイコット「何も買わないデー」があった。[40] 翌年の1974年1月には、経済は十分に不景気にはまっていたが、怒った消費者たちは肉ボイコットを再び実演して、それを穀物ボイコットに広げた。[41] ボイコット気運はしばらく消費者の意識に残っており、様々な財やサービスに対する買い控えを引き起こしたか、少なくともそれに貢献した。

2007～09年世界金融危機の頃には、何千ものボイコットが報じられた。それは住宅ローンの貸し手やガソリンのボイコットなどだったが、ボイコットや不当利益は以前のときに見られたほどの経済的な重要性にまでは至らなかったようだ。それでも怒りのボイコットを刺激するナラティブは、過去と同様に将来にも登場するだろう。台頭する企業や労働組合がどう見られるか——善悪どちらに見られるか——は経済の将来状態にとって大きな意味を持つ。この問題を次章では検討しよう。

第18章 賃金物価スパイラルと邪悪な労働組合

「賃金物価スパイラル」ナラティブがアメリカなど多くの国で根付いたのは、20世紀半ばのことだった。それは強い労働組合主導の労働運動が自分たちに高賃金を求め、経営はそれに応じつつ利潤を失わないために、消費者に売る最終財の価格を吊り上げる、というものだ。すると労働組合は、その高価格を根拠にさらに高い賃金要求を正当化し、そのプロセスが何度も繰り返されることでインフレが手に負えなくなるのだ、という。こうしてインフレの責めを負うのは、労働者と経営陣の両方となり、またインフレを容認している金融当局を責める人も出る。このナラティブは「コストプッシュ型インフレ」という用語とも関連しており、「コスト」は労働費と生産への投入を指す。これは別の通俗ナラティブ「需要《ディマンド》プル型インフレ」と対比される。これは、インフレは生産できる以上の財を消費者が要求するせいだとする理論だ。

図18－1が示すように、「賃金物価スパイラル」「コストプッシュ型インフレ」の二つの流行はだいたい並行している。どちらの流行も、１９５０年から１９９０年にかけてことさら強かった。どちらの流行も道徳的価値観の変化を反映しており、ごまかされるのではないかという深い懸念と、社会の根本的な腐敗の感覚を示している。このナラティブによると、労働組合は労働者全体を代表すると言いながら、実は一部のインサイダーしか代表していない。[1] 一方、政治家や中央銀行は身勝手なインフレスパイラル加速を企んでおり、これは強力な労組という後ろ盾を持たない本当の労働者たちを貧窮化させている。アメリカでは長期にわたり労働組合への世間的な支持が低下していて、ギャラップ世論調査によると１９３６年には支持率が72%だったのが、２００９年には48%になっている。[2]

こうしたナラティブは、詳細な物語で煽られ、それが怒りの反応を引き起こした。たとえば１９５０年頃、労働組合が自分たちの賃金を、労働時間ではなく移動距離に基づくものにすり替えたというとんでもない物語がヴァイラルになった。『ニューヨーク・タイムズ』は１９５０年に次のように報じている。

> この二つの労働組合が求めたルール変更の一つは、運転手と車掌の報酬は現在の１５０マイルまたは7・5時間から１００マイルまたは5時間に引き下げるべきだというものだった。鉄道会社はこれに対して1日の基本作業を２００マイルに増やすよう求めた。……ディーゼル機関車利用の増加を含めた最近の技術進歩のため、旅客列車の運行速度は増加し、多くの旅客列車サービスの従業員たちは、いまや2時間半から3時間の労働で1日の

図18-1 「賃金物価スパイラル（wage-price spiral）」「コストプッシュ型インフレ（cost-push inflation）」の書籍（1900〜2008年）への登場頻度

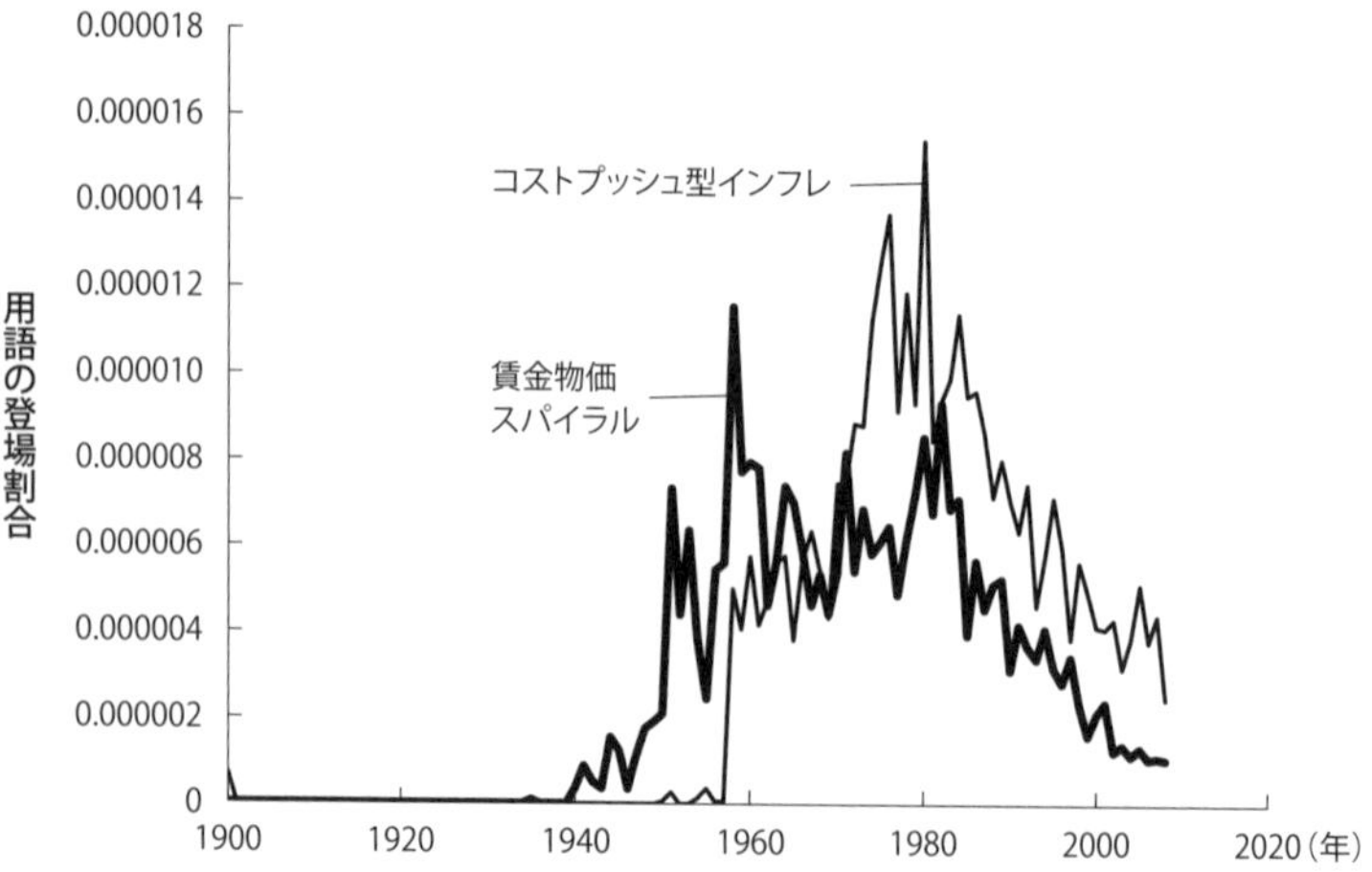

この2つの関連し合う流行は企業の労使関係や政府規制に大きな変化をもたらす後押しをした。
出所：グーグルNグラム、平準化なし。

給料を受け取れる。基本日のマイル数を100マイルに下げることで、旅客列車従業員の1マイルあたり報酬は50%も増えることになる[3]。

つまりこの物語によると、車掌たちはたった2時間半働くだけで、その路線の最後までたどりつかないうちに乗客の立場になり、座って移動できるようになるという話だった。こんなとんでもない要求のおかげでこのナラティブはきわめて感染性が高まり、今日まで記憶されるほど印象的なものとなった。

労働組合は、世間の目からはマフィアと関連づけられるようになった。たとえばジミー・ホッファは当時、汚職で有罪とされていたのに1957年にチームスターズ（全米トラック運転手組合）を乗っ取り、この労組を絶対的な独裁者として支配した。長年にわたり、ロバート・F・ケネディ率いる彼のマフィアめいた活動をめぐる操作の話題が続いた。ホッファは収賄と詐欺で有罪となり、1967〜71年には懲役刑を務めた。1975年には、ブルームフィールド町のレッドフォックスレストランを後にするときに駐車場で目撃されたのを最後に姿を消した。噂によれば、彼はライバルのマフィアに殺されたとのことだった。噂では、彼の死体は「ニュージャージーのジャイアンツ球場のコンクリート詰めにされた、ひき肉にされてフロリダの沼地に捨てられた、あるいはマフィア所有の食用油工場で消された」などとされる。(4)

こうした派手な諸説は、ホッファの不名誉な最後についての鮮明な視覚的イメージを示唆するもので、ホッファ流行の感染率を高め、それが労働組合の印象をさらに悪化させた。彼の死体をゴミ処分場や空き地などで探すという話は2013年まで新しい物語を作り出した。これはヴァイラルな物語であり、労働組合を否定的な形で描くナラティブ群の一部となり、おかげで多くの人は労組が本当に邪悪なものだと見るようになった。

賃金物価スパイラルのナラティブは、世界中の実際のインフレ率に反映されるようになった。そうしたインフレ率は、このナラティブが強いときには異様に高くなる。世界銀行の発表する世界インフレ率は1980年にピークを迎えたが、これは図18-1で「コストプッシュ型インフレ」がピークになったのとほぼ同時であり、その後はおおむね下降傾向にある。こうした流行はまた、高い長期金利ももたらしたが、これはナラティブが生み出したインフレ期待を反映したものとなった。今日では、世界中でインフレ率は下がっており、長期金利は流行のピーク以来下がっている。この世界的なナラティブ流行の力学は、おそらくインフレと金利という二つの主要経済変数のエポック的なトレンド変化について、最高の説明を提供してくれるだろう。

賃金物価スパイラルナラティブの終わりは、金融政策の終わりと新しい人気思想の登場により告げられた。それが独立した中央銀行[5]と中央銀行によるインフレ目標[6]だ。独立した中央銀行は、組織化された労働が利用しようとした政治圧力から自由であるよう設計されている。インフレ目標は、政治勢力に媚びるよりも高い道義的見地からインフレを統制するよう設計された。

ここでの道徳的な側面はとても強かった。表面的には、賃金物価スパイラルは純粋に機械的なものに思える。だが多くの人はそれが、経営陣と労働者の貪欲な（不道徳的な）行動で引き起こされたと信じた。ドワイト・アイゼンハワー大統領は、このスパイラルについて１９５７年の年頭教書で言及した。

> ある特定集団が全国民を犠牲にして確保する一時的な利得よりは、国民的な利益のほうが優先されねばならない。……企業は値づけ方針において、無用な価格引き上げを避けるべきだ。特に現在のように、多くの分野での需要が供給不足に大きな圧力をかける場合にはなおさらだ。拡大する経済においては、もっと雇用を増やす新規投資のために適正利潤は不可欠となる。だが実業指導者たちは国民の利益の見地から、国民全体にとって不可欠だったり臨時的に必要とされたりするせいでのみ可能となる価格引き上げは断固として避けねばならない。……賃金交渉もまた、世間全般の権利を考慮し、技術改善の便益を分かち合うようにしなくてはならない。[7]

１９５７年のインフレ上昇はわずかなもので、１９５６年にはゼロ以下だったのが１９５７年には３・７％のピークを迎えただけだ。１９２０年の23・6％よりははるかに小さい。だがそれは、そこに伴う道徳的ナラティブのおかげで人々の感情を刺激した。１９５７年の『ロサンゼルス・タイムズ』論説がこの反応の典型だ。

> 我が国はどうしてしまったのか？　忍びよるインフレは、ダムや堤防の小さな割れ目のようなもので、それが染み込む水の力によって恐ろしいほどに大きくなる。我が国民経済における割れ目は貪欲により大きくなっている――一部大企業の指導者や労働組合の貪欲さだ。彼らは価格や賃金を引き上げ続け、お互いを非難し合い、どちらも現在の物価や賃金をこの水準で維持しない限り、我が国の経済が崩壊しかねない分岐点にあるのだということを立ち止まって考えようともしない。もはやすでに手遅れかもしれないのだ。[8]

大統領や首相が語り、ジャーナリストたちが公開してコメントするこうしたナラティブの説教ぶりは、アメリカをはじめ各国の中央銀行に、不景気の危険を冒してもブレーキを思いっきり踏み込む道徳的な権威を与えた。そして彼らはまさにそれをやり、お金をだんだん緊縮して、割引率は１９５７年10月にピークを迎えた。引退したばかりのニューヨーク連邦準備銀行総裁アラン・スプロールは１９５７年に、「社会全体のための経済的おまわりさん」としてのＦＲＢの仕事の難しさを嘆いている。彼はこの引き締め前の拡大についてＦＲＢが受ける非難について語っている。

そういうことだから、みなさんの連邦準備制度が、いかにイヤイヤとはいえ、費用や物価の上昇を支持することで、世間の愚行や民間の貪欲さを追認せねばならないときもあるのです。(9)

不正と不道徳ナラティブの群れの中でのインフレ

インフレが高いときには、多くの評論家はそれがアメリカの直面する最大の問題だと考えた。１９３５年に始まったギャラップ世論調査は繰り返しアメリカの回答者たちに「今日の我が国［またはこの地域］が直面する最も重要な問題は何だと思いますか？」と尋ねている。アメリカのインフレが最も高かった１９７３~81年には、一般に回答者の50％以上が「インフレ」「生活費の高さ」と答えた。こうした認識は世界の大半で普通のものだったようだ。

この見方を反映して、経済学者アーヴィング・Ｓ・フリードマンは１９７３年著書『インフレーションの脅威』で、インフレ増大が「世界中にパニック信号を送っている」と述べ、インフレ危機は１９３０年代の大恐慌に匹敵する大問題なのだと述べた。(10) インフレは「現代社会の仕組みを破壊し」ており、「国際金融システムが敵対勢力へと分断されるのを防ぐあらゆる努力を脅かす」という。(11)

各種の言説は、インフレを社会のある一部、労働組合か企業のせいにしたがっているようだった。人気ある全国コラムニストのシドニー・Ｊ・ハリスは１９７５年にこう書いている。

この種の話で苛立たしいのは、だれが悪者かはっきり見極めるのがむずかしいことで、悪者がいるかどうかさえわからない。……

だれかがウソをついているか、経済プロセス全体が筋が通らない。

労働者が「たくさん得すぎている」なら、どうしてほとんどの労働世帯はやりくりに苦労しているのだろうか？

もし雑貨屋が「不当利益」を得ているなら、どうしてみんな物価が上がると陰気になるのだろうか？

だれに責任があるのか？　だれも知らない。だから各部門はこの悪循環が他の部門のせいだと述べ、それぞれが自分の価格上昇について、自分たちの事業経費が上がっているからだと述べる。

消費が下がっているのに価格は上がり続けていて、市場はもはや価格をコントロールできないようだ。

古典的な「自由市場」の仕組みに変わり、何かよじれた新しい法則が働いているらしい。

何が起きているか理解できるほど私は経済学に詳しくない。ほとんどの人も同様だ。[12]

１９２０年代やそれ以前の話とはちがい、いまやインフレの背後には邪悪の源が複数存在している。各種の邪悪な事業者だけでなく、いまや邪悪な労働者というのもいるようになった。

１９９７年に私がアメリカ、ドイツ、ブラジルのインフレ危機について世論調査を行ったとき、最悪のインフレは収まったものの、人々がまだインフレを懸念している時期だった。私は一般社会の人々と、比較のために大学の経済学者とにアンケート調査をした。私の研究は、各国ごと、年齢層ごと、そして特に経済学者と一般社会の人々との間にナラティブの差があることを見出した。

　ほとんどの場合、経済学者は大した問題だとは思っていなかった。これは一般向けに書いていたアーヴィング・フリードマンとは異なる。一方、アメリカの消費者たちはインフレの原因について意見が分かれたが、それでもインフレに怒ってはいた。

　インフレの原因を尋ねると、一番ありがちな答えは「貪欲」で、次いで「みんな借金や融資が多すぎるから」というものだった。怒りの対象を具体的に尋ねると、アメリカの回答者たちは多い順に「政府」「メーカー」「店主」「企業全般」「卸業者」「重役」「アメリカ議会」「貪欲な連中」「機関」「経済学者」「小売り業者」「流通業者」「中抜き業者」「コングロマリット」「アメリカ大統領」「民主党」「大金持ち」「店舗従業員」（価格引き上げを余儀なくさせる賃金要求のため）、彼らの「雇用者」（自分たちの給料を上げないから）、「自分自身」（いろいろ無知だから）となる。[13]

　加えて、経済学者たちとちがって、世間一般は「賃金遅延仮説」を信じていた。これは、賃金上昇は永遠に物価上昇に追いつかないという発想であり、したがってインフレは生活水準に長くマイナスの影響を直接的に及ぼすというものだ。要するに、賃金物価スパイラルは、労働者の強引な要求がそれを継続させる限り、自分の経済状態が果てしなく下降し続けるという幾何学的な心的イメージを提供するものなのだ。

　ある意味で１９５７～58年不景気は、それまでの不景気とは根本的にちがっていた。それは大恐慌のような、買い手のストライキという特徴を持っていなかった。それどころか、奢侈品の販売はとても好調なままだった。怒りは「不当利益者」に向けられたりはせず、豪華な暮らしを特に恥じることもなかった。賃金物価スパイラルの話をする警鐘者たちは、金持ちに対する怒りに注目はしなかった。むしろ、先送り可能な日用品の販売のほうが低迷した。[14]

　同時に、世間は賃金物価スパイラルを止められるようなまともな政府政策はないということを感じ取った。以前の１９４９年、１９５３年、１９５７年の不景気は、インフレをちょっと下げたが、それはわずかなものでしかなかった。尾を引く大恐慌のナラティブは、世間に対してもっと大きな不景気によりインフレを抑えようとするのはリスクが大きすぎると示唆していた。その発想は、賃金物価スパイラルモデルの世間的な捉え方の一部なのだ。つまり、国民はその経済的な決断をすべて、インフレがますます悪化するという想定に基づいて行うべきだということだ。

インフレに怒る

手に負えない消費者物価インフレは、歴史的に何度も起きたし、この現象は常に怒りを引き起こした。購買力が失われるのはいつだってきわめて頭にくる。だが問題は、世間はその怒りをだれに向けるべきか、ということだ。インフレに関する怒りのナラティブは、各インフレ期の状況を反映する。こうしたナラティブを検討することで、インフレの影響とその時間変化を見ることができる。

　インフレの最も極端な例は、戦争中に起こることが多い。政府が苦境に陥ると、戦費をまかなうほど素早く徴税できず、お金を増やすために仕方なく印刷機に頼ることになる。だがその話が共鳴せず、世間は何が起きているか見えなかったりわからなかったりする。つまりインフレを政府のせいにするナラティブは戦争中は感染性がないかもしれない。人々はむしろ他の人のせいにしたがる可能性が高い。みんなが戦っているのに安全に家にとどまっている実業家たちは、ナラティブの自然な標的になる。

第17章では、第一次世界大戦中とその直後に「不当利益者」という言葉が驚くほど流行したのを見た。人々は戦争で儲けた一部事業者に大いに怒った。その結果として過剰利益税が課せられた（これは第一次世界大戦だけでなく第二次世界大戦でも起きた）。戦争中に儲ける人々への怒りは反復的なナラティブで、20世紀に限ったものではない。たとえばアメリカ南北戦争（1861～65）でも、戦争で儲けた人々への怒りはあったが、大儲けするためにインフレを作り出した実業界の大物に向けられはしなかった。ナラティブがちがっていた。たとえば、1863年2月22日に行われた、コネチカット州リッチフィールドにおけるファースト・コングリゲーショナル教会でのジョージ・リチャーズ牧師による以下の説教を見てみよう。

> 強欲な投機家に比べて、公職にある者もすでに辞めた者も、飢えた狼のように死体で満ちた戦場をうろつき、手に入るあらゆるものを盗み――国の宝を奪い――キャンプの貯蔵庫から貪り――病院の負傷者から奪い――死にゆく者たちのわずかな喜びを懐に入れ、死者から身ぐるみ剥ぐような真似をした連中はどうでしょうか[15]！

1917～23年のドイツハイパーインフレ期には、インフレ率は天文学的だったが、これは戦争のせいではなかった。マルク建て物価は一兆倍にも上がった。だが多くの人は、インフレを引き起こしている主要な要因を見つけられなかった。当時ドイツを訪れたアメリカ人経済学者アーヴィング・フィッシャーによれば、ドイツ人たちがお金を刷りすぎていた自分たちの政府を責めていなかった。フィッシャーはこう書く。

> ドイツ人たちは商品が値上がりし、アメリカの黄金ドルが上がっているのを見た。彼らは我々（アメリカ）が何やら世界の黄金を独占し、黄金にとんでもない価格を要求しているのだと思っていた。[16]

本書執筆時点だと、アメリカで労働組合が強さを回復し、世間の支持も回復してきたという兆候が少し見られる。賃金物価スパイラルのナラティブは再発する様子がない。アメリカなどのインフレは異様に落ち着いている。だがインフレがじわじわ高まれば、このナラティブの変異版が登場しかねない。人々は何度も買い物を繰り返しているから、消費者物価を注意して見ている。賃金物価スパイラルのナラティブや、その主題の変種は、再びインフレゲームで他を出し抜こうとする経済アクターの衝動を作り出しかねない。その試みの中で、ナラティブのミックスに道徳的な側面を持ち込もうという熱意が生まれかねない。インフレで真に邪悪なだれかがいて、それがあるセレブや階級に代表されると思われるのだ。

反復性ナラティブ：まとめ

本書第3部における九つのナラティブ群一覧は、経済をバブルやその崩壊へと導いたナラティブの力をかいま見させてくれる。この一覧から見られる広範な教訓の一つは、ナラティブ風景がすさまじく複雑だということだ。消費者景況指数といった世論の単一の指標はどれも、経済の「強さ」を総括するものにはならない。ある時点で表面化している各種のナラティブは、生物学のたとえで言うなら、多くの細胞受容器と信号分子を持っている。現代の通信手段は、新しくちがう形の流行が可能だということだし、経済予測は多くのちがうナラティブに密接に注目する必要がある。未来の予測は、手に入るようになってきたデータへの新たな注目を必要とする。これを第4部で論じる。

第4部

ナラティブ経済学の将来

第19章 未来のナラティブ、未来の研究

病気の疫学を見ると、古い流行の貯蔵庫が変異したり、環境変化に対応したりして、新しい感染の波を引き起こすにつれて、古い感染の変種が繰り返されることがわかる。新種のインフルエンザと、新たなインフルエンザ流行が登場する。同様に、本書で論じたナラティブの多くはまた流行し、時間がたつにつれて弱まり、そして再興する。そのタイミングは予測不能だ。仮想的なビジネス「サイクル」とはちがい、ナラティブは定期的な間隔で再発したりはしない。

本書の研究は、過去の強力な経済ナラティブを明らかにしたが、それらは今日ではおおむね不活性で、時にはほとんど忘れ去られている。だが完全に忘れられてはおらず、強力な物語を探す人々はそれを再発見するかもしれない。ナラティブ群が変わり、新しい文脈を提供し、それにより古いナラティブの感染率を高めて、その発想を時に長い時間がたったあとで大流行にするかも

しれない。

本書で私は、一段落丸ごともある引用を異様なほど多用している。それは読者に、影響力を持ち、同じ言葉で繰り返されたら再び影響力を持ちそうな過去のナラティブについて、歴史的な感覚を示したかったからだ。ジョークや歌と同じで、効果的なナラティブは、単語とその語り口がちょうどよくなければいけない。

経済的な事象の予測となると、ナラティブが経済に与える影響理解について厳密な科学は存在しないということを、嫌でも思い知らされる。だがそうした理解に貢献しそうな、厳密な研究手法はあり得る。小説や交響曲をどう評価すべきかという厳密な科学はないが、そうしたものに関わる人々にインスピレーションを与える情報を提供するような厳密な手法は存在する。実際にはほとんど中身のない理論に厳密さの印象を与えるために、科学的な意匠を使った経済についてのいい加減な議論が持つ「魅惑的な魅力」は避けねばならない[1]。基本的には人文学的なアプローチを使っているときにでも、真の科学的な手法は念頭に置く必要がある。

将来の経済ナラティブについてと、そうしたものについて必然的に不完全とはいえ、もっとよい理解を可能にするような方向に研究を導けるかについて、本書の分析から得られるいくつかの示唆を挙げてみよう。

形と状況の変化

「経済の強さ」に関するそのときごとの知覚は、ナラティブ、特に他に人々の不安ナラティブ

（第10章で述べた）に左右される。つまりお互いを出し抜こうとしているときには、楽観的なナラティブは減るということだ。あらゆるナラティブは独自の内部力学を持ち、この「強さ」は幻想でしかないかもしれない。２００７～09年大不況では、不安の急増と１９２９年株式市場大暴落ナラティブの復活が見られた（第16章）。同じことが、ナラティブのちょっとした変異や状況変化の結果として起きかねない。

「ジョーンズ一家に後れを取るな」ナラティブ（第11章）は執筆時点のアメリカではことさら強いようだ。ドナルド・Ｊ・トランプ大統領は、派手な暮らしのモデルだ。さらに、飢えた家族への鷹揚さも減っているらしい。トランプが大統領になる前でさえ、アメリカの基本的な生活要件への慈善寄付にははっきりと減少傾向が見られた。インディアナ大学リリーファミリー慈善学校での研究は、２００１年から２０１４年にかけて、インフレ補正済みの基本的生活要件に対する実質慈善が29％減ったことを示している。[2] こうした慎みと同情ナラティブの減少は、世界の新興諸国を助けようとする意思の低下にもつながる。

知的機械ナラティブ（第13章と第14章）は相変わらずよく話題にのぼるが、現状ではあまり経済的な影響を持たないようだ。機械は執筆時点ではあまり恐ろしいと思われていないが、所得格差や失業について何か悪いニュースが出てくれば、このナラティブの恐ろしげな変種の流行は再発しかねない。ロボットについての懸念の急増は以前にも起きた。ProQuest News & Newspapersで、「ロボット」「雇用」の両方を含む記事を探すと、２００７年の後半から２００９年前半までに、記事の数は3倍になったことがわかる。全米経済研究所（ＮＢＥＲ）によると、２００７年12月は大不況前のピークの月であり、不景気が終わったのが２００９年6月だ。

新技術は感染率と回復率を変える

情報技術のめざましい変化は歴史上何度も起こり、感染率と回復率を変えてきた。中国の初期の印刷書籍発明、15世紀のグーテンベルクによる印刷機の発明、17世紀ヨーロッパの新聞の発明、19世紀の電信と電話の発明、20世紀のラジオとテレビの発明、そしてインターネットとソーシャルメディアの台頭は、感染の性質を根本的に変えたが、今日に至るまで、こうした発明が感染に与える影響の系統立った定量研究は行われていない。

ソーシャルメディアと検索エンジンは感染の根本要素を変える可能性を持つ。これまでアイデアはランダムで非系統的な形で広まった。ソーシャルメディアのプラットフォームは、極端な見方を持つ似た者同士がお互いを見つけ、その異様な信念をさらに相互に強化するのを可能にする。感染はファクトチェッカーにより抑えられたりはしない。これに対し、インターネットとソーシャルメディアはアイデアが中央統制つきで広まるようにできるし、しかもその統制があまり見えないようにできる。ソーシャルメディアや検索エンジンの設計者は感染の性質を変える能力を持っているし、社会はますます、インターネットの悪用とフェイクニュースの拡大を抑えるために、そうした介入を求めるようになっている。

だが感染率に影響する要因は通信技術の変化だけではない。必ずしも最大の要因ですらないのだ。

文化的要因も作用する。歴史は、おそらく感染の性質に影響するような対面型の対話の変化を示している。たとえば１８００年代には、文学はサロンや家族《ファミリー》サークルで朗読されるもので、これは19世紀半ばには特に普及していた。サロンや家族サークルでの朗読は、どちらも20世紀に入りかけると消え始めた。『ワシントン・ポスト』は１８９９年こう報じている。

> 子どもに対する家族サークルでの朗読――これは実に急速に失われた技芸となりつつある。かつての時代に、どれほど多くの子どもたちがこの習慣により楽しみ、学んだことだろう。そして昨今ではこれにより楽しみ学んだ子どもは何と少ないことだろう。いまや子どもたちは、読み方を教わってからは、印刷された言葉をすばやく黙って読むだけの大群に加わるのだ。ほとんどの両親は疑問の余地なく、音読して息子や娘を教育するだけの時間を割くには忙しすぎるし、子どもが大きくなれば、いろいろやることが多くなりすぎて、単純に聞くだけに時間を割く余裕もなくなる。もし尋ねられたら、彼らは言うだろう。「何の役に立つんだよ。好みがちがうし、ここにすわって聞かされるのに使う時間のごく一部で、読みたいものを自分で読めるじゃないか[(3)]」。

だがサロンと家族サークルが消えるにつれ、雑誌クラブやブッククラブが盛んになって20世紀まで続いた。

ナラティブの拡大を変えた別の文化要因は、若者のためにメンターを提供するという国際運動だ。この動きのルーツは１９０４年に始まったビッグブラザー運動（現在はＢＢＳ運動）にさかのぼり、後に１９８０年以来、一種の流行へと分岐する。成功した、あるいは社会的に熱心な人々と定期的にやりとりをしたりすると、若者がメンターたちの人生物語や、メンターが同じサークルの他の人に語る物語から何らかのアイデンティティ感覚を引き出せるようにする。[4] メンタリング集団は、そうした物語のオーナーシップをほとんど感じたことがないかもしれない、女性や少数民族には特に有効だ。[5]

二つの新しいフレーズ、インフルエンサー・マーケティング（２０１５年から）とソーシャルメディア・マーケティング（２００９年から）が人気を博しつつある。マーケティング企業、特にshareablee.comやhawkemedia.comは、インフルエンサー・マーケティングを提供し、マーケティングされるのを容認するインフルエンサーや、ソーシャルメディアでいっしょにマーケティングできるインフルエンサーを系統的に探し出している。そうしたサイトはプロモートされた物語やアイデアの感染率を高めるはずだ。

情報技術が人心に影響する経済ナラティブの送信に影響するにつれ、それがさらに進んで個人が使う最終的な意思決定プロセスの一部を置き換えることも考えられる。たとえば、いくら消費していくら貯金し、いくら株式市場に注ぎ込んでいくら他の投資に回すべきかをアドバイスしてくれる、ロボアドバイザーはすでにある。最初のロボアドバイザーは、１９９６年のウィリアム・シャープのフィナンシャルエンジンだ。その後、シュワブインテリジェントポートフォリオ、ベターメント、ウェルスフロントといった自動化アドバイザーが大量に登場した。また目標日ファンドなど、自動的に長期投資家のポートフォリオを、退職の目標日にあわせて自動的に最適化するものも登場し、これは２００７年頃に注目されはじめた。アルゴリズム取引の応用はほかにもたくさんある。

それでも今日、プログラムを書くのは人間だし、最終的な根本判断をするのも人間だ。いつの日か人間は、人生の決断を大量に機械に委ねるかもしれず、その場合の経済プロセスは根本的に変わるかもしれない。だがその日はまだ当分先の可能性が高い。

モデル化技術が人間のコミュニケーションに与える影響は、経済ナラティブ拡散の背後にもっときちんとした科学があれば、追跡しやすくなる。すでに私たちのモデルは、こうしたナラティブとその影響を予測するのは容易ではないことを示している。たとえば流行の最終的な規模は、感染パラメータが増えたのと同じだけ回復パラメータが増えたら変わらないかもしれない。むしろ流行がすばやく起こるだけだ。感染の定式化モデルを経済モデルに組み込んで、こうした技術の影響を理解しなくてはならない。

ナラティブ経済学研究の未来

もし過去に人々を何度も不意打ちしてきた大規模な経済事象について根本的な理解を得たいのであれば、学問として完璧ではなくて、いまだにある程度は人間の判断が必要だとしても、そうした事象のナラティブ的な要素を研究するための科学手法を持つことがとても重要だ。さもないと、この分野はこの取り組みすべての評判を落とすだけの予測屋や予言屋ばかりに任されてしまう。

経済研究は、人々が経済生活についてお互いに、あるいは自分自身に語る物語を強調してこなかった。研究は、ナラティブという形で登場する明確な意味合いをすべて考慮しない。通俗ナラティブを考慮しないことで、主要な経済変化の有効かもしれない説明をも見逃すことになっている。

20世紀の新聞を検索して、不景気が始まりかけている時点での説明を調べてみると、ほとんどの話は究極的な原因よりは先行指標についての話だというのがわかる。たとえば経済学者たちは中央銀行の政策や景況指数、在庫水準を持ち出そうとする。だがそうした先行指標の変化がどうして生じたのかを尋ねると、通常は何も言えない。通常はこうした変化の説明になるのはナラティブの変化だが、時代を通じて最も影響力あるナラティブは何かという専門的なコンセンサスはない。経済学者たちは、重要そうで予測に関係しそうな通俗ナラティブを耳にしても、それを持ち出すのは嫌がる。というのもそのナラティブの唯一の情報源は、盗み聞きや友人やご近所の話だけだからだ。似たようなナラティブが過去の経済事象にも存在したかは、知りようがないのが通例だ。だから分析の中ではナラティブ変化にまったく触れず、まるでそれが存在しないかのようにふるまう。

すでに今日、手に入るデジタル化文書の単語やフレーズを数えることで、通俗経済ナラティブについてある程度のことは学べる。だが時間の中で組み合わさり、再構成されて大規模な経済事象を引き起こす、競合ナラティブの強さを計測する組織的な研究は不十分だ。人工知能はこの面で役に立つ——特に構造化されていないデータについては。本書第3部で述べた反復ナラティブは作業中の研究であり、真に重要なナラティブすべての最終的かつ網羅的な定量化ではない。

ナラティブ経済学をめぐる研究はすでに始まっており、まちがいなく続くが、そうした研究は今後十分な規模で行われるだろうか？　ナラティブ経済学についての重要な研究は、大量で増え続けるデジタルデータをどこまで効果的に使えるだろうか？　ナラティブ経済学は、経済危機が始まったり手に負えなくなったりする前にそれを予測できる、もっと優れた正確な経済モデルを構築するのに役立つだろうか？　先に進むには、もっとよいデータを集め、データからの教訓を既存経済モデルに組み込む重要性を認識する必要がある。今日では経済学にとって周縁的だと考えられている問題を研究し、ちがった視点を持つ経済学者以外とも共同研究をする必要がある。たとえば、数理疫学といった他の分野からの数学的洞察を組み込んで、経済学と人文学とのつながりを創り出せる。使えるデータの量を拡大して、多くの経済ナラティブをいっしょに研究しなくてはならない。予測モデルにおいて、ナラティブ流行の変化を考慮しなくてはならない。

経済理論におけるナラティブ経済学の位置づけ

第3章で見たように、ナラティブ経済学は長いこと無視されてきた。これはおそらく、ナラティブと経済的な結果との関係が複雑で、時間とともに変化するからという理由もある。さらにナラティブが経済に与える影響は、ジャーナリズム界隈ではいつも話題になるが、学術的な厳密さの要求はまったく満たしていない。ナラティブのジャーナリズム的な記述に関する世論は、強気の経済予測が結局まちがっていたために、評価が下がってしまったかもしれない。

加えて、経済学者は昔から、人々はあらゆる情報をすべて使い、きちんとした効用関数に基づいて、合理的な期待により一貫した最適化を行うと想定してきた。すでに述べたように、この理論はいくつか明らかに重要な現象を無視している。ありがたいことに、過去数十年の行動経済学革命は、経済学研究を他の社会科学研究に近づけてくれた。もはや経済学者は、人々が常に合理的にふるまうと常に想定したりはしない。

一つ広範で重要なイノベーションは、行動経済学の洞察に基づいて政策立案を行う経済シンクタンクの創設だ。こうしたシンクタンクは、２０１０年イギリス政府の行動洞察チームに続いて「ナッジユニット」と呼ばれている。リチャード・セイラーとキャス・サンスティーンが２００８年の著書『実践 行動経済学』で広めた発想を利用して、こうしたユニットは人々を、強制なしに不合理な行動から離れるよう「ナッジ（後押し）」するように政府制度を設計し直そうとする。ＯＥＣＤによると、いまや世界中でこうしたユニットは２００個近くあるという。[6]

私は、変化する経済ナラティブを認識して活用するために、各国指導者がすでに使っている直感的な判断の一部を定式化するよう提案したい。指導者たちは、まちがった、誤解を招くナラティブには肩入れせずに、それらに反対する道徳的な権威を確立しなくてはならない。最初の一歩はナラティブの力学を理解することだ。次の一歩は、ナラティブ流行を考慮した政策行動を設計することだ。政策担当者は、もっと合理的で公徳心のある経済行動を確立するような、対抗ナラティブをつくり出し広めるよう努力しなくてはならない。対抗ナラティブは、もっと感染力のある破壊的ナラティブよりも効果を発揮するのが遅くても、いずれは有害ナラティブを矯正するものになる。

たとえば第10章で指摘したように、アメリカ大統領フランクリン・デラノ・ローズヴェルトは大恐慌どん底の１９３３年３月４日就任演説[7]で人々に、恐怖を抑えてお金を使おうと頼んだ。初の炉端おしゃべりは１９３３年３月12日だったが[8]、道徳性に訴え、銀行が再開したときも必要以上のお金を引き出さないようにと頼んだ。もし非道な人々が、社会的な良識なしに経済を破壊したら何が起こるかというナラティブを、彼は展開していたわけだ。おそらくローズヴェルト大統領の要求はうまくいったのではないかと推測される。それが道徳的な基準に基づくものだったからだ。

彼のおしゃべりはおおむね、アメリカ経済の底打ちと同時期だった。だが、当時のナラティブがずばりどれだけ力を持っていたかを定量化する方法がない。人々が1933年に何を言っていたかについて、経済学者がもっとよいデータを集め、もっと分析を行っていれば、もっと多くのことがわかったかもしれない。もし彼らがそれをやっていれば、そうした道徳に訴えるナラティブを今後どのようにフレーミングすべきかについて、もっと理解が進んでいたかもしれない。

ナラティブを経済変数の予測に使うときの問題は、ナラティブに関する人間の判断や言説は、政治化され感情的になる傾向があることだ。学者が一般ナラティブを研究し、それを感染性にする中核要素だけに注目したら、どうしても政治的、あるいは宗教的な論争で片方に肩入れしていると糾弾されてしまう。多くの専門経済学者は党派性を排除しようとするので、定性的な観測ではなく定量的な観測に依存したがる。だが現在の情報技術を使えば、経済学者たちは自分で経済ナラティブに関するデータを集め、その本質的な意味の要素に注目しつつ、単に言葉だけに過剰に注目することなしに、ナラティブの伝搬をモデル化できる。もし定量的な厳密さを維持すれば、ナラティブ流行を経済科学の一部にできる。

経済ナラティブについて党派的でない議論ができるのかと疑う人もいるだろう。だがもし慎重で礼儀正しければ、経済ナラティブの流行について非党派的な形で話せるはずだ。ほとんどの人は非党派的な形の発言がそれなりにできるし、必要な場合にはそれを実践している。無党派性を重視するあまり、経済的な変化をもたらす一部の考えや情緒の研究を除外する必要はないはずだ。

経済研究はすでに、経済に対するナラティブの影響を理解する優れた定量手法を見つける途上にある。テキスト検索は小さいが拡大しつつある分野だ。ＮＢＥＲワーキングペーパーのデータベース検索をすれば、「テクスト分析」というフレーズを含む論文は１００本に満たない。経済学者はテクスト分析を使い、政党支持の変化（Kuziemko and Washington, 2015）、政治的な極端化（Gentzkow et al., 2016）、ニュースと投機的な価格変動（Roll, 1988; Boudoukh et al., 2013）を記録している。ずっと多くのことができる。たとえば経済学者たちは歴史分析を、個人の日記、説教、個人の手紙、精神療法家の患者ノート、ソーシャルメディアのデータベースへと広げられる。

変化するナラティブについてのよい情報集めはいますぐ始めよう

経済学者たちはナラティブについての時系列データ収集にもっと真剣に取り組み、他人の言葉を受動的に収集するだけでなく、意味と目的を明らかにする実験に手を広げるべきだ。実に大量のデジタル化データがいまや存在していて、想像力がたじろぎそうになるほどだ。それでもこの莫大なデータ集合は、毎日行われるさらに莫大な人間コミュニケーションの宇宙に比べればほんの小さな一部でしかなく、そうした宇宙のほとんどはきちんとサンプリングもされず、記述もされず、理解もされていない。

こうしたデータ収集が何十年にもわたり一貫性のあるベースで維持されるのが重要だ。そうすれば今後、大きな影響力のある公的ナラティブの時間を通じた比較ができるようになる。こういったプロジェクトを実施するインセンティブはこれまで比較的小さかった。というのもそれをやっても、目先の見返りがまるでないからだ。むしろほとんどのナラティブデータ収集は目先の関心、たとえば特定製品のマーケティングや次の選挙結果予測などにばかり注目している。

またそうした一貫性ある長期データ収集に創造的なエネルギーを適用するのが重要だ。人とその行動、思考を理解するためには、精神分析家や哲学者の協力さえ必要になるかもしれない。

こうした二つのニーズを、時間を通じて創造的に組み合わせるのはむずかしいだろう。だがナラティブ経済学を本当に進歩させたいなら、やらねばならない。

第一歩は既存検索エンジンを改善し、ナラティブ発生の時間変化をもっとうまく計測できるようにすることだ。検索エンジンは、総ヒット数推計をどう決めているか正確には教えてくれない。だから研究者たちが参照数を数えようとすると、変な結果がいろいろ出てくる。たとえばグーグルの検索エンジン手引きによれば、フレーズを検索するときには、そのフレーズを引用符に入れることで、検索をその単語の語順どおりに並んでいる場合だけに限定できると述べる。だが時には、フレーズを引用符に入れると、引用符なしの場合に比べて検索結果数が増えてしまう。グーグルのスポークスマンによると、引用符に入れたフレーズのヒット数が増えるのは、引用符があるとグーグルがデータベースを「もっと深掘りする」からかもしれないと言う。[9] そうした深掘りが、結果数の精度を犠牲にしていないか確認する必要がある。グーグルNグラムはフレーズを数え、その結果数の時間変化を比較するよう設計されているが、Nグラムなどの検索エンジンをもっと改良すれば、利用者が時間を追ったヒット数を正確に比較できるはずだ。

加えて、経済ナラティブに関する時系列データを少なくとも年に一度、理想的にはもっと多く収集すべきだし、しかも中断なしに何十年も今後それを続け、さらに複数の国や言語で行うべきだ。そうしたデータ収集活動は、以下のようなものを含めるといいだろう。

1．定期的な集中インタビューを行い、彼らの経済的意思決定に関連した刺激質問への応答として物語を話してもらうようにする。 指示書では、回答者たちに現在の環境において興味深かったり原因を示唆したりするような物語を語るように求める。これはシャーリーン・キャラハンとキャサリン・Ｓ・エリオットが主張する「研究手法として聞くこと」であり、[10] マイケル・ピオレが提唱する「定性的研究」だ。[11] 一部の研究者たち、特にアラン・ブラインダーらはこうした研究を実施し、[12] 値づけについての決断をどうやって行ったかについてトップ重役にインタビューを行ったし、またトルーマン・ビューリーは経営者に賃金設定について尋ねた。[13] さらに多くの研究者たちはナラティブを研究し、財政政策や金融政策を決定する人々の動機を推測しようとしている。[14]

集中インタビューは、現在の行動に関連した彼らの理解や物語に注目するように尋ねる個人インタビューだ。グループインタビューは、１９２０年代に研究ツールとして使われるようになり、ロバート・Ｋ・マートンとパトリシア・Ｌ・ケンダルにより１９４６年にしっかりした基盤を与えられた。[15]

残念ながら、こうした研究者たちはこうしたインタビューを1回限りの出来事として行い、回答や物語が歴史を通じてどう変わったかという長期的な時系列情報を集めようとはしなかった。もしそうしたデータが集められていたら、物語すべてが長期の時系列データとしてデジタル化され、将来のテクスト分析のために保存されていたことだろう。そうすればそのデータは、主要経済データ収集に加えられたはずだ。そうしたものは、ミシガン大学社会調査研究所における所得力学パネル研究や、連邦準備理事会の消費者支出調査、イェーテボリ大学によるスウェーデン家計市場・非市場活動データベース（ＨＵＳ）などを含む。時間を通じて一貫した研究環境を維持することで、時間ごとの比較もできるようになるが、刺激の一覧は時間が経ち、関連する新しい言葉や概念が登場するにつれて補う必要があるだろう。他の調査とのオーバーラップも出てくる可能性が高い。たとえば国際社会調査プログラムなどが国際的に行っている調査だ[16]。新しい活動は、今日までシカゴ大学総合的社会調査[17]（ＧＳＳ）が行っているものや、ミシガン大学社会調査研究所が行っている作業[18]をはるかに超えるものになりえる。これらはこれまで多くの目的のために有益だった。

2．ちがった社会経済集団のメンバーとの定期的なグループインタビューを行い、経済ナラティブについての実際の会話を引き出す。グループインタビューは、人々のグループに対して行う集中インタビューだ。グループインタビューは、ナラティブ経済学にとっては特に重要だ。というのもそれは、ナラティブの流行の根底にある、まさに人間同士の感染を刺激する環境を作り出すからだ。グループインタビューは、重要でよく使われる研究手法で、マーケティング関係者が様々な人口集団の人々が、製品や政治候補者についてどんなことを言うか学ぶのに使われる。

　グループインタビューでは、研究者は人間社会で実際の集団を代表しそうな人々を集める。参加者は通常、年齢が同じくらいで、同じ地理的地域に住み、社会的な集団のまとまりを左右する要素が共通している。似たような人々を集めることで、研究者は不自然な集団において通常の会話を阻害しがちな「政治的正しさ」の障壁をなくそうとする。

グループインタビューのリーダーは、研究の主題に関連した刺激語についての話を促進して、会話を記録する。グループインタビューの実施は、インタビュアー側の人間的な判断を必要とする。それは科学であると同時に技でもあり、人々になぜ自分が何かをやるのか、なぜある信念を抱いているかについて、考えて語らせるという技が必要となる。

グループインタビューはつまり、アイデアの感染について本当の観察ができる実験的な状況だ。よく行われるとはいえ、グループインタビューの研究者たちは、経済変化の原因を学ぶために何十年にもわたる大量データを提供してくれないのが通例だ。経済ナラティブの場合、グループインタビューの参加者は、株式市場、銀行、失業者、貯金の本当の理由、将来の自分や子どもたちの経済的福祉に影響しそうな政府行動、といった単語やフレーズに反応するよう言われたりする。グループインタビューの記録ビデオはデジタル化され、将来的にはスキャンされて顔認識や感情分類アルゴリズムなどで分析することも考えられる。

グループインタビューは、現在では世間的な理解や動機の研究における有効なツールとして認識されている。グループインタビューにも批判者はいる。[19] きちんと運営されないことが多いからだ。だがきちんと実施すればきわめて役に立つ。しかし経済学者たちは、その利用をきわめて嫌ってきた。経済学とファイナンスは、グループインタビューの利用が最低の分野だ。2010～19年の10年間で「グループインタビュー」という用語を含んでいるのは、経済学の学術論文のうち0・04％、ファイナンスの学術論文では0・02％だ。グループインタビュー手法は、マーケティング科学の実務家たちが主に開発して、標本抽出、誘導、実験の面でずっと改善されているにもかかわらず、こうした状況になっているのだ。[20]

本書第8章の主張の一つは、ナラティブの経済的影響力は、ナラティブと時代精神の詳細に応じて変わる、というものだ。明らかに首尾一貫しない例はいくつか見た。第一次世界大戦の勃発で株式市場は崩壊したが、第二次世界大戦の開始で株式市場は高騰した。１９２０年代アメリカにおける「でかいアカの恐怖」と関連した爆弾事件は、経済活動低下と関連していたが、２００１年の９・11同時多発テロは、大量の支出と不景気の終わりにつながった。想定や情緒、忠誠心に的をしぼった、時節を得た適切に誘導されたグループインタビュー群があれば、なぜ人々がそのように行動したかについて、もっとよい理解を与えてくれたかもしれない。

3. これまで長年にわたり、他の目的で行われてきたグループインタビューの歴史的なデータベース。 現在はコーネル大学にある、ローパー公共政策研究センターが提供する世論研究アーカイブ[21]は、１９４７年以来、世論調査の回答のデータベースを集めてきた。ここにはギャラップ世論調査データ収集も含まれている。だがこのアーカイブは、意見を求める個別の質問ごとに答えをまとめているが、質問は時間を通じて変化するし、またアンケート票も変わって、同じ調査の中の他の質問との関連で、意味合いも変わりかねない。それは回答者自身の言葉やその独自のイノベーションを通じた思考には耳を傾けない。このアーカイブは有用だが、どの要素が感染性だったかを理解するのは困難だし、そこから思考変化を判断するのもむずかしい。

世界中でグループインタビューを行っている人々に、ナラティブ変化を理解するのに関係しそうな過去のグループインタビュー結果を共有してもらう巨大データベースがあるべきだ。経済ナラティブに関係しそうな過去のグループインタビュー結果を共有してくれるように頼むのだ。このデータベースの管理者は、参加者に対して行われた過去のプライバシー上の約束を適切に尊重しつつ生データを公表する許可も求める。そして管理者たちは何とかして（かなりの難題！）、こうした過去のグループインタビューを、コンピュータ検索可能な時系列データに最も近いものへとまとめ、研究者たちはそのデータを使い、個別ナラティブについて私が新聞や本について本書で行ったように、流行曲線をプロットするのだ。

4. **説教のデータベース。**何千もの宗教組織、教会、シナゴーグ、モスクなどは、古い説教（デラーシャ、クトゥバなど）の記録を持っているはずだが、データベースは歴史的研究よりは、説教の準備のために設計されたようだ。説教が重要なのは、それが人生における深い意味を求める中で、道徳的価値観に触れるからだ。こうした道徳的価値観や、何が正しく何がまちがっているかという価値判断の変化は、経済的意思決定の変化にまちがいなく関係している。

5. **個人の手紙や日記をデータベース化し、デジタル化して検索可能にする。**すでにこうしたデータベースの萌芽はあるが、遺族に対して物故者の日記をそうしたデータベースに寄付するよう奨励する、もっと決然とした活動を行おう。既存データベースは、世界人口のランダムなサンプルに基づいておらず、それに関連した個人情報もないようだ。ある特定目的の研究で集められた寄せ集め、たとえばある一つの戦争研究や単一の国の社会問題に関する研究のためのものだったりする。それでも役には立つが、もっとよいサンプリングをすれば、もっと広い人口に結果を一般化する方法についての知識を改善できる。

右に挙げたデータ収集はどれも、すぐに学術研究の道具に使えるほどの規模を実現する見込みは低い。こうした研究の果実が得られるのは遠い未来であり、そうしたリソースについての判断を形成するのはあまりに困難だ。「論文を出すか、消えるか」という圧力の下にある個人による学術研究は、数十年ごとくらいには起こるが生涯に二度はないかもしれない、比較的珍しいながら深刻な不況や金融危機の理解を深めるようなデータ収集を始める可能性は低い。

多くの調査組織は、右の願望一覧で挙げたデータの一部は集めている。そうした組織には時間を追って系統的かつ一貫性を持ってそれを続けるような予算をつけるべきだ。私は小規模にそうしたデータを集めており、１９８９年以来、個人と機関投資家たちに対して株式市場についてのアンケート調査を行ってきた。類似の調査は日本と中国でも行われている。またカール・ケースと、現在はアン・キンセラ・トンプソンと私は、１９９３年以来戸建て住宅について、アメリカ住宅購入者とその市場についての認識に関するアンケート調査を行ってきた。初期の調査は全米科学財団の支援を受け、後の調査はホワイトボックス財団とイェール大学経営大学院の支援を受けた。こうした調査のアンケート票は、回答者が少し文章を書けるような自由回答式の質問を含んでいる。質問はかれらに対し、自分の動機についての考えを刺激するよう設計されており、その回答が永遠に分析できるようになっている。こうした調査プロジェクトを開始して以来、私は他の調査組織が、時に類似の狙いを追求しようとして、中断してしまうのを見てきた。SurveyMonkeyやQualtricsのような新しい調査ツールは、調査の氾濫をもたらしているが、長期にわたり追求される一貫性ある戦略は生んでいない。

本書執筆時点では、何十年にもわたり、経済ナラティブ力学の真に包括的な研究を可能にするような形での歴史的データの定期収集について、あまり支援があるようには見えない。

ナラティブの追跡と定量化

今日の研究は、ナラティブの追跡と定量化の面で改良が必要だ。研究者たちは、しばしば対立するナラティブや、濃淡や重複のあるナラティブ群への対処に苦慮している。最も簡単な疫学モデルですら、万人に到達するナラティブはないことを示している。さらに、ある特定ナラティブの拡大はほとんどがランダムかもしれない。言葉の意味は文脈によるし時代とともに変わる。物語のヴァイラル性を左右する真の意味合いも、時代とともに変わるし、長期的な追跡が困難だ。

また因果と相関を区別するという永遠の課題もある。経済行動と関連したナラティブでも、そうした行動を単に報じているだけのものと、経済行動を変化させるナラティブをどう区別すればいいだろうか[22]？

経済研究者たちは、あらゆる文学における基本的な物語を一覧にしようとした文芸理論家たちを悩ませてきたのと同じ問題と格闘しなくてはならない。彼らは何がそうした物語を定義づけ、感染性を持たせているのかを抽出しようとしている（第2章参照）。歴史のあらゆる時点で、感染性の物語はたくさんあるので、それを整理するのはむずかしい。文芸研究者たちは、単にそれが日常生活でお馴染みだからというだけでよく見かけるような物語の細部に囚われるという危険にさらされている。また、物語一覧が時間を通じて変化するのを説明するという困難にも直面している。

ありがたいことに、意味情報と記号論の研究が進んでいる。たとえば機械翻訳は、コンピュータが文脈、つまり隣接する単語を見て単語の意味を選べるようにする。利用者が「南アフリカで一番長い川は？」と尋ねると、Siriは直接言葉で回答する（「南アフリカで一番長い川はオレンジ川です」）。こうした検索はいまや世界中で確立しつつある。

だが意味論的な検索は、人間の心がナラティブを理解する能力に達するまでにはかなりかかりそうだ。それまでの間、研究者たちはナラティブを読んで、それを基本的な感情的駆動力に基づき分類定量化するという明示的な指示をうけた、複数の研究助手を使うことで、ナラティブ研究を定量化できる。心理学、神経科学、人工知能の進歩もまた、ナラティブ経済学における構造の感覚を改善してくれる。alexability.com（アレクサンドリア）、alpha-sense.com、prattle.co、quid.comは、公的文書やメディアのインテリジェント検索を提供し、共有ナラティブについての情報を整理するのに役立てる。

研究手法が進み、ソーシャルメディアのデータが溜まるにつれ、経済学でもテクスト分析の勢力が強まる。それにより、いまだに影響力を持つ１９３０年代型の所得消費フィードバックやケインズ式乗数のモデルを超えて、経済事象を動かす各種のフィードバックに迫れるようになるかもしれない。また、私たちが経験してきた意図的な操作やごまかしも見分けやすくなり、ナラティブを考慮した経済政策立案も可能にしてくれる。

時に経済のブームを生み出し、時にはそれを沈滞させ、創造的な時期と後進的な時期をもたらし、共感のフェーズと顕示的消費や自己顕示のフェーズをもたらし、急進期と後退期をもたらす力についての人間思考のパターンをもっとよく理解するのを楽しみにしよう。本書がしっかりした学術性と系統的分析へのこだわりを犠牲にすることなく、主要な経済事象の背後にある人間の現実に迫るにあたって本当の進歩の可能性を裏付けられたことを期待したい。

謝辞

私の２０１７年アメリカ経済学会会長演説「ナラティブ経済学」は、同学会の雑誌『アメリカン・エコノミック・レビュー』２０１７年4月号に掲載された。この会長演説からの多くの部分が、しばしば手を加えた形で本書に利用されている。

本書はジョージ・アカロフと共著した2冊『アニマルスピリット』（２００９）、『不道徳な見えざる手』（２０１５）に強く影響されている。もう一つ強い影響を受けたのはジョージ・アカロフがレイチェル・クラントンと共著した『アイデンティティ経済学』（２０１１）だ。ナラティブはこのいずれの本でも大きな役割を果たす。ジョージとの共同研究で私の思索は計りしれないほど助けられた。

本書の根底にある研究は何十年にもわたる。長年にわたり、アメリカ国立科学財団、イェール大学の経済学研究コウルズ財団、スミス・リチャードソン財団、イェール大学経営大学院経由でのホワイトボックス財団、イェール大学ジェイムズ・トービン研究フェローシップから受けた支援に感謝する。

経済学会演説の初期バージョンを発表したセミナーの参加者に感謝する。特にケンブリッジ大学のマーシャル講義、イングランド銀行でのセミナー、トゥールーズ経済学院／トゥールーズ先端研究センター、イェール大学経済学部で行われたセミナーの参加者には感謝する。特に感謝したいのは、ブルース・アッカーマン、サントシュ・アナゴル、ボブ・ベッテンドーフ、ブルーノ・ビアイス、ローレンス・ブラック、ジャン＝フランソワ・ボネフォン、マイケル・ボルド、スタンレー・コーエン、ドナルド・コックス、ロバート・ディマンド、ウィリアム・ゲッツマン、エミリー・ゴードン、デヴィッド・ハーシュライファー、ファルーク・ジヴァラジ、ダソル・キム、レイチェル・クラントン、アルナス・クロトカス、ナオミ・ラモロー、テリー・ローブス、ラムゼー・マクマレン、ピーター・ルソー、ポール・シーブライト、ジョン・シラー、トマス・シーフェルト、シェリダン・ティットマンだ。

２０１７年にプリンストン大学出版局長を退きいまやフリー編集者となったピーター・ドハティは、20年にわたり私にとって大いに影響を与えてくれた。彼は常に、私が著作において真の道をたどるよう激励してくれた。これは私にとって実にありがたい貢献だった。彼はいまだに、私に編集上の支援を与えてくれている。

研究補助を提供してくれたのは、ローガン・ベンダー、アンドリュー・ブロッド、ローリー・キャメロン・クレイグヘッド、ジェイデン・グレアム、ジンシャン・ハン、ルイス・ホー、ジャクブ・マデジ、アメリー・ルッペル、ニコラス・ウェルレ、リファア・シャオ、マイケル・ザンガー＝ティシュラーだった。またコメントや示唆をくれた他のイェール大学生にも負うところが大きい。ブレンダン・コステロ、フランセスコ・フィリプッチー、ケリー・グッドマン、パトリック・グリーンフィールド、クリシュナ・ラメシュ、プレーティ・スリニヴァサン、ガレンス・スタラッチ。

イェール大学における我が疲れ知らずの管理助手ボニー・ブレイクは、私の原稿を読んで編集してくれた。我がきわめて徹底した細やかな校正者であるスティーブン・リゴロシにも多くの謝意を表明せねばならない。

本書のアイデアの一部は、２００本以上の新聞コラムを書いた経験から出てきたものだ。文字数で言えば単行本2冊に相当する量だ。２００３年以来、私は「プロジェクト・シンジケート」に定期的に寄稿してきた。こうしたコラムは、世界中の新聞に掲載され、そのほとんどはアメリカ国外だ。「プロジェクト・シンジケート」のために書くのは、世界的な視野を発達させ、アメリカ中心的すぎる見方を避けるのに貢献してくれた。２００７年から私は『ニューヨーク・タイムズ』の日曜版ビジネスコラムのコラムニストでもある。こうした媒体での編集者、アンドレイ・ラパチンスキー（プロジェクト・シンジケート）とジェフ・ソマー（ニューヨーク・タイムズ）には、その多大な配慮に感謝する。

最後に、43年連れ添った妻ヴァージニア・シラーには、我が研究に対する継続的な支援と激励に感謝する。

訳者あとがき

1. はじめに

本書はRobert J. Shiller, *Narrative Economics: How Stories Go Viral & Drive Major Economic Events* (Princeton University Press, 2019) の全訳となる。翻訳にあたっては原著出版社からの最終稿PDFと、ハードカバー版を底本として使用した。

2. 本書の概要

本書は、シラーがここしばらく、同じくノーベル経済学賞受賞者ジョージ・アカロフと追求してきたテーマの発展形といえる。

二人は『アニマルスピリット』『不道徳な見えざる手』の二冊で、人々が通念や物語により不合理な経済行動を採ることを指摘してきた。アニマルスピリット、つまり人々を経済行動へと駆り立てる（あるいはそれを萎縮させる）やる気は、合理的な理由だけでなく、そのときに流行っている物語や通念に大きく影響される。『不道徳な見えざる手』でテーマとなった各種の詐欺はもちろん、合理性を完全に無視してもっともらしいお話で人を経済行動に誘い込むという行為だ。サブプライム問題や不動産バブルは、それが国家規模で行われたに等しい。

いずれの本においても、ある種の物語が人々を不合理な行動に駆り立て、それがバブルや大きな詐欺、そしてその崩壊による不景気などを引き起こすことが指摘されている。そして合理的な経済ファンダメンタルズにとどまらず、そうした人々を不合理な行動に向かわせるストーリーや、もっともらしいお話に注目しないと経済の変動は十分に解明できない、と主張していた。

本書は、シラーが自らそれに取り組んだ一冊となる。人々の経済行動を操る物語をどのようにして考えるべきか？　特にミクロ経済レベルで個人がだまされたというレベルにとどまらず、マクロ経済的な景気循環にまでそうしたナラティブは影響しているのではないか？　すると、社会全体に流通するナラティブの興亡をたどることで、その後の経済変動について示唆が得られるのではないか？　特に現在、ニュースや新聞記事、書籍内の用語登場頻度の検索を通じて、世間的なナラティブの普及や流通について計測しやすくなっている。最近ではツイッターやＳＮＳなどで、各種のナラティブの普及の様子を細かく追えるようになっている。これを使えば、各種の文化や概念的な流行と経済変動との関係を定量的に分析できるのではないか？

3. 著者について

著者ロバート・Ｊ・シラーは現在、イェール大学経済学教授であり、２０１３年ノーベル経済学賞を受賞している。彼がノーベル経済学賞を受賞したのは、株式市場が持つ不合理性を実証的に示したためだ。

　また多くの人にとっては、シラーといえば『投機バブル　根拠なき熱狂』の著者だ。この本は初版（２０００年）ではＩＴ株価バブル、第2版（２００５年、邦訳なし）では不動産バブルをいち早く指摘——つまりその不合理性を指摘した。そしてその原因として市場の気分——アニマルスピリットの重要性を指摘し、同時にノーベル賞を受賞したラース・ハンセンの統計的な分析とともに、行動経済学的な知見を応用した行動ファイナンスの先鞭をつけている。

　本書もある意味では、その研究の流れを受け継いだものといえる。株式でも不動産でも、人は合理性を離れて根拠なき熱狂に流される。だとすれば、経済学も合理的な部分ばかり見ていてはいけないのではないだろうか。「合理性だけでは動かないのだ」と言うだけでは意味がない。その「根拠なき熱狂」についても、きちんと検討すべきではないだろうか？　本書は、まさにそれをやろうとした本となる。

4. 本書の主張とその難点について

　本書の主題はすでに述べたとおり、社会的に流行するナラティブがマクロ経済にどう影響を与えるか、というものだ。

　ミクロ経済学の方面では、人が様々な物語などを聞いてプライミングされ、経済行動を変える話が行動経済学で大量に実証的に示されている。数字の上ではまったく同じ利得の選択でも、それをどういう文脈で、どういう言い方で提示するかにより、人々の選択は変わる。そしてそれを政策的にどう活かすかについても、本書の最終章でも指摘されているとおり、各種の「ナッジ」戦略などが提起され、人々の健康保険加入や給与天引き式の年金貯金の促進など、具体的な成果も上がっている。

マクロで同じことができるだろうか？　著者はできると述べて、様々なナラティブとそれに影響された（と称する）景気変動の例を挙げ、ナラティブ経済学的なアプローチの重要性を指摘するとともに、今後のナラティブ経済学発展に向けた方向性について述べる。

さて……それに説得力があるだろうか？　それは読者のみなさん次第という部分もある。ただどうしても指摘せざるを得ないのが、本書に挙がったナラティブと経済的な影響との関係が、どれもいささか実証性に欠けるという問題だ。その相当部分が、シラーの思いつきにとどまる。ある時点で何らかのナラティブの盛り上がりがあったことは、記事検索やグーグルNグラムなどの結果で示されることもある。だがそれが本当に景気や経済に影響したのだろうか？

日本の読者にとってそれが最もはっきりわかるのは、日本のバブル崩壊以降の不景気に関するシラーの「説明」だ。シラーによれば、バブル期に良寛ブームがあり、『清貧の思想』が売れて、貧乏はすばらしいというナラティブが日本に根付き、そのせいで人々は消費を増やそうとせず、その後の「失われた20年間」の不景気が生じたとのこと。

さていかがだろうか。バブル以降の景気停滞は、日本国民が良寛かぶれになったからなのか？どう考えても主因ではないどころか、少しでも作用したと考えるべき根拠があるのだろうか？

あるいは、映画『スター・ウォーズ』などにロボットが出てきて、それがヒットしたのでみんながロボットに職を奪われるという不安を抱くようになり、それが不景気を引き起こした、という議論はどうだろうか。確かにロボット映画はたくさんある。だが、Ｒ２-Ｄ２を見て「ヤベえ、オレ失業するかも、貯金しないと」と思った人が、本当に一人でもいたのか？　ましてそれが経済全体の停滞を引き起こすほどたくさんいた、と言える根拠は？

それ以前に採り上げるナラティブ自体が妥当なものか、首をひねらざるを得ないものも多い。たとえば第１章のビットコインをめぐるナラティブだ。本書の訳者はコンピュータおたくでもあるので、ビットコインがらみの掲示板などもよく見ている。が、シラーが主張するような、格差拡大への対策でビットコインを買うとか、コンピュータに職を奪われる不安でビットコインを買った、などという書き込みは、一度も見た記憶がない。シラーは彼の挙げたナラティブをどこから持ってきたのだろうか？

ただし、本書はもちろん、決してナラティブ経済学の完成形を示すものではないというのは、著者自身も述べていることではある。本書はナラティブの興亡と景気変動との間に、多少なりとも並列関係が見られるかもしれないと示すことで、ナラティブに基づく経済変動の可能性を提示するのが主要な狙いとなる。多少の勇み足や思いつきは、間口を広く開けてその可能性の幅を確保するためにやむを得ない、という見方もあるだろう。

また、各種バブルや詐欺などでは、「地価は絶対下がらない」といったナラティブが重要な役割を果たすのは、確かにまちがいないことではある。本書に挙がった個別の例はさておき、ナラティブを見ることで何か合理性と離れた経済の動きを捉えようとする試み自体は、決して否定されるべきものではないだろう。そして長年この分野の重鎮として活動してきたシラーの直感も、あなどるべきではないかもしれない。きちんと調べてみると、案外良寛ナラティブと日本の景気変動の間には怪しい関係が実証されるのかもしれない。巷で言われる、流行りのスカート丈と景気の関係くらいの精度はある可能性もある……かな？

5. 他の応用について：ナウキャストとナラティブ経済学

本書で触れられていないのが不思議ではあるが、実はマクロ経済学の分野で、これに近いアプローチがいますでに使われている重要な例はある。ＧＤＰなどのナウキャスト、というものだ。

ＧＤＰなど各種のマクロ経済指標は集計に時間がかかる。速報ですら１カ月以上はかかっている。もちろんそうした指標は重要で、実際に出た数字と予想との差などが株式市場に大きな影響を与えたりするのはご存じのとおりだ。各種の判断を、数カ月前の指標を基に下すというのはなかなか危うい。もっと素早く、現状をいますぐ把握する方法はないだろうか？

この要望に応えて登場したのが、ナウキャストだ。すでにわかっている指標を各種のトレンドや別の指標で補い、リアルタイムに近い形でマクロ経済統計を推定しようとするものだ。もちろん完璧な推定ができるわけではないが、すでに単なる学術的なお遊びの域を超えた水準に達しつつあり、アメリカ各地の連邦準備銀行は、ＧＤＰのナウキャストを発表している（たとえばセントルイスＦＲＢのGDPNow：https://fred.stlouisfed.org/series/GDPNOW)。

そしてこのナウキャストの手法の一部として、ツイッターやＳＮＳでの各種発言を使うものもあるのだ。ＧＤＰ推計に使う場合もあるし、またもっとわかりやすいものとして、地域ごとに「クビになった」「失業保険がー」といったツイートの変動を見ることで雇用状況を推定する、などというものもある。インフレ率についても、物価が「上がった」「下がった」とつぶやいたツイートを集めることで、大まかな動向はある程度判断できる。細かい水準まではわからないにしても、傾向の判断材料としては決してバカにしたものではないようだ。

　こうしたナウキャストは、各種ナラティブや言葉の出現頻度を見ることで経済状況を推定する、という意味では本書で述べられているナラティブ経済学と同じ方向性を持つ。その一方で、あくまで実際の経済指標の裏付けとしてナラティブを使っている。つまりナラティブと実体経済の相関を重視するものであり、本書のようにナラティブが実体経済を合理的な水準から乖離させる点に注目した発想とは正反対だとも言える。

が、基本的には、まずナラティブが経済のファンダメンタルズといかに連動するかを考え、それが目先の動きをどれだけきちんとフォローできるかがきちんと理解されないと、それが10年先のバブルや景気停滞をどこまで左右するか、などという話はそもそも見極めようがないはずだ。

　本書は、ナラティブ自体の伝搬について、コロナ禍の初期にお馴染みとなったＳＩＲモデルで分析するといったアイデアをあれこれ持ち出す。だがそもそも、ナラティブと経済活動との関係についてははっきりしない段階で、ナラティブだけがどう拡大収縮するかを考えても、あまり経済学的に意味があるとは考えにくい。ナラティブも、でかい話もあれば、ちょっとした単語もある。「地価は下がらない」といった物語的な内容に注目するのがいいのか、それともむしろ「上がった」「下がった」というような単語レベルに注目すべきか——そういった基礎的な水準をまずは固める必要があるのではないか。

　今後ナウキャスト的な分析が進み、実体経済とナラティブとの相関がもう少し明確になってきたところで、ひょっとしたら本書のシラー的なナラティブ経済学の考え方が重要性を持ってくる可能性もあるのかもしれない。本書をきっかけに、そうした研究を実地に進める研究者が増え、人々の物語能力と実際の経済状況がどのようにからみあって、未来への期待と人々の経済活動を形成するのかが解明されるようになることを願いたい。

翻訳に大きなまちがいはないはずだが、お気づきの点があれば訳者までご一報いただければ幸いだ。見つかった誤りについては随時サポートページhttps://cruel.org/books/narrativeecon/で公開する。

２０２１年４月　コロナ緊急事態宣言下の東京にて

山形浩生

【著者・訳者紹介】
ロバート・J・シラー（Robert J. Shiller）
イェール大学スターリング経済学教授。2013年ノーベル経済学賞受賞。著書に『アニマルスピリット』『不道徳な見えざる手』(ともにジョージ・A・アカロフとの共著)、『それでも金融はすばらしい』『投機バブル 根拠なき熱狂』『新しい金融秩序』『バブルの正しい防ぎかた』など。

山形浩生（やまがた　ひろお）
評論家、翻訳家。東京大学大学院工学系研究科都市工学科およびマサチューセッツ工科大学不動産センター修士課程修了。開発援助コンサルタント。コンピュータ、経済、脳科学からSFまで幅広い分野で翻訳と執筆を手がける。著書に『新教養主義宣言』『断言』『断言2』ほか。訳書にケインズ『超訳 ケインズ「一般理論」』、ピケティ『21世紀の資本』、クルーグマン『クルーグマン教授の経済入門』、スノーデン『スノーデン 独白』、バナジー&デュフロ『貧乏人の経済学』、ハスケル&ウェストレイク『無形資産が経済を支配する』ほか多数。

ナラティブ経済学

2021年 8 月12日　第 1 刷発行
2023年 6 月12日　第 3 刷発行

著　者――ロバート・J・シラー
訳　者――山形浩生
発行者――駒橋憲一
発行所――東洋経済新報社
〒103-8345　東京都中央区日本橋本石町 1-2-1
電話＝東洋経済コールセンター　03(6386)1040
https://toyokeizai.net/

カバーデザイン……橋爪朋世
ＤＴＰ……………アイランドコレクション
印　刷……………図書印刷
編集担当…………佐藤朋保／堀雅子
Printed in Japan　ISBN 978-4-492-31533-0

索引

＊太字は「補遺」のノンブルを示している.

【A～Z】

【ア行】

【カ行】

【サ行】

【タ行】

【ナ行】

【ハ行】

【マ行】

【ヤ行】

【ラ行】

【ワ行】

参考文献

Abreu, Ildeberta. 2011. "International Organizations' vs. Private Analysts' Forecasts: An Evaluation." Bank of Portugal, https://www.bportugal.pt/sites/default/files/anexos/papers/ab201105_e.pdf.

Achen, Christopher H., and Larry M. Bartels. 2017. *Democracy for Realists: Why Elections Do Not Produce Responsive Government.* Princeton, NJ: Princeton University Press.

Adams, James Truslow. 1931. *The Epic of America.* Boston: Little Brown & Co. 邦訳アダムズ『米国史』(木村松代他訳，理想社，1941年).

Aiden, Erez, and Jean-Baptiste Michel. 2013. *Uncharted: Big Data as a Lens on Human Culture.* New York: Riverhead Books, Penguin Group. 邦訳エイデン＆ミシェル『カルチャロミクス：文化をビッグデータで計測する』(阪本芳久訳，草思社，2016年).

Akerlof, George A. 2007. "The Missing Motivation in Macroeconomics" (AEA Presidential Address). *American Economic Review* 97(1): 3–36.

Akerlof, George A., and Rachel Kranton. 2011. *Identity Economics: How Our Identities Shape Our Work, Wages, and Well-Being.* Princeton, NJ: Princeton University Press. 邦訳アカロフ＆クラントン『アイデンティティ経済学』(山形浩生他訳，東洋経済新報社，2011年).

Akerlof, George A., and Robert J. Shiller. 2009. *Animal Spirits: How Human Psychology Drives the Economy and Why It Matters for Global Capitalism.* Princeton, NJ: Princeton University Press. 邦訳アカロフ＆シラー『アニマルスピリット』(山形浩生訳，東洋経済新報社，2009年).

———. 2015. *Phishing for Phools: The Economics of Manipulation and Deception.* Princeton, NJ: Princeton University Press. 邦訳アカロフ＆シラー『不道徳な見えざる手』(山形浩生訳，東洋経済新報社，2017年).

Akerlof, George A., and Janet L. Yellen. 1985. "A Near-Rational Model of the Business Cycle, with Wage and Price Inertia." *Quarterly Journal of Economics* 100(1): 823–88.

———. 1990. "The Fair Wage-Effort Hypothesis and Unemployment." *Quarterly Journal of Economics* 105(2): 255–83.

Alexander, Kristin J., Peggy J. Miller, and Julie A. Hengst. 2001. "Young Children's Emotional Attachments to Stories." *Social Development* 10(3): 374–98.

Allais, Maurice. 1947. *Économie et intérêt.* Paris: Librairie des publications officielles.

Allen, Franklin, Stephen Morris, and Hyung-Song Shin. 2006. "Beauty Contests and Iterated Expectations in Asset Markets." *Review of Financial Studies* 19(3): 719–52.

Allen, Frederick Lewis. 1964 [1931]. *Only Yesterday: An Informal History of the Nineteen-Twenties.* New York: Harper & Brothers. 邦訳アレン『オンリー・イエスタデイ：1920年代・アメリカ』(藤久ミネ訳，ちくま文庫，1993年).

Alesina, Alberto, Carlo Favero, and Francesco Giavazzi. 2019. *Austerity: When It Works and When It Doesn't.* Princeton, NJ: Princeton University Press.

Aly, Samuel. 2017. "The Gracchi and the Era of Grain Reform in Ancient Rome." *Tenor of Our Times* 6(6): 10–21, https://scholarworks.harding.edu/tenor/vol6/iss1/6.

American Psychiatric Association. 2013. *Diagnostic and Statistical Manual of Mental Disorders.* 5th ed. Arlington, VA: American Psychiatric Association. 邦訳『DSM-5精神疾患の診断・統計マ

ニュアル』(高橋三郎他監訳，医学書院，2014年).
An, Zidong, João Tovar Jalles, and Prakash Loungani. 2018. "How Well Do Economists Forecast Recessions?" Washington, DC: International Monetary Fund, March 5.
Anderson, Benedict. 1991. *Imagined Communities: Reflections on the Origin and Spread of Nationalism*. London: Verso. 邦訳アンダーソン『定本 想像の共同体：ナショナリズムの起源と流行』(白石隆他訳，書籍工房早山，2007年).
André-Aigret, Constance, and Robert Dimand. 2018. "Populism versus Economic Expertise: J. Laurence Laughlin Debates William (Coin) Harvey." *Forum for Social Economics* 47(2): 164–72.
Angell, Norman. 1911. *The Great Illusion: A Study of the Relation of Military Power in Nations to Their Economic and Social Advantage*. New York: G. P. Putnam's Sons.
Areni, C. S., and D. Kim. 1993. "The Influence of Background Music on Shopping Behavior: Classical versus Top-Forty Music in a Wine Store." *Advances in Consumer Research* 20: 336–40.
Argersinger, Peter H., and Jo Ann E. Argersinger. 1984. "The Machine Breakers: Farmworkers and Social Change in the Rural Midwest of the 1870s." *Agricultural History* 58(3): 393–410.
Arkright, Frank. 1933. *The A B C of Technocracy: Based on Authorized Material*. New York: Harper & Brothers.
Ashenfelter, Orley. 2012. "Comparing Real Wage Rates: Presidential Address." *American Economic Review* 102(2): 617–42.
Atkeson, Andrew, and Patrick J. Kehoe. 2004. "Deflation and Depression: Is There an Empirical Link?" National Bureau of Economic Research Working Paper 10268.
Azariadis, Costas. 1981. "Self-Fulfilling Prophecies." *Journal of Economic Theory* 25: 380–96.
Bailey, Michael, Ruiqing Cao, Theresa Kuchler, and Johannes Stroebel. 2016. "Social Networks and Housing Markets." NBER 行動ファイナンスワークショップで発表.
Baker, Charles Whiting. 1932. *Pathways Back to Prosperity: A Study of Defects in Our Social Machine and How to Mend Them*. New York: Funk & Wagnalls Company.
Balderrama, Francisco E., and Raymond Rodríguez. 2006. *Decade of Betrayal: Mexican Repatriation in the 1930s*. Albuquerque: University of New Mexico Press.
Banerjee, Abhijit. 1992. "A Simple Model of Herd Behavior." *Quarterly Journal of Economics* 107(3): 797–817.
Banerjee, Abhijit, and Drew Fudenberg. 2004. "Word-of-Mouth Learning." *Games and Economic Behavior* 46(1): 1–22.
Banks, Elizabeth L. 1898. "American Yellow Journalism." *Nineteenth Century*, August, 328–40.
Bardhan, Nilanjana. 2001. "Transnational AIDS-HIV News Narratives: A Critical Exploration of Overarching Frames." *Mass Communication and Society* 4(3): 283–309.
Barthes, Roland. 2013 [1984]. *Mythologies*. New York: Hill and Wang. 邦訳バルト『神話作用〔新装版〕』(篠沢秀夫訳，現代思潮社，1976年).
Bartholomew, D. J. 1982. *Stochastic Models for Social Processes*. Chichester, UK: Wiley.
Baruch, Bernard. 1957. *Baruch: My Own Story*. New York: Henry Holt.
Bauckhage, Christian. 2011. "Insights into Internet Memes." Proceedings of the Fifth AAAI Conference on Weblogs and Social Media, http://www.aaai.org/ocs/index.php/%20ICWSM/ICWSM11/paper/viewFile/2757/3304.
Beaudry, Paul, and Franck Portier. 2014. "News-Driven Business Cycles: Insights and Challenges."

Journal of Economic Literature 52(4): 993–1074.

Beck, Andrew T., Andrew C. Butler, Gregory K. Brown, Katherine K. Dahlsgaard, Cory F. Newman, and Judith S. Beck. 2001. “Dysfunctional Beliefs Discriminate Personality Disorders.” *Behavioral Research and Therapy* 39(10): 1213–25.

Beckert, Jens, and Richard Bronk. 2018. *Uncertain Futures: Imaginaries, Narratives and Calculation in the Economy*. Oxford: Oxford University Press.

Bell, Brad E., and Elizabeth F. Loftus. 1985. “Vivid Persuasion in the Courtroom.” *Journal of Personality Assessment* 49(6): 659–64.

Bell, Brian, Anna Bindler, and Stephen Machin. 2017. “Crime Scars: Recessions and the Making of Career Criminals.” *Review of Economics and Statistics* 100(3): 392–404.

Benabou, Roland. 2013. “Groupthink: Collective Delusions in Organizations and Markets.” *Review of Economic Studies* 80: 429–62.

Bennett, W. Lance, and Amoshuan Toft. 2009. “Identity, Technology and Narratives: Transnational Activism and Social Networks.” In Andrew Chadwick, ed., *Routledge Handbook of Internet Politics*, 246–60. London: Routledge.

Berg, Harry D. 1946. “The Economic Consequences of the French and Indian War for the Philadelphia Merchants.” *Pennsylvania History* 13: 185–92.

Berger, Jonah. 2013. *Contagious: Why Things Catch On*. New York: Simon and Schuster. 邦訳バーガー『なぜ「あれ」は流行るのか？：強力に「伝染」するクチコミはこう作る！』（貫井佳子訳，日本経済新聞出版社，2013年）.

Berger, Ronald J., and Richard Quinney. 2004. *Storytelling Sociology: Narrative as Social Inquiry*. Boulder, CO: Lynne Rienner Publishers.

Bernanke, Ben S. 1983. “Non-Monetary Effects of the Financial Crisis in the Propagation of the Great Depression.” *American Economic Review* 73(3): 257–76.

———. 2015. *The Courage to Act: A Memoir of a Crisis and Its Aftermath*. New York: W. W. Norton. 邦訳バーナンキ『危機と決断：前FRB議長ベン・バーナンキ回顧録』（上下巻，小此木潔他訳，角川書店，2015年）.

Bernanke, Ben, Thomas Laubach, Frederic Mishkin, and Adam Posen. 1998. *Inflation Targeting: Lessons from the International Experience*. Princeton, NJ: Princeton University Press.

Bernstein, Michael J., Steven G. Young, Christina M. Brown, Donald M. Sacco, and Heather M. Claypool. 2008. “Adaptive Responses to Social Exclusion: Social Rejection Improves Detection of Real and Fake Smiles.” *Psychological Science* 19(10): 981–83.

Bettelheim, Bruno. 1975. *The Uses of Enchantment: The Meaning and Importance of Fairy Tales*. New York: Doubleday. 邦訳ベッテルハイム『昔話の魔力』（波多野完治他訳，評論社，1978年）.

Bewley, Truman. 1999. *Why Wages Don't Fall in a Recession*. Cambridge, MA: Harvard University Press.

Bikhchandani, Sushil, David Hirshleifer, and Ivo Welch. 1992. “A Theory of Fads, Fashion, Custom, and Cultural Change as Informational Cascades.” *Journal of Political Economy* 100(5): 992–1026.

Bix, Amy Sue. 2000. *Inventing Ourselves Out of Jobs? America's Debate over Technological Unemployment*. Baltimore: Johns Hopkins University Press.

Blanc, Louis. 1851. *Plus de Girondins*. Paris: Charles Joubert.

Blei, David M., Andrew Y. Ng, and Michael I. Jordan. 2003. “Latent Dirichlet Allocation.” *Journal of*

Machine Learning Research 3: 993–1022.

Blinder, Alan. 1990. "Learning by Asking Those Who Are Doing." *Eastern Economic Journal* 16: 297–306.

———. 2004. *The Quiet Revolution: Central Banking Goes Modern*. New Haven, CT: Yale University Press. 邦訳ブラインダー『中央銀行の「静かなる革命」：金融政策が直面する3つの課題』（鈴木英明訳，日本経済新聞出版社，2008年）.

Blinder, Alan, Elie R. D. Canetti, David E. Lebow, and Jeremy B. Rudd. 1998. *Asking About Prices: A New Approach to Understanding Price Stickiness*. New York: Russell Sage Foundation.

Blyth, Mark. 2013. *Austerity: The History of a Dangerous Idea*. New York: Oxford University Press. 邦訳ブライス『緊縮策という病：「危険な思想」の歴史』（田村勝省訳，NTT出版，2015年）.

Bodkin, Maud. 1934. *Archetypal Patterns of Poetry: Psychological Studies of Imagination*. London: Oxford University Press.

Boltz, Marilyn, Matthew Schulkind, and Suzanne Kantra. 1991. "Effects of Background Music on the Remembering of Filmed Events." *Memory & Cognition* 19(6): 593–606.

Booker, Christopher. 2004. *The Seven Basic Plots: Why We Tell Stories*. New York: Bloomsbury.

Boudoukh, Jacob, Ronen Feldman, Shimon Kogan, and Matthew Richardson. 2013. "Which News Moves Stock Prices? A Textual Analysis." National Bureau of Economic Research Working Paper 18725.

Boulding, Kenneth E. 1969. "Economics as a Moral Science." *American Economic Review* 59(1): 1–12.

Box, George E. P., and Gwilym Jenkins. 1970. *Time Series Analysis: Forecasting and Control*. San Francisco: Holden-Day.

Bramoullé Yann, Andrea Galeotti, and Brian Rogers, eds. 2016. *The Oxford Handbook of the Economics of Networks*. Oxford: Oxford University Press.

Breda, D., O. Dieckmann, W. F. de Graaf, A. Pugliese, and R. Vermiglio. 2012. "On the Formulation of Epidemic Models (an Appraisal of Kermack and McKendrick)." *Journal of Biological Dynamics* 6(2): 103–17.

Briggs, Robin. 1998. *Witches and Neighbors: The Social and Cultural Context of European Witchcraft*. New York: Penguin.

Brill, Alex, and Kevin A. Hassett. 2007. "Revenue-Maximizing Corporate Income Taxes: The Laffer Curve in OECD Countries." Washington, DC: American Enterprise Institute.

Brooks, Peter. 1992. *Reading for the Plot: Design and Intention in Narrative*. Cambridge, MA: Harvard University Press.

Brown, Donald E. 1991. *Human Universals*. Boston: McGraw-Hill. 邦訳ブラウン『ヒューマン・ユニヴァーサルズ：文化相対主義から普遍性の認識へ』（鈴木光太郎他訳，新曜社，2002年）.

Brown, Roger, and James Kulik. 1977. "Flashbulb Memories." *Cognition* 5(1): 73–99.

Bruner, Jerome. 1991. "The Narrative Construction of Reality." *Critical Inquiry* 18(1): 1–21.

———. 1998. "What Is a Narrative Fact?" *Annals of the American Academy of Political and Social Science* 560: 17–27.

Burns, Arthur, and Wesley C. Mitchell. 1946. *Measuring Business Cycles*. New York: National Bureau of Economic Research, https://www.nber.org/books/burn46-1.

Callahan, Charlene, and Catherine S. Elliott. 1996. "Listening: A Narrative Approach to Everyday Understandings and Behavior." *Journal of Economic Psychology* 17: 79–114.

Calomiris, Charles W., and Larry Schweikart. 1991. "The Panic of 1857: Origins, Transmission, and Containment." *Journal of Economic History* 51(4): 807–34.

Campbell, Joseph. 1949. *The Hero with a Thousand Faces*. New York: Pantheon Books. 邦訳キャンベル『千の顔をもつ英雄〔新訳版〕』(上下巻, 倉田真木他訳, ハヤカワ文庫NF, 2015年).

Carey, Henry Charles. 1861. *The French and American Tariffs Compared*. Detroit, MI: J. Wareen.

Carvalho, Alexsandro M., and Sebastián Gonçalves. 2016. "An Algebraic Solution for the Kermack-McKendrick Model," https://arxiv.org/pdf/1609.09313.pdf.

Cass, David, and Karl Shell. 1983. "Do Sunspots Matter?" *Journal of Political Economy* 91: 193–227.

Cassel, Gustav. 1935. *On Quantitative Thinking in Economics*. Oxford: Clarendon Press.

Cawelti, John G. 1976. *Adventure, Mystery, Romance: Formula Stories as Art and Popular Culture*. Chicago: University of Chicago Press. 邦訳カウェルティ『冒険小説・ミステリー・ロマンス：創作の秘密』(鈴木幸夫訳, 研究社出版, 1984年).

Chandani, Sushil, David Hirshleifer, and Ivo Welch. 1992. "A Theory of Fashions, Fads, Customs and Cultural Change as Informational Cascades." *Journal of Political Economy* 100(5): 992–1026.

Chase, Stuart. 1929. *Men and Machines*. New York: Macmillan. 邦訳チエイス『人間と機械』(北野浩訳, モナス, 1931年).

Chen, Daniel Li, Adithya Parthasarathy, and Shivam Verma. 2016. "The Genealogy of Ideology: Predicting Agreement and Persuasive Memes in the U.S. Courts of Appeals." 未発表論文, Toulouse School of Economics.

Cheng, Justin, Michael Bernstein, Cristian Danescu-Niculescu-Mizil, and Jure Leskovec. 2017. "Anyone Can Become a Troll: Causes of Trolling Behavior in Online Discussions." 未発表論文, Stanford University, https://arxiv.org/abs/1702.01119.

Chetty, Raj. 2015. "Behavioral Economics and Public Policy: A Pragmatic Perspective." *American Economic Review* 105(5): 1–33.

Chwe, Michael Suk-Young. 2001. *Rational Ritual: Culture, Coordination and Common Knowledge*. Princeton, NJ: Princeton University Press. 邦訳チウェ『儀式は何の役に立つか：ゲーム理論のレッスン』(安田雪訳, 新曜社, 2003年).

Cicero, Marcus Tullius. 1860 [55BCE]. *On Oratory and Orators*. New York: Harper and Brothers. 邦訳キケロー『弁論家について』(上下巻, 大西英文訳, 岩波文庫, 2005年)他.

Clark, John Bates. 1895. "The Gold Standard of Currency in the Light of Recent Theory." *Political Science Quarterly* 10(3): 383–97.

Clayton, Blake C. 2015. *Market Madness: A Century of Oil Panics, Crises, and Crashes*. New York: Oxford University Press.

Clayton, N. S., D. P. Griffiths, N. J. Emery, and A. Dickinson. 2001. "Elements of Episodic-Like Memory in Animals." *Philosophical, Transactions of the Royal Society* B 356(1413): 1483–91.

Cochrane, John. 1994. "Shocks." *Carnegie-Rochester Conference Series on Public Policy* 41: 295–364.

Cohen, Gillian, and Dorothy Faulkner. 1989. "Age Differences in Source Forgetting: Effects on Reality Monitoring and on Eyewitness Testimony." *Psychology and Aging* 4(1): 10–17, http://dx.doi.org/10.1037/0882-7974.4.1.10.

Cole, Harold L., and Lee E. Ohanian. 2004. "New Deal Policies and the Persistence of the Great Depression: A General Equilibrium Analysis." *Journal of Political Economy* 112(4): 779–816.

Colley, Helen. 2003. *Mentoring for Social Inclusion: A Critical Approach to Nurturing Mentor*

Relationships. London: Routledge Falmer.

Collier, Paul, and Anke Hoeffler. 1998. "On Economic Causes of Civil War." *Oxford Economic Papers* 50(4): 563–73.

————. 2002. "On the Incidence of Civil War in Africa." *Journal of Conflict Resolution* 46(1): 13–28.

Crane, Stephen. 1895. *The Red Badge of Courage*. New York: D. Appleton & Co. 邦訳クレイン『勇気の赤い勲章』（藤井光訳，光文社，2019年）.

Cronon, William. 2013. "Storytelling." *American Historical Review* 118(1): 1–19.

Curio, E. 1988. "Cultural Transmission of Enemy Recognition in Birds." In Thomas R. Zentall and Bennett G. Galef Jr., eds., *Social Learning: Psychological and Biological Perspectives*, 75. Mahwah, NJ: Lawrence Erlbaum Associates.

Curtin, Richard Thomas. 2019. *Consumer Expectations: Micro Foundations and Macro Impact*. Cambridge: Cambridge University Press.

Cutler, David, James M. Poterba, and Lawrence H. Summers. 1989. "What Moves Stock Prices?" *Journal of Portfolio Management* 15(3): 4–12.

Daley, Daryl J., and David G. Kendall. 1964. "Epidemics and Rumors." *Nature* 204: 1118.

————. 1965. "Stochastic Rumors." *IMA Journal of Applied Mathematics* 1(1): 42–55.

Davis, Forrest. 1932. *What Price Wall Street?* New York: William Godwin.

Davis, Joseph E. 2002. *Stories of Change: Narratives and Social Movements*. Albany: State University of New York Press.

Davis, Morris A., and Jonathan Heathcote. 2007. "The Price and Quantity of Residential Land in the United States." *Journal of Monetary Economics* 54(8): 2595–620.

Davis, Shelby Cullom. 1940. *America Faces the Forties*. Philadelphia: Dorrance and Company.

Dawkins, Richard. 1976. *The Selfish Gene*. Oxford: Oxford University Press. 邦訳ドーキンス『利己的な遺伝子』（日高敏隆他訳，紀伊國屋書店，2018年）.

De Long, J. Bradford, Andrei Shleifer, Lawrence H. Summers, and Robert J. Waldmann. 1990. "Noise Trader Risk in Financial Markets." *Journal of Political Economy* 98(4): 703–38.

Desmond, Matthew. 2017. *Evicted: Poverty and Profit in the American City*. New York: Broadway Books.

Diamond, Douglas B., Jr. 1980. "Taxes, Inflation, Speculation and the Cost of Homeownership." *Real Estate Economics* 8: 281–97, https://doi.org/10.1111/1540-6229.00218.

Dickstein, Morris. 2009. *Dancing in the Dark: A Cultural History of the Great Depression*. New York: W. W. Norton.

Dimand, Robert W. 1988. *The Origins of the Keynesian Revolution: The Development of Keynes's Theory of Employment and Output*. Stanford, CA: Stanford University Press.

Dohmen, Thomas J., Armin Falk, David Huffman, and Uwe Sunde. 2006. "Seemingly Irrelevant Events Affect Perceptions and Expectations—The FIFA World Cup 2006 as a Natural Experiment." CEPR Discussion Paper No. 5851, https://ssrn.com/abstract=951789.

Driscoll, Lisa G., Kelly A. Parkes, Gresilda A. Tilley-Lubbs, Jennifer M. Brill, and Vanessa R. Pitts. 2009. "Navigating the Lonely Sea: Peer Mentoring and Collaboration among Aspiring Women Scholars." *Mentoring and Tutoring: Partnership in Learning* 17(1): 5–25.

Duesenberry, James S. 1949. *Income, Saving, and the Theory of Consumer Behavior*. Cambridge, MA: Harvard University Press. 邦訳デューゼンベリー『所得・貯蓄・消費者行為の理論〔改訳版〕』

（大熊一郎訳，巌松堂出版，1969年）．

Durkheim, Emile. 1897. *Le Suicide.* Saint-Germain: Ancienne Librairie Germer Baillière et Cie. 邦訳デュルケーム『自殺論』（宮島喬訳，中央公論新社，2018年）他.

Dynan, Karen E., Jonathan Skinner, and Stephen P. Zeldes. 2004. "Do the Rich Save More?" *Journal of Political Economy* 112(2): 397–444.

Eckstein, Otto. 1978. *The Great Recession with a Postscript on Stagflation.* New York: Elsevier Scientific. 邦訳エクスタイン『現代不況の解剖：その症状と処方箋』（内田忠夫他監訳，日本経済新聞社，1979年）．

Edmunds, Holly. 2000. *The Focus Group Handbook.* New York: McGraw-Hill.

Ehrlich, Paul. 1968. *The Population Bomb.* New York: Ballantine Books. 邦訳エーリック『人口爆弾』（宮川毅訳，河出書房新社，1974年）．

Eichengreen, Barry. 1996. *Golden Fetters, The Gold Standard and the Great Depression, 1919–1939.* New York: Oxford University Press.

Eichengreen, Barry, and Peter Temin. 2000. "The Gold Standard and the Great Depression." *Contemporary European History* 9(2): 183–207.

Eichholtz, Piet M. A. 1997. "A Long Run House Price Index: The Herengracht Index, 1628–1973." *Real Estate Economics* 25(2): 175–92.

Escalas, Jennifer Edson. 2007. "Self-Referencing and Persuasion: Narrative Transportation versus Analytical Elaboration." *Journal of Consumer Research* 16: 421–29.

Fair, Ray C. 1987. "Sources of Output and Price Variability in a Macroeconomic Model." Yale University: Cowles Foundation Discussion Paper 815.

Fair, Ray C., and Robert J. Shiller. 1989. "The Informational Content of Ex Ante Forecasts." *Review of Economics and Statistics* 71(2): 325–31.

Falk, Armin, and Jean Tirole. 2016. "Narratives, Imperatives, and Moral Reasoning." 未発表論文, University of Bonn.

Falter, Jürgen W. 1986. "Unemployment and the Radicalisation of the German Electorate 1928–1933: An Aggregate Data Analysis with Special Emphasis on the Rise of National Socialism." In Peter Stachura, ed., *Unemployment and the Great Depression in Weimar Germany*, 187–208. London: Palgrave Macmillan.

Fama, Eugene F., and Kenneth R. French. 1993. "Common Risk Factors in the Returns on Stocks and Bonds." *Journal of Financial Economics* 33(1): 3–56.

Fang, Hanming, and Giuseppe Moscarini. 2005. "Morale Hazard." *Journal of Monetary Economics* 52(4): 749–77.

Farmer, Roger E. A. 1999. *Macroeconomics of Self-Fulfilling Prophecies.* Cambridge, MA: MIT Press.

Farnam, Henry W. 1912. "The Economic Utilization of History: Annual Address of the President." *American Economic Review* 2(1): 5–16.

Fearon, James, and David Laitin. 2003. "Ethnicity, Insurgency and Civil War." *American Political Science Review* 97(1): 75–90.

Fehr, Ernst, and Simon Gächter. 2000. "Fairness and Retaliation: The Economics of Reciprocity." *Journal of Economic Perspectives* 4(3): 159–81.

Ferrand, Nathalie, and Michèle Weil, eds. 2001. *Homo narrativus: dix ans de recherche sur la topique romanesque.* Montpellier: Université Paul-Valéry de Montpellier.

Festinger, Leon. 1954. "A Theory of Social Comparison Processes." *Human Relations* 7: 117–40.

Field, Alexander J. 2011. *A Great Leap Forward: 1930s Depression and U.S. Economic Growth*. New Haven, CT: Yale University Press.

Fine, Gary Alan, and Barry O'Neill. 2010. "Policy Legends and Folklists: Traditional Beliefs in the Public Sphere." *Journal of American Folklore* 123(488): 150–78.

Fischer, Conan J. 1986. "Unemployment and Left-Wing Radicalism in Weimar Germany." In Peter Stachura, ed., *Unemployment and the Great Depression in Weimar Germany*, 209–25. London: Palgrave Macmillan.

Fisher, Irving. 1928. *The Money Illusion*. New York: Adelphi. 邦訳フィッシャー『貨幣錯覚』(山本米治訳，日本評論社，1930年).

———. 1930. *The Stock Market Crash—and After*. New York: Macmillan.

———. 1933. "The Debt-Deflation Theory of Great Depressions." *Econometrica* 1(4): 337–57.

Fisher, R. A. 1930. *The Genetical Theory of Natural Selection*. Oxford: The Clarendon Press.

Fisher, Walter R. 1984. "Narration as a Human Communication Paradigm: The Case of Public Moral Argument." *Communication Monographs* 51(1): 1–22.

Flandreau, Marc. 1996. "The French Crime of 1873: An Essay on the Emergence of the International Gold Standard 1870–1880." *Journal of Economic History* 56(4): 862–97.

Fogel, Robert W. 2000. *The Fourth Great Awakening and the Future of Egalitarianism*. Chicago: University of Chicago Press.

Foner, Eric. 1974. "The Causes of the American Civil War: Recent Interpretations and New Directions." *Civil War History* 20(3): 197–214.

Fougère, Denis, Francis Kramarz, and Julien Pouget. 2009. "Youth Unemployment and Crime in France." *Journal of the European Economic Association* 7(5): 909–38.

Francis, Peter. 1997. "The Beads That Did 'Not' Buy Manhattan Island." *New York History* 78(4): 411–28.

Freeman, Richard B. 1976. "A Cobweb Model of the Supply and Starting Salary of New Engineers." *Industrial and Labor Relations Review* 29(2): 236–48.

———. 1999. "The Economics of Crime." In Orley Ashenfelter and David Card, eds., *Handbook of Labor Economics*, chap. 52. New York: Elsevier Science.

Frey, Bruno, and Hannelore Weck. 1981. "Hat Arbeitlosigkeit den Aufstieg des Nationalsozialismus Bewirkt? / Did Unemployment Lead to the Rise of National Socialism?" *Jahrbücher für Nationalökonomie und Statistik* 196(1): 1–31.

Friedman, Benjamin M. 2005. *The Moral Consequences of Economic Growth*. New York: Knopf. 邦訳フリードマン『経済成長とモラル』(地主敏樹他訳，東洋経済新報社，2011年).

Friedman, Irving S. 1973. *Inflation: A World-Wide Disaster*. Boston: Houghton Mifflin. 邦訳フリードマン『インフレーションの脅威』(吉野俊彦監訳，日本経済新聞社，1974年).

Friedman, Milton. 1957. *A Theory of the Consumption Function*. A study by the National Bureau of Economic Research, New York. Princeton, NJ: Princeton University Press, http://www.nber.org/books/frie57-1. 邦訳フリードマン『消費の経済理論』(宮川公男他訳，巌松堂出版，1961年).

Friedman, Milton, and Anna J. Schwartz. 1963. *A Monetary History of the United States 1867–1960*. Princeton, NJ: Princeton University Press. 邦訳(本書での言及部分のみ)フリードマン&シュウォーツ『大収縮1929–1933「米国金融史」第7章』(久保恵美子訳，日経BPクラシックス，2009年).

———. 1982. *Monetary Trends in the United States and the United Kingdom: Their Relation to*

Income, Prices, and Interest Rates, 1867–1975. Chicago: University of Chicago Press.

Friedman, Monroe. 1996. "A Positive Approach to Organized Consumer Action: The 'Buycott' as an Alternative to the Boycott." *Journal of Consumer Policy* 19(4): 439–51.

Gabaix, Xavier. 2016. "A Behavioral New-Keynesian Model." National Bureau of Economic Research Working Paper 22954.

Galbraith, John Kenneth. 1955. *The Great Crash, 1929.* Boston: Houghton-Mifflin. 邦訳ガルブレイス『大暴落1929』(村井章子訳, 日経BPクラシックス, 2008年).

Ganzevoort, R. Ruard, Maaike Hardt, and Michael Scherer-Rath. 2013. *Religious Stories We Live By: Narrative Approaches in Theology and Religious Studies.* Leiden: Brill Academic Publishers.

Garber, Peter. 2000. *Famous First Bubbles.* Cambridge, MA: MIT Press.

Garon, Sheldon. 2012. *Beyond Our Means: Why America Spends While the World Saves.* Princeton, NJ: Princeton University Press.

Gaser, Christian, Igor Nenadic, Hans-Peter Volz, Christian Büchel, and Heinrich Sauer. 2004. "Neuroanatomy of 'Hearing Voices': A Frontotemporal Brain Structural Abnormality Associated with Auditory Hallucinations in Schizophrenia." *Cerebral Cortex* 14(1): 91–96.

Geanakoplos, John. 2010. "The Leverage Cycle." In Daron Acemoglu et al., eds., *NBER Macroeconomics Annual 2009*, vol. 24. Chicago: University of Chicago Press.

Gennaioli, Nicola, and Andrei Shleifer. 2018. *A Crisis of Beliefs: Investor Psychology and Financial Fragility.* Princeton, NJ: Princeton University Press. 邦訳ジェンナイオーリ&シュライファー『金融危機の行動経済学：投資家心理と金融の脆弱性』(貫井佳子訳, 日本経済新聞出版社, 2021年).

Gentzkow, Matthew, Jesse M. Shapiro, and Matt Taddy. 2016. "Measuring Polarization in High-Dimensional Data: Method and Application to Congressional Speech." 未発表論文, Stanford University.

George, Henry. 1886 [1879]. *Progress and Poverty: An Inquiry into the Causes of Industrial Depressions and of Increase of Want with Increase of Wealth. The Remedy.* New York: D. Appleton and Company. 邦訳ジョージ『進歩と貧困』(山嵜義三郎訳, 日本経済評論社, 1991年).

Gerbert, Barbara, Bryan Maguire, Victor Badner, David Altman, and George Stone. 1988. "Why Fear Persists: Health Care Professionals and AIDS." *Journal of the American Medical Association* 260(23): 3481–83, doi: 10.1001/jama.1988.03410230099037.

Gervais, Matthew, and David Sloan Wilson. 2005. "The Evolution and Functions of Laughter and Humor: A Synthetic Approach." *Quarterly Review of Biology* 80(4): 395–430.

Gillers, Stephen. 1989. "Taking L.A. Law More Seriously." *Yale Law Journal* 98(8): 1607–23.

Gino, Francesca, Michael I. Norton, and Roberto A. Weber. 2016. "Motivated Bayesians: Feeling Moral While Acting Egoistically." *Journal of Economic Perspectives* 30(3): 189–212.

Glaeser, Edward L. 2005. "The Political Economy of Hatred." *Quarterly Journal of Economics* 120(1): 45–86.

Goel, Sharad, Ashton Anderson, Jake Hofman, and Duncan J. Watts. 2016. "The Structural Virality of Online Diffusion." *Management Science* 62(1): 1–17.

Goetzmann, William N., Dasol Kim, and Robert J. Shiller. 2016. "Crash Beliefs from Investor Surveys." National Bureau of Economic Research Working Paper 22143.

Goldberg, Stanley. 1970. "In Defense of Ether: The British Response to Einstein's Special Theory of Relativity, 1905–1911." *Historical Studies in the Physical Sciences* 2: 89–125.

Goldin, Claudia. 2014. "A Pollution Theory of Discrimination: Male and Female Differences in

Occupations and Earnings." In Leah Platt Boustan, Carola Frydman, and Robert A. Margo, eds., *Human Capital in History: The American Record*, 313–48. Chicago: University of Chicago Press.

Goldman, William. 2012. *Adventures in the Screen Trade*. New York: Grand Central Publishing.

Gordon, Robert J. 1983. "A Century of Evidence on Wage and Price Stickiness in the United States, the United Kingdom, and Japan." In James Tobin, ed., *Macroeconomics, Prices and Quantities*, 85–121. Washington, DC: Brookings.

———. 2016. *The Rise and Fall of American Growth*. Princeton, NJ: Princeton University Press. 邦訳ゴードン『アメリカ経済 成長の終焉』(上下巻, 高遠裕子他訳, 日経BP社, 2018年).

Gould, Eric D., Bruce A. Weinberg, and David B. Mustard. 2002. "Crime Rates and Local Labor Market Opportunities in the United States 1979–1997." *Review of Economics and Statistics* 84(1): 45–61.

Gould, Stephen Jay. 1994. "So Near and Yet So Far." *New York Review of Books*, October 20.

Grais, R. F., J. H. Ellis, A. Kress, and G. E. Glass. 2004. "Modeling the Spread of Annual Influenza Epidemics in the U.S.: The Potential Role of Air Travel." *Health Care Management Science* 7(2): 127–34.

Grant, James. 2014. *The Forgotten Depression: 1921; The Crash That Cured Itself*. New York: Simon & Schuster.

Graves, Lloyd Milner. 1932. *The Great Depression and Beyond*. New York: Press of J. D McGuire.

Grebler, Leo, David M. Blank, and Louis Winnick. 1956. *Capital Formation in Residential Real Estate: Trends and Prospects*. A study by the National Bureau of Economic Research, New York. Princeton, NJ: Princeton University Press.

Grönqvist, Hans. 2011. "Youth Unemployment and Crime: New Lessons Exploring Longitudinal Register Data," https://www.sole-jole.org/12129.pdf.

Grossman, Sanford J., and Robert J. Shiller. 1981. "Determinants of the Variability of Stock Market Prices." *American Economic Review* 71(2): 221–27.

Gyourko, Joseph, Christopher Mayer, and Todd Sinai. 2013. "Superstar Cities." *American Economic Journal: Economic Policy* 5(4): 167–99.

Hacker, Jacob S., and Paul Pierson. 2016. *American Amnesia: How the War on Government Led Us to Forget What Made America Prosper*. New York: Simon and Schuster.

Halbwachs, Maurice. 1925. "Les cadres sociaux de la mémoire." In *Les travaux de l'année Sociologique*. Paris: Alcan. 邦訳アルヴァックス『記憶の社会的枠組み』(鈴木智之訳, 青弓社, 2018年).

Haldrup, Michael, and Jonas Larsen. 2003. "The Family Gaze." *Tourist Studies* 3(1): 23–46.

Hall, Todd W. 2007. "Psychoanalysis, Attachment, and Spirituality II: The Spiritual Stories We Live By." *Journal of Psychology and Theology* 35(1): 29–42.

Hamilton, James. 1983. "Oil and the Macroeconomy since World War II." *Journal of Political Economy* 91(2): 228–48.

Hane, Christopher, and John A. James. 2012. "Wage Rigidity in the Great Depression." 未発表ワーキングペーパー, State University of New York at Binghamton.

Hanke, Steven H., and Nicholas Krus. 2013. "World Hyperinflations." In Randall Parker and Robert Whaples, eds., *The Handbook of Major Events in Economic History*, 367–77. London: Routledge.

Hannah, Leslie. 1986. *Inventing Retirement*. Cambridge: Cambridge University Press.

Hansen, Alvin H. 1938. *Full Recovery or Stagnation?* New York: W. W. Norton.

————. 1939. "Economic Progress and Declining Population Growth" (1938 presidential address before the American Economic Association). *American Economic Review* 29(1): 1–15. 邦訳ハンセン「経済の発展と人口増加の鈍化〔抄訳版〕」山形浩生編訳，サマーズ他『景気の回復が感じられないのはなぜか：長期停滞論争』(世界思想社，2019年)所収.

————. 1942. *After the War—Full Employment.* Natural Resources Planning Board. Washington, DC: US Government Printing Office.

Hansen, Lars Peter, and Thomas J. Sargent. 2005. *Recursive Models of Dynamic Linear Economies.* Princeton, NJ: Princeton University Press, http://home.uchicago.edu/~lhansen/mbook2.pdf.

Harari, Yuval Noah. 2018. "Why Technology Favors Tyranny." *Atlantic*, October.

Harvey, William Hope. 1894. *Coin's Financial School.* Chicago: Coin Publishing Company.

Hassler, John. 2001. "Uncertainty and the Timing of Automobile Purchases." *Scandinavian Journal of Economics* 103(2): 351–66.

Haugen, Steven E. 2009. "Measures of Labor Underutilization from the Current Population Survey." US Department of Labor, https://www.bls.gov/ore/pdf/ec090020.pdf.

Heathcote, Jonathan, Gianluca Violante, and Fabrizio Perri. 2010. "Inequality in Times of Crisis: Lessons from the Past and a First Look at the Current Recession." VoxEU, voxeu.org/article/economic-inequality-during-recessions.

Heffetz, Ori. 2011. "A Test of Conspicuous Consumption: Visibility and Income Elasticities." *Review of Economics and Statistics* 93(4): 1101–17.

Hegel, Georg Wilhelm Friedrich. 1841 [1807]. *Phänomenologie des Geistes*. Edited by D. Johann Schulze. Berlin: Duncker und Humblot. 邦訳ヘーゲル『精神現象学』(上下巻，熊野純彦訳，ちくま学芸文庫，2018年)他.

Henderson, Willie. 1982. "Metaphor in Economics." *Economics* 18(4): 147–53.

Hennig-Thurau, Thorsten, Mark B. Houston, and Torsten Heitjans. 2009. "Conceptualizing and Measuring the Monetary Value of Brand Extensions: The Case of Motion Pictures." *Journal of Marketing* 73(6): 167–83, http://dx.doi.org/10.1509/jmkg.73.6.167.

Herr, Paul M., Frank R. Kardes, and John Kim. 1991. "Effects of Word-of-Mouth and Product-Attribute Information in Persuasion: An Accessibility-Diagnosticity Perspective." *Journal of Consumer Research* 17(4): 454–62.

Herrera-Soler, Honesto, and Michael White. 2012. *Metaphor and Mills: Figurative Language in Business and Economics.* Berlin: De Gruyter.

Hicks, John. 1937. "Mr. Keynes and the 'Classics'; A Suggested Interpretation." *Econometrica* 5(2): 147–59. 邦訳ヒックス「ケインズ氏と『古典派』たち」(山形浩生訳，https://genpaku.org/keynes/generaltheory/hicksislm.pdf, 2011).

Higgs, Robert. 1997. "Regime Uncertainty: Why the Great Depression Lasted So Long and Why Prosperity Resumed after the War." *Independent Review* 1(4): 561–90, http://www.jstor.org/stable/pdf/24560785.pdf.

Hill, Napoleon. 1925. *The Law of Success in 16 Lessons.* New York: Tribeca Books.

————. 1937. *Think and Grow Rich.* Meriden, CT: The Ralston Society. 邦訳ヒル『思考は現実化する』(上下巻，田中孝顕訳，きこ書房，2014年).

Himanen, Pekka. 2001. *The Hacker Ethic and the Spirit of the Information Age.* New York: Random House. 邦訳ヒマネン他『リナックスの革命：ハッカー倫理とネット社会の精神』(安原和見他訳，河出

書房新社，2001年）.
Hofstadter, Douglas R. 1980. *Gödel Escher, Bach: An Eternal Golden Braid*. New York: Vintage Books. 邦訳ホフスタッター『ゲーデル，エッシャー，バッハ：あるいは不思議の環』（野崎昭弘他訳，白揚社，2005年）.
———. 1981. "Metamagical Themas: The Magic Cube's Cubies Are Twiddled by Cubists and Solved by Cubemeisters." *Scientific American* 244(3): 20–39.
Hofstadter, Richard. 1964. "The Paranoid Style in American Politics." *Atlantic*, November.
———. 1967. *Cuba, the Philippines, and Manifest Destiny*. New York: Vintage Books.
Hoganson, Kristin L. 2000. *Fighting for American Manhood: How Gender Politics Provoked the Spanish-American War*. New Haven, CT: Yale University Press.
Holt, Douglas B. 2002. "Why Do Brands Cause Trouble? A Dialectical Theory of Consumer Culture and Branding." *Journal of Consumer Research* 29(1): 70–90.
Hopkins, Emily J., Deena Skolnick Weisberg, and Jordan C. V. Taylor. 2016. "The Seductive Allure Is a Reductive Allure: People Prefer Scientific Explanations That Contain Logically Irrelevant Reductive Information." *Cognition* 155: 67–76, https://doi.org/10.1016/j.cognition.2016.06.011.
Howard, Milford Wriarson. 1895. *The American Plutocracy*. New York: Holland Publishing Co.
Howell, David R., and Anna Okatenko. 2010. "By What Measure? A Comparison of French and US Labor Market Performance with New Measures of Employment Adequacy." *International Review of Applied Economics* 24(3): 333–57.
Huberman, Gur, Jacob D. Leshno, and Ciamac C. Moallemi. 2017. "Monopoly without a Monopolist: An Economic Analysis of the Bitcoin Payment System." 未発表論文，Columbia Business School, October 17.
Hume, David. 1788 [1742]. "On the Rise and Progress of the Arts and Sciences." In *Essays and Treatises on Several Subjects*, vol. 1. London: T. D. Cadell.
Huston, James L. 1987. *The Panic of 1857 and the Coming of the Civil War*. Baton Rouge: Louisiana State University Press.
Ibn Khallikan, Ahmad Ibn Muhammad. 1868 [1274]. *Biographical Dictionary*. アラビア語からの翻訳，Baron William Mac Guckin De Slane. Paris: Édouard Blot, Oriental Translation Fund of Great Britain and Ireland.
Irwin, Douglas A. 2011. "Anticipating the Great Depression? Gustav Cassel's Analysis of the Interwar Gold Standard." 未発表論文，Dartmouth College.
———. 2012. *Trade Policy Disaster*. Cambridge MA: MIT Press.
Isenhour, Cindy. 2012. "On the Challenge of Signalling Ethics without the Stuff: Tales of Conspicuous Green Anti-Consumption." In James B. Carrier and Peter Luetchford, eds., *Ethical Consumption: Social Value and Economic Practice*. New York: Berghahn Books.
Jackendoff, Ray. 2009. "Parallels and Nonparallels between Language and Music." *Music Perception: An Interdisciplinary Journal* 26(3): 195–204.
Jackson, Matthew O., and Leeat Yariv. 2005. "Diffusion in Social Networks." *Économie Publique* 16 (1): 2–16.
Jacobs, Alan, 2016. "The Watchman: What Became of the Christian Intellectuals?" *Harper's Magazine*, September, 54–60.
Jevons, William Stanley. 1878. "Commercial Crises and Sun-Spots." *Nature* 19: 33–37.
Johnson, Edgar H. 1910. "The Economics of Henry George's 'Progress and Poverty.'" *Journal of*

Political Economy 18(9): 714–35.

Johnson, Eric J., and Amos Tversky. 1983. "Affect, Generalization, and the Perception of Risk." *Journal of Personality and Social Psychology* 45(1): 20–31.

Johnson, Marcia K., and Mary Ann Foley. 1984. "Differentiating Fact from Fantasy: The Reliability of Children's Memory." *Journal of Social Issues* 40(2): 33–50.

Johnson, Marcia K., Shahin Hashtroudi, and D. Stephen Lindsay. 1993. "Source Monitoring." *Psychological Bulletin* 114(1): 3–28.

Jones, Charles M., and Owen A. Lamont. 2002. "Short-Sale Constraints and Stock Returns." *Journal of Financial Economics* 66(2–3): 207–39.

Jung, Carl. 1919. "Instinct and the Unconscious Ⅲ." *British Journal of Psychology* 10(1): 15–23.

Kahn, Richard F. 1931. "The Relation between Home Investment and Unemployment." *Economic Journal* 41(162): 173–98.

Kahneman, Daniel, and Amos Tversky. 1973. "On the Psychology of Prediction." *Psychological Review* 80(4): 237–51.

———. 2000. *Choices, Values and Frames*. Cambridge: Cambridge University Press.

Kasparov, Garry. 2017. *Deep Thinking: Where Machine Intelligence Ends and Human Creativity Begins*. New York: Public Affairs. 邦訳カスパロフ『DEEP THINKING〈ディープ・シンキング〉人工知能の思考を読む』(染田屋茂訳，日経BP社，2017年).

Katona, George. 1975. *Psychological Economics*. New York: Elsevier Scientific Publishing Co.

Katz, Elihu, and Paul F. Lazarsfeld. 1955. *Personal Influence: The Part Played by People in the Flow of Mass Communication*. New York: The Free Press of Glencoe. 邦訳カッツ&ラザースフェルド『パーソナル・インフルエンス：オピニオン・リーダーと人びとの意思決定』(竹内郁郎訳，培風館，1965年).

Kemmerer, David. 2014. *Cognitive Neuroscience of Language*. Hove, East Sussex: Psychology Press.

Kemmerer, Edwin Walter. 1920. *High Prices and Deflation*. Princeton, NJ: Princeton University Press.

Kempton, Murray. 1998 [1955]. *Part of Our Time: Some Ruins and Monuments of the Thirties*. New York: New York Review of Books Classics.

Kent, Richard J. 2007. "A 1929 Application of Multiplier Analysis by Keynes." *History of Political Economy* 39(3): 529–43.

Kermack, William Ogilvy, and Anderson Gray McKendrick. 1927. "A Contribution to the Mathematical Theory of Epidemics." *Proceedings of the Royal Society* 115(772): 701–21.

Keynes, John Maynard. 1920 [1919]. *Economic Consequences of the Peace*. London: Macmillan. 邦訳ケインズ『平和の経済的帰結』(山形浩生訳，https://genpaku.org/keynes/peace/keynespeacej.pdf, 2020)他.

———. 1932. "Economic Possibilities for Our Grandchildren (1930)." In *Essays in Persuasion*, 358–373. New York: Harcourt Brace. 邦訳ケインズ「孫たちの経済的可能性」(山形浩生訳，https://genpaku.org/keynes/misc/keynesfuture.pdf, 2015)他.

———. 1936. *The General Theory of Employment, Interest, and Money*. London: Palgrave Macmillan. 邦訳ケインズ『雇用，利子，お金の一般理論』(山形浩生訳，講談社学術文庫，2012年)他．https://genpaku.org/keynes/generaltheory/html/

Kirnarskaya, Dina. 2009. *The Natural Musician: On Abilities, Giftedness, and Talent*. Oxford: Oxford University Press.

Klages, Mary. 2006. *Literary Theory: A Guide for the Perplexed*. London: Bloomsbury Academic.

Klein, Melanie. 2002 [1921]. "The Development of a Child." In *Love, Guilt and Reparation: And Other Works 1921–1945*. New York: Free Press, 2002. 邦訳クライン「子どもの心的発達」西園昌久他責任編訳『子どもの心的発達(メラニー・クライン著作集1)』(誠信書房, 1983年)所収.

Klein, Naomi. 2009. *No Logo*. Tenth Anniversary Edition. New York: Picador. 邦訳クライン『新版 ブランドなんか, いらない』(松島聖子訳, 大月書店, 2009年).

Koopmans, Tjalling. 1947. "Measurement without Theory." *Review of Economics and Statistics* 29(3): 161–72.

Kozinets, Robert V., Kristine de Valek, Andrea Wojnicki, and Sarah J. S. Wilner. 2010. "Networked Narratives: Understanding Word-of-Mouth Marketing in Online Communities." *Journal of Marketing* 74: 71–89.

Kuran, Timur. 2012. *The Great Divergence: How Islamic Law Held Back the Middle East*. Princeton, NJ: Princeton University Press.

Kuran, Timur, and Cass Sunstein. 1999. "Availability Cascades and Risk Regulation." *Stanford Law Review* 51(4): 683–768.

Kuziemko, Ilyana, and Ebonya Washington. 2015. "Why Did the Democrats Lose the South? Bringing New Data to an Old Debate." National Bureau of Economic Research Working Paper 21703.

Kydland, Finn E., and Edward C. Prescott. 1982. "Time to Build and Aggregate Fluctuations." *Econometrica* 50(6): 1345–70.

Laffer, Arthur. 2004. "The Laffer Curve, Past, Present and Future." Executive Summary Backgrounder No. 1765. The Heritage Foundation.

Lahiri, Kajal, and J. George Wang. 2013. "Evaluating Probability Forecasts for GDP Declines Using Alternative Methodologies." *International Journal of Forecasting* 29(1): 175–90.

Lakoff, George, and Mark Johnson. 2003. *Metaphors We Live By*. Chicago: University of Chicago Press. 邦訳レイコフ&ジョンソン『レトリックと人生』(渡部昇一他訳, 大修館書店, 1986年).

Lamberson, P. J. 2016. "Diffusion in Networks." In Yann Bramoullé, Andrea Galeotti, and Brian Rogers, eds., *The Oxford Handbook of the Economics of Networks*. Oxford: Oxford University Press.

Lanchester, John. 2018. "Can Economists and Humanists Ever Be Friends?" [印刷版では"Doesn't Add Up"]. *New Yorker*, July 23, https://www.newyorker.com/magazine/2018/07/23/can-economists-and-humanists-ever-be-friends.

Langlois, Janet L., and Mary E. Durocher. 2011. "The Haunting Fear: Narrative Burdens in the Great Depression." In *Nobody's Burden: Lessons from the Great Depression on the Struggle for Old-Age Security*, 245–67. Lanham, MD: Lexington Books.

League of Nations, Economic and Finance Section. 1922. *Brussels Financial Conference, 1920. The Recommendations and Their Application; A Review after Two Years*.

Le Bon, Gustave. 1895. *Psychologie des foules* (*The Crowd*). Paris: Alcan. 邦訳ル・ボン『群集心理』(櫻井成夫訳, 講談社学術文庫, 1993年)他.

Legrand, J., R. F. Grais, P. Y. Boelle, A. J. Valleron, and A. Flahault. 2007. "Understanding the Dynamics of Ebola Epidemics." *Epidemiology and Infection* 135: 610–21.

Leonard, Janet L. 2006. "Sexual Selection: Lessons from Hermaphrodite Mating Systems." *Integrative and Comparative Biology* 46(4): 349–67.

Leonard, Mark. 1997. *Britain™: Renewing Our Identity*, https://www.demos.co.uk/files/britaintm.pdf?1240939425.

LeRoy, Stephen F., and Richard D. Porter. 1981. "Stock Price Volatility: Tests Based on Implied Variance Bounds." *Econometrica* 49: 97–113.

Leskovec, Jure, Lars Backstrom, and Jon Kleinberg. 2009. "Meme-Tracking and the Dynamics of the News Cycle." KDD '09 Proceedings of the 15th ACM SIGKDD International Conference on Knowledge Discovery and Data Mining, 497–506.

Lin, Yuri, Jean-Baptiste Michel, Erez Lieberman Aiden, Jon Orwant, Will Brockman, and Slav Petrov. 2012. "Syntactic Annotations for the Google Books Ngram Corpus." Proceedings of the 50th Annual Meeting of the Association for Computational Linguistics, July 8–14, 169–74. Jeju Island, Korea, http://aclweb.org/anthology/P12-3029.

Lindbeck, Assar, and Dennis J. Snower. 2001. "Insiders versus Outsiders." *Journal of Economic Perspectives* 15(1): 165–88.

Litman, Barry R. 1983. "Predicting Success of Theatrical Movies: An Empirical Study." *Journal of Popular Culture* 16(4): 159–75.

Littlefield, Henry M. 1964. "*The Wizard of Oz:* Parable on Populism." *American Quarterly* 16: 47–58. Reprinted in *The American Culture: Approaches to the Study of the United States*, edited by Hennig Cohen. Boston: Houghton Mifflin, 1968.

Loewenstein, George F., Elke U. Weber, Christopher K. Hsee, and Ned Welch. 2001. "Risk as Feelings." *Psychological Bulletin* 127(2): 267–86.

Long, Elisa F., Naveen K. Vaidya, and Margaret L. Brandeau. 2008. "Controlling Co-Epidemics: Analysis of HIV and Tuberculosis Infection Dynamics." *Operations Research* 56(6): 1366–81.

Loomes, Graham, and Robert Sugden. 1982. "Regret Theory: An Alternative Theory of Rational Choice under Uncertainty." *Economic Journal* 92(368): 805–24.

Lorayne, Harry. 2007. *Ageless Memory: The Memory Expert's Prescription for a Razor-Sharp Mind*. New York: Black Dog and Leventhal Publishers.

Losh, Molly, and Peter C. Gordon. 2014. "Quantifying Narrative Ability in Autism Spectrum Disorder: A Computational Linguistic Analysis of Narrative Coherence." *Journal of Autism and Developmental Disorders* 44(12): 3016–25.

Lowen, Anice C., Samira Mubareka, John Steel, and Peter Palese. 2007. "Influenza Virus Transmission Is Dependent on Relative Humidity and Temperature." *PLOS Pathogens*, https://doi.org/10.1371/journal.ppat.0030151.

Loyd, Jere L. 1975. "Consumer Affairs—State Securities Regulation of Interstate Land Sales." *Urban Law Annual* 10: 271–82, http://openscholarship.wustl.edu/law_ubranlaw/vol10/iss1/9.

Lucas, Robert E. 1978. "Asset Prices in an Exchange Economy." *Econometrica* 46: 1429–45.

Luminet, Olivier, and Antoinietta Curci. 2009. "The 9/11 Attacks inside and outside the US: Testing Four Models of Flashbulb Memory Formation across Groups and the Specific Effects of Social Identity." *Memory* 17(7): 742–59.

Machill, Marcel, Sebastian Köhler, and Markus Waldhauser. 2007. "The Use of Narrative Structures in Television News." *European Journal of Communication* 22(2): 185–205.

Mackay, Charles. 1841. *Memoirs of Extraordinary Popular Delusions*. London: Richard Bentley. 邦訳 マッケイ『狂気とバブル：なぜ人は集団になると愚行に走るのか』(1852年版の訳, 塩野未佳他訳, パンローリング, 2004年).

Macmillan, R. H. 1956. *Automation: Friend or Foe?* Cambridge: Cambridge University Press.

MacMullen, Ramsay. 2003. *Feelings in History: Ancient and Modern*. Claremont, CA: Regina Books.

Malthus, Thomas Robert. 1798. *An Essay on the Principle of Population*. Anonymously published, 1798. 邦訳マルサス『人口論』（斉藤悦則訳，光文社古典新訳文庫，2011年）他.

Marcus, George E., and Peter Dobkin Hall. 1992. *Lives in Trust: The Fortunes of Dynastic Families in Late Twentieth Century America* (*Institutional Structures of Feeling*). Boulder, CO: Westview Press.

Marden, Orison Swett. 1920. *Success Fundamentals*. New York: Thomas Y. Crowell.

Maren, Stephen, and Gregory J. Quirk. 2004. "Neuronal Signalling of Fear Memory." *Nature Reviews: Neuroscience* 5(11): 844–52.

Marineli, Filio, Gregory Tsoucalas, Marianna Karamanou, and George Androutsos. 2013. "Mary Mallon (1869–1938) and the History of Typhoid Fever." *Annals of Gastroenterology* 26(2): 132–34.

Marx, Groucho. 2017 [1959]. *Groucho and Me*. Muriwai Books.

McCabe, Brian J. 2016. *No Place Like Home: Wealth, Community, and the Politics of Homeownership*. New York: Oxford University Press.

McCaffery, Edward. 2000. "Cognitive Theory and Tax." In Cass Sunstein, ed., *Behavioral Law and Economics*. Cambridge: Cambridge University Press.

McCloskey, Deirdre. 2016. "Adam Smith Did Humanomics: So Should We." *Eastern Economic Journal* 42(4): 503–13.

McCullough, David. 1993. *Truman*. New York: Simon & Schuster.

McDaniel, M. A., and G. O. Einstein. 1986. "Bizarre Imagery as an Effective Memory Aid: The Importance of Distinctiveness." *Journal of Experimental Psychology: Learning, Memory, and Cognition* 12(1): 54–65.

McGinn, Daniel. 2007. *House Lust: America's Obsession with Our Homes*. New York: Currency Doubleday.

McHugh, Richard. 1991. "Productivity Effects of Strikes in Struck and Nonstruck Industries." *ILR Review* 44(4): 722–32.

McQuiggan, Scott W., Jonathan P. Rowe, Sunyoung Lee, and James C. Lester. 2008. "Story-Based Learning: The Impact of Narrative on Learning Experiences and Outcomes." In Beverley P. Woolf, Esma.Aïmeur, Roger Nkambou, and Susanne Lajoie, eds., *Intelligent Tutoring Systems*, 530–39. Berlin: Springer Verlag.

Meadows, Donnella, et al. 1972. *Limits to Growth: A Report for the Club of Rome's Project on the Predicament of Mankind*. New York: Universe Books. 邦訳メドウズ他『成長の限界：ローマ・クラブ「人類の危機」レポート』（大来佐武郎監訳，ダイヤモンド社，2005年）.

Merton, Robert K. 1948. "The Self-Fulfilling Prophecy." *Antioch Review* 8(2): 193–210.

Merton, Robert K., and Patricia L. Kendall. 1946. "The Focused Interview." *American Sociological Review* 51(6): 541–57.

Michaels, Donald N. 1962. *Cybernation: The Silent Conquest*. Santa Barbara, CA: Center for the Study of Democratic Institutions, 1962, http://ucf.digital.flvc.org/islandora/object/ucf%3A5123.

Michel, Jean-Baptiste, Yuan Kui Shen, Aviva Presser Aiden, Adrian Veres, Matthew K. Gray, The Google Books Team, Joseph P. Pickett, Dale Hoiberg, Dan Clancy, Peter Norvig, Jon Orwant,

Steven Pinker, Martin A. Nowak, and Erez Lieberman Aiden. 2011. "Quantitative Analysis of Culture Using Millions of Digitized Books." *Science* 331(6014): 176–82.

Miguel, Edward, Shanker Satyanath, and Ernest Sergenti. 2004. "Economic Shocks and Civil Conflict: An Instrumental Variables Approach." *Journal of Political Economy* 112(4): 725–53.

Milad, Mohammed R., Brian T. Quinn, Roger K. Pitman, Scott P. Orr, Bruce Fischl, Scott L. Rauch, and Marcus E. Raichle. 2005. "Thickness of Ventromedial Prefrontal Cortex in Humans Is Correlated with Extinction Memory." *Proceedings of the National Academy of Sciences of the United States of America* 102(30): 10706–11.

Milad, Mohammed R., Blake L. Rosenbaum, and Naomi M. Simon. 2014. "Neuroscience of Fear Extinction: Implications for Assessment and Treatment of Fear-Based and Anxiety Related Disorders." *Behaviour Research and Therapy* 62: 17–23.

Miller, Joel C. 2012. "A Note on the Derivation of Epidemic Final Sizes." *Bulletin of Mathematical Biology* 74(9): 2125–41.

Miłosz, Czesław. 1990 [1951]. *The Captive Mind.* ポーランド語から英訳 Jane Zielonko. New York: Vintage International. 邦訳ミウォシュ『囚われの魂』(工藤幸雄訳，共同通信社，1996年).

Mineka, Susan, and Michael Cook. 1988. "Social Learning and the Acquisition of Snake Fear in Monkeys." In Thomas R. Zentall and Bennett G. Galef Jr., eds., *Social Learning: Psychological and Biological Perspectives*, 51–74. Mahwah, NJ: Lawrence Erlbaum Associates.

Mirowski, Philip. 1982. "What's Wrong with the Laffer Curve?" *Journal of Economic Issues* 16 (3): 1815–28.

Mitchell, Daniel J. B. 1985. "Wage Flexibility: Then and Now." *Industrial Relations* 24(20): 266–79.

Mitchell, Wesley C., and Arthur F. Burns. 1938. *Statistical Indicators of Cyclical Revivals, Bulletin 69.* New York: National Bureau of Economic Research, 1938, https://www.nber.org/chapters/c4251.pdf. Reprinted in Geoffrey Moore, *Business Cycle Indicators.* Princeton, NJ: Princeton University Press, 1961.

Mokyr, Joel. 2013. "Culture, Institutions, and Modern Growth." In Sebastian Galiani and Itai Sened, eds., *Institutions, Property Rights, and Economic Growth: The Legacy of Douglass North.* Cambridge: Cambridge University Press.

———. 2016. *Culture and Growth: The Origins of the Modern Economy.* Princeton, NJ: Princeton University Press.

Moore, Geoffrey H. 1983. "The Forty-Second Anniversary of the Leading Indicators." In Geoffrey Moore, ed., *Business Cycles, Inflation and Forecasting.* 2nd ed. Cambridge, MA: Published for the National Bureau of Economic Research by Ballinger Publishing Co., https://www.nber.org/chapters/c0710.pdf.

Morson, Gary Saul, and Morton Schapiro. 2017. *Cents and Sensibility: What Economics Can Learn from the Humanities.* Princeton, NJ: Princeton University Press.

Mullainathan, Sendhil, and Eldar Shafir. 2013. *Scarcity: Why Having Too Little Means So Much.* New York: Times Books. 邦訳ムッライナタン&シャフィール『いつも「時間がない」あなたに：欠乏の行動経済学』(大田直子訳，ハヤカワ文庫NF，2017年).

Muller, Jerry Z. 2018. *The Tyranny of Metrics.* Princeton, NJ: Princeton University Press. 邦訳ミュラー『測りすぎ：なぜパフォーマンス評価は失敗するのか?』(松本裕訳，みすず書房，2019年).

Myrdal, Gunnar. 1974. "The Case against Romantic Ethnicity." *Center Magazine* 7(4): 26–30.

Nagel, Stefan, and Zhengyang Xu. 2018. "Asset Pricing with Fading Memory." 未発表論文，Univer-

sity of Michigan.

Nakamoto, Satoshi. 2008. "Bitcoin: A Peer-to-Peer Electronic Cash System," https://Bitcoin.org/Bitcoin.pdf.

Narayanan, Arvind, Joseph Bonneau, Edward Felten, Andrew Miller, and Steven Goldfeder. 2016. *Bitcoin and Cryptocurrency Technologies*. Princeton, NJ: Princeton University Press. 邦訳ナラヤナン他『仮想通貨の教科書』(長尾高弘訳, 日経BP社, 2016年).

Nathan, Robert R. 1944. *Mobilizing for Abundance*. New York: McGraw-Hill.

Nathanson, N., and J. R. Martin. 1979. "The Epidemiology of Poliomyelitis: Enigmas Surrounding Its Appearance, Epidemicity, and Disappearance." *American Journal of Epidemiology* 110 (6): 672–92.

Neftçi, Salih N. 1984. "Are Economic Time Series Asymmetric over the Business Cycle?" *Journal of Political Economy* 92(2): 307–28.

Newcomb, Anthony. 1984. "Once More 'Between Absolute and Program Music': Schumann's Second Symphony." *19th-Century Music* 7(3): 233–50.

Nørgård, Jørgen Stig, John Peet, and Kristín Vala Ragnarsdóttir. 2010. "The History of the Limits to Growth." *Solutions Journal* 1(2): 59–63.

North, Douglass. 2005. *Understanding the Process of Economic Change*. Princeton, NJ: Princeton University Press. 邦訳ノース『ダグラス・ノース 制度原論』(瀧澤弘和他監訳, 東洋経済新報社, 2016年).

Noyes, Alexander Dana. 1898. *Thirty Years of American Finance*. New York: G. P. Putnam's Sons.

Nsoesie, Elaine O., Richard J. Beckman, Sara Shashaani, Kalyani S. Nagaraj, Madhav V. Marathe. 2013. "A Simulation Optimization Approach to Epidemic Forecasting." *PLoS ONE* 8(6): e67164 doi:10.1371/journal.pone.0067164.

O'Barr, William M., and John M. Conley. 1992. *Fortune and Folly: The Wealth and Power of Institutional Investing*. Homewood, IL: Business-One Irwin.

O'Broin, Turlach. 2016. "Mail-Order Demagogues: The NSDAP School for Speakers, 1928–34." *Journal of Contemporary History* 51(4): 715.

O'Connor, Patricia E. 2000. *Speaking of Crime: Narratives of Prisoners*. Lincoln: University of Nebraska Press.

Okun, Arthur. 1980. "The Invisible Handshake and the Inflationary Process." *Challenge* 22(6): 5–12.

Olsen, L. F., G. L. Truty, and W. M. Schaffer. 1988. "Oscillations and Chaos in Epidemics: A Nonlinear Dynamic Study of Six Childhood Diseases in Copenhagen, Denmark." *Theoretical Population Biology* 33: 344–70.

Olson, Mancur. 1971. *The Logic of Collective Action: Public Goods and the Theory of Groups*. Cambridge, MA: Harvard University Press. 邦訳オルソン『集合行為論：公共財と集団理論』(依田博他訳, ミネルヴァ書房, 1996年).

Ong, Walter J. 1982. "Oral Remembering and Narrative." In Deborah Tannen, ed., *Analyzing Discourse: Text and Talk*. Washington, DC: Georgetown University Press.

Pace-Schott, Edward F. 2013. "Dreaming as a Story-Telling Instinct." *Frontiers in Psychology* 4: 159.

Palgrave, R. H. Inglis. 1894. *Dictionary of Political Economy*. London: Stockton Press.

Paller, Ken A., and Anthony D. Wagner. 2002. "Observing the Transformation of Experience into Memory." *Trends in Cognitive Sciences* 6(2): 93–102.

Palmer, Jay. 1987. "What Do You Think? A Nationwide Poll of Reaction to the Crash." *Barrons*,

November 9, 16ff.

Patel, Aniruddh D. 2007. *Music, Language, and the Brain.* New York: Oxford University Press.

Pavlov, Ivan P. 1927. *Conditioned Reflexes: An Investigation of the Physiological Activity of the Cerebral Cortex.* London: Oxford University Press. 邦訳パブロフ「条件反射」(千葉康則訳), 湯川秀樹他責任編集『現代の科学 1(世界の名著 79)』(中公バックス, 1979年)所収.

Payne, Robert. 1968. *Marx.* New York: Simon and Schuster.

Pecotich, Anthony, and Steven Ward. 2007. "Global Branding, Country of Origin, and Expertise: An Experimental Evaluation." *International Marketing Review* 24(3): 271–96, https://doi.org/10.1108/02651330710755294.

Penfield, Wilder. 1958. "Some Mechanisms of Consciousness Discovered during Electrical Stimulation of the Brain." *Proceedings of the National Academy of Sciences* 44(2): 51–66.

Pierce, Karen, R. A. Müller, J. Ambrose, G. Allen, and E. Courchesne. 2001. "Face Processing Occurs Outside the Fusiform 'Face Area' in Autism: Evidence from Functional MRI." *Brain* 124(10): 2059–73.

Piketty, Thomas. 2014. *Capital in the Twenty-First Century.* Cambridge, MA: Harvard University Press. 邦訳ピケティ『21世紀の資本』(山形浩生他訳, みすず書房, 2014年).

Piore, Michael. 2010. "Qualitative Research: Does It Fit in Economics?" *European Management Review* 3(1): 17–23.

Polletta, Francesca. 2002. "Plotting Protest: Mobilizing Stories in the 1960 Student Sit-Ins." In Joseph E. Davis, ed., *Stories of Change.* Albany: State University of New York Press.

Poole, Debra A., and Lawrence T. White. 1991. "Effects of Question Repetition on the Eyewitness Testimony of Children and Adults." *Developmental Psychology* 27(6): 975–79.

Posner, Michael I. 2012. *Cognitive Neuroscience of Attention.* 2nd ed. New York: The Guilford Press.

Presidential Task Force on Market Mechanisms. 1988. *Report* (Brady Commission Report). US Department of Treasury, Washington DC, https://archive.org/details/reportofpresidenolunit.

Presser, Lois, and Sveinung Sandberg. 2015. *Narrative Criminology: Understanding Stories of Crime.* New York: New York University Press.

Propp, Vladimir. 1984. *Theory and History of Folklore.* Minneapolis: University of Minnesota Press. 邦訳プロップ『魔法昔話の研究：口承文芸学とは何か』(齋藤君子訳, 講談社学術文庫, 2009年).

Proudhon, Pierre-Joseph. 1923 [1840]. *The General Idea of the Revolution in the Nineteenth Century.* 英訳 John Beverly Robinson. London: Freedom Press. 邦訳プルードン『十九世紀における革命の一般理念』(陸井四郎他訳, 三一書房, 1971年)他.

Prowaznik, Bruno E. 2006. *Homo artifex: Von der Magie der Kunst.* Infothek.

Prum, Richard O. 2010. "The Lande-Kirkpatrick Mechanism Is the Null Model of Evolution by Intersexual Selection: Implications for Meaning, Honesty, and Design in Intersexual Signals." *Evolution* 64(11): 3085–100.

———. 2017. *The Evolution of Beauty: How Darwin's Forgotten Model of Mate Choice Shapes the Animal World—And Us.* New York: Doubleday. 邦訳プラム『美の進化：性選択は人間と動物をどう変えたか』(黒沢令子訳, 白揚社, 2020年).

Pursley, Denise. 2017. "Understanding the Full Effects of the Interstate Land Sales Full Disclosure Act." *New England Real Estate Journal*, http://nyrej.com/understanding-the-full-effects-of-the-interstate-land-sales-full-disclosure-act.

Ramey, Valerie A. 2011. "Can Government Purchases Stimulate the Economy?" *Journal of*

Economic Literature 49(3): 673–85.

Rand, Ayn. 1957. *Atlas Shrugged*. New York: Random House. 邦訳ランド『肩をすくめるアトラス』（全3部，脇坂あゆみ訳，アトランティス，2014年）.

Rand, D. A., and H. B. Wilson. 1991. "Chaotic Stochasticity: A Ubiquitous Source of Unpredictability in Epidemics." *Proceedings of the Royal Society B*, https://doi.org/10.1098/rspb.1991.0142.

Rappoport, Peter, and Eugene White. 1994. "Was the Crash of 1929 Expected?" *American Economic Review* 84(1): 271–81.

Rashkin, Esther. 1997. *Family Secrets and the Psychoanalysis of Narrative*. Princeton, NJ: Princeton University Press.

Redish, Angela. 2000. *Bimetallism: An Economic and Historical Analysis*. Cambridge: Cambridge University Press.

Reeves, Byron, and Clifford Nass. 2003. *The Media Equation: How People Treat Computers, Television, and New Media Like Real People and Places*. Cambridge: Cambridge University Press. 邦訳リーブス&ナス『人はなぜコンピューターを人間として扱うか：「メディアの等式」の心理学』（細馬宏通訳，翔泳社，2001年）.

Rhys-Williams, Juliet. 1943. *Something to Look Forward To*. London: MacDonald.

Richards, George. 1863. *The Memory of Washington: A Sermon Preached in the First Congregational Church, Litchfield CT, February 22, 1863*. Philadelphia: Henry B. Ashmead.

Ritter, Jay. 1991. "The Long-Run Performance of Initial Public Offerings." *Journal of Finance* 46(1): 3–27.

Robbins, Lionel. 1932. *An Essay on the Nature and Significance of Economic Science*. London: Macmillan. 邦訳ロビンズ『経済学の本質と意義』（小峯敦他訳，京都大学学術出版会，2016年）.

———. 1934. *The Great Depression*. New York: Macmillan.

Rockoff, Hugh. 1990. "*The Wizard of Oz* as a Monetary Allegory." *Journal of Political Economy* 98(4): 739–60.

Roden, Donald. 1980. "Baseball and the Quest for National Dignity in Meiji Japan." *American Historical Review* 85(3): 511–34.

Roll, Richard. 1988. "Orange Juice and Weather." *American Economic Review* 74(5): 861–80.

Romer, Christina. 1990. "The Great Crash and the Onset of the Great Depression." *Quarterly Journal of Economics* 105(3): 597–624.

Romer, Christina, and David Romer. 1989. "Does Monetary Policy Matter: A New Test in the Spirit of Friedman and Schwartz." Edited by Olivier J. Blanchard and Stanley Fischer. *NBER Macroeconomics Annual*, 63–129.

———. 1994. "What Ends Recessions?" National Bureau of Economic Research Working Paper 4765.

———. 2004. "A New Measure of Monetary Shocks." *American Economic Review* 94(4): 1055–84.

Ross, Andrew. 1991. "Hacking Away at the Counterculture." In Andrew Ross and Constance Penley, eds., *Technoculture*. Minneapolis: University of Minnesota Press, 1991.

Roth, Benjamin. 2009. *The Great Depression: A Diary*. Edited by James Ledbetter and Daniel B. Roth. New York: Public Affairs.

Rubin, David C. 1997. *Memory in Oral Traditions: The Cognitive Psychology of Epic, Ballads, and Counting-Out Rhymes*. Oxford: Oxford University Press.

Rubinstein Mark, and Hayne Leland H. 1981. "Replicating Options with Positions in Stock and

Cash." *Financial Analysts Journal* 37(4): 63–72.

Rudebusch, Glenn D., and John C. Williams. 2009. "Forecasting Recessions: The Puzzle of the Enduring Power of the Yield Curve." *Journal of Business and Economic Statistics* 27(4): 492–503.

Saavedra, Javier, Mercedes Cubero, and Paul Crawford. 2009. "Incomprehensibility in the Narratives of Individuals with a Diagnosis of Schizophrenia." *Qualitative Health Research* 19 (11): 1548.

Saiz, Albert. 2010. "The Geographic Determinants of Housing Supply." *Quarterly Journal of Economics* 125(3): 1253–96.

Sala-i-Martin, Xavier. 2006. "The World Distribution of Income: Falling Poverty and ... Convergence, Period." *Quarterly Journal of Economics* 121(2): 351–97.

Salganik, Matthew J., Peter Sheridan Dodds, and Duncan J. Watts. 2016. "Experimental Study of Inequality and Unpredictability in an Artificial Cultural Market." *Science* 311(5762): 854–56, doi: 10.1126/science.1121066.

Samuelson, Paul A. 1939. "Interactions between the Multiplier Analysis and the Principle of Acceleration." *Review of Economics and Statistics* 21(2): 75–78.

———. 1948a. *Economics: An Introductory Analysis*. New York: McGraw-Hill. 邦訳サムエルソン『経済学』(後の版の訳，都留重人訳，岩波書店，1966年).

———. 1948b. "International Trade and the Equalization of Factor Prices." *Economic Journal* 58 (230): 163–84.

———. 1958. "An Exact Consumption-Loan Model with or without the Social Contrivance of Money." *Journal of Political Economy* 66(6): 467–82.

Sarbin, Theodore R. 1986. *Narrative Psychology: The Storied Nature of Human Conduct*. Santa Barbara, CA: Praeger.

Sargent, Thomas J., and François Velde. 2002. *The Big Problem of Small Change*. Princeton, NJ: Princeton University Press.

Sartre, Jean-Paul. 1938. *Nausea*. 英訳 Robert Baldick. Harmondsworth, UK: Penguin. 邦訳サルトル『嘔吐〔新訳〕』(鈴木道彦，人文書院，2010年)他.

Sayles, John. 2011. *A Moment in the Sun*. San Francisco: McSweeney's Publishers.

Schank, Roger C., and Robert P. Abelson. 1977. *Scripts, Plans, Goals, and Understanding: An Inquiry into Human Knowledge*. Hillsdale, NJ: Lawrence Erlbaum Associates.

Scheidel, Walter. 2017. *The Great Leveler: Violence and the History of Inequality from the Stone Age to the Twenty-First Century*. Princeton, NJ: Princeton University Press. 邦訳シャイデル『暴力と不平等の人類史：戦争・革命・崩壊・疫病』(鬼澤忍他訳，東洋経済新報社，2019年).

Scheve, Kenneth, and David Stasavage. 2017. *Taxing the Rich: A History of Fiscal Fairness in the United States and Europe*. Princeton, NJ: Princeton University Press. 邦訳シーヴ&スタサヴェージ『金持ち課税：税の公正をめぐる経済史』(立木勝訳，みすず書房，2018年).

Scholz, Christin, Elisa C. Baek, Matthew Brook O'Donnell, Hyun Suk Kim, Joseph N. Cappella, and Emily B. Falk. 2017. "A Neural Model of Valuation and Information Virality." *Proceedings of the National Academy of Science of the United States of America* 114(11): 2881–86, doi: 10.1073/pnas.161259114, 2017, http://www.pnas.org/content/114/11/2881.abstract#aff-1.

Shapiro, Matthew D. 2016. "How Economic Shocks Affect Spending." *NBER Reporter* 2016 (2): 11–13.

Shiller, Robert J. 1981. "Do Stock Prices Move Too Much to Be Justified by Subsequent Changes in Dividends?" *American Economic Review* 71(3): 421–36.

———. 1984. "Stock Prices and Social Dynamics." *Brookings Papers on Economic Activity* 15(2): 457–98.

———. 1987. "Ultimate Sources of Aggregate Variability." *American Economic Review Papers and Proceedings* 77(2): 87–92.

———. 1989. *Market Volatility*. Cambridge, MA: MIT Press.

———. 1995. "Conversation, Information, and Herd Behavior." *American Economic Review* 85: 181–85.

———. 1997. "Why Do People Dislike Inflation?" In Christina Romer and David Romer, eds., *Reducing Inflation: Motivation and Strategy*. Chicago: University of Chicago Press.

———. 2000. *Irrational Exuberance*. Princeton, NJ: Princeton University Press. 邦訳シラー『投機バブル 根拠なき熱狂：アメリカ株式市場，暴落の必然』(植草一秀監訳，ダイヤモンド社，2001年).

———. 2002. "Bubbles, Human Judgment, and Expert Opinion." *Financial Analysts Journal* 58(3): 18–26.

Shiller, Robert J., and John Pound. 1989. "Survey Evidence on the Diffusion of Interest and Information among Investors." *Journal of Economic Behavior and Organization* 12: 47–66.

Shiller, Virginia M. 2017. *The Attachment Bond: Affectional Ties across the Lifespan*. New York: Lexington Books.

Shleifer, Andrei, and Robert W. Vishny. 1997. "The Limits of Arbitrage." *Journal of Finance* 52(1): 35–55.

Sidis, Boris. 1898. *The Psychology of Suggestion: A Research into the Subconscious Nature of Man and Society*. New York: Appleton & Co.

Siegel, Jeremy J. 2014 [1994]. *Stocks for the Long Run*. New York: Irwin. 邦訳シーゲル『株式投資』(古い版の訳，林康史他監訳，日経BP社，2009年).

Silber, William. 2014. *When Washington Shut Down Wall Street: The Great Financial Crisis of 1914 and the Origins of America's Monetary Supremacy*. Princeton, NJ: Princeton University Press.

Silver, David, et al. 2017. "Mastering Chess and Shogi by Self-Play with a General Reinforcement Learning Algorithm." Cornell University, arXiv:1712.01815 [cs.AI], https://arxiv.org/abs/1712.01815.

Skousen, Mark. 2001. *The Making of Modern Economics*. Armonk, NY: M. E. Sharpe.

Slater, Michael D., David B. Buller, Emily Waters, Margarita Archibeque, & Michelle LeBlanc. 2003. "A Test of Conversational and Testimonial Messages versus Didactic Presentations of Nutrition Information." *Journal of Nutrition Education Behavior* 35: 255–59.

Slovic, Paul, Melissa L. Finucane, Ellen Peters, and Donald G. MacGregor. 2007. "The Affect Heuristic." *European Journal of Operational Research* 177(3): 1333–52.

Smith, Adam. 1869 [1776]. *An Inquiry into the Origin and Causes of the Wealth of Nations*. Oxford: Clarendon Press. [London: W Strahan]. 邦訳スミス『国富論』(上下巻，高哲男訳，講談社学術文庫，2020年)他.

Smith, Walter E. 1879. *The Recent Depression of Trade: Its Nature, Its Causes, and the Remedies Which Have Been Suggested for It*. London: Trübner & Co.

Smith, William, William Wayte, and G. E. Marindin. 1890. *A Dictionary of Greek and Roman Antiquities*. London: John Murray.

Snyder, Timothy. 2010. *Bloodlands: Europe between Hitler and Stalin*. New York: Basic Books. 邦訳スナイダー『ブラッドランド：ヒトラーとスターリン 大虐殺の真実』(上下巻，布施由紀子訳，筑摩書房，2015年).

Stachura, Peter D. 1986. "The Social and Welfare Implications of Youth Unemployment in Weimar Germany 1929–1933." In Peter Stachura, ed., *Unemployment and the Great Depression in Weimar Germany*, 121–47. London: Palgrave Macmillan.

Stern, Barbara B., Craig J. Thompson, and Eric J. Arnould. 1998. "Narrative Analysis of a Marketing Relationship: The Consumer's Perspective." *Psychology & Marketing* 15(3): 195–214.

Sternberg, Robert. 1998. *Love Is a Story: A New Theory of Relationships*. Oxford: Oxford University Press. 邦訳スターンバーグ『愛とは物語である：愛を理解するための26の物語』(三宅真季子他訳，新曜社，1999年).

Stowe, Harriet Beecher. 1852. *Uncle Tom's Cabin; Or Life Among the Lowly*. Boston: John P. Jewett and Company. 邦訳ストウ『新訳 アンクル・トムの小屋』(小林憲二訳，明石書店，2017年).

Sullivan, James. 2006. *Jeans: A Cultural History of an American Icon*. New York: Gotham Books.

Summers, Lawrence H. 1986. "Does the Stock Market Rationally Reflect Fundamental Values?" *Journal of Finance* 41(3): 591–601.

Temin, Peter. 1975. "The Panic of 1857." *Intermountain Review* 6: 1–12.

———. 1976. *Did Monetary Forces Cause the Great Depression?* New York: W. W. Norton.

———. 1989. *Lessons from the Great Depression*. Cambridge, MA: MIT Press. 邦訳テミン『大恐慌の教訓』(猪木武徳他訳，東洋経済新報社，1994年).

Terkel, Studs. 1970. *Hard Times: An Oral History of the Great Depression*. New York: Random House. 邦訳ターケル『大恐慌！』(小林等他訳，作品社，2010年).

Thaler, Richard. 2015. *Misbehaving: The Making of Behavioral Economics*. New York: W. W. Norton. 邦訳セイラー『行動経済学の逆襲』(遠藤真美訳，早川書房，2016年).

———. 2016. "Behavioral Economics: Past, Present, and Future" (AEA Presidential Address). *American Economic Review* 106(7): 1577–1600.

Thaler, Richard, and Cass Sunstein. 2008. *Nudge: Improving Decisions about Health, Wealth, and Happiness*. New Haven, CT: Yale University Press. 邦訳セイラー&サンスティーン『実践 行動経済学：健康，富，幸福への聡明な選択』(遠藤真美訳，日経BP社，2009年).

Theobald, Robert. 1963. *Free Men and Free Markets*. New York: C. N. Potter.

Thibault, Pascal, Manon Levesque, Pierre Gosselin, and Ursula Hess. 2012. "The Duchenne Marker Is Not a Universal Signal of Smile Authenticity—But It Can Be Learned!" *Social Psychology* 43(4): 215–21.

Tobias, Ronald B. 1999. *Twenty Master Plots and How to Build Them*. London: Piatkus.

Tobin, James, and Craig Swan. 1969. "Money and Permanent Income: Some Empirical Tests." *American Economic Review* 59(2): 285–95.

Trump, Donald J., and Meredith McIver. 2004. *How to Get Rich*. New York: Random House. 邦訳トランプ『金のつくり方は億万長者に聞け！ 大富豪トランプの金持ち入門』(石原薫訳，扶桑社，2004年).

Trump, Donald J., and Bill Zanker. 2007. *Think Big and Kick Ass in Business and Life*. New York: HarperBusiness. 邦訳トランプ&ザンカー『大富豪トランプのでっかく考えて，でっかく儲けろ』(峯村利哉訳，徳間書店，2008年).

Uchitelle, Louis. 2006. *The Disposable American: Layoffs and Their Consequences*. New York: Alfred A. Knopf, 2006.

US Bureau of Labor Statistics. 2014. *Monthly Labor Review*. April, https://www.bls.gov/opub/mlr/2014/article/the-first-hundred-years-of-the-consumer-price-index.htm.

US Centers for Disease Control and Prevention. 2014. "Morbidity and Mortality Weekly Report: Evidence for a Decrease in Transmission of Ebola Virus—Lofa County, Liberia." November 14, https://www.cdc.gov/mmwr/preview/mmwrhtml/mm63e1114a1.htm.

US Department of Health, Education and Welfare. 1966. Report of the National Commission on Technology, Automation, and Economic Progress, *Technology and the American Economy*, vol. 1, https://files.eric.ed.gov/fulltext/ED023803.pdf.

US Department of Labor. 1948. *Construction in the War Years 1942–45: Employment, Expenditures, and Building Volume*. Washington, DC: US Government Printing Office, https://fraser.stlouisfed.org/title/4358.

US Securities and Exchange Commission, Trading and Exchange Division. 1947. *A Report on Stock Trading on the New York Stock Exchange on September 3, 1946*. Washington, DC: Securities and Exchange Commission.

Uscinski, Joseph E. 2018. *Conspiracy Theories and the People Who Believe Them*. Oxford: Oxford University Press.

Van Evera, Stephen. 1984. "The Cult of the Offensive and the Origins of the First World War." *International Security* 9(1): 58–107.

Vannucci, Manila, Claudia Pelagatti, Carlo Chiorri, and Giuliana Mazzoni. 2015. "Visual Object Imagery and Autobiographical Memory: Object Imagers Are Better at Remembering Their Personal Past." *Memory* 24(4): 455–70.

Vartanian, Oshin. 2012. "Dissociable Neural Systems for Analogy and Metaphor: Implications for the Neuroscience of Creativity." *British Journal of Psychiatry* 103(3): 302–16.

Veblen, Thorstein. 1899. *The Theory of the Leisure Class: An Economic Study of Institutions*. New York: Macmillan. 邦訳ヴェブレン『有閑階級の理論〔新版〕』（村井章子訳，ちくま学芸文庫，2016年）他.

———. 1921. *The Engineers and the Price System*. New York: B. W. Huebsch. 邦訳ヴェブレン『技術者と価格体制』（小原敬士訳，未来社，1962年）.

Vernon, J. R. 1991. "The 1920–21 Deflation: The Role of Aggregate Supply." *Economic Inquiry* 29(3): 572–80.

Vinck, Patrick, Phuong N. Pham, Kenedy K. Bindu, Juliet Bedford, and Eric J. Nilles. 2019. "Institutional Trust and Misinformation in the Response to the 2018–19 Ebola Outbreak in North Kivu, DR Congo: A Population-Based Survey." *Lancet Infectious Diseases* March 27, https://www.thelancet.com/journals/laninf/article/PIIS1473-3099(19)30063-5/fulltext.

Vives, Xavier. 1996. "Social Learning and Rational Expectations." *European Economic Review* 40: 589–601.

Vosoughi, Soroush, Deb Roy, and Sinan Aral. 2018. "The Spread of True and False News Online." *Science* 359(6380): 1146–51, doi: 10.1126/science.aap9559.

Wang, Hongbin, Xun Liu, and Jin Fan. 2012. "Symbolic and Connectionist Models of Attention." In Michael Posner, ed., *Cognitive Neuroscience of Attention*, 2nd ed., 47–56. New York: Guilford Press.

Wanniski, Jude. 1978a. "Taxes, Revenues and the 'Laffer Curve.'" *Public Interest* 38: 3–16, https://www.nationalaffairs.com/storage/app/uploads/public/58e/1a4/c54/58e1a4c549207669125935.pdf.

———. 1978b. *The Way the World Works: How Economies Fail and Succeed.* New York: Basic Books.

Watson, William, and Jason Clemons. 2017. *The History and Development of Canada's Personal Income Tax.* Fraser Institute, https://www.fraserinstitute.org/studies/history-and-development-of-canadas-personal-income-tax-zero-to-50-in-100-years.

Webb, L. Dean, Gene Glass, Arlene Metha, and Casey Cobb. 2002. "Economic Correlates of Suicide in the United States (1929–1992): A Time Series Analysis." *Archives of Suicide Research* 6: 93–101.

Weber, Keith, Matthew M. Martin, Members of COMM 401, and Michael Corrigan. 2006. "Creating Persuasive Messages Advocating Organ Donation." *Communication Quarterly* 54: 67–87.

Weber, Max. 1950 [1904]. *The Protestant Ethic and the Spirit of Capitalism* (*Die protestantische Ethik und der Geist des Kapitalismus*). New York: Scribner's. 邦訳ウェーバー『プロテスタンティズムの倫理と資本主義の精神』(中山元訳，日経BPクラシックス，2010年)他.

Weems, Mason Locke. 1837. *The Life of George Washington with Curious Anecdotes, Equally Honourable to Himself and Exemplary to His Young Countrymen.* Philadelphia: Joseph Allen.

Wertsch, James V. 2008. "Collective Memory and Narrative Templates." *Social Research* 75: 133–56.

Wheelis, Mark. 2002. "Biological Warfare at the 1346 Siege of Caffa." *Emerging Infectious Disease Journal* 8(9): 971–75.

Wheen, Francis. 1999. *Karl Marx: A Life.* New York: W. W. Norton. 邦訳ウィーン『カール・マルクスの生涯』(田口俊樹訳，朝日新聞社，2002年).

Whewell, William. 1840. *The Philosophy of the Inductive Sciences, Founded upon Their History.* London: John W. Parker.

White, Hayden. 1981. "The Value of Narrativity in the Representation of Reality." In W. J. T. Mitchell, ed., *On Narrative*, 1–25. Chicago: University of Chicago Press.

Wilson, Edward O. 1998. *Consilience: The Unity of Knowledge.* New York: Alfred A. Knopf. 邦訳ウィルソン『知の挑戦：科学的知性と文化的知性の統合』(山下篤子訳，角川書店，2002年).

Wold, H. 1954. *A Study in the Analysis of Stationary Time Series.* 2nd ed. Uppsala: Almqvist and Wiksell Book Co.

Wolfe, Tom. 1975. *The Painted Word.* New York: Farrar, Straus and Giroux. 邦訳ウルフ『現代美術コテンパン』(高島平吾訳，晶文社，1984年).

Wolman, Leo. 1916. *The Boycott in American Trade Unions.* Baltimore: Johns Hopkins University Press.

World Health Organization. 2003. *Adherence to Long-Term Therapies: Evidence for Action.* Geneva: WHO, http://www.who.int/chp/knowledge/publications/adherence_full_report.pdf.

———. 2015. *Health Worker Ebola Infections in Guinea, Liberia and Sierra Leone, Preliminary Report*, http://www.who.int/csr/resources/publications/ebola/health-worker-infections/en/.

Wyatt, H. V. 2011. "The 1916 New York City Epidemic of Poliomyelitis: Where Did the Virus Come From?" *Open Vaccine Journal* 4: 13–17.

Young, Kay, and Jeffrey Saver. 2001. *The Neurology of Narrative.* Madison: University of Wisconsin

Press.

Young, Warren. 1987. *Interpreting Mr. Keynes: The IS-LM Enigma.* Boulder, CO: Westview Press.

Zak, Paul J. 2015. "Why Inspiring Stories Make Us React: The Neuroscience of Narrative." *Cerebrum*, January–February, 2, https://www.ncbi.nlm.nih.gov/pmc/articles/PMC4445577/.

Zarnowitz, Victor, and Philip Braun. 1992. "Twenty-Two Years of the NBER-ASA Quarterly Economic Outlook Surveys: Aspects and Comparisons of Forecasting Performance." Cambridge MA: National Bureau of Economic Research Working Paper 3965.

Zeng, Guang Zhao, Lan Sun Chen, and Li Hua Sun. 2005. "Complexity of an SIR Epidemic Dynamics Model with Impulsive Vaccination Control." *Chaos, Solitons & Fractals* 26(2): 495–505.

Zhang, Sarah. 2015. "The Pitfalls of Using Google NGRAM to Study Language." *Wired*, https://www.wired.com/2015/10/pitfalls-of-studying-language-with-google-ngram/.

Zhao, Laijun, Hongxin Cui, Xiaoyan Qiu, Xiaoli Wang, and Jiajia Wang. 2013. "SIR Rumor Spreading Model in the New Media Age." *Physica A: Statistical Mechanics and Its Applications* 392(4): 995–1013.

Zheng, Muhua, Chaoqing Wang, Jie Zhou, Ming Zhao, Shuguang Guan, Yong Zou, and Zonghua Liu. 2015. "Non-periodic Outbreaks of Recurrent Epidemics and Its Network Modelling." *Scientific Reports* 5, Article number: 16010 (2015).

注

はじめに：ナラティブ経済学とは何か

1) Allen, 1964 [1931], p. 261.
2) Allen, 1964 [1931], p. viii.
3) 「記述的経済学はさらに，定式化とナラティブの2つの分野に分かれ，前者はこの学問の最大限の応用を理解するために必要な概念を分析分類し，後者は各種の社会や各種の時代が示した様々な経済生活形態を歴史的かつ比較的に検討する」（「経済学の手法」の説明より）Palgrave, 1894, p. 741.
4) 社会運動を動かすナラティブの役割についての関心は，新社会運動の研究において社会学者たちにより述べられている．Davis, 2002 参照．
5) Fair and Shiller（1989）は，予想モデルが短期的にはある程度予想能力があるという証拠を示しているが，Lahiri and Wang（2013）はFederal Reserve Bank of PhiladelphiaのSurvey of Professional Forecasters を使って，1年後のアメリカの四半期GDP低下確率を見極めるのに「有意な技能」はないことを示している．専門家たちが集団としてGDP低下確率として述べるものは，この期間の予測としては無価値だ．
6) Andrew Brigden, "The Economist Who Cried Wolf," Fathom Consulting, February 1, 2019, https://www.fathom-consulting.com/the-economist-who-cried-wolf/#_ftn2. もっと長期についても専門家たちが不景気を予測する能力はほとんど成功が確認されていないことを示す他の研究もある．たとえばZarnowitz and Braun, 1992，Abreu, 2011，An et al., 2018.
7) Koopmans, 1947, p. 166.
8) Boulding, 1969, p. 2. 2018年1月には，フィラデルフィアで開かれたアメリカ経済学会年次会合でボールディングを讃える特別死後セッション "Kenneth Boulding and the Future Direction of Social Science" が開かれた．
9) Boulding, 1969, p. 3.
10) Irving Kristol, "The Myth of Business Confidence," *Wall Street Journal*, November 14, 1977, p. 22.
11) アダムズは1919年にチューリッヒで国際女性会議を主催し，ヴェルサイユ条約が敵意を作り出してそれが将来の戦争につながると予言した．彼女は1931年にノーベル平和賞を受賞した．
12) Keynes, 1920 [1919], p. 268. 邦訳pp. 102–3.
13) 私の論文刊行は1972年のマサチューセッツ工科大学での博士審査論文「合理的期待と金利の構造」で始まった．この博士論文は，経済理論の現実的な根拠付けを探すよう私に影響を与えたフランコ・モジリアニの指導の下で書かれたもので，あらゆる人々が合理的で一貫して最大化を行うという経済学者たちのお気に入りの発想に完全に納得していなかった．その後間もなく「合理的期待とマクロ経済モデルの動学的構造：批判的レビュー」（1978）を書いた．さらに続けて「株価と社会力学」（1984），*Irrational Exuberance*（初版，2000，邦訳シラー『投機バブル 根拠なき熱狂』2001），さらにジョージ・アカロフと共著の2冊，*Animal Spirits: How Human Psychology Drives the Economy and Why It Matters for Global Capitalism*（2009，邦訳アカロフ＆シラー『アニマルスピリット』2009）と*Phishing for Phools: The Economics of Manipulation and Deception*（2015，邦訳『不道徳な見えざる手』2017）を書いた．

第1章　ビットコインのナラティブ

1) Yun Li, “Warren Buffett says bitcoin is a ‘gambling device’ with ‘a lot of frauds connected with it,’” CNBC May 4, 2019, https://www.cnbc.com/2019/05/04/warren-buffett-says-bitcoin-is-a-gambling-device-with-a-lot-of-frauds-connected-with-it.html での引用．

2) Paul Vigna and Steven Russolillo, “Bitcoin’s Wildest Rise Yet: 40% in 40 Hours,” *Wall Street Journal*, December 7, 2017, p. 1.

3) マークルツリーとデジタル署名アルゴリズムは，2008年にサトシ・ナカモトが署名した最初のビットコイン論文で述べられたビットコインのプロトコルの不可欠な要素だ．混雑待ち行列ゲームとの等価性はHuberman et al., 2017 で記述されている．

4) Proudhon, 1923 [1840], p. 293.

5) Sterlin Lujan, “Bitcoin Was Built to Incite Peaceful Anarchy,” https://news.bitcoin.com/bitcoin-built-incite-peaceful-anarchy/. この下りの日付はJanuary 9, 2016.

6) Ross, 1991, p. 116.

7) Himanen, 2001.

8) Zoë Bernard, “Satoshi Nakamoto was weird, paranoid, and bossy, says early Bitcoin developer who exchanged hundreds of emails with the mysterious crypto creator;” *Business Insider*, May 30, 2018, http://www.businessinsider.com/satoshi-nakamoto-was-weird-and-bossy-says-bitcoin-developer-2018-5.

第2章　一致性の冒険

1) たとえば，経済学研究へのもっと広いアプローチの呼びかけが求めてきたのは，「社会力学」「通俗モデル」の研究（Shiller, 1984），“文化経済学”（Michel et al., 2011），“ヒューマノミクス”（McCloskey, 2016）などだ．あるいはもっと“ナラティブ性”（Morson and Schapiro, 2017）や“架空の期待”（Beckert and Bronk, 2018）や“診断的期待”（Gennaioli and Shleifer, 2018），“政策の伝説や伝承一覧”（Fine and O’Neill, 2010），“期待の変化”に対応した“情報処理の困難”を“経済変動の独立要因”にすべきだ（Beaudry and Portier, 2014），と言われる．

2) Sarbin, 1986.

3) Berger and Quinney, 2004.

4) Rashkin, 1997.

5) Ganzevoort et al., 2013.

6) Presser and Sandberg, 2015.

7) Bettelheim, 1975.

8) Kozinets et al., 2010.

9) O’Connor, 2000.

10) O’Barr and Conley, 1992.

11) Jung, 1919.

12) Klein, 1921.

13) Klages, 2006, p. 33.

14) Klages, 2006, p. 33.

15) Brooks, 1992, location 74.

16) Brooks, 1992, location 749.

17) 神経言語学のサーベイは Kemmerer, 2014 参照．

第３章　感染，群れ，合流

1）　World Health Organization, 2015.

2）　Wheelis, 2002.

3）　Marineli et al., 2013.

4）　また Nagel and Xu, 2018 も参照.

5）　Vinck et al., 2019, 特に table 3.

6）　Gerbert et al., 1988.

7）　経済思想の歴史研究者（Dimand, 1988も含む）は乗数アクセラレータモデルの起源がもっと早いことを示している．Keynes (1936) に先立って，ケインズの弟子 Kahn (1931)，それ以前には半ダースもの乗数提案者がいて，1929 年の暴落より先に，当のケインズが演説のために用意した自分用のメモにも登場する（Kent, 2007）．もっと大仰さがなく，もっと比喩的で視覚的な用語「さざ波効果」（これはもともと，衣服のプリーツのパターンやシーケンスを指す用語だった）で乗数効果を表すのは 1970 年頃にヴァイラルとなり，2000 年頃には「乗数効果」を上回った.

8）　サミュエルソン世代重複モデルは Allais（1947）がすでに考案していたが，アレ版はあまり注目されなかった．サミュエルソンはこの論文を参考文献に挙げていない.

9）　これらは Michael Suk-Young Chwe（2001）が提案した「合理的儀式」の一部だ．これは，人々が他人にナラティブを認知してもらうために実施する儀式のことで，これがあるためにはっきりわかる「共通知識」が可能になる.

10）　Young, 1987.

11）　著述家はときどき自分たちの仕事を，重要なアイデアの「ロバ」となる物語や小ネタを探すことだと述べる．Lawrence Wright, https://www.cjr.org/first_person/longform_podcast_lessons_on_journalism.php を参照.

第４章　なぜ一部のナラティブが流行るのか？

1）　Sartre, 1938, location 952.

2）　Pace-Schott, 2013.

3）　Polletta, 2002, p. 31.

4）　Brown, 1991, location 2852 of 2017 Kindle Edition.

5）　Plato, *The Republic*, bk. 3，英訳 Benjamin Jowett，https://www.gutenberg.org/files/1497/1497-h/1497-h.htm. 邦訳プラトン『国家』（岩波文庫他多数）.

6）　Cicero, 1860 [55 BCE] p. 145.

7）　Mineka and Cook, 1988; Curio, 1988.

8）　Reeves and Nass, 2003.

9）　Brown, 1991; Kirnarskaya, 2009.

10）　Jackendoff, 2009.

11）　Patel, 2007, p. 324.

12）　Newcomb, 1984, p. 234.

13）　Hofstadter, 1964.

14）　Fehr and Gächter, 2000 参照.

15）　https://www.merriam-webster.com/dictionary/narrative.

16）　Kasparov, 2017, p. 138.

17）　White, 1981, p. 20.

18）　Schank and Abelson, 1977.

19) Shiller, 2002.

20) Ryan Larsonに感謝する．特許番号 #362, 868, 1887, G. I. AP Roberts, https://patents.google.com/patent/US362868A/en.

21) "Come What May: A Wheel of an Idea," *Christian Science Monitor*, October 24, 1951, p.13.

22) 新聞広告, *Los Angeles Times*, July 29, 1991, p. A4.

23) Salganik et al., 2016.

第５章　ラッファー曲線とルービックキューブの大流行

1) Shiller, 1995.

2) Litman, 1983.

3) Jack Valenti, "Motion Pictures and Their Impact on Society in the Year 2001," (April 25, 1978) という演説で，Litman, 1983, p. 159での引用．

4) Goldman, 2012, location 695.

5) 傑出した一発屋作品の一覧はウィキペディアを参照．https://en.wikipedia.org/wiki/One-hit-wonder.

6) 「[税は] 人々の興産を阻害し，大量の大衆に生活と雇用を提供するかもしれない事業の一部部門にそれを適用するのを阻害するかもしれない」．Smith, 1869, p. 416.

7) チェイニーは1978年時点で首席補佐官間近であり，後に国防相とアメリカ副大統領になった．

8) ラムズフェルドは1978年時点で国防相に就任したばかりだった．

9) http://americanhistory.si.edu/blog/great-napkins-laffer.

10) Peter Liebhold, "O Say Can You See" http://americanhistory.si.edu/blog/great-napkins-laffer.

11) Arthur B. Laffer, "The Laffer Curve: Past, Present and Future," January 6, 2004, https://www.wiwi.uni-wuerzburg.de/fileadmin/12010500/user_upload/skripte/sso9/FiwiI/LafferCurve.pdf.

12) Paul Blustein, "New Economics: Supply-Side Theories Became Federal Policy with Unusual Speed" *Wall Street Journal*, October 8, 1981, p. 1.

13) Mirowski, 1982 参照．

14) Brill and Hassett, 2007.

15) Cicero, 1860 [55 BCE], pp. 187–88.

16) McDaniel and Einstein, 1986.

17) Lorayne, 2007, p. 18.

18) Paller and Wagner, 2002 参照．

19) "Second Look in Sweden," *Boston Globe*, September 21, 1976, p. 26.

20) 1989年にはアメリカの高齢者が所得増大分の100%を上回る税金を支払いかねないと指摘された．これは社会保障給付金とメディケアの特別付加税のせいだ．James Kilpatrick, "Elderly Run Faster, Fall Further Behind," *St. Louis Post Dispatch*, March 19, 1989, p. B3.

21) US Tax Policy Center, https://www.taxpolicycenter.org/statistics/historical-individual-income-tax-parameters.

22) Patrick Owens, "What's behind the Tax Revolt?" *Newsday*, June 2, 1978, p. 75.

23) https://www.gop.gov/9-ronald-reagan-quotes-about-taxes/.

24) Walter Trohan, "Report from Washington," *Chicago Tribune*, February 20, 1967, p. 4.

25) Steven V. Roberts, "Washington Talk; Reagan and the Russians: The Joke's on Them," *New York Times*, August 21, 1987, p. A1.

第6章　経済ナラティブのヴァイラル性に関する様々な証拠

1）　Penfield, 1958, p. 57.

2）　Penfield, 1958, p. 57.

3）　Scholz et al., 2017, p. 2882.

4）　Zak, 2015.

5）　Maren and Quirk, 2004.

6）　Milad et al., 2005.

7）　Milad et al., 2014.

8）　Miłosz, 1990 [1951], p. 239.

9）　Hume, 1788 [1742], p.103.

10）　この不景気について，ペンシルバニア地域の視点から述べたものがBerg, 1946にある．

11）　Alexander Windmill, Letter to the Printer, *New-London Gazette* 初出，*Connecticut Courant*, May 20, 1765, p. 1に再掲．またColin McEnroe, “A Page from History: We Were There,” *Hartford Courant*, October 29, 1997, p. F8 も参照．

12）　Le Bon, 1895.

13）　“Art and Business in Book-Jackets,” *Literary Digest* 70 (September 10, 1921): 26–27の*Boston Transcript* より引用．

14）　Akerlof and Shiller, 2015

15）　Holt, 2002; Klein, 2009.

16）　Keynes, 1936.

17）　かつての新聞は美人コンテストをいろいろ実施していた．1920年にニューヨークの*Evening World*は一連の美女（一部は有名人）の写真を掲載したが，一度に掲載するのではなく数週間にわたって少しずつ掲載し，読者にお気に入り5人の一覧に候補指名クーポンを切り抜いて貼り付けて郵送するよう求めていた．読者はまた，新しい名前を提案して，候補者の一覧に後から加えるよう求めることもできた．読者のお気に入りの一覧は公表され，更新された．しかし勝者を選んだという喜びはあったかもしれないが，読者への賞はなかった．さらに新聞は読者に対し，お気に入りを6人ではなく，5人選ぶように求めていた．ケインズが挙げたのとまったく同じ美人コンテストを私はいまだに見つけられていない．https://www.newspapers.com/image/78732551/?terms=Evening%2BWorld's%2BBeauty%2BContest.

18）　Allen et al., 2006.

19）　R. A. Fisher, 1930.

20）　Leonard, 2006参照．

21）　Bruner, 1998, p. 18.

22）　Gaser et al., 2004.

23）　Saavedra et al., 2009.

24）　Losh and Gordon, 2014; Pierce et al., 2001.

25）　Kahneman and Tversky, 2000; Thaler, 2015, 2016.

26）　Johnson and Tversky, 1983; Slovic et al., 2007.

27）　Loewenstein et al., 2001.

28）　Dohmen et al., 2006.

29）　Achen and Bartels, 2017.

30）　Boltz et al., 1991.

31）　Areni and Kim, 1993.

32） Cheng et al., 2017.

第７章　因果性とナラティブ群

1） Hume, 1788 [1742], essay XIV, p. 101.

2） Farnam, 1912, p. 5.

3） Jevons, 1878, p. 36.

4） Merton, 1948; Azariadis, 1981; Cass and Shell, 1983; Farmer, 1999.

5） 著書 *The Tyranny of Metrics*（2018）でジェリー・ムラーは，定量的な結果計測に依存しすぎると大学，学校，医学，警察，軍，ビジネス，金融，慈善，外国援助でまともな意思決定ができなくなる様子を詳述している．

6） “Stock Prices Move Up to Permanently High Plateau,” *Toronto Star*, October 16, 1929, p. 14.

7） Kai Sedgwick, “46% of Last Year's ICOs Have Failed Already,” February 23, 2018, Bitcoin.com, https://news.bitcoin.com/46-last-years-icos-failed-already/.

8） Escalas, 2007.

9） Machill et al., 2007.

10） McQuiggan et al., 2008, p. 538.

11） Slater et al., 2003.

12） Cronon, 2013, p. 12.

13） 心理学者Roger Brown and James Kulik（1977）は「フラッシュ式記憶（flashbulb memory）」という言葉を提案し，1963年のジョン・F・ケネディ米大統領暗殺のニュースを例に使った．彼らの仮説では，フラッシュ式記憶は極度の驚きと感情的な盛り上がりがあると起きる．

14） Luminet and Curci, 2009.

15） “The First Gun: Its Ominous Report Was Heard Around the World,” *Los Angeles Times*, February 1, 1896, p. 11.

16） “University High's Class of '42 Still Remembers Pearl Harbor,” *Los Angeles Times*, December 7, 1981, p. F1.

17） NBER はアメリカの不景気が実際に起こってから何カ月もたって，その不景気を発表する．この場合，2001年3月にアメリカで不景気が始まったというのは，2001年11月まで発表されなかった．だが経済学者たちは全般に，2001年9月には経済が不景気に入ったと考えていた．

18） “The Perfect Storm Tears Heart Out of the US Economy,” *Guardian*, November 14, 2001, p. 26.

19） “At O'Hare, President Says ‘Get on board!’” September 27, 2001, https://georgewbush-whitehouse.archives.gov/news/releases/2001/09/20010927-1.html.

20） グレッグ・イップは当時の不安低減の要因として「愛国心の盛り上がり」もある可能性を述べている．“After Sept. 11 Attacks, a Rebound, of Sorts,” *Wall Street Journal*, October 15, 2001, p. Ai.

21） 「出所監視アプローチの中心的な主張は，人々は通常は記憶の情報源を指定する抽象的なタグやラベルを直接的に引き出すのではない，ということだ．むしろ励起した記憶記録が評価され，記憶の途中で行われる意思決定プロセスを通じて個別の情報源に帰属させられる」（Johnson et al., 1993）.

22） Johnson et al., 1993.

23） Barthes, 2013 [1984], http://xroads.virginia.edu/~drbr/wrestlin.html.

24） “Kilrain's Rheumatism,” *Cincinnati Inquirer*, February 22, 1890, p. 2.

25） 「だがその種［レトリック的なもの］の予告はグラディエーターのものとはちがう．グラディエーターは戦いの前には槍を持ち歩くが，交戦ではそれを使ったりしない」. Cicero, 1860 [55 BCE], pp. 178–79.

第8章　ナラティブ経済学七つの主張

1） Shiller, 1989.
2） Arthur Krock, "What America Is Talking About," *New York Times*, October 30, 1932, p. SM1.
3） 明らかに，Milton Friedman（1957）が指摘したとおり，当期所得だけが当期消費を決めるという元のケインジアンの発想は正しくなかった．フリードマンは消費支出が当期所得と比例するのは，当期所得が将来所得の目安として優れている職業の人々の場合——つまり，所得が年ごとにあまり変動しない職業の人々だけだと示した．彼の仮説では，支出は個人の当期所得ではなく，恒常所得，つまり長期の期待将来所得で決まる．だが大恐慌においては，フリードマンの恒常所得仮説も完全に正確とは言えなかった．このモデルは人々が，所得の統計的な特性で調整したものにしか反応しないとしている．Christina Romer（1990）は，1929年株式市場崩壊後，消費需要は人々の所得がまったく低下を見せていない時点で即座に低下したことを指摘した．彼女の結論では，需要低下は暴落に伴う新たな不確実性に対する何らかの反応だったのだろうと結論づけた．需要は，期待と不確実性の両方に依存しており，またそれらを通じてだけでなく各種のナラティブを通じても変わる．そして専門家たちが信用できなくなると，人々は将来についてナラティブに頼るしかなくなるのだ．Tobin and Swan（1969）は恒常所得仮説のさらなる問題を示している．
4） https://www.thesun.co.uk/tech/5067093/lily-allen-bitcoin-billionaire-richer-than-madonna/.
5） Shiller, 1989参照.
6） Siegel, 2014［1994］, pp. 250–53. *The New York Herald Tribune* は，なぜ1939年9月3日以降にアメリカ株式市場が下落しなかったのか不思議だと述べてから，考えられる説明として「持ち株を手放さなかった多くの人々や株式を買った人々は，株式市場が前回の世界大戦の全般的なパターンをたどるという信念に動かされていたのは明らかに思える．前回は，正規の取引がなかった期間も含む8カ月もの混乱の後，1915年にヨーロッパ向けの戦争発注を刺激剤として大飛躍したことだった」．"War and the Markets," *New York Herald Tribune*, September 4, 1939, p. 18.
7） World Health Organization, 2003, p. xiii.
8） Vosoughi et al., 2018.
9） もとの歌はPatty and Mildred J. Hill, *Song Stories for the Kindergarten* で1893年に発表された．https://commons.wikimedia.org/wiki/File:GoodMorningToAll_1893_song.jpg.
10） Weems, 1837, p. 11.
11） Weems, 1837, pp. 13–14.
12） Wang et al., 2012.
13） Blanc, 1851, p. 91: "De chacun selon ses facultés, à chacun selon ses besoins," マタイ書25: 15 はイエスを引用する．「各人にその能力に応じて」．

第9章　反復と変異

1） Kuran and Sunstein, 1999 参照.
2） だが南北戦争でのほとんどの死者は病気によるもので戦闘によるものではない．流行病を考えるなら，南北戦争はアメリカ史上最大のものどころか，上位にすら入らない．Nicholas Marshall, "The Civil War Death Toll, Reconsidered," *New York Times Opinionator*, March 2014, https://opinionator.blogs.nytimes.com/2014/04/15/the-civil-war-death-toll-reconsidered/ を参照.
3） 「大不況」という用語は，1990～91年の穏やかな不景気にも使われた．これは別の中東戦争と関連したもので，1992年大統領選の間にH・ロス・ペロー候補によって，またもや大恐慌と比較された．James Flanagan, "What an Economy in Low Gear Means," *Los Angeles Times*, July 26, 1992

参照.

第10章　パニックと不安

1) Raymond Moley, Terkel, 1970, location 5151 での引用. 邦訳ではレイモンド・モーレーの発言, p. 309 での引用.
2) “The Financial Crisis,” *New York Herald Tribune*, September 26, 1857, p. 1.
3) Hannah, 1986.
4) “How the New Banking System Is Expected to Operate as a Cure for Business Panics,” *Washington Post*, December 29, 1913, p. 5.
5) George Gallup, “The Gallup Poll: An Increasing Number of Voters Believe Business Will Improve within Six Months,” *Washington Post*, February 4, 1938, p. X2.
6) Sidis, 1898, p. 6.
7) Marden, 1920, p. 175.
8) “First Scientific Weather Forecasting,” *Chicago Daily Tribune*, December 18, 1898, p. 29.
9) Diogenes, “Correspondence of the Mercury,” *Charleston Mercury*, February 15, 1858, p. 1.
10) 「先行指標」という用語はProQuest News & Newspapersで1880年に1回, 1920年代に2回登場しているが, 1930年代大恐慌までは確立した一般的な概念ではなかった. 1938年のミッチェル&バーンズによる先行指標が経済思想の中で持つ重要性はMoore, 1983が指摘している. バーンズとミッチェルによるとても影響力のある1946年の本が, 先行指標について議論を展開している. アーサー・バーンズは後に1970～78年に連邦準備制度議長となったが, この期間の爆発的なインフレの責めを負わされ, 彼の予測モデルにはさらに話題とセレブの地位による感染が伴うことになった.
11) “Lays Bull Market to Coolidge ‘Tips,’” *New York Times*, August 24, 1928, 同月の*Atlantic* 記事に言及している.
12) “The Wall Street Journal Straws: Difficult to Take Profits,” *Wall Street Journal*, November 5, 1928, p. 2.
13) “‘Why Does U.S. Fuss at Us’ Traders Ask: Public Eye Battle of Wall Street,” *Chicago Daily Tribune*, February 18, 1929, p. 25.
14) “New Threats Made to Cut Speculation,” *Washington Post*, April 5, 1929, p. 1.
15) Lewis H. Haney, “Looking 1930 in the Face,” *North American Review* 229(3) (March 1930) : 365.
16) *New York Times*, January 5, 1931.
17) *New York Times*, September 25, 1884, p. 4.
18) “Reckless Talk in Congress,” *New York Times*, May 18, 1932, p. 20.
19) Irving Fisher, 1930, p. 63.
20) Thomas Mullen, “Money to Move as Fear Leaves, ‘Ad’ Men Told,” *Christian Science Monitor*, June 15, 1931 での引用.
21) Franklin Delano Roosevelt, 初の就任演説 March 4, 1933, http://www.gutenberg.org/files/104/104-h/104-h.htm.
22) Goodreads.com は “The only thing we have to fear is fear itself” (「恐れるべきものは恐怖そのものだけ」) を「いいね!」で見た有名なフランクリン・ローズヴェルトの引用139件のトップに挙げている. https://www.goodreads.com/author/quotes/219075.Franklin_D_Roosevelt.
23) Langlois and Durocher, 2011.
24) “In the Wake of Unemployment,” *Hartford Courant*, November 8, 1931, p. Es.

25) Roosevelt, first fireside chat, March 12, 1933, https://www.youtube.com/watch?v=r6nYKRLOFWg.

26) W. M. Kiplinger, “Causes of Our Unemployment: An Economic Puzzle,” *New York Times*, August 17, 1930, p. 111.

27) Lindbeck and Snower, 2001.

28) Eichengreen, 1996, Eichengreen and Temin, 2000.

29) Marx, 2017 [1959], 第15章冒頭.

第11章　倹約vs顕示的消費

1) 1870年代不況末の1870年代に刊行されたヘンリー・ジョージ『進歩と貧困』には，失業者に配慮して豊かな消費は抑えるべきだという論調が出てきそうなものだが，見あたらない．むしろ彼は正反対のことを考えているらしい．というのも彼は，もし格差がいつの日か減ったら「この欲求の廃止と欲求の恐れにより，豊かさへの崇拝が衰え，人々は富の購入と顕示意外の方法で仲間の敬意や承認を得ようとする」(George, 1886 [1879], chap. 4) と書いているからだ．また，「顕示的消費」という用語を初めて提唱したソースティン・ヴェブレンの影響力ある1899年の著書『有閑階級の理論』にも，1890年代の長期化した不景気における慎みの認識が登場しそうなものだ．だがその不景気でも新節制論は言及されていない．それどころか1893年パニックとそれに続く不景気は，まったく言及されていない．ヴェブレンもまた正反対のことを考えているようで，こう書いている．「同情，正直さ，生の肯定は，かなり幅はあるとはいえ，物質文化におけるその個人の成功を促進するものだと言わざるを得ない」(Veblen, 1899, chap. 9).

2) “Financial Crash Left Them Deeply in Debt,” *Daily Boston Globe*, March 10, 1930, p. 21.

3) “Family Breakdowns Reported Increasing,” *New York Times*, March 21, 1932, p. 2.

4) “Women Make Plea for Family Relief,” *New York Times*, May 17, 1936, p. N 2.

5) Ruth Ellicott, “Household—Season for Home Refurbishing Arrives: Coziness Is Requisite for Winter, Entire Family Morale May Be Boosted by a Changed Household Environment,” *Baltimore Sun*, October 1, 1933, p. TM8.

6) Allen, 1964 [1931], p. 289.

7) Carol Bird, “We're getting ‘ANCHORED’ Again Says Rita Weiman,” *Washington Post*, July 10, 1932, p. SM3.

8) “Keeping Up Appearances: DARE TO BE POOR!” *Manchester Guardian*, October 9, 1931, p. 6.

9) Catherine Hackett, “Why We Women Won't Buy,” *Forum and Century*, December 1932, p. 343.

10) Anne O'Hare McCormick, “The Average American Emerges,” *New York Times*, January 3, 1932, p. SM1.

11) “Crime Decrease Noted in Depression Years,” *New York Herald Tribune*, February 23, 1934, p. 32; “Crime among Young Shows No Increase,” *Globe and Mail*, November 22, 1937, p. 3.

12) “Citizens Advised Not to Give Money to Street Beggars,” *Globe* (Toronto), January 14, 1931, p. 14. “Begging in City Increases Daily, Survey Reveals,” *New York Tribune*, July 30, 1930, p. 4.

13) “Panhandling,” *Washington Post*, November 3, 1932, p. 6.

14) “Bars Apple Sellers from Busy Streets,” *New York Times*, April 16, 1931, p. 25.

15) “Apple Sale by Jobless Starts Friday: Unemployed Will Vend Fruit on Hartford Streets as a Way of Providing for Their Families,” *Hartford Courant*, November 27, 1930, p. 1. ProQuest Historical Newspapers: *Hartford Courant*.

16) “Holdup in Car Panhandler's Thanksgiving,” *Washington Post*, April 28, 1932, p. 18. “Drive

Begun on Peddlers," *Los Angeles Times*, December 17, 1932, p. A10.

17) Roth, 2009, p. 12.

18) Stachura, 1986.

19) http://www.pbs.org/auschwitz/40-45/background/auschwitz.html.

20) Grace Kingsley, "Display of Luxury Is Out," *Los Angeles Times*, March 31, 1932, p. A9.

21) "Display of Wealth Viewed as Offense," *New York Times*, December 26, 1932, p. 21.

22) "1932's Bargains Different from Those of 1931: To Claim Poverty No Longer Chic—Furs and Shoes Are Discussed," *Washington Post*, April 7, 1932, p. S6. ただし，貧困をお手本にするのに熱心に関与した人々ばかりではなかった．「貧困がとてもシックになったとはいえ，それはサボる口実が広まっただけで，快楽の追求者たちはそれを真似るのを大いに嫌がっている」. "Baltimoreans Find Europe Alluring," *Baltimore Sun*, June 14, 1931, p. SA13.

23) "Bicycle Riding Fad Strikes Washington," *New York Times*, July 31, 1933, p. 15.

24) "Is a New Car a Sin?" *Wall Street Journal*, February 18, 1932, p. 8.

25) Heffetz, 2011, p. 1106.

26) "Confidential Chat: Husband Lacks All Sense of Responsibility," *Boston Daily Globe*, May 12, 1932, p. 18.

27) "Confidential Chat: Don't Blame the Men; They Can't Help It," *Boston Daily Globe*, May 28, 1932, p. 18.

28) "Relief to Stay, Says State Director," *Pittsburgh Post-Gazette*, January 30, 1936, p. 26.

29) Bewley, 1999, pp. 49–50.

30) Fang and Moscarini, 2005.

31) "Blue Jeans and Calico" *New York Tribune*, April 13, 1920, p. 14.

32) Nerissa Pacio Itchon, "S.F.'s First Fashion Icon: Levi's 501s," *San Francisco Chronicle*, May 19, 2017, https://www.sfchronicle.com/style/article/SF-s-first-fashion-icon-Levi-s-501s-11153403.php. レディー・リーバイスは，最初はカウガールまたは乗馬用の服としてマーケティングされた．リーバイ・ストラウスの新聞広告は"An Old Timer Advises the Dude Ranch Guest," *New York Herald Tribune*, April 28, 1935, p. I13を参照.

33) Judy Horton, "Dude Dressing," *Vogue*, June 11, 1935, p. 121.

34) Sullivan, 2006.

35) https://www.liveabout.com/the-history-of-jeans-2040397.

36) "Briton Changes Name; 'Becomes James Dean,'" *Minneapolis Sunday Tribune Picture Magazine*, January 5, 1958.

37) "The Country Is Off on a Jig-Saw Jag," *New York Times*, February 12, 1933, p. 100.

38) "1932's Bargains Different from Those of 1931: To Claim Poverty No Longer Chic—Furs and Shoes Are Discussed," *Washington Post*, April 7, 1932, p. S6.

39) Piketty, 2014. またhttp://piketty.pse.ens.fr/files/capital21c/en/Piketty2014FiguresTablesLinks.pdf（邦訳 https://cruel.org/books/piketty/capital21c/figurestables.html）も参照．このサイトの Table I.1 は，1910～2010年にアメリカでトップ十分位の懐に入った所得の割合を示すもので，1970年以来の格差の激増を反映している．

40) Uchitelle, 2006.

41) Trump and Zanker, 2007. The title of the book was later changed to *Think Big: Make It Happen in Business and Life*.

42) Paul Blustein, "In Japan, Consumption's No Longer Conspicuous; Consumers' Newly Frugal

Mood May Prolong Nation's Recession," *Washington Post*, February 28, 1993, p. H01.

43) Charles Fisher, *Meditation in the Wild: Buddhism's Origin in the Heart of Nature* (Alresford, UK: John Hunt Publishing, 2013).

44) Adams, 1931, p. 404.

45) "A Martin Luther King Center to Open in Phila.," *Philadelphia Inquirer*, November 23, 1983, p. 4-B.

46) "President Calls for Expanding Opportunities to Home Ownership, Remarks by the President on Homeownership," St. Paul AME Church, Atlanta, Georgia, June 17, 2002, https://georgewbush-whitehouse.archives.gov/news/releases/2002/06/20020617-2.html.

47) Pecotich and Ward, 2007.

第12章　金本位制vs金銀複本位制

1) Ralph Benko, "President Trump: Replace the Dollar with Gold as the Global Currency to Make America Great Again," *Forbes*, February 25, 2017 での引用.

2) https://www.bankofcanada.ca/rates/related/international-reserves/.

3) World Gold Council, https://www.gold.org/what-we-do/official-institutions/accounting-monetary-gold. 1トンには3万2,150 トロイオンスが含まれ，執筆時点の黄金1トロイオンスの価格は1,294USドルだった.

4) Daniel Indiviglio, "Bernanke to Ron Paul: Gold Isn't Money," *Atlantic*, July 13, 2011.

5) Flandreau, 1996 参照.

6) *Atlanta Constitution*, April 19, 1895, p. 4.

7) "The Treaty," *New York Times*, February 10, 1897, p. 6.

8) "Silver in the West: Some Easterners Misjudge the Sentiment for It," *Washington Post*, July 28, 1896, p. 4.

9) International Bimetallic Conference, *Report of Proceedings* (London, 1894).

10) 今日のシカゴ大学は1890年に開校した．その最初の教授の1人はJ・ローレンス・ラフリンで，シカゴ大学にくる前に *The History of Bimetallism* (1886) という本を書いたが，これは金銀複本位制に強く反対する本だった．本物のラフリン教授はその後，ハーヴェイに本当の論争をしかけ，この架空のやりとりよりもずっとうまい議論を行ったので，1900年金本位法と連邦準備制度の創設に大きな影響を与えた，主導的な公的知識人となった．André-Aigret and Dimand, 2018を参照.

11) "Silver in the West: Some Easterners Misjudge the Sentiment for It," *Washington Post*, July 28, 1896, p. 4.

12) "M'Kinley on Hard Times," *New York Times*, October 7, 1896, p. 3.

13) "No MORE: Do Silverites Ask about General Prosperity," *Courier-Journal*, September 11, 1897, p. 6.

14) Noyes, 1898, p. 190.

15) ニューヨークでは，ニューヨーク証券取引所近くのウォール街に財務省支局がある．いまでも開放された金庫と説明の銘板は見られるが，この支局はもはや黄金を提供してはくれない．いまはそこは博物館となっている.

16) "The Pedigree of the Gold-Bug: The First Pair Imported from Nevada," *Louisville Courier-Journal*, July 28, 1896, p. 2.

17) "The Pedigree of the Gold-Bug," p. 2.

18) Sargent and Velde, 2002 を参照.

19) Howard, 1895, p. 7.

20) Howard, 1895, p. 76.

21) Henry L. Davis (California Optical Company), “San Francisco Business Men Tell Why Times Are Hard and Name the Remedy,” *San Francisco Chronicle*, August 21, 1896, p. 8での引用.

22) Charles Merrill, “San Francisco Business Men,” *San Francisco Chronicle* での引用.

23) *Official Proceedings of the Democratic National Convention Held in Chicago, Ill, July 7th, 18th, 9th, 10th and 11th, 1896* (Logansport, IN: Wilson, Humphries & Co., 1896).

24) “Where Bryan Got Them,” *Louisville Courier Journal*, July 29, 1896, p. 4.

25) “Fiat Oratory,” *New York Times*, July 24, 1896, p. 4.

26) Louis Sloss, “San Francisco Business Men Tell Why Times Are Hard and Name the Remedy,” *San Francisco Chronicle*, August 21, 1896, p. 8での引用.

27) この法則を1857年に体系づけたのはスコットランドの経済学者ヘンリー・ダニング・マクラウドで，金銀複本位制論争の発端でのことだったが，彼は自分の法則がイギリスの財務家トマス・グレシャム(1519～79) によるものだと鷹揚にも述べた．この法則はとても単純だ．もし金銀複本位制の交換比率が世界市場で確立された比率と不一致なら，人々は価値の低い通貨で支払いを選ぶのが一般的となり，このため他の金属は流通から排除されてしまう，というわけだ．

28) “Voice of the People: A Correspondent’s Sensible Letter on the Money Question,” *Chicago Daily Tribune*, August 26, 1893, p. 14.

29) この物語の驚異的な成功に輪をかけて，もう1つの謎がある．ボームの本は，明らかに，金本位制と自由銀鋳造運動をめぐる寓話に見えるが，それは1964年にヘンリー・M・リトルフィールドの論説がこの寓意を指摘するまで一般に認識されていなかった．発表後1世紀の相当部分たつまで印刷物でこの寓話性が指摘されなかったというのは実に奇妙だ．だがボームが本当に金本位制と自由銀鋳造運動に言及しようとしていたという点でリトルフィールドは説得力がある．特に，リトルフィールドが指摘するように，ボーム自身も自由銀鋳造運動に活発に参加し，そのパレードのいくつかにも参加して，自由銀鋳造運動に傾倒した地方部に住んでいたことが挙げられる．また1896年大統領選で敗退したとはいえ，ブライアンは1900年にまたもマッキンリーを相手に再出馬するための用意を整えており，このときもまた自由銀鋳造を提唱するつもりだった．だからオズが出版された年にもこの問題はまだ世間で議論され続けていた．

30) Eichengreen and Temin, 2000, pp. 206–7.

31) Mark Sullivan, “Inflation’s Danger Begins When People Scramble to Get Rid of Their Dollars,” *Hartford Courant*, November 26, 1933, p. D5.

第13章　労働節約機械が多くの職を奪う

1) 「自動 (automatic)」という単語は紀元前7世紀，ホメロス『イーリアス』bk. 18, line 376にまでさかのぼる．「彼女が見ると彼［ヘーパイストス］はふいごの間を熱心に動き回り苦闘しつつ汗まみれとなっていた．というのも彼は三脚器を全部で20台も使い，しっかり建てられたホールの壁面に立たせ［375］，その土台に彼がつけた黄金の車輪はそれらが彼の望みに応じて自力で αὐτόματοι 神々の集まりに入り，また彼の家に戻れるようにするためのものであり，見るだに驚くべきものであった」．http://www.perseus.tufts.edu/hopper/text?doc=Perseus%3Atext%3A1999.01.0133%3Abook%3D18%3Acard%3D360.

2) Aristotle, *Politics*, trans. Benjamin Jowett, bk. 1, pt. 4. 邦訳アリストテレス『政治学』(岩波文庫など多数).

3) Argersinger and Argersinger, 1984. ただしWalter Smith は1879年の1870年代不景気の原因を

めぐる著書で労働節約機械についてまったく言及していない．このナラティブは万人に伝わったわけではなかった．

4) *Visitors' Guide to the Centennial Exhibition and Philadelphia* (Philadelphia: Lippincott, 1876), https://archive.org/details/visitorsguidetocoophil.

5) *Visitors' Guide to the Centennial Exhibition and Philadelphia.*

6) Charles M. Depuy, "The Question of the Hour," *Philadelphia Inquirer*, February 3, 1876, p.1.

7) "Labor-Saving Machinery," *Daily American*, December 11, 1879, p. 2.

8) "Labor-Saving Machinery."

9) George, 1886 [1879], pp. 227–28.

10) "The General Omnibus Company of Paris," *Times of India*, June 4, 1879, p. 3.

11) "Labor-Saving Machinery and Overproduction," *Los Angeles Times*, June 28, 1894, p. 4.

12) "Labor-Saving Machinery and Overproduction."

13) "The Great Problem," *San Francisco Chronicle*, April 22, 1894, p. 6.

14) "Stores Are Merely Labor-Saving Machines," *Chicago Daily Tribune*, March 14, 1897, p. 26.

15) "Trade Unionists' Remedy," *Boston Daily Globe*, April 24, 1899, p. 5.

16) https://www.ele.uri.edu/faculty/vetter/Other-stuff/The-Machine-Stops.pdf.

17) "Robot Cop Dictator: Rules Five-Way Intersection," *Los Angeles Times*, July 29, 1929, p. 1.

18) Phillip Snowden, M. P., "Snowden Fears Trade War," *New York Times*, June 10, 1928, p. 133.

19) "Unemployment Called Serious," *Atlanta Constitution*, March 27, 1928, p. 4

20) "Mayor Scored for Failure to Help Jobless," *Baltimore Sun*, April 16, 1928, p. 22.

21) Chase, 1929, p. 209.

22) Chase, 1929, pp. 215–16.

23) Chase, 1929, p. 323. チェイスは「技術失業（technological unemployment）」という言葉を使ってはいるが（p. 212），数はとても少ない．

24) "Steno in the Future May Be a Robot, Show Indicates," *Chicago Daily Tribune*, November 12, 1929, p. 45.

25) "Cause of the Crash," *Washington Post*, November 9, 1930, p. S1.

26) George, 1886 [1879], p. 259.

27) "Topics of the Markets: Another Gloomy Day on the Stock Market," *Globe and Mail*, October 29, 1929, p. 8. "Ford Would Raise Wages, Cut Prices Down to Actual Values," *St. Louis Post-Dispatch*, November 21, 1929, p. 2a.

28) Cassel, 1935, p. 66.

29) "Text of Governor Roosevelt's Address Opening His Campaign," *New York Herald Tribune*, August 21, 1932, p. 17.

30) Chester C. Davis, "Underconsumption of Goods: A Challenge to the Nation," *New York Times*, December 9, 1934, p. XX5.

31) Balderrama and Rodríguez, 2006を参照．

32) "Senators Invoke Ancient Rights Declare War on Dial Phone," *Baltimore Sun*, May 23, 1930, p. 2.

33) Fred Hogue, "Robots Menace World's Wage-Earners," *Los Angeles Times*, February 1, 1931, p. 23.

34) "Fear of Losing Job Makes Worker Curtail Spending," *Boston Globe*, November 1, 1931, p. A60.

35) "Einstein Sees U.S. Troubles Internal," *Boston Globe*, January 24, 1933, p. 17.

36) Fred Hogue, "Robots Menace World's Wage-Earners," *Los Angeles Times*, February 1, 1931, p. 23.

37) Wayne Parrish, "Ten-Year Survey Points to End of Price System," *New York Herald Tribune*, August 21, 1932, p. 1.「テクノクラシー」集団は1933年には内部の対立で崩壊した.

38) "Technology Cult Is Now on the Wane," *New York Times*, January 29, 1933, p. N1.

39) Aubrey Williams, "A Crisis for Our Youth," *New York Times*, January 19, 1936, p. SM4.

40) "Nazis to Bar Replacing of Men with Machines," *Hartford Courant*, August 6, 1933, p. B5.

41) https://www.youtube.com/watch?v=n_1apYo6-Ow.

42) "Yale Scientist Proposes Building Robot Army," *Nashville Tennessean*, January 25, 1941, p. 1.

43) "Robots Not War-Winners," *Globe and Mail*, July 7, 1944, p. 6.

第14章　オートメーションと人工知能がほとんどの職を奪う

1) Elmo Roper, "What People Are Thinking," *New York Herald Tribune*, December 28, 1945, p. 15A.

2) Ralph Reed, "1946 Sees First Traveling Vacations since the War," *Daily Boston Globe*, April 14, 1946, p. B9.「勝利休暇（victory vacation）」という用語はもっと早期の1942年から使われていて，こちらはお金を節約してリソースを戦争のために取っておきたいという動機による，経済的な在宅休暇を指すものだった.

3) スライド投影機には長い歴史がある（https://www.ithaca.edu/hs/vrc/historyofprojectors/）が，レディマウント，つまり写真現像所で便利な厚紙マウントに入れてくれるスライドが最初に宣伝されたのは1946年だ.

4) Harry T. Montgomery, "Confidence Marks Business Outlook," *Los Angeles Times*, January 3, 1950, p. 35.

5) Alfred L. Malabre, Jr., "Automation Alarm Is Proving False," *Wall Street Journal*, December 23, 1965, p. 6.

6) "Automation Strike Deadlock in U.K.," *South China Morning Post*, May 3, 1956, p. 17.

7) John Hoggatt, "What Automation Means to You," *Austin American*, December 16, 1956, p. SM1.

8) Roscoe Born, "Men & Machines: Industrial Unions Fear Automation Will Cut Membership and Power," *Wall Street Journal*, April 7, 1959, p. 1.

9) Samuel Lubell, "Disturbing Paradox: Insecurity Blot on Recovery," *Boston Globe*, May 5, 1959, p. 19.

10) "Automation Blamed for Recession," *Washington Post*, April 23, 1958, p. A2.

11) https://www.youtube.com/watch?v=244SeRiP_M.

12) Michaels, 1962, pp. 13–14.

13) US Department of Health, Education and Welfare, National Commission on Technology, Automation, and Economic Progress, *Technology and the American Economy* (Washington, DC: US Government Printing Office, 1966).

14) Alfred L. Malabre, Jr., "Automation Alarm Is Proving False," *Wall Street Journal*, December 23, 1965, p. 6.

15) Mark Potts, "Personal Robots: The Future Is Now," *Washington Post*, December 12, 1983, p. WB33.

16) https://www.pastemagazine.com/articles/2015/11/the-100-greatest-movie-robots-of-all-time.

html?p=5.

17) Andrew Pollack, "A New Automation to Bring Vast Changes," *New York Times*, March 28, 1982, p. HT1.

18) Pollack, "A New Automation."

19) G. Pascal Zachary, "Worried Workers," *Wall Street Journal*, June 8, 1995, p. A1.

20) S&P 500 指数の名目価格で見た株価であってインフレや株の買い戻しについて調整はしていない.

21) 1年前の2010年にGoogle Voice Action は音声命令の実行を可能にしている.

22) Silver et al., 2017. またアルファゼロ懐疑派もいて，このプログラムが喧伝どおりに動くか疑問視している．https://medium.com/@josecamachocollados/is-alphazero-really-a-scientific-breakthrough-in-ai-bf66ae1c84f2.

23) Harari, 2018.

24) http://www.cnn.com/2011/11/03/tech/innovation/steve-jobs-book-sales/.

25) "Proposing to Tax Labor-Saving Machines," *Sun*, January 18, 1933, p. 8, および Mady Delvaux, *Draft Report*, European Parliament, May 2016, http://www.europarl.europa.eu/sides/getDoc.do?pubRef=-//EP//NONSGML%2BCOMPARL%2BPE-582.443%2B01%2BDOC%2BPDF%2BV0//EN.

26) George, 1886 [1879], p. 395.

27) George, 1886 [1879], pp. 395–96.

28) "An Engineer Turns Diagnostician," *St Louis Post-Dispatch*, June 5, 1932, p. 1 での引用.

第15章　不動産バブルとその崩壊

1) たとえば月次のミシガン大学消費者景況（信頼）指数とS&P／コアロジック／ケース＝シラー住宅価格指数のインフレ調整版は，1978年1月から2018年9月で見ると相関係数が0.035しかない.

2) Observer, "Making Auger Holes with a Gimlet," *Cultivator*, September 1840, p. 146.

3) "Where They Live," *St. Louis Post-Dispatch*, December 29, 1889, p. 18.

4) Davis and Heathcote, 2007.

5) 「伝統的」に住宅価格に地価が占める割合は10%だった．Paul F. Kneeland, "This Land Boom Is a Land Boom with a Difference," *Boston Globe*, June 15, 1958, p. A31.

6) たとえば第2次世界大戦後のベビーブーム期に，アメリカの住宅価格について，ある記事は建設費上昇が原因だとしている．"U.S. Construction Costs Grind Upward: Prices on New Homes Follow Suit: Experts Differ on Why Prices Should Zoom," *Christian Science Monitor*, August 18, 1950, p. 13.

7) Grebler et al., 1956, p. 358.

8) "Housing Prices Nip Low Income Groups," *Arizona Republic*, January 25, 1957, p. 43.

9) McGinn, 2007, p. 6.

10) Festinger, 1954.

11) "Own Your Own Home," *Washington Post*, May 19, 1919, p. 9.

12) *Arizona Republican*, January 1, 1900, p. 3.

13) US Supreme Court Justice Joseph McKenna in *Hall v. Geiger-Jones* Co., 242 U.S. 539 (1917).

14) "Ponzi's Florida Wizarding Pays Big—for Ponzi," *Chicago Daily Tribune*, January 16, 1926, p. 9.

15) 特にアメリカ連邦政府は現在，1968年州間土地販売全面開示法（ILSFDA）で土地販売を規制し，この法律ははっきりと，過去に土地バブルを作り出した広告や販売の手口を禁止している．Loyd, 1975とPursley, 2017を参照．ILSFDAは現在，消費者金融保護局の管轄下にある．この庁は

2010年ドッド＝フランク法により作られ，この法律を遵守しない土地業者を活発に訴追している．

16） そうしたモデルとしては Gyourko et al., 2013 参照．

17） Saiz, 2010.

18） 「実は平均的な夫と妻の世帯が限界住宅サービスを消費する場合を考えると，税引き後の費用は1970年から1979年にかけて30%下がったと推計される．これは純粋に税引き前の実質資本費用と，大規模なインフレがもたらした所有者入居住宅に対する税補助増大によるものだ」．Diamond, 1980, p. 295 参照．

19） “WSJ ‘Mansion’ Section Makes Its Debut,” *Wall Street Journal*, October 4, 2012, http://www.wsj.com/video/wsj-mansion-section-makes-its-debut/5BAD7D1C-77FA-4057-9E3A-19446C5F2F52.html.

20） Katherine Clarke, “Tech CEOs: Lie Low or Live Large?” *Wall Street Journal*, November 17, 2017, p. M1.

21） “House Prices: After the Fall” cover story, *Economist*, June 18–24, 2005.

第16章　株式市場バブル

1） たとえば月次のミシガン大学消費者景況（信頼）指数とS&P500株価指数の景気循環調整後の株価収益率（CAPE）比率を1978年1月から2018年11月まで見ると，相関係数は0.57だ．CAPE比と実質住宅価格との相関係数を同時期について見ると0.42となる．

2） “Movie Ticker Blamed for Wild Trading in Stocks,” *Austin Statesman*, May 24, 1928, p. 3.

3） Kempton, 1998 [1955], prelude, location 153.

4） Alexander Dana Noyes, *Globe*（Toronto）, October 22, p. 8, 1928, “Financial Markets,” *New York Times*, October 22, 1928, p. 36を引用しての発言．

5） Rappoport and White, 1994.

6） Robert Shiller, “Lessons from the October 1987 Market Plunge,” *New York Times*, October 22, 2017, p. BU3, https://www.nytimes.com/2017/10/19/business/stock-market-crash-1987.html.

7） Galbraith, 1955. 彼は他の人々の主張を否定した．“Rise in Suicide Rate Laid to Depression: National Survey Shows 20.5 of 100,000 People Took Their Lives in 1931—Highest Figure since 1915,” *New York Times*, June 23, 1939, p. 24. Webb et al.（2002）は，前年の失業と自殺の間に軽い正の相関を見出している．これは特に白人男性に顕著だ．

8） Johnson and Tversky, 1983.

9） “When Youth and Beauty Go—What Then?” *Louisville Courier-Journal*, January 19, 1930, p. 87.

10） Terkel, 1970, p. 67. 邦訳 p. 116.

11） Terkel, 1970, p. 376. 邦訳 pp. 425–26.

12） Terkel 1970, p. 164. 邦訳 p. 224.

13） Kempton, 1998 [1955], prelude, location 118.

14） Jody Chudley, “JFK’s Father Used a Simple Trick to Spot Market Bubbles—and You Can Too,” *Business Insider*, October 12, 2017, http://www.businessinsider.com/how-to-spot-stock-market-bubbles-2017-10.

15） Baruch, 1957.

16） “Conservatives Begin to Realize Value of War Specialty Stocks,” *Minneapolis Morning Tribune*, July 26, 1915, p. 15.

第17章　ボイコット，不当利益，邪悪な企業

1） Charles C. Boycott, "The State of Ireland," *Times* (London), October 18, 1880, 6.

2） Wolman, 1916, p. 24.

3） Wolman, 1916, p. 34.

4） "Who Is a Profiteer, and What Shall Be Done with Him?" *New York Tribune*, June 16, 1918, p. D3.

5） http://avalon.law.yale.edu/20th_century/harding.asp.

6） "General Drop in Prices Forecast: Bankers and Traders Expect a Material Reduction in Practically All Lines—Say Era of Extravagance Has Passed," *Christian Science Monitor*, September 25, 1920, p. 4.

7） "Women Fight High Prices," *Globe*, September 4, 1920, p. 6.

8） US Bureau of Labor Statistics, *Monthly Labor Review*, September 2014, https://www.bls.gov/opub/mlr/2014/article/the-first-hundred-years-of-the-consumer-price-index.htm.

9） "Sees High Prices for Several Years," *Boston Daily Globe*, January 5, 1920, p. 13.

10） Atkeson and Kehoe (2004) は17カ国についての100年の5年インフレ率と5年経済成長率データを基に論じている．彼らは1929～34年の大恐慌を除けばこの2つに有意なつながりはないとしている．

11） "Attacks Profiteers in Immorality," *Boston Daily Globe*, May 5, 1919, p. 2.

12） Mortimer Fishel, "Lawyers Who Feed on Soldiers' Kin," *New York Times*, August 11, 1918, p. 41.

13） Henry Hazlitt, "Profiteers as Public Benefactors," *New York Times*, March 21, 1920, p. xxx10.

14） Fisher, 1928, p. 7.

15） "Federal Judge Whacks Profiteers Hard Blow," *Los Angeles Times*, June 3, 1920, p. 11.

16） Jacob H. Hollander, Ph.D., "How Inflation Touches Every Man's Pocketbook," *New York Times*, May 2, 1920, p. XX1.

17） "Letters from the People: Excess Profits Tax, M. Hartley a Veteran of the Uncivil War," *St. Louis Post-Dispatch*, December 29, 1920, p. 28.

18） "Profiteers Are Incubators for 'Reds'—Capper," *Chicago Daily Tribune*, January 25, 1920, p. A9.

19） "No Time for Pessimism," *Baltimore Sun*, December 17, 1920, p. 8.

20） "Prices Will Never Reach 1914 Level," *Globe and Mail*, August 27, 1920, p. 7.

21） "Trade Revival Coming, Hoover Tells Business," *New York Tribune*, April 29, 1921, p. 9.

22） "Disjointed Prices," *Nashville Tennessean*, September 26, 1921, p. 4.

23） "Summer Jewelry Is Conspicuous," *St. Louis Post-Dispatch*, July 23, 1921, p. 13.

24） "Children Nowadays Are Spending Money as If It Grew on Bushes," *Boston Daily Globe*, October 23, 1921, p. E6.

25） Mitchell, 1985.

26） Samuel Crowther, "Fixing Wages," *Philadelphia Inquirer*, June 8, 1936, p. 7.

27） Cole and Ohanian, 2004.

28） "Favorable Conditions in Industry Cited," *Detroit Free Press*, October 29, 1929, p. 25.

29） Claude A. Jagger, "Large Holiday Retail Sales Add Impetus to Business," *Atlanta Constitution*, December 23, 1929, p. 15.

30） "If Deflation 'Runs Its Course,'" *Christian Science Monitor*, April 22, 1932, p. 16.

31） Catherine Hackett, "Why We Women Won't Buy," *Forum and Century*, December 1932.

32) "Jersey Clubwomen Urged to Arouse Public Opinion in Favor of Spending," *New York Herald Tribune*, February 7, 1932, p. E11.

33) "What Is a Bargain?" *Jewish Advocate*, October 4, 1932. p. 3.

34) "Buy-Now Campaign Started in Capital," *Washington Post*, October 25, 1930, p. 7.

35) "The Buy Now Campaign," *Hartford Courant*, October 16, 1933, p. 8.

36) Arthur Brisbane, "Buy in August Campaign Will Help City Merchants," *Austin Statesman*, August 2, 1933, p. 4.

37) "Angry Americans Lead Charge on Big Energy Bills," *Boston Globe*, March 9, 1975, p. 2.

38) Richard L. Strout, "Fighting Back at Inflation: Will Nixon Be Able to Put Out Flames?" *Christian Science Monitor*, July 11, 1974, p. 1.

39) Lawrence Van Gelder, "Some Prices Cut by Meat Boycott," *New York Times*, April 6, 1973, p. 1.

40) "A Boycott Fizzle—Little There to Boycott," *Atlanta Constitution*, August 8, 1973, p. 26E.

41) "High Meat Prices: Housewives to Mobilize Again," *Los Angeles Times*, January 20, 1974, sf_a1; "Nationwide Meat, Grain Boycott Launched by Consumer Group," *Los Angeles Times*, January 24, 1974, p. A1.

第18章　賃金物価スパイラルと邪悪な労働組合

1) Lindbeck and Snower, 2001.

2) https://news.gallup.com/poll/12751/labor-unions.aspx. ギャラップが記録するアメリカでの労働組合の社会的支持は2009年以来高まっており，2018年には62%に達した.

3) J. H. Carmical, "Railroads Facing New Labor Crisis," *New York Times*, March 12, 1950, p. F1.

4) Joe Edwards, "Transcripts Cite Hoffa Allies' Plot against FBI," *Boston Globe*, July 25, 2009, p. A10.

5) Blinder, 2004.

6) Bernanke et al., 1998.

7) Eisenhower, State of the Union Address, January 10, 1957, https://www.eisenhower.archives.gov/all_about_ike/speeches/1957_state_of_the_union.pdf.

8) Virgil P. Pownall, "Greed Blamed for Inflation," *Los Angeles Times*, August 26, 1957, p. B4.

9) "Our Price Policeman," *New York Times*, June 18, 1957, p. 32.

10) Friedman, 1973, p. ix.

11) Friedman, 1973, p. xi.

12) Sydney J. Harris, "Nothing about our Current Wage-Price Spiral Makes Sense," *Arizona Republic*, October 8, 1975, p. 7.

13) Shiller, 1997, p. 16.

14) Donald I. Rogers, "Cause of Recession? No One Really Knows: It Came Like a Sudden Shower and Is the Oddest in History," *New York Herald Tribune*, March 31, 1958, p. 1.

15) Richards, 1863, p. 12.

16) Fisher, 1928, p. 7.

第19章　未来のナラティブ，未来の研究

1) Hopkins et al., 2016.

2) Indiana University Lilly Family School of Philanthropy, GenerosityForLife.org, *Charitable Profile*, http://generosityforlife.org/generosity-data/data-tools/generosity-reports/.

3) “Reading Aloud,” *Washington Post*, October 25, 1899, p. 6.

4) Colley, 2003 参照．

5) 女性については Driscoll et al., 2009参照．

6) OECD, “Behavioral Insights,” 2017, http://www.oecd.org/gov/regulatory-policy/behavioural-insights.htm. またZeina Afif, “‘Nudge Units’—Where They Came From and What They Can Do,” World Bank “Let’s Talk Development” blog, October 25, 2017, http://blogs.worldbank.org/developmenttalk/nudge-units-where-they-came-and-what-they-can-do も参照．

7) https://millercenter.org/the-presidency/presidential-speeches/march-4-1933-first-inaugural-address.

8) https://millercenter.org/the-presidency/presidential-speeches/march-12-1933-fireside-chat-1-banking-crisis.

9) https://www.sistrix.com/ask-sistrix/google-index-google-bot-crawler/why-does-a-google-search-with-the-parenthesis-operator-sometimes-deliver-more-results-than-the-same-search-without-it/ 参照．

10) Callahan and Elliott, 1996.

11) Piore, 2010.

12) Blinder, 1990; Blinder et al., 1998.

13) Bewley, 1999.

14) Christina Romer and David Romer（1989）は，彼らが「ナラティブアプローチ」と呼ぶものを使ってRecord of Policy Actions と Minutes of the Federal Open Markets Committee of the US Federal Reserve を研究し，金融政策の本当の影響を識別しようとした．Valerie Ramey（2011）とAlberto Alesina, Carlo Favero, and Francesco Giavazzi（2019）はナラティブアプローチを使い，財政政策の影響を研究した．こうした研究はどれも，本書のようにもっと広い世間の考えを理解することではなく，政府の政策における本当の外部要因を見つけようとしたものだ．

15) Merton and Kendall, 1946.

16) http://www.issp.org/menu-top/home/.

17) http://gss.norc.org/.

18) https://isr.umich.edu/. またISRの消費者アンケート部長の著書Richard Thomas Curtin（2019）も参照．

19) https://medium.com/ideo-stories/the-focus-group-is-dead-24e1ec2dda82.

20) たとえば Edmunds, 2000 を参照．

21) https://ropercenter.cornell.edu/.

22) たとえばChen et al.（2016）は論文引用と，引用の中の引用に基づき，ナラティブ流行の「伝搬スコア」を計算している．こうした手法は単純な言及の数を数えるだけでなく，ナラティブの感染重要性に関連している．

補遺：疫学モデルを経済ナラティブに適用する

1) Miller（2012）はこの方程式を，ポワソン過程に基づいた確率過程モデルから導き，カーマック＝マッケンドリックモデルの変種に一般化している．

2) Carvalho and Gonçalves, 2016, https://arxiv.org/pdf/1609.09313.pdf 参照．

3) 化学における共通比率方程式は，ここに示した3方程式体系と密接な類似性を示すが，最初の方程式2本のSIがただのSに置き換わっている．https://bio.libretexts.org/TextMaps/Map%3A_Biochemistry_Online_(Jakubowski)/06%3A_TRANSPORT_AND_KINETICS/B._Kinetics_

of_Simple_and_Enzyme-Catalyzed_Reactions/B2._Multi-Step_Reactions.

ここではS, I, Rは3つの化学物質で，モデルは，たとえば3つの元素をあわせた放射性崩壊に適用される．そこでのS, I, Rはその元素の量であり，Iは中間元素，Rは安定な最終元素を指す．またパラメータcとrも同じで，S, I, Rのプロットもここにあるものと類似であり，Iについてコブ状のパターンを見せ，cとrに応じて高速反応と低速反応がある．だが連続化学反応モデルでは，流行の規模は常に100%になる．化学でもっと類似のモデルは，化学物質を溶液の中でペアリングを必要とする反応についてのものとなる．https://www.chemguide.co.uk/physical/basicrates/arrhenius.html.

4) SIRSモデルは上のSIRモデルとほぼ同じだが，1本目の方程式の右辺に$+sR$の項が追加され，3本目の方程式の右辺に$-sR$の項が追加されている．ここでの$s>0$は再罹患率となる．このモデルでは，感染の経路はパラメータ次第で図A-1と似たものになるが，時間がたつにつれてゼロでない水平漸近線に近づく．感染者は決して実質的に消えず，病気は慢性化する．Breda et al., 2012を参照.

5) Grais et al., 2004.

6) Legrand et al., 2007.

7) Long et al., 2008.

8) JSTORはあらゆる分野で900件以上の学術論文や書籍をカタログしており，うちビジネスや経済学のものは7%だが，「ARIMA」「ARMA」「自己相関」を含む論文の25%はビジネスや経済学分野のものだ.

9) 移動平均モデルは時に，ウォルド分解定理（1954）を参照して正当化される．この定理は，共分散一定確率過程はすべて，雑音項の移動平均に決定論的成分を加えたものとしてモデル化できることを示す．だが単純なARIMAモデルの変種がここまで一般的だという想定を正当化するものはない．こうした誤差項目や駆動変数を，ある程度の情報を持っているナラティブの共流行としてモデル化すれば，場合によっては経済予測が改善されるかもしれない.

10) Nsoesie et al., 2013参照.

11) Nathanson and Martin, 1979.

12) Bailey et al., 2016.

13) Lamberson, 2016 でサーベイされている.

14) Banerjee, 1992; Bikhchandani et al., 1992 を参照.

15) Goel et al., 2016.

16) Katz and Lazarsfeld, 1955, pp. 44–45.

17) Herr et al., 1991.

18) Bauckhage, 2011.

19) Shiller and Pound, 1989, p. 54. 個別投資家に送られたこの質問のバージョンでは，四角いカッコに入った単語は削除されている.

20) http://knowledge.wharton.upenn.edu/article/is-this-the-end-of-money/.

21) Rand and Wilson (1991), Zeng et al. (2005), Zheng et al. (2015), Olsen et al. (1988) は，SEIRのカオス的形式ははしか，おたふくかぜ，風疹の流行データにあてはまると主張する.

22) 情報カスケードの基本的な考え方はBanerjee (1992) とBikhchandani et al. (1992) が開発し，Vives (1996) と Banerjee and Fudenberg (2004) が発展させた.

23) Akerlof and Yellen, 1985.

24) Banerjee, 1992 ではレストランの選択が採りあげられている.

25) Banerjee and Fudenberg (2004) は，完全に合理的なアクターたちが，まちがった情報について合意に達するという問題にゲーム理論で取り組んでいる.

補遺

疫学モデルを経済ナラティブに適用する

疫学は医学の下位分野で、20世紀にきわめて生産的な形で発展を遂げた。その最大の貢献、つまり病気流行の数学理論は、経済事象に影響するアイデアの流行にも強力な光を当てる。この理論を、経済ナラティブ拡大のモデル化に適用できる。

病気の拡大の理論

病気流行の数学理論を初めて提案したのは、1927年にスコットランドの生化学者ウィリアム・オグルヴィ・カーマックと、スコットランドの医師アンダーソン・グレイ・マッケンドリックだ。それは感染症の力学を理解するための現実的な枠組みを提供したことで、医学の思考に革命をもたらした。

彼らの最も単純なモデルは人口を3つの部分に分けた。感受性保持者（Susceptible）、感染者（Infective）、免疫保持者（Recovered）だ。だからこの頭文字をとって、SIRモデルまたはコンパートメントモデルと呼ばれる。Sは人口のうち感受性保持者、つまりまだその病気にかかっておらず、感染する可能性がある人の比率を表す。Iはその病気にかかって、感染性を持ち、病気を広げている人々の比率だ。Rは回復した人々、つまり病気にかかって回復し、免疫を身につけ、もはやその病気にかかったり広げたりしない人々の比率だ。この最初のモデルではだれも死なない。この3つの比率の合計は100%、つま

り100% = $S+I+R$で、人口は一定と想定されている。

疫病のカーマック゠マッケンドリック数学理論によると、よく混じり合った定常人口では感染者の増加率は、感染パラメータ定数cに、総人口のうち感受性を保持した人々の総人口比Sと、感染者の割合Iの積を掛けたものから、回復率定数rに免疫保持者の割合Iを掛けたものを差し引いたものに等しくなる。感受性保持者が感染者に出会うたびに、感染の可能性が生じる。人口群が大きいと、可能性の平均が確率となる。一定時間内におけるそうした出会いの数は、感受性保持者と感染者のペアが人口群で占める数に左右される。だからSIという積になるわけだ(1)。カーマック゠マッケンドリックSIRモデルの三方程式は次のとおり。

$$\frac{dS}{dt} = -cSI$$

$$\frac{dI}{dt} = cSI - rI$$

$$\frac{dR}{dt} = rI$$

このモデルには代数的な解はなく、近似しかない(2)。似たような方程式は化学にも登場し、反応速度式や連続化学反応と呼ばれる(3)。

本書で使ったモデルで、感染率はcS、つまり感染パラメータ定数cと、時間によって変動する感受性保持者の比率Sの積になる。回復率は定数rだ。2番目の式の両辺を、免疫保持者の割合Iで割れば、2番目の式は免疫保持者比率の増加率は、感染率cSから回復率（または忘却率）rを差し引いただけのものだということがわかる。この結論は筋が通っている。拡大するなら、流行は回復している人より早く広がらねばならないし、感染率は、罹患する可能性がある人の割合に依存するのもうなずける。

1番目と3番目の方程式はとても簡単だ。最初の方程式は、新しく感染者が1人出たら、感受性保持者は1人減る、と言っているだけだ。その時点で感受

性保持者が感染者に変わるからだ。3番目の方程式は、回復者が1人増えるたびに回復者の数は1人増えると言っている。というのも人が病気から回復すれば（あるいは本書の文脈だとナラティブを忘れたら）感染者は回復者になるからだ。以下で、この基本的なモデルは、流行の経路について本質的な洞察を含んでいるが、人口群が増加している場合を含めたり、個別流行に固有の他の各種要因を含めたりするよう改変できることを示す。

図A−1は、右の三方程式が示すある例を表したものだ。最初に、100万人に1人が罹患し、$I_0 = 0.0001\%$で、パラメータ $c = 0.5$, $r = 0.05$ とする。この場合、やがて100％の人口がいずれ罹患する。疫病の流行なら、社会は感染者、つまり図の釣り鐘型の部分に注目しがちだ。また、新規の報告件数にも注目する。これは感受性保持者から感染者への移行速度で、rがcよりあまり低くなければ、似たような釣り鐘型の曲線をたどる。ナラティブの場合、単語の出現頻度や刊行物の数を、図の感染者数曲線と比べる。

SIRモデルは、少数の初期の感染者から、感染者の数はどの流行でもおおむね同じコブ状のパターンをたどり、最初は増え、それから下がると含意している。古く、ずっと弱まった病気は新しい菌で感染した個人を1人生み出すかもしれない。それから間が生じ、cが小さければおそらく長い間が空いてから、病気はやっと十分な数の人に感染して、社会的に認識されるようになる。そして流行はピークに達する。あらゆる人が感染するまでに、病気は下がり、そして感染率と回復率のパラメータcとrに何も変化がなければそのまま終わる。

全員が罹患するわけではない。一部の人は感染者と実効性のある出会いがないので、病気を完全に逃れる。環境は次第に、そうした人にますます安全なものになる。感染者たちが回復し、免疫ができると、感染者数が減ってくるからだ。だから、病気を成長し続けさせるに十分な新規感染者を生み出すほどの新規の出会いがなくなる。いずれ感染者はほとんど消え、人口はほぼ完全に感受性保持者と回復者だけになる。このモデルをナラティブに適用し

図A-1　理論的な流行経路

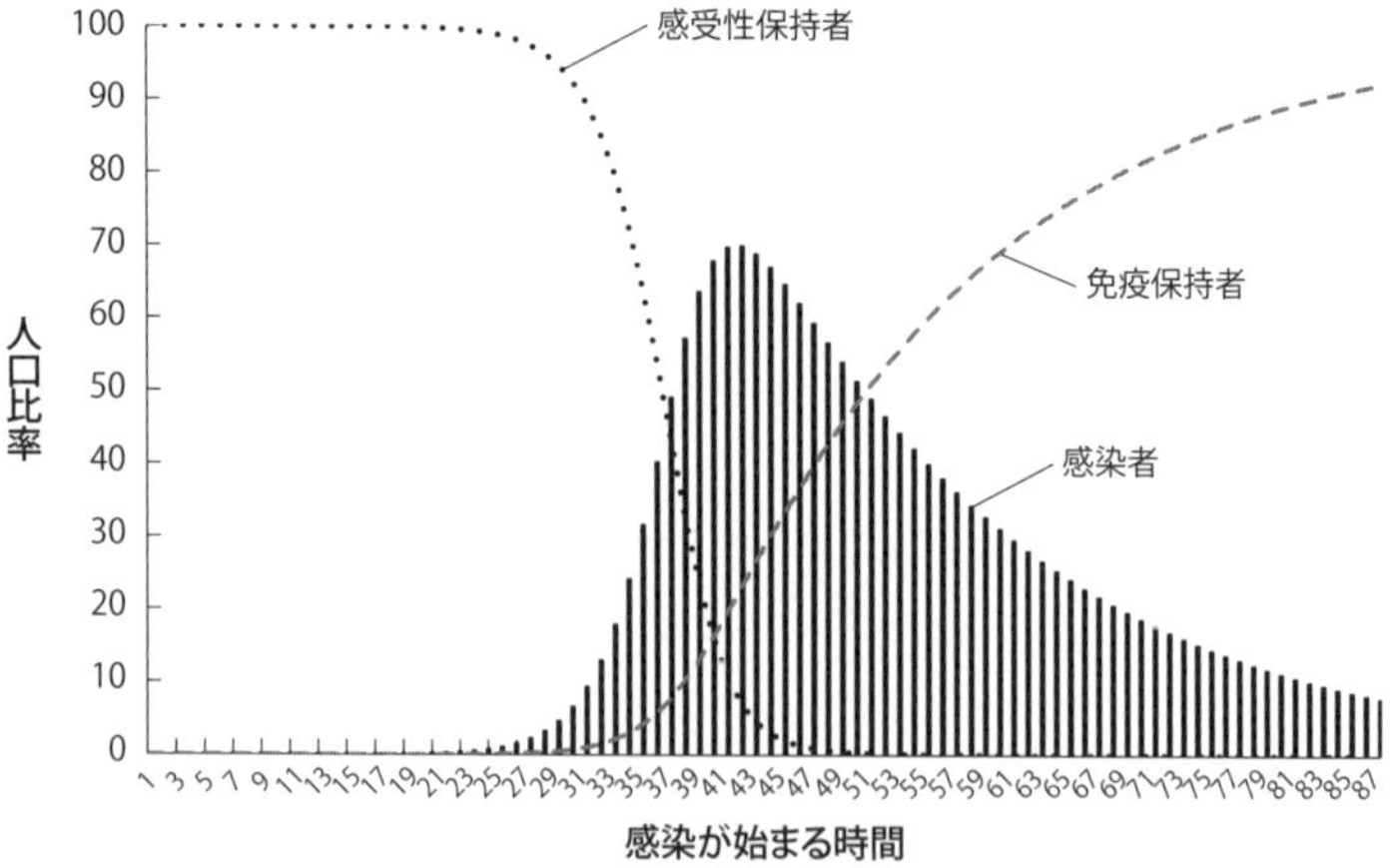

カーマック＝マッケンドリックSIRモデルで、I_0＝0.0001%で、パラメータc＝0.5, r＝0.05のときの解。棒グラフは病気にかかってそれを広めている人口比率。このモデルは医学的な介入は想定しない。まだ人口の中に感受性保持者がいても、流行は勝手に終わり、全員が罹患することはない。
出所：筆者の計算。

よう。全員が感染するわけではないから、一部の人は経済ナラティブ流行の後で、そんなナラティブは聞いたこともないと言うし、そのナラティブが実際に経済活動にとても重要だったとしても、それが経済に与える影響について懐疑的になる。

どの要因が組み合わさって、最終的に大量の人々に到達する（感染して回復した人の割合）大きな病気を拡大させるのだろうか？　病気の到達範囲は c/r で決まる。時間が無限大にたつと、一度でも感染した人の割合は極限値 R_∞（流行規模と呼ばれる）に到達し、これは絶対に1より小さい。最初と3番目の方程式から直接わかるのは、$\dfrac{dS}{dR}=-\dfrac{c}{r}S$ ということだ。最初に感染した人口比率という初期条件を I_0 とすると、$S=(I-I_0)e^{-(\frac{c}{r})R}$ となり、$I_\infty=0,\ 1=S_\infty+R_\infty$ なので、

$$\frac{c}{r}=R_{\infty}^{-1}\log\frac{1-I_0}{1-R_{\infty}}$$

これがこの病気に罹患したことのある最終的な人数と c/r との関係となる。c と r を選べたら、流行の規模 R_∞ は I_0 と100%のどこにでも設定できるようになる。もし「ヴァイラルになる」というのを $R_\infty>\frac{1}{2}$ と定義するなら、$\frac{c}{r}>1.386$ でゼロに近い I_0 からヴァイラルな出来事が起こる。もし2つのパラメータ c と r に任意の正の定数 a を掛けると、同じ3つの方程式が $S(at)$, $I(at)$, $R(at)$ で満足される。

高い c/r は、c と r の大きさに依らず、流行の規模 R_∞ が大きいことに対応するが、c/r を一定にして c を大きくすれば、流行の勢いが高速になる。流行がきわめて小さな出発点から始まるためには、S が1に近いなら、c/r は1より大きくなければならない。c と r という2つのパラメータに応じて、軸を調整すれば同じに見える、高速な流行と低速な流行が出てくる。また c/r を変えれば、ものの数日で人口の95%に到達する流行や、何十年もかけて人口の95%に到達する流行もあり得るし、ものの数日で人口の5%にしか到達しない流行や、何十年もかけて人口の5%にしか到達しない流行もあり得る。だがいずれの場合にも、感染者数のコブ状のパターンは登場し、軸を替えれば図A-1の棒グラフのようになる。

SIRモデルの変種

カーマック＝マッケンドリックSIRモデルは、流行の数学モデルの出発点であり、その後1世紀近くにわたり莫大な数の論文の基になってきた。その変種の1つとして、基本的な人口区分モデルを替えて、免疫がだんだん失われるように改変し、回復者が次第に再び感受性保持者に変わるようにしたものがある(4)(SIRSモデル)。SIRモデルの別の改変として、感受性保持者と感染者との出会いが曝露者／潜伏者 E、つまり後になって発症する第4の区分増加につ

ながるというものがある（SEIRモデル）。またモデルの改変として、治癒後に部分的な免疫しかできない場合、新しい感受性保持者の誕生、きわめて高い感染力を持つスーパースプレッダーの存在、拡散の地理的パターンを考慮するものなどがある。

こうしたモデルは研究対象の病気ごとに適切な改変を加えられ、疫病の方向性予測に役立ってきた。たとえばSEIRモデルの改変版は、感染しても発症していない人々が長距離を移動できるという想定で、インフルエンザの地理的な広がりを説明できるようになっている。このモデルをインフルエンザのデータと、航空機による都市間移動量に適用することで、R・F・グレイスらはモデルがインフルエンザ流行の都市内および都市間の時間パターン説明に有益だということを発見している[5]。

別の区分モデルの例は、SEIHFRモデルの確率的な拡張だ。ここでSは感受性保持者、Eは未発症者、Iは発症感染者、Hは入院者、Fは未埋葬死者、Rは回復または埋葬済みだ。このモデルはアフリカのエボラ流行データに当てはめられ[6]、入院と適切な埋葬により感染を抑える公的活動を考慮している。

SEIHFRモデルは人口を6つに区分するが、将来の経済ナラティブモデルはさらに細かい区分をするといいかもしれない。たとえば技術失業ナラティブ（第13章参照）拡散モデルは、失業で感染者と失業で未感染者、就業で感染者と就業で未感染者を別の区分にして、さらに伝統的な経済モデルからくる追加の方程式を含めるかもしれない。

経済モデルはまた、感染性経済ナラティブを経済モデルに組み込むにあたり、共流行に関する医学文献からヒントを得られるかもしれない。医学的な設定だと、共流行はある病気の進行が別の病気の進行と相互作用するときに生じる。たとえばHIVと結核は共感染性があることがわかっている。2つの独立した疫学モデルで予想されるよりはるかに多くの人が、両方にかかっている。エリサ・F・ロングら（2008）はカーマック＝マッケンドリック系の基本的な区分モデルの変種で、こうした病気の片方に感染した人が、もう1つの病

気にかかり広げやすくなるようにしたものを提案した[7]。こうしたモデルは、複数のナラティブが感染によりお互いを支え合うナラティブ群を表現できる。こうしたモデルはまた、複数の経済ナラティブの相互作用、たとえば技術失業ナラティブと、失業などの経済的状態との相互作用を表せる。

マクロ経済構造モデルは普通、誤差項や経済理論のない駆動変数を表すのに、単純な自己回帰和分移動平均（ARIMA）モデルを含める。ジョージ・E・P・ボックスとグウィリム・ジェンキンスが1970年の本で、ARIMAモデルを普及させた。ボックスとジェンキンスはこのモデルがどんな科学分野でも使えると述べているが、それを最も熱心に使っているのは経済学者だ[8]。ARIMA項で表現できる時系列データの予測に関するよく発達した理論のおかげで、経済学者たちの間でのARIMAモデル流行は、ちょっと遅れて合理的期待形成モデルの流行に至り、これは（グーグルNグラムによると）1990年あたりにピークを迎えたが、いまでもかなり隆盛だ。ARIMAモデルはこの補遺で表現した区分モデルの代替となる。だがARIMAモデルには何か本質的に恣意的な部分があって、区分流行モデルとはちがい、理論的な根拠を欠いている[9]。

ARIMA手法は、理論的な流行モデルで改善できる。シミュレーション、分類、統計、最適化技法の組み合わせを使って、感染率と回復率が時間を追って変化するときの流行曲線を予測するのだ[10]。流行の構造に関する知識に基づいて、流行そのものに関するデータ以外のデータを選択的に導入できるし、これにより「先行指標」の考えなしの探索よりはるかに先に進める。

流行に関するデータのすべてが区分モデルの枠組みにおさまるわけではない。19世紀末から1952年のピークに至る、アメリカでのポリオ流行を、一見するとランダムなそのひと夏限りの流行に重ねてみよう。清潔さと衛生が次第に高まってくると、病気の件数は増えるのではなく減りそうなものだ。パラドックスめいているが、この病気はほとんどが無害なものだったが、その発生件数が減ると、報告された症例の中では麻痺などの症状を持つものの割合

がずっと高まった。というのも乳児たちは母親から抗体をもらう可能性が減ってしまったからだ。もしもらっていれば、後に再感染したときにもポリオの激しい症状に対して免疫が得られていたはずだ[11]。

区分モデルを社会流行やアイデアの流行に当てはめると、いくつか自然に思える改変が出てくる。1つの考えかたは、アイデアがだんだん面白さを失うので感染率が下がるべきだというものだ。この発想をモデル化する1つの方法は、ダリル・J・デイリーとデヴィッド・G・ケンダル（1964、1965）からのもので、カーマック゠マッケンドリックモデルは感染者が別の感染者や回復した人間に会ったら不感染になる傾向があるかもしれない、というものだ。なぜかといえば、多くの人がもうその話を知っていると思うようになるからだ。物語がもはや新しいワクワクするものではなくなっているので、新たに非感染者となった人々は、それ以上流行を広めないようにする。

D・J・バーソロミュー（1982）は、カーマック゠マッケンドリックモデルの変種をアイデアの拡散に適用するときには、他人に感染させないようになるのと、忘れるというのが同じものだと想定すべきではないと論じた。人間行動は、あまり話題にはならないが記憶している古いアイデア、または「行動残余」にも影響を受ける（Berger, 2013）。

いまやネットワークモデルについてはかなりの経済学文献があり、最近では『オックスフォードネットワーク経済ハンドブック』（Bramoulé et al., 2016）がある。行動流行モデルはごく少数しかない。「ナラティブ」という言葉はこのハンドブックには一度たりとも登場しない。こうした改訂SIRモデルは、複雑な結果のパターンや時には周期も登場する。拡散の地理モデルは、ますます世界的なソーシャルメディアのつながりによって複雑になっている[12]。

一部のSIRモデルは、ランダムな混成という発想を捨てて、ネットワーク構造を選んでいる[13]。自分への感染を容認するかどうかについては戦略的な決断があるかもしれず、人口の中の感染者の割合はその決断を左右するかもしれない（Jackson and Yariv, 2005）。ほかには、個人が単なるランダムな感染

だけでなく、他人との出会いを通じて伝達された情報の合理的な計算を通じてある慣行を採用する個人を描いている[14]。

中核的なカーマック゠マッケンドリックモデルは、人々がどうお互いとつながろうとも適用できるかもしれないが、現代メディア（特にインターネット）のせいで、元のSIRモデルは社会流行の説明での精度が下がっているという懸念もある。この理由から、アイデアやナラティブの拡散説明にSIRモデルを使うときには、人から人への接触による感染だけでなく、放送による感染も考慮するような変更が必要になるかもしれない[15]。既存モデルは、ソーシャルメディアによるナラティブが自動的に、それに関心を持ちそうな人に対して地理的な所在にかかわらずナラティブを振り向け、高い感染率を持つという形でそうした変化を導入している。

社会学者エリフ・カッツとポール・F・ラザースフェルドは1955年に、「2段階フロー仮説」についての見事な証拠を示した。これは文化変化がマスコミで始まるものの、主要グループ内の口コミによる「中継機能」によりそれが完成され、それを導くのがニュースに注目する比較的少数のメンバーなのだ、というものだ[16]。マーケティング業界はこれを受けて、口コミの種をまく戦術を促進したり、一般人が共感して、直接的な口コミを刺激する人々を演じる役者を使ったテレビCMなどを採用したりするようになった。さらにマーケティング研究は、直接的な口コミはいまだに説得力において、他の通信形態より優れていることを発見している[17]。インターネットやソーシャルメディアがSIRモデルに影響するかを検討する中で、ライジュン・チャオら（2013）はマスコミがcやrに相当するパラメータを増やすという改定SIRモデルがよいと述べている。

クリスチャン・バウックハーゲは、カーマック゠マッケンドリック区画モデルのSIRS変種が、グーグルインサイト（現在ではグーグルトレンド）から得たインターネットミームでは、時系列データにそこそこうまくあてはまるという証拠を示している[18]。彼は最近のバカげたインターネットウイルス、たと

えば、なにやら困惑の表情を見せているかわいいオウムの絵しか表示しない「O RLY?（あらそうなんですか？）」ミームを検討している。こうしたミームはほぼナンセンスなので、それが他のアイデアとは独立の道をたどり、したがってSIRSモデルにうまくはまるだろうと期待できそうだし、バウックハーゲもそうした結論に達している。彼はインターネットミームで、だいたい同じコブ状のパターンを繰り返し発見している。

経済ナラティブが病気と同じ流行を持つと考えるべきさらなる理由

現代の通信メディアで直接的な対面のアイデア伝達の重要性は減ったものの、カーマック＝マッケンドリックの三方程式モデルはいまだにアイデア流行のモデルとして使える。中核モデルは、人々がお互いにどんな形でつながりあおうとも適用できる。

同僚ジョン・パウンドと私は1985年に、機関投資家と個人投資家の両方にアンケートを行い、投資判断をどれほど系統的に行っているか学ぼうとした。回答者全員に、自分の行った最新の株式市場投資を思い出してほしいと頼んだ。そしてその投資について以下の主張に同意するかどうかを尋ねた。

> 私がその銘柄に最初に注目したのは、ある特定の特徴を持つ株式を求めて、大量の株式についての私自身か他人による［コンピュータ化されたか、同様の検索手順を使った］系統的な検索の結果だった(19)。

機関投資家では67％がこれに同意したが、個人投資家だとそれがたった23％だった。高い株価収益率を持つ急速に値上がりした株に対する投資家の別の調査でも同じ質問をした。ここでは機関投資家も25％しか同意せず、個人投資家はわずか16％だった。

ならば、どうやって人々はある個別銘柄に注目するようになるのだろうか？答えは口コミだ。最初の調査の回答者たちに、その株について何人と話をしたか尋ねてみた。回答の平均は7人だった。活発な個人投資家だと、その平均値はさらに高く20人だった。結論は、人々は全般に系統的ではないというものだ。関心が聞きかじっただけの非系統的な回答に左右されるのを許してしまうのだ。

この投資分野からの教訓はおそらく投資以外の他の経済的判断にもあてはまるはずだ。というのもこれは、人間の意思決定の基本パターンを反映しているからだ。SIRモデルの変種が、個人資産の投資を理解するのに適用できるかもしれないという他の示唆としては、人々が地理的に身近な企業に投資したがるという証拠や、個別銘柄への関心流行はときどききわめて急速に進むが、決して人口の高い割合には感染しないという証拠などがある（これはSIRモデルで、cとrがどちらも同じくらいかなり高い水準だったり、小さな地理範囲に限られていたりすれば対応できる）。

こうしたモデルは、経済ナラティブ拡大の地理的パターンを説明するのに役立つかもしれない。たとえばビットコインのナラティブは、多くの国で感染したが、地理的な分布を持っている。ペンシルバニア大学ウォートンビジネススクール学長ジェフリー・ギャレットは、シリコンバレーを訪れた帰りに、ビットコインに対する態度についてこう述べた。

> ウォール街のほとんどの人は懐疑的で、様子見をしているが、シリコンバレーは全面的に没頭している。参加した文字どおりすべての会議で、最大級のハイテク企業から極小のスタートアップまで、熱烈でクリエイティブな暗号会話だらけだった[(20)]。

アイデアの流行と情報カスケード

SIRモデルの変種はカオスを生み出せる。数学のカオス理論は、多くの非線形微分方程式モデルが、数学的に厳密な意味でカオス的になれることを示している。つまり、このシステムは一見するとランダムな変異を生み出せる――二度と再現できない変異で、決定論的なシステムに出会っても乱数を生み出しているように見えるものだ。実はコンピュータの乱数発生器は、本当に偶然を使っているのではなく、こうしたカオス的な決定論モデルの産物だ。SEIR流行モデルの変種はカオス的になりえる。これは実証され、数学的に研究され、そして実際の疫病データと関連づけられている[(21)]。

カオス理論は「バタフライ効果」と関連している。これは巨大で一見すると予想できない嵐が、実は一見すると遠く無関係な出来事、たとえばはるか昔に地球の裏側でチョウが羽根を羽ばたいたことなどで生じたものかもしれない、という発想だ。SIRモデルの別の変種は、基本モデルに「情報カスケード」を加えることでこうしたバタフライ効果の説明に役立つ[(22)]。もしある選択をしている人の数を数えることで、人々が自分は信頼できる情報を集めていると考えるなら、均衡はランダムな方向に動く可能性がある。これは第4章で論じた、サルガニクらによる人工的な音楽市場の実験の場合と同じだ。

情報カスケード理論の筆者の一人、UCLAのアイヴォ・ウェルチ教授との体験を思い出す。ホテルに私を車で送ってくれている途中に、彼は自分がホテルの近くにきていると思うんだが、それがズバリどこにあるかはっきりしない、と言う。そのとき空のタクシーを見つけたので、そのタクシーの後をついていけば、ホテルに向かっている可能性が高いと言ったのだ。タクシーの運転手が私たちに必要な情報を持っているという彼の推測は完璧に機能したが、まったくちがうホテルに向かっていたり、全然関係ないどこかに連れて行かれたりする可能性はいくらでもあった。もし多くの人がアイヴォのような行動をしていたら、ある1台のタクシーが原理的には流行の発端となり、それが大

量のタクシーをまったく見当違いの場所に連れて行ってしまう可能性だってある。

情報カスケードは、投機バブルが経済理論の正典に従って完全に合理的に生じかねないことを説明してくれる。私の見るところ、それが興味深いのは、人々がそこそこ理性的であっても、純粋にランダムな出来事からバブルや不況が発生する方法を表現しているからだ。ジョージ・A・アカロフとジャネット・L・イェレンは1985年に「ほぼ合理的」という用語を提唱したが、その用語がもっと流行り、ヴァイラルになってくれたらよかったのにと思う(23)。だが情報カスケードはそれほど重要な問題ではないかもしれない。現実には、タクシー運転手は決して他人に盲従したりしない。少なくとも自分の都市の目的地に向かうときにはそんなことはしない。だが他のみんなと同じく、タクシー運転手はもっとあいまいな性質の「事実」、たとえば町で一番のレストランといったものを記憶するときには、他人に盲従するかもしれない(24)。タクシーの運転手に、町で一番のレストランに連れて行けと頼んだら、たぶん笑われるだろうし、連れて行かれた先が本当に最高である可能性は低い(25)。

タクシー運転手の動きは、消費者、投資家、起業家などの行動変化や他の経済現象と同じく、ナラティブ経済学からの何らかの示唆がなければ決してきちんと理解はできない。ナラティブ経済学を進歩させるのは、将来の真剣な研究のための大きなプロジェクトなのだ。